Bohner
Ott
Deusch

Mathematik

für das Berufskolleg –
Berufliches Gymnasium

Jahrgangsstufe 11

Bohner
Ott
Deusch

Mathematik

für das Berufskolleg – Berufliches Gymnasium

Jahrgangsstufe 11

Nordrhein-Westfalen

Merkur
Verlag Rinteln

Wirtschaftswissenschaftliche Bücherei für Schule und Praxis
Begründet von Handelsschul-Direktor Dipl.-Hdl. Friedrich Hutkap †

Die Verfasser:

Kurt Bohner
Lehrauftrag Mathematik am BS Wangen
Studium der Mathematik und Physik an der Universität Konstanz

Roland Ott
Studium der Mathematik an der Universität Tübingen

Ronald Deusch
Lehrauftrag Mathematik am BSZ Bietigheim-Bissingen
Studium der Mathematik an der Universität Tübingen

Beratende Tätigkeit:

Norbert Lengersdorf
Lehrauftrag Mathematik am Berufskolleg für Wirtschaft und Verwaltung in Herzogenrath
Studium der Mathematik und Physik an der RWTH Aachen

Umschlag: Kreis oben: www. adpic.de
Kreis unten: Robert Kneschke - Fotolia.com

* * * * * * * * * *

2. Auflage 2018

Gesamtherstellung: MERKUR VERLAG RINTELN Hutkap GmbH & Co. KG, 31735 Rinteln
E-Mail: info@merkur-verlag.de; lehrer-service@merkur-verlag.de
Internet: www.merkur-verlag.de

ISBN 978-3-8120-**0665**-**1**

Vorwort

Vorbemerkungen

Der vorliegende Band ist ein Arbeitsbuch für den Mathematikunterricht in allen Berufskollegs, die den Erwerb der allgemeinen Hochschulreife ermöglichen, und den Beruflichen Gymnasien in NRW der Fachrichtung Wirtschaft und Verwaltung. Das Buch behandelt den gesamten Lehrstoff, nämlich die Ganzrationalen Funktionen, die Gebrochenrationalen Funktionen, die Exponentialfunktionen und eine Einführung in die Differenzialrechnung. Grundlage der Inhalte ist der Lehrplan für Bildungsgänge, die zum Erwerb der allgemeinen Hochschulreife führen, vom Juni 2007 und vom Mai 2008.

Dabei berücksichtigt das Autorenteam die im Lehrplan geforderten Inhalte. Die Autoren orientieren sich an den in den Bildungsstandards vom Juli 2014 für die allgemeine Hochschulreife formulierten mathematischen Kompetenzen (mathematisch modellieren, Werkzeuge und mathematische Darstellungen nutzen, kommunizieren, innermathematische Probleme lösen, Umgang mit formalen und symbolischen Elementen, argumentieren).

Von den Autoren wurde bewusst darauf geachtet, dass die in den Bildungsstandards aufgeführten Kompetenzen wie auch die Zielformulierungen inhaltlich vollständig und umfassend thematisiert werden. Dabei bleibt den Lehrkräften genügend didaktischer Freiraum, eigene Schwerpunkte zu setzen.

Begleitend werden ein Arbeitsheft (ISBN 978-3-8120-2665-9) und eine Formelsammlung (ISBN 978-3-8120-1665-0) angeboten. Das Arbeitsheft soll Schüler und Lehrer durch Aufgaben zur Wiederholung und Vertiefung unterstützen.

Hinweise und Anregungen, die zur Verbesserung beitragen, werden dankbar aufgegriffen.

Die Verfasser

Dieses Buch können Sie auch als digitale Version erhalten. Nähere Informationen finden Sie auf unserer Webseite, Code: 6665

Der Aufbau dieses Buches

Der Stoff in den einzelnen Kapiteln wird schrittweise anhand von **Musterbeispielen mit ausführlichen Lösungen** erarbeitet. Dabei legen die Autoren großen Wert auf die Verknüpfung von Anschaulichkeit und sachgerechter mathematischer Darstellung. Die übersichtliche Präsentation und die methodische Aufarbeitung beeinflusst den Lernerfolg positiv und bietet dem Schüler die Möglichkeit, Unterrichtsinhalte selbstständig zu erschließen bzw. sich anzueignen.

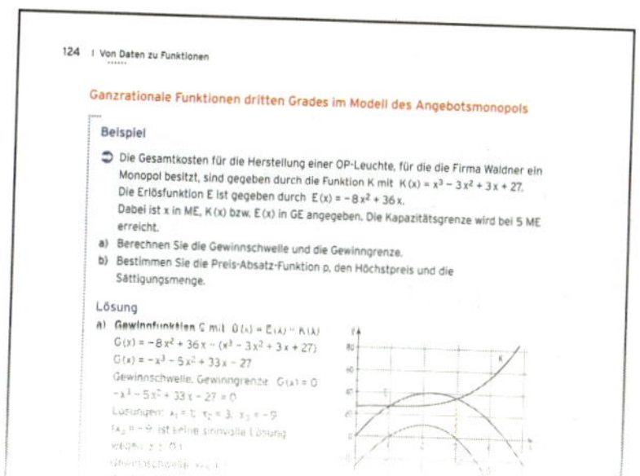
124 | Von Daten zu Funktionen

Ganzrationale Funktionen dritten Grades im Modell des Angebotsmonopols

Beispiel

Die Gesamtkosten für die Herstellung einer OP-Leuchte, für die die Firma Waldner ein Monopol besitzt, sind gegeben durch die Funktion K mit $K(x) = x^3 - 3x^2 + 3x + 27$.
Die Erlösfunktion E ist gegeben durch $E(x) = -8x^2 + 36x$.
Dabei ist x in ME, K(x) bzw. E(x) in GE angegeben. Die Kapazitätsgrenze wird bei 5 ME erreicht.

a) Berechnen Sie die Gewinnschwelle und die Gewinngrenze.
b) Bestimmen Sie die Preis-Absatz-Funktion p, den Höchstpreis und die Sättigungsmenge.

Lösung

a) **Gewinnfunktion** G mit $G(x) = E(x) - K(x)$
$G(x) = -8x^2 + 36x - (x^3 - 3x^2 + 3x + 27)$
$G(x) = -x^3 - 5x^2 + 33x - 27$
Gewinnschwelle, Gewinngrenze: $G(x) = 0$
$-x^3 - 5x^2 + 33x - 27 = 0$
Lösungen: $x_1 = 1$; $x_2 = 3$; $x_3 = -9$

Kompetenzorientierte Fragestellung mit unterschiedlichem Schwierigkeitsgrad ermöglichen es dem Schüler, den Stoff zu festigen und zu vertiefen. Beispiele und Probleme aus dem Alltag und aus der Wirtschaft stellen einen praktischen Bezug her.

Jede Lerneinheit endet mit einer umfassenden Anzahl von Aufgaben. Diese sind zur Ergebnissicherung und Übung gedacht, aber auch als Hausaufgaben geeignet.

Eine **Differenzierung der Aufgaben** ist durch Farben bzw. Rechnerlogo gegeben;
blau: Lösung ohne Hilfsmittel
schwarz: keine Vorgabe zur Lösung.

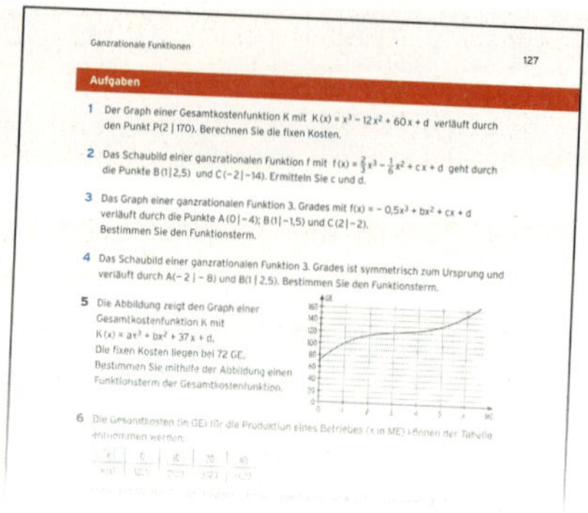
Ganzrationale Funktionen 127

Aufgaben

1 Der Graph einer Gesamtkostenfunktion K mit $K(x) = x^3 - 12x^2 + 60x + d$ verläuft durch den Punkt P(2 | 170). Berechnen Sie die fixen Kosten.

2 Das Schaubild einer ganzrationalen Funktion f mit $f(x) = \frac{2}{3}x^3 - \frac{1}{6}x^2 + cx + d$ geht durch die Punkte B(1 | 2,5) und C(−2 | −14). Ermitteln Sie c und d.

3 Das Graph einer ganzrationalen Funktion 3. Grades mit $f(x) = -0{,}5x^3 + bx^2 + cx + d$ verläuft durch die Punkte A(0 | −4); B(1 | −1,5) und C(2 | −2). Bestimmen Sie den Funktionsterm.

4 Das Schaubild einer ganzrationalen Funktion 3. Grades ist symmetrisch zum Ursprung und verläuft durch A(−2 | −8) und B(1 | 2,5). Bestimmen Sie den Funktionsterm.

5 Die Abbildung zeigt den Graph einer Gesamtkostenfunktion K mit $K(x) = ax^3 + bx^2 + 37x + d$. Die fixen Kosten liegen bei 72 GE. Bestimmen Sie mithilfe der Abbildung einen Funktionsterm der Gesamtkostenfunktion.

6 Die Gesamtkosten (in GE) für die Produktion eines Betriebes (x in ME) können der Tabelle entnommen werden:

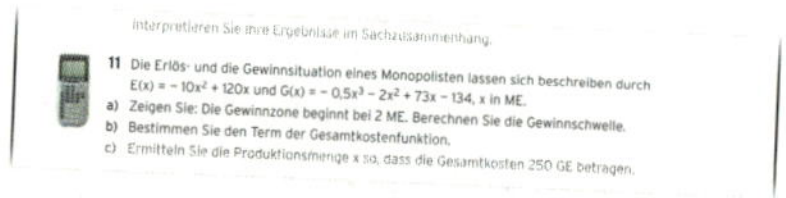
Interpretieren Sie Ihre Ergebnisse im Sachzusammenhang.

11 Die Erlös- und die Gewinnsituation eines Monopolisten lassen sich beschreiben durch $E(x) = -10x^2 + 120x$ und $G(x) = -0{,}5x^3 - 2x^2 + 73x - 134$, x in ME.
a) Zeigen Sie: Die Gewinnzone beginnt bei 2 ME. Berechnen Sie die Gewinnschwelle.
b) Bestimmen Sie den Term der Gesamtkostenfunktion.
c) Ermitteln Sie die Produktionsmenge x so, dass die Gesamtkosten 250 GE betragen.

Zur Lösung ist ein GTR (CAS) empfohlen oder nötig.

Für **Aufgaben mit dem Download-Logo** stehen ausführliche Lösungen zum Download bereit. Sie finden diese in der Mediathek zum Buch auf unserer Website http://www.merkur-verlag.de.

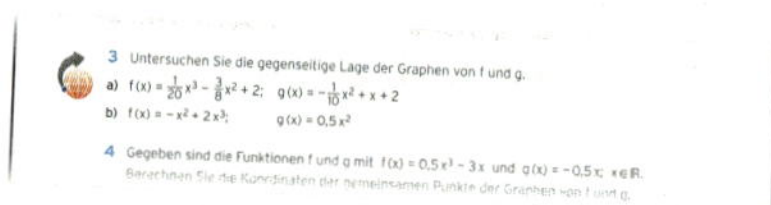
3 Untersuchen Sie die gegenseitige Lage der Graphen von f und g.
a) $f(x) = \frac{1}{20}x^3 - \frac{3}{8}x^2 + 2$; $g(x) = -\frac{1}{10}x^2 + x + 2$
b) $f(x) = -x^2 + 2x^3$; $g(x) = 0{,}5x^2$

4 Gegeben sind die Funktionen f und g mit $f(x) = 0{,}5x^3 - 3x$ und $g(x) = -0{,}5x$; $x \in \mathbb{R}$.
Berechnen Sie die Koordinaten der gemeinsamen Punkte der Graphen von f und g.

Definitionen, Festlegungen, Merksätze und mathematisch wichtige **Grundlagen** sind in Rot gekennzeichnet.

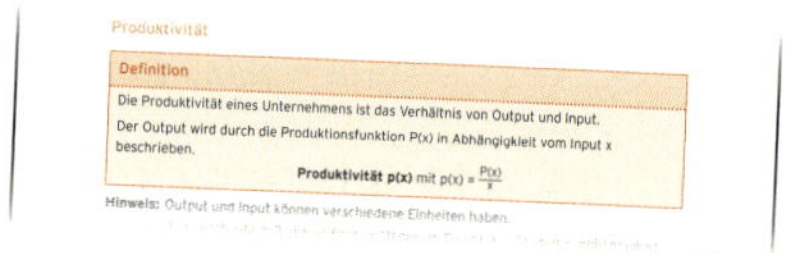
Produktivität

Definition
Die Produktivität eines Unternehmens ist das Verhältnis von Output und Input.
Der Output wird durch die Produktionsfunktion P(x) in Abhängigkeit vom Input x beschrieben.
Produktivität p(x) mit $p(x) = \frac{P(x)}{x}$

Hinweis: Output und Input können verschiedene Einheiten haben.

Grundwissen: Die Schüler im Beruflichen Gymnasium kommen aus verschiedenen Schularten mit unterschiedlichen Vorkenntnissen.
Um die Schüler dennoch möglichst schnell auf ein gleiches Wissensniveau zu bringen und damit gleiche Ausgangsbedingungen für den Mathematikunterricht zu schaffen, gibt es ein umfangreiches **Kapitel zur Wiederholung** der grundlegenden Rechentechniken und aller mathematischen Grundlagen aus der Mittelstufe.

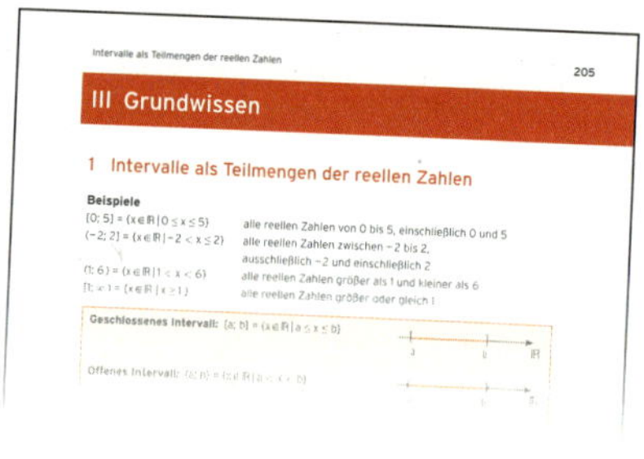
Intervalle als Teilmengen der reellen Zahlen 205

III Grundwissen

1 Intervalle als Teilmengen der reellen Zahlen

Beispiele
$[0; 5] = \{x \in \mathbb{R} \mid 0 \le x \le 5\}$ alle reellen Zahlen von 0 bis 5, einschließlich 0 und 5
$(-2; 2] = \{x \in \mathbb{R} \mid -2 < x \le 2\}$ alle reellen Zahlen zwischen −2 bis 2, ausschließlich −2 und einschließlich 2
$(1; 6) = \{x \in \mathbb{R} \mid 1 < x < 6\}$ alle reellen Zahlen größer als 1 und kleiner als 6
alle reellen Zahlen größer oder gleich 1

Geschlossenes Intervall: $[a; b] = \{x \in \mathbb{R} \mid a \le x \le b\}$

Offenes Intervall:

Die **Heftklammer** im Lehrbuch mit Seitenangabe weist auf einen entsprechenden Abschnitt im Kapitel Grundwissen hin.

Seite 210

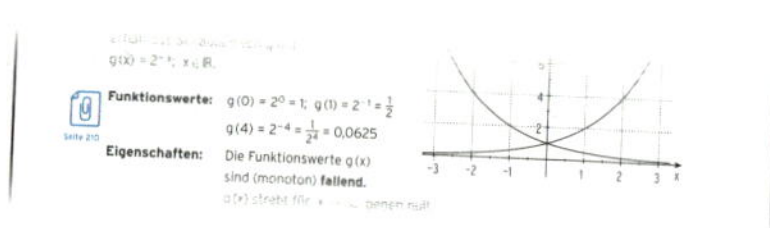
Funktionswerte: $g(0) = 2^0 = 1$; $g(1) = 2^{-1} = \frac{1}{2}$
$g(4) = 2^{-4} = \frac{1}{2^4} = 0{,}0625$
Eigenschaften: Die Funktionswerte g(x) sind (monoton) **fallend.**

Die Aufgaben **„Modellierung einer Situation“** und **„Test zur Überprüfung Ihrer Grundkenntnisse“** werden im Anhang ausführlich gelöst.

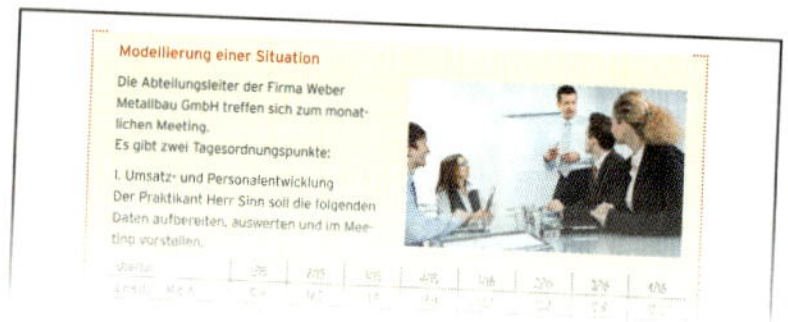
Modellierung einer Situation

Die Abteilungsleiter der Firma Weber Metallbau GmbH treffen sich zum monatlichen Meeting.
Es gibt zwei Tagesordnungspunkte:

I. Umsatz- und Personalentwicklung
Der Praktikant Herr Sinn soll die folgenden Daten aufbereiten, auswerten und im Meeting vorstellen.

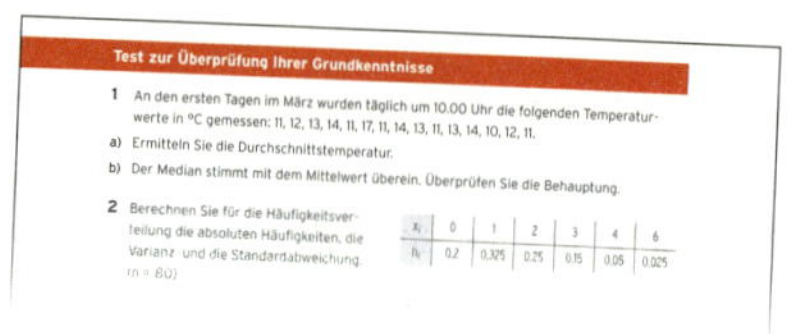
Test zur Überprüfung Ihrer Grundkenntnisse

1 An den ersten Tagen im März wurden täglich um 10.00 Uhr die folgenden Temperaturwerte in °C gemessen: 11, 12, 13, 14, 11, 17, 11, 14, 13, 11, 13, 14, 10, 12, 11.
a) Ermitteln Sie die Durchschnittstemperatur.
b) Der Median stimmt mit dem Mittelwert überein. Überprüfen Sie die Behauptung.

2 Berechnen Sie für die Häufigkeitsverteilung die absoluten Häufigkeiten, die Varianz und die Standardabweichung. (n = 80)

x_i	0	1	2	3	4	6
h_i	0,2	0,325	0,25	0,15	0,05	0,025

Inhaltsverzeichnis

I Von Daten zu Funktionen

1 Erhebung und Bewertung von Daten

Modellierung einer Situation

Die Abteilungsleiter der Firma Weber Metallbau GmbH treffen sich zum monatlichen Meeting.
Es gibt zwei Tagesordnungspunkte:

1. Umsatz- und Personalentwicklung
Der Praktikant Herr Sinn soll die folgenden Daten aufbereiten, auswerten und im Meeting vorstellen.

Quartal	1/15	2/15	3/15	4/15	1/16	2/16	3/16	4/16
Umsatz in Mio. €	12,4	12,2	11,9	12,0	12,4	12,8	12,9	12,5
Mitarbeiter	66	69	68	70	70	74	76	76

Zu Beginn des Jahres 2015 sind 12 % der Beschäftigten unter 20 Jahren, 28 % zwischen 20 und 35 Jahren, 32 % zwischen 35 und 50 Jahren, 28 % über 50 Jahren.
Ende des Jahres 2016 sind 15 % der Beschäftigten unter 20 Jahren, 30 % zwischen 20 und 35 Jahren, 33 % zwischen 35 und 50 Jahren, 22 % über 50 Jahren.

2. Kapazitätsabbau in der Fertigung
Zwei Fertigungsautomaten produzieren Präzisionsschrauben der Länge 100 mm.
Aufgrund eines Nachfragerückganges überlegt die Leitung, einen Automaten stillzulegen.
Für beide Automaten wird eine Stichprobe von 300 Präzisionsschrauben der laufenden Produktion entnommen. Die Tabelle zeigt das Ergebnis.

Länge in mm	98,5	99,0	99,5	100,0	100,5	101,0	101,5	102,0
Stückzahl Maschine A	20	35	48	78	49	36	24	10
Stückzahl Maschine B	18	38	47	82	45	35	26	9

Herr Werner erläutert die Entscheidung, welche Maschine stillgelegt werden soll.

Bearbeiten Sie diese Situation, nachdem Sie die rechts aufgeführten **Qualifikationen und Kompetenzen** erworben haben.

Qualifikationen & Kompetenzen

- Daten grafisch darstellen
- Häufigkeiten berechnen
- Grafiken beschreiben und interpretieren
- Daten interpretieren und bewerten

1.1 Erfassung und Darstellung von Daten

„Die Statistik hat eine erhebliche Bedeutung für eine staatliche Politik, die den Prinzipien und Richtlinien des Grundgesetzes verpflichtet ist ..." (Volkszählungsurteil des BVerfG).
In der **beschreibenden Statistik** werden **Daten erhoben, aufbereitet und analysiert.**
Die erhobenen Daten werden geordnet und übersichtlich dargestellt.
Dadurch sind Zusammenhänge und Strukturen erkennbar.
Die Struktur einer Verteilung wird durch Lagemaße (z. B. Mittelwert) und Streumaße (z. B. Standardabweichung) beschrieben.

1.1.1 Einführung

Bei der Aufnahme in das Berufskolleg werden Daten wie Name, Geschlecht, Alter, Note in Mathematik, ... erhoben.

Der nebenstehende Auszug ist ein Teil der **Urliste.** Alle erfassten Schülerinnen und Schüler bilden die **Grundgesamtheit der statistischen Erhebung.** Die Schülerinnen und Schüler sind **Merkmalsträger** für die **Merkmale** „Geschlecht", „Alter" und „Mathe-Note".

Name	Nr.	Geschlecht	Alter	M-Note
Abt	1	w	17	10
Bernhardt	2	m	16	12
Bodenmiller	3	m	17	10
Boneberg	4	w	17	10
Fuchs	5	w	17	12
Gleich	6	w	17	7
Glück	7	w	17	10
Halau	8	m	17	12
Hege	9	w	16	10
Kienel	10	w	17	10
Kierock	11	w	17	15
Picken	12	m	18	13
...				

Die Merkmale kommen in verschiedenen **Ausprägungen** vor.

Merkmal	**Merkmalsausprägung**
Geschlecht	m, w
Alter	16, 17, 18
Mathe-Note	7, 10, 12, 13, 15

Bei der Datenerhebung werden Merkmale erfasst, die verschiedene Ausprägungen haben.

Grafische Darstellung

Die erhobenen Daten können übersichtlich in einem Diagramm, z. B in einem Säulendiagramm, dargestellt werden.

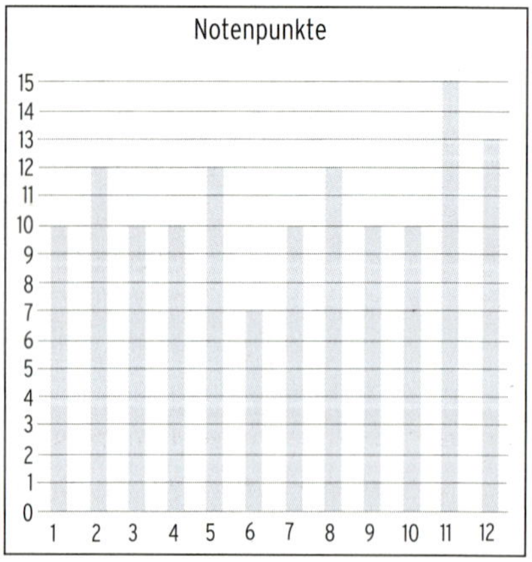

1.1.2 Häufigkeiten und grafische Darstellung

Absolute und relative Häufigkeit

Eine Häufigkeitsverteilung dient zur statistischen Beschreibung von Daten.

An einer Kreuzung werden innerhalb einer halben Stunde 125 Fahrzeuge gezählt. Davon sind 18 Fahrzeuge Lkw. Die **absolute Häufigkeit** der Lkw ist somit 18.
Dies sagt wenig darüber aus, wie groß der Anteil der Lkw am Verkehr auf dieser Kreuzung ist. Um ein brauchbares Maß für diesen Anteil zu bekommen, wird die relative Häufigkeit benötigt.
Die **relative Häufigkeit** ist der Quotient $\frac{18}{125} = 0{,}144 = 14{,}4\,\%$,
d.h., ca. 14 % der vorbeigefahrenen Fahrzeuge waren Lkw.

Beispiel

Ein Schüler erkundigt sich bei einer Zulassungsstelle nach der Anzahl der zugelassenen Autos, sortiert nach Automarken. Er erstellt eine **Häufigkeitstabelle.**

Automarke	Ford	VW	Mercedes	andere	Summe
abs. Häufigkeit H_i	2810	3211	1398	2081	n = 9500
rel. Häufigkeit h_i	$\frac{2810}{9500} \approx 0{,}29$	$\frac{3211}{9500} \approx 0{,}34$	$\frac{1398}{9500} \approx 0{,}15$	$\frac{2081}{9500} \approx 0{,}22$	$\frac{9500}{9500} = 1$
rel. Häufigkeit h_i in %	29 %	34 %	15 %	22 %	100 %

Das Merkmal Automarke hat in diesem Beispiel 4 Merkmalsausprägungen (Ford, VW, Mercedes, andere). Die 1. Merkmalsausprägung kommt 2810-mal vor, d.h. die absolute Häufigkeit ist $H_1 = 2810$. Die Summe der absoluten Häufigkeiten beträgt 9500. Mit dem Stichprobenumfang n = 9500 ergibt sich die relative Häufigkeit $h_1 = \frac{H_1}{n} = \frac{2810}{9500} \approx 0{,}29$.

Festlegung

Unter der **absoluten Häufigkeit** H_i einer Merkmalsausprägung versteht man die Anzahl der Fälle, in denen die Ausprägung eintritt.
Ist n die Anzahl der Durchführungen (Stichprobenumfang), so ist $h_i = \frac{H_i}{n}$ die relative Häufigkeit der i-ten Merkmalsausprägung.

$$\textbf{Relative Häufigkeit} = \frac{\text{absolute Häufigkeit der i-ten Merkmalsausprägung}}{\text{Stichprobenumfang}}$$

Eigenschaften der relativen Häufigkeit:

- Für die **relative Häufigkeit** gilt: $0 \leq h_i \leq 1$.
- Die **Summe** der relativen Häufigkeiten ist 1 bzw. 100 %.

Beispiel

➲ Eine Umfrage unter Schülern nach der Wichtigkeit einer gut ausgestatteten Bibliothek ergab folgendes Ergebnis:

Antwort	sehr wichtig (1)	wichtig (2)	geht so (3)	unwichtig (4)	keine Antwort (5)
Anzahl	203	48	11	2	94

a) Bestimmen Sie die relativen Häufigkeit, mit der die Schüler die Wichtigkeit beurteilen.

b) Ermitteln Sie den Prozentsatz aller Schüler, die die Bibliothek wohl selten besuchen.

Lösung

a) Die Summe aller Befragten beträgt $n = 203 + 48 + 11 + 2 + 94 = 358$.

Allgemein gilt für die relative Häufigkeit: $h_i = \frac{H_i}{n} = \frac{\text{Anzahl}}{358}$.

x_i	1	2	3	4	5
Absolute Häufigkeit H_i	203	48	11	2	94
Relative Häufigkeit h_i in %	56,7	13,4	3,1	0,6	26,3

b) Gesamtzahl der „seltenen Besucher“: $11 + 2 + 94 = 107$

Anteil der „seltenen Besucher“: $\frac{107}{358} \approx 0{,}2989 = 29{,}89\,\%$

Etwa 30 % aller Schüler besuchen wohl selten die Bibliothek.

Grafische Darstellungen einer Häufigkeitsverteilung

Beispiel 1

➲ Die Revisionsabteilung der Uhlmann AG registriert die krankheitsbedingten Fehltage in einer Arbeitswoche.
Stellen Sie die Häufigkeitsverteilung grafisch dar.

	Mo	Di	Mi	Do	Fr
Fehltage	20	14	9	7	8

Lösung

als **Stabdiagramm**

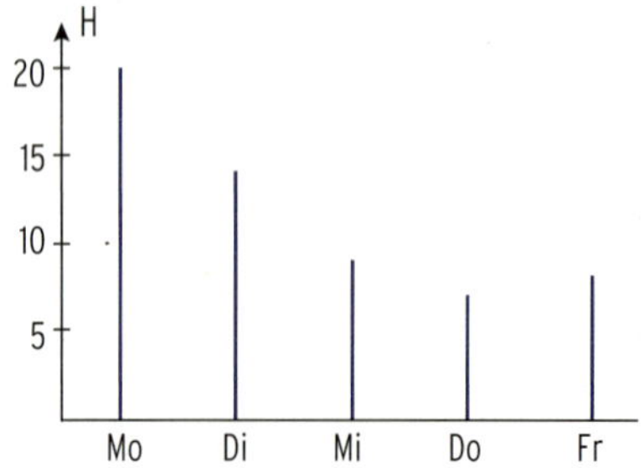

als **Säulendiagramm**

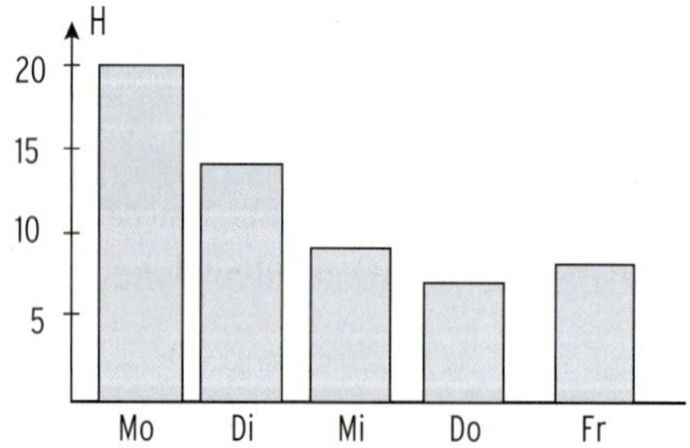

Auf der y-Achse werden die absoluten Häufigkeiten H abgetragen; auf der x-Achse die Ausprägungen.

Hinweis: Auf der y-Achse können auch die relativen Häufigkeiten h abgetragen werden.

Beispiel 2

➲ Das Kreisdiagramm zeigt die Umsatzverteilung der verschiedenen Teilbetriebe im vergangenen Jahr. Berechnen Sie den Umsatz in Mio. €, wenn der Gesamtumsatz bei 134 Mio. € liegt.

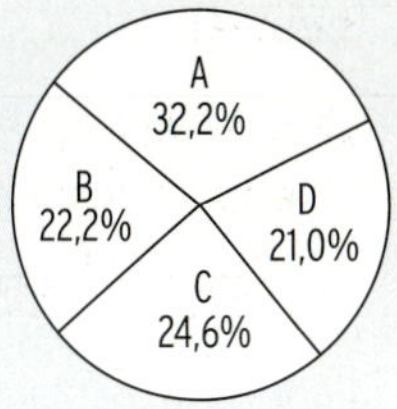

Lösung

Das **Kreisdiagramm** enthält die **relativen Häufigkeiten** der einzelnen Teilbetriebe.

Umsatz von A: 32,2 % von 134: $\frac{32{,}2}{100} \cdot 134 = 43{,}148$

Der Umsatz von Teilbetrieb A beträgt 43,148 Mio. €.

Umsatz von B: 22,2 % von 134: $\frac{22{,}2}{100} \cdot 134 = 29{,}748$

Der Umsatz von Teilbetrieb B beträgt 29,748 Mio. €.

Umsatz von C: 24,6 % von 134: $\frac{24{,}6}{100} \cdot 134 = 32{,}964$

Der Umsatz von Teilbetrieb C beträgt 32,964 Mio. €.

Umsatz von D: 21,0 % von 134: $\frac{21{,}0}{100} \cdot 134 = 28{,}14$

Der Umsatz von Teilbetrieb D beträgt 28,14 Mio. €.

	A	B	C	D
h in %	32,2	22,2	24,6	21,0
U in Mio. €	43,148	29,748	32,964	28,14

Aufgaben

1 Bei einer Mathematikklassenarbeit gab es folgende Noten:
3; 4; 3; 2; 3; 1; 5; 5; 4; 3; 3; 2; 1; 4; 2; 5; 4; 2; 4; 3

a) Erstellen Sie eine Tabelle für die relative Häufigkeit.

b) Stellen Sie die Verteilung grafisch dar.

2 Bei einer Aufnahmeprüfung sind von jedem Bewerber 5 Aufgaben zu bearbeiten. Das Ergebnis der Prüfung zeigt die folgende Tabelle. H ist die Anzahl der Bewerber, die k Aufgaben richtig bearbeitet haben:

Anzahl k der richtig gelösten Aufgaben	5	4	3	2	1	0
Häufigkeit H	4	7	14	11	8	6

a) Ermitteln Sie die relative Häufigkeit dafür, dass ein Bewerber k Aufgaben richtig gelöst hat. Stellen Sie die Häufigkeitsverteilung grafisch dar.

b) Berechnen Sie die Anzahl der Aufgaben, die jeder Bewerber im Mittel richtig bearbeitet hat.

c) Anna behauptet, 48 % der bearbeiteten Aufgaben wurden richtig gelöst. Überprüfen Sie diese Behauptung.

3 Die Firma Waldner produziert auch Stifte. Die Stifte werden auf Abweichungen im Durchmesser und in der Länge geprüft. Ein Stift ist fehlerhaft, wenn er im Durchmesser oder in der Länge abweicht. Von 2000 Stiften gab es 65 Abweichungen im Durchmesser, 87 Abweichungen in der Länge und 25 Abweichungen im Durchmesser und in der Länge. Bestimmen Sie die relative Häufigkeit der fehlerhaften Stifte. Beurteilen Sie die Situation.

4 Das Säulendiagramm zeigt den Schuldenstand eines Staates in Milliarden €.

a) Überprüfen Sie, ob die Schulden im Laufe der letzten 6 Jahre um 60 % angewachsen sind.

b) Zeichnen Sie ein Säulendiagramm, das den jährlichen Schuldenzuwachs beschreibt. Erläutern Sie das Diagramm.

Abb. 1

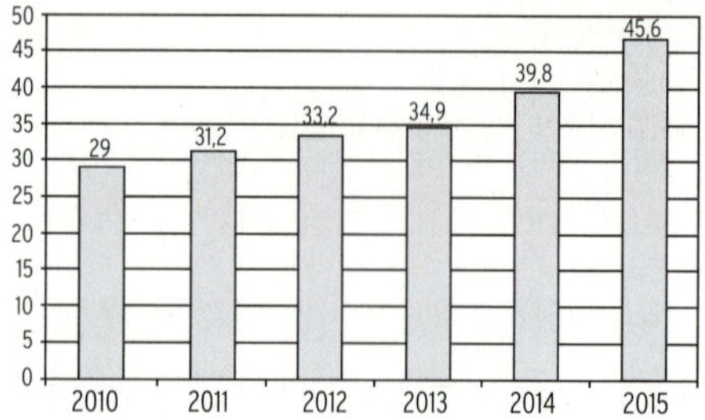

5 Die Tabelle zeigt die Defizitquote der BRD der letzten Jahre in %.

Jahr	2005	2006	2007	2008	2009	2010	2011	2012	2013	2014	2015
Quote	−3,3	−1,6	0,3	0,0	−3,0	−4,1	−0,9	+0,1	+0,2	+0,7	+0,7

a) Ermitteln Sie die Quote für das Jahr 2016 und für das Jahr 2004.

b) Interpretieren Sie die Daten. Ermitteln Sie die Jahre, in denen die Vorgabe der EU eingehalten wird.

c) Nennen Sie Gründe für die starken Schwankungen.

6 Zur Wahl für den Landtag in NRW am 14. Mai 2017 bewarben sich 31 Parteien. Die Abb. 2 zeigt die Stimmenanteile in %.

a) Die Addition der Stimmenanteile ergibt keine 100 %. Begründen Sie.

b) Der 2017 gewählte Landtag umfasst insgesamt 199 Abgeordnete.
Ermitteln Sie die Anzahl der Sitze, die die kleinste Partei nach ihrem Stimmenanteil bekommen müsste.

c) Bestimmen Sie die Stimmenanteile der Parteien bei der vorherigen Landtagswahl.

d) Nehmen Sie Stellung zu der Aussage:
Die SPD hat deutlicher abgenommen als die Grünen.

e) Stellen Sie die Sitzverteilung in einem Kreisdiagramm dar.

Abb. 2

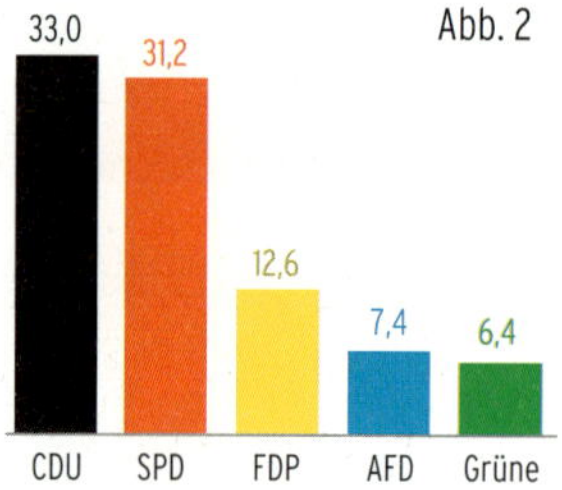

Abb. 3

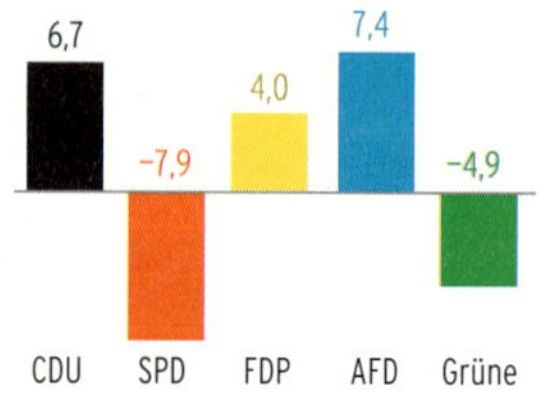

7 Das Autohaus Sätz hat 4 Niederlassungen, die eigenverantwortlich handeln.
Die Umsatzzahlen (in Mio. €) des Jahres 2012 werden für den Jahresabschluss aufgelistet.

Niederlassung	Köln	Neuss	Bottrop	Unna
Umsatz	22,7	14,6	6,3	5,4

a) Stellen Sie übersichtlich dar, welchen Anteil die Niederlassungen am Gesamtumsatz haben.

b) Berechnen Sie den Anteil des Umsatzes am Gesamtumsatz, der insgesamt in den Filialen Köln und Neuss erzielt wird.

Klassenbildung

Beispiel

Betrachtung des Merkmals „Gewicht".

Urliste

Nr	1	2	3	4	5	6	7	8	9	10	11	12	13	14	15	16	17	18	19	20	21	22	23	24	25	26	27
in kg	52	67	60	55	63	63	70	78	84	68	63	57	67	58	70	73	55	72	51	60	64	51	54	68	75	76	59

Die Übersichtlichkeit und die Aussagekraft der Daten lässt sich mithilfe grafischer Darstellungen steigern.

Punktdiagramm zur Schülerbefragung

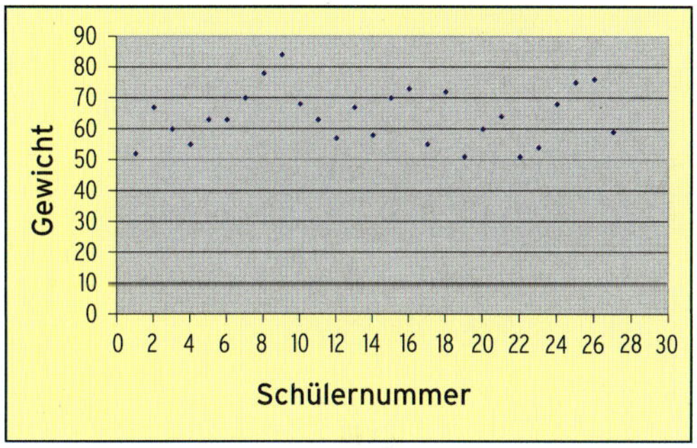

Bemerkung: Ein Punktdiagramm nennt man auch Streudiagramm.

Die Zuordnung in einem Punktdiagramm erhöht die Übersichtlichkeit nicht wesentlich. Das Gewicht eines jeden Schülers liegt zwischen 40 kg und 100 kg.
Da es für das Merkmal Gewicht 19 Ausprägungen (von 51 kg bis 84 kg) gibt, macht eine Strichliste wenig Sinn. Sinnvoller ist es, die Merkmalsausprägungen in einzelne Bereiche (Klassen) einzuteilen. Wir wählen vier Klassen mit der Klassenbreite 10 kg und ordnen die Körpergewichte in die Gewichtsklassen ein. Die neuen Ausprägungen sind die Klassen I bis IV.

Strichliste
(Klassierte Daten)

Klasse		Häufigkeit
I (51 kg bis 60 kg)	卌 卌 |	11
II (61 kg bis 70 kg)	卌 卌	10
III (71 kg bis 80 kg)	卌	5
IV (81 kg bis 90 kg)	|	1

Eine Strichliste für wenige Ausprägungen (z. B. 4 Klassen) führt zu einer Häufigkeitstabelle. Vielfach werden Strichlisten als erste übersichtliche Darstellung z. B. bei Wahlen (Klassensprecherwahl) oder bei einer Verkehrszählung benutzt. Die Anzahl der Beobachtungswerte, die in einer Gewichtsklasse liegen, wird als absolute Häufigkeit (Klassenhäufigkeit) bezeichnet.

Beachten Sie

Werden verschiedene Merkmalsausprägungen zu einer neuen Ausprägung zusammengefasst, spricht man von einer Klasseneinteilung der Stichprobenwerte.

Grafische Darstellung in einem Säulendiagramm

Die Säulenbreite im Diagramm ist immer gleich. Unter jeder Säule ist die Klasse vermerkt.

Häufigkeitstabelle

Klasse in kg	51 bis 60	61 bis 70	71 bis 80	81 bis 90
Häufigkeit	11	10	5	1

Grafische Darstellung der Häufigkeitsverteilung (Säulendiagramm)

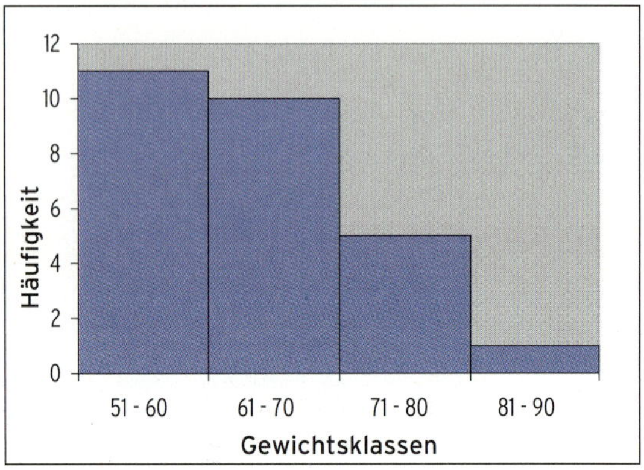

Die Klassenbreite (10 kg) wurde willkürlich festgesetzt. Bestimmen Sie die Veränderungen, wenn die Klassenbreite halbiert (5 kg) und damit die Anzahl der Klassen vergrößert wird.

Häufigkeitstabelle

Klasse in kg	51 - 55	56 - 60	61 - 65	66 - 70	71 - 75	76 - 80	81 - 85
Häufigkeit	6	5	4	6	3	2	1

Grafische Darstellung der Häufigkeitsverteilung

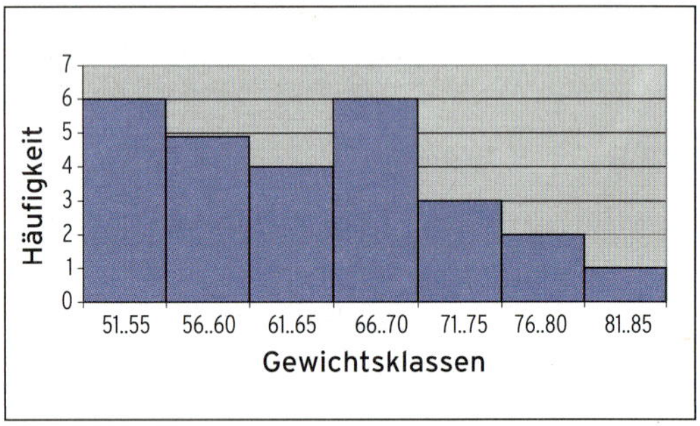

Ein Vergleich der beiden Graphiken zeigt: Je geringer die Anzahl der Klassen, desto geringer ist der Informationsgehalt, desto besser ist aber die Übersichtlichkeit.

Die Wahl der Klasseneinteilung stellt immer ein Kompromiss zwischen Übersichtlichkeit und Informationsgehalt dar.

Es gibt keine allgemeingültige Festlegung der Klassenbreite, deshalb muss eine sinnvolle Klassenbreite für die Häufigkeitstabelle gewählt werden.

Um die Unterschiede der Körpergewichte von Schülerinnen und Schülern aufzuzeigen, wird die Häufigkeitstabelle mit der Klassenbreite 10 kg nach weiblich und männlich aufgegliedert.

Häufigkeitstabelle

Klasse in kg	51 bis 60	61 bis 70	71 bis 80	81 bis 90
Häufigkeit (weiblich)	10	4	0	0
Häufigkeit (männlich)	1	6	5	1

Säulendiagramm für zwei Verteilungen

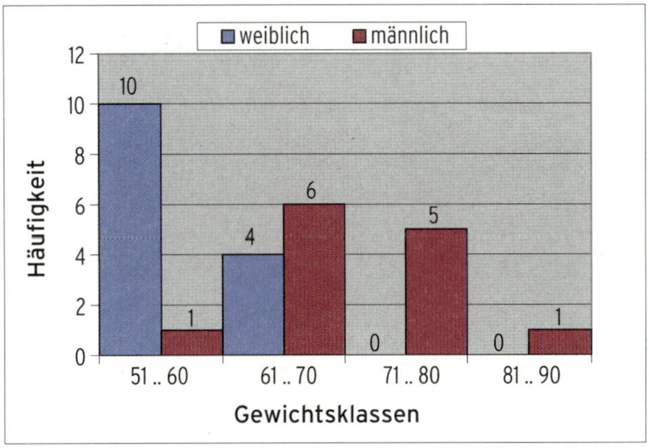

Doppelsäulendiagramm

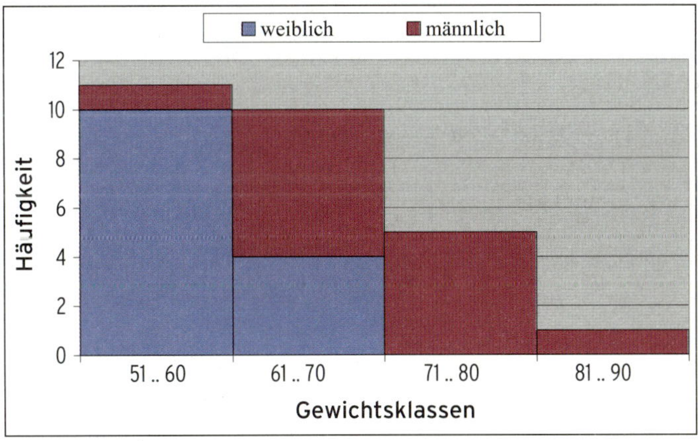

Die Körpergewichte der Schülerinnen verteilen sich nur auf die ersten beiden Klassen, während ca. 46 % ($\frac{6}{13} \approx 46$ %) der Schüler ein Gewicht von mehr als 70 kg haben.

Aufgaben

1 In einer 11. Klasse durfte jeder Schüler seine Pulsfrequenz (Anzahl der Schläge pro Minute) messen. Die Werte wurden dann in einer Urliste zusammengefasst:

64; 65; 70; 80; 88; 58; 66; 68; 63; 64; 57; 77; 74; 73; 62; 52; 72; 84; 63; 90; 68; 59; 58; 71; 80; 82; 81; 69; 53; 65; 69; 71

Damit das Diagramm überschaubar ist, wird die Urliste, abhängig von der Datenmenge, in 5 bis 15 Klassen eingeteilt.

a) Wählen Sie die Klassenbreite 4. Erstellen Sie eine Häufigkeitsverteilung und stellen Sie diese Verteilung grafisch dar.

b) Interpretieren Sie das nebenstehende Diagramm.

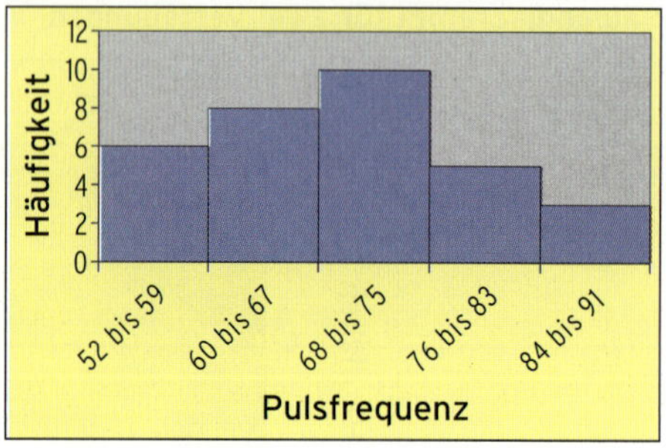

2 Eine Befragung über das Alter, in dem mit dem Rauchen begonnen wurde, ergab folgende Häufigkeiten:

Alter in Jahren	unter 16	16 - 18	19 - 22	über 22
Häufigkeit	6	24	16	4

a) Bestimmen Sie die relativen Häufigkeiten.

b) Zeichnen Sie ein Säulendiagramm, wenn der jüngste Raucher mit 12 Jahren und der älteste im 25. Lebensjahr begann.

3 Bei einer Geschwindigkeitskontrolle innerhalb einer geschlossenen Ortschaft notierte die Polizei folgende Messwerte in km/h:

45; 60; 58; 53; 55; 65; 70; 56; 63; 50; 75; 52; 48; 58; 64; 40; 68; 71; 79; 57

a) Bilden Sie eine sinnvolle Klasseneinteilung und berechnen Sie die relativen Häufigkeiten.

b) Berechnen Sie den Prozentsatz der kontrollierten Fahrzeuge, deren Fahrer eine Strafe zu erwarten haben, wenn die Polizei mit einer Toleranz von 2 km/h rechnet.

c) 80 % der kontrollierten Fahrzeuge wurden von Personen unter 25 Jahren gelenkt. Ermitteln Sie den Anteil der Verkehrssünder, die an diesem Tag unter 25 Jahren waren.

4 Die Firma Hugenschmidt besteht aus zwei Abteilungen. Die Umsatzentwicklung kann der Tabelle entnommen werden. Erstellen Sie ein Säulendiagramm beider Verteilungen.

Woche	1 bis 4	5 bis 8	9 bis 12	13 bis 15
Abteilung A: Umsatz in Mill. €	25,4	35,6	20,5	37,3
Abteilung B: Umsatz in Mill. €	55,2	44,8	35,4	28,3

1.2 Deutung und Bewertung von Daten

1.2.1 Lagemaße

In diesem Kapitel sollen zu einer Beobachtungsreihe charakteristische Größen bestimmt werden, die Aussagen über die Lage der Beobachtungswerte zulassen. Das bekannteste Lagemaß ist das arithmetische Mittel.

Arithmetisches Mittel

Beispiel 1

➲ Die Umsatzzahlen der Fink AG je Quartal des Jahres 2012 sind gegeben durch

Quartal	I	II	III	IV
Umsatz in Mio. € (x_i)	24,8	14,5	9,8	12,5

a) Berechnen Sie den Mittelwert für den Quartalsumsatz.
b) In den ersten 3 Monaten werden 40 % des Umsatzes erzielt. Nehmen Sie Stellung.

Lösung

a) **Durchschnittlicher Umsatz** je Quartal (Mittelwert):

$$\overline{x} = \frac{24{,}8 + 14{,}5 + 9{,}8 + 12{,}5}{4} = \frac{61{,}6}{4} = 15{,}4$$

In einem Quartal werden durchschnittlich 15,4 Mio. € Umsatz erzielt.
Bezeichnet man den Umsatz des Quartals I als Beobachtungswert x_1, den des Quartals II mit $x_2, \dots$, so erhält man den Mittelwert $\overline{x} = \frac{x_1 + x_2 + x_3 + x_4}{4}$.

Hinweis: Der Mittelwert 15,4 bedeutet: Hätte jedes Quartal einen Umsatz von 15,4 Mio. €, so ergäbe die Summe aller Umsätze 61,6 Mio. €.

b) Anteil des Umsatzes von Quartal I

am Gesamtumsatz: $\frac{\text{Umsatz in Quartal I}}{\text{Gesamtumsatz}} = \frac{24{,}8}{61{,}6} \approx 0{,}4026$

(Relative Häufigkeit)

In den ersten 3 Monaten werden etwa 40,26 % des Umsatzes erzielt. Die Aussage stimmt.

Berechnung des (arithmetischen) Mittelwertes $\overline{x}$ aus den Beobachtungswerten x_i

$$\text{Mittelwert } \overline{x} = \frac{\text{Summe aller Beobachtungswerte } x_i}{\text{Anzahl n der Beobachtungswerte } x_i} = \frac{x_1 + x_2 + \dots x_n}{n}$$

Beispiele für Mittelwerte

Pro-Kopf-Verbrauch von Wasser:	135 Liter pro Tag
Durchschnittseinkommen aller Arbeitnehmer:	28 500 € pro Jahr
Durchschnittlicher Zigarettenverbrauch:	24,2 Zigaretten pro Tag
Mittlerer Verkaufspreis eines Fahrrads:	486,50 €
Mittlerer Absatz eines Autohauses:	12,5 Pkw pro Monat

Beispiel 2

Ein Weingut bietet vier Sorten Weine aus verschiedenen Lagen an.
Die nachfolgende Liste gibt die verkauften Mengen für einen Jahrgang an.

Sorte	A	B	C	D
Verkaufspreis pro Flasche in € (x_i)	5	7	8	12
Anzahl der verkauften Flaschen (n_i)	150	600	250	300

Berechnen Sie den durchschnittlichen Verkaufspreis pro Flasche.

Lösung

Anzahl der verkauften Flaschen: $n = 150 + 600 + 250 + 300 = 1300$

Erlös in € z. B. für Sorte A: $5 \cdot 150$

Erlös pro Flasche = $\frac{\text{Gesamteinnahmen}}{1300}$: $\frac{5 \cdot 150 + 7 \cdot 600 + 8 \cdot 250 + 12 \cdot 300}{1300} = \frac{10550}{1300} \approx 8{,}12$

$\overline{x} \approx 8{,}12$

Der durchschnittliche Verkaufspreis pro Flasche beträgt ca. 8,12 €.

Hinweis: Mit den Beobachtungswerten x_1, x_2, x_3 und x_4, den absoluten Häufigkeiten n_1, n_2, n_3 und n_4 und dem Stichprobenumfang n erhält man $\overline{x} = \frac{x_1 \cdot n_1 + x_2 \cdot n_2 + x_3 \cdot n_3 + x_4 \cdot n_4}{n}$

Mit den relativen Häufigkeiten h_1, h_2, h_3, h_4 ergibt sich:

$\overline{x} = x_1 \cdot h_1 + x_2 \cdot h_2 + x_3 \cdot h_3 + x_4 \cdot h_4$.

Berechnung des arithmetischen Mittels $\overline{x}$ aus einer Häufigkeitstabelle

für **k Ausprägungen**: $\overline{x} = \frac{x_1 n_1 + x_2 n_2 + x_3 n_3 + \ldots + x_k n_k}{n}$

$\overline{x} = x_1 h_1 + x_2 h_2 + x_3 h_3 + \ldots + x_k h_k$ mit $h_i = \frac{n_i}{n}$

Hierbei müssen die Häufigkeiten n_i aller k Merkmalsausprägungen x_i bekannt sein.
n ist die Summe der Häufigkeiten n_i.

Aufgaben

1 Maria hat in den Matheklausuren folgende Punktzahlen erzielt: 12; 13; 13; 14, 12.
Berechnen Sie ihren Notendurchschnitt.

2 Berechnen Sie das arithmetische Mittel folgender Daten:

a) 15,2; 16,1; 17,3; 15,7; 14,8; 17,0; 16,8; 15,1

b)

x_i	52	55	58	60	65
n_i	3	4	5	3	1

c)

x_i	0	1	2	3
h_i	0,25	0,2	0,15	0,4

d)

Klasse	[1000; 1200[	[1200; 1400[	[1400; 1600[
n_i	34	20	8

x_i ist die Klassenmitte.

3 Im Jahre 2012 werden 4,2 Mio. € in die Fabrik investiert.
Die Investitionen sollen die nächsten drei Jahre jeweils um 8 % gesteigert werden.
Berechnen Sie die mittlere Investitionssumme für den Vier-Jahreszeitraum.

Median

Ein Bautrupp mit 9 Personen hat folgende monatliche Einkünfte (in €):

1160	1050	980	1200	970	1800	6600	1180	1090

Hierbei ist das arithmetische Mittel $\bar{x} = 1781$.
Dieser Durchschnitt liefert ein falsches Bild, weil die Mehrzahl (sieben von neun Personen) höchstens 1200 € verdient.

Der Wert 6600 (Ausreißer) zieht den Mittelwert $\bar{x}$ nach oben.
Man sucht nach einem Wert, der die Verteilung der Einkünfte besser charakterisiert.
Dazu ordnen wir die Verdienste der Größe nach.

970	980	1050	1090	**1160**	1180	1200	1800	6600

Der in der Mitte liegende Wert 1160 € beschreibt die Verteilung besser als der Mittelwert $\bar{x}$.
Der Wert 1160 ist der Median (Zentralwert).

Zentralwert

Der **Zentralwert x_{Med} (Median)** ist derjenige Wert, der in der Mitte der sortierten Urliste steht. Alle Beobachtungswerte x_i sind der Größe nach geordnet.

Vergleich von Mittelwert $\bar{x}$ und Zentralwert x_{Med} anhand eines Diagramms

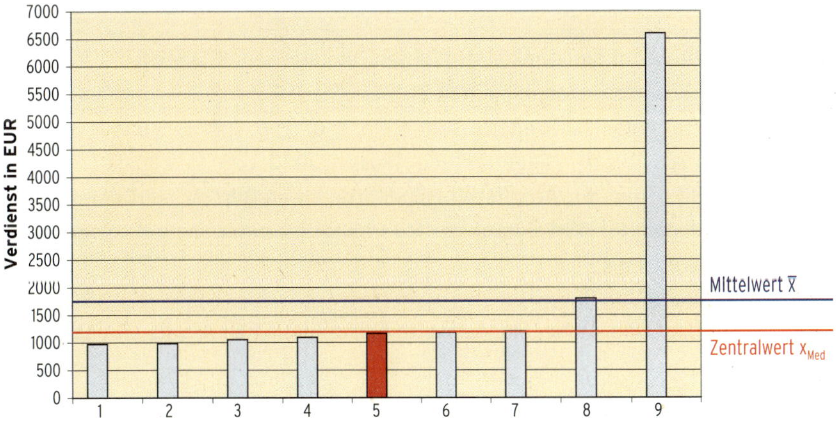

Bemerkung:
Zentralwert x_{Med} für eine **ungerade Anzahl** n von Beobachtungswerten: $x_{Med} = x_{\frac{n+1}{2}}$
Beispiel: 12; 15; 18; 20; 20 $x_{Med} = 18$

Zentralwert x_{Med} für eine gerade Anzahl n von Beobachtungswerten: $x_{Med} = \frac{x_{\frac{n}{2}} + x_{\frac{n}{2}+1}}{2}$

Beispiel: 12; 15; 18; 20; 20; 22 $x_{Med} = \frac{18 + 20}{2} = 19$

Aufgaben

1 In einem Unternehmen sind zehn Frauen in einer Putzkolonne auf 450-€-Basis beschäftigt. Der Chef stellt einen Vorarbeiter ein, der 2800 € pro Monat verdienen soll. Erläutern Sie die Auswirkungen auf den Median und das arithmetische Mittel der Monatseinkommen aller Mitarbeiter.

2 Die 32 Schüler in der Klasse haben ein Durchschnittsgewicht von 74 kg. Nach langer Krankheit hat ein Schüler 24 kg abgenommen. Der Mittelwert verändert sich nicht. Nehmen Sie Stellung.

3 Die 13 Studenten in einem Kurs geben ihre monatlichen Ausgaben in € wie folgt an: 1300, 1200, 1400, 700, 200, 750, 1450, 1500, 800, 800, 950, 900, 3000.

a) Berechnen Sie das arithmetische Mittel und den Median.
Interpretieren Sie diese Maße inhaltlich.

b) Erklären Sie, warum sich die Lagemaße unterscheiden.

c) Bestimmen Sie die Maßzahl, die Ihrer Meinung nach die Stichprobe am besten charakterisiert.

4 In einer Familie ist die Mutter 34 Jahre und das älteste Kind 12 Jahre alt. Die Mutter hat noch zwei weitere Kinder im Abstand von jeweils drei Jahren geboren. Durch die Adoption eines zweijährigen Waisenkindes sinkt das Durchschnittsalter der Familie auf 16,5 Jahre. Überprüfen Sie, ob der Vater älter als die Mutter ist.

5 Das Autohaus Sätz vergleicht die krankeitsbedingten Fehltage seiner Mitarbeiter in zwei Niederlassungen bei 220 Arbeitstagen im Jahr 2016.
Fehltage der zwölf Mitarbeiter der Niederlassung Köln: 2; 0; 12; 6; 7; 4; 3; 5; 30; 2; 0; 5
Fehltage der neun Mitarbeiter der Niederlassung Neuss: 3; 4; 10; 6; 5; 0; 3; 15; 0.

a) Ermitteln Sie, wie viel Prozent der Arbeitszeit ein Mitarbeiter im Durchschnitt krank ist.

b) Bestimmen Sie den Median für die Fehltage der Mitarbeiter für beide Niederlassungen.
Interpretieren Sie Ihr Ergebnis.

6 Die Tabelle zeigt für eine Filiale einer Handelskette den monatlichen Absatz einer Ware in Stück.

Jan	Feb	Mär	Apr	Mai	Jun	Jul	Aug	Sep	Okt	Nov	Dez
120	130	124	140	156	258	124	165	156	162	189	325

a) Stellen Sie die Daten in einem geeigneten Diagramm dar.

b) Berechnen Sie den durchschnittlichen monatlichen Absatz.

c) Untersuchen Sie den Einfluss der Absatzzahlen auf die Personalplanung und den Lagerbestand.

7 Ein Werkzeugmaschinenhersteller beabsichtigt, eine Bohrmaschine am Markt zu platzieren. Die Produktionskosten betragen 85 €. Eine Recherche im Internet ergibt folgende Preise für die Bohrmaschine mit vergleichbaren Leistungsmerkmalen:
159,60 €; 160,90 €; 165,90 €; 169,90 €; 178,90 €; 185,00 €; 205,40 €.
In den Preisen sind 19 % Mehrwertsteuer enthalten. Vertragshändler erhalten einen Preinachlass von 30 %. Entscheiden Sie, ob eine Produktion anzuraten ist.

8 Nach Angaben des Statistischen Bundesamtes kamen im Jahre 2007 auf je 100 000 Einwohner im Alter zwischen 18 und 25 Jahren 14,3 Verkehrstote.
Bei dieser Angabe handelt es sich um einen Mittelwert. Beurteilen Sie diese Aussage.

9 Die Grafik des statistischen Bundesamtes zeigt die Zahl der Ehescheidungen in Deutschland von 2006 bis 2016.
Bestimmen Sie das arithmetische Mittel und den Zentralwert.

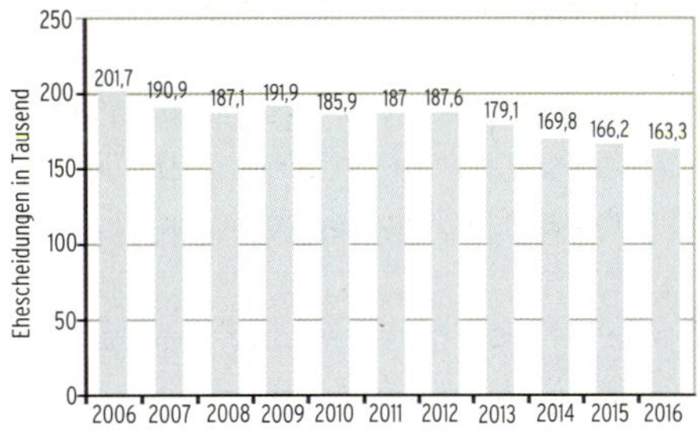

10 Die Wetterstation liefert die Tagestemperaturen (in °C), gemessen um 12:00 Uhr, für die 30 Tage eines Monats:
11,8 12,4 18,5 24,2 23,5 20,8 21,5 23,5 20,6 15,4 14,8 17,5 16,9 18,2 16,4
17,9 20,3 19,5 17,9 18,5 24,0 23,5 25,2 23,6 22,2 20,7 21,0 20,4 18,9 21,8

a) Berechnen Sie die durchschnittliche Tagestemperatur.

b) Berechnen Sie den Median.

c) Im langjährigen Mittel lagen die Durchschnittstemperaturen für diesen Monat bei 18,5 °C. Untersuchen Sie, ob sich die klimatischen Verhältnisse geändert haben.

11 Die Häufigkeitstabelle zeigt die Anzahl der Kunden an der Kasse im Supermarkt in 30 aufeinanderfolgenden Zeitabschnitten von je 10 Minuten.

Anzahl der Kunden	0	2	3	4	5	6	7	9
Häufigkeit	1	3	4	5	8	3	2	4

a) Stellen Sie die Verteilung in einem Säulendiagramm dar.

b) Berechnen Sie den Zentralwert und den Mittelwert. Nennen Sie Unterschiede.

12 Zu einer Stichprobe mit 20 Beobachtungswerten kommt ein extrem großer Wert hinzu. Beschreiben Sie die Veränderung von Median und arithmetischem Mittel.

13 Eine Umfrage unter 120 Schülern ergibt folgende Verteilung der monatlichen Taschengeldeinkünfte in €:

Höhe des Taschengeldes (Klasse x_i)	0 bis unter 5	5 bis unter 10	10 bis unter 20	20 bis unter 30	30 bis unter 50	50 bis unter 75
rel. Häufigkeit $h(x_i)$ in %	10,8	15,0	21,8	15,8	19,1	17,5

Bestimmen Sie den Median und das arithmetische Mittel $\overline{x}$ bezogen auf die Klassenmitte.

Berechnen Sie die Anzahl der befragten Schüler, die mindestens 20 € Taschengeld erhalten.

Geometrisches Mittel

Das **geometrische Mittel** ist ein Lagemaß zur Berechnung von durchschnittlichen Wachstumsraten und Wachstumsfaktoren. Das **geometrische Mittel** wird zur Analyse von Wachstumsraten im Zeitablauf bestimmt.

Beachten Sie

Für das geometrische Mittel aus n Datenwerten x_1 bis x_n mit $x_i > 0$ gilt:

$x_g = \sqrt[n]{x_1 \cdot x_2 \cdot \ldots \cdot x_n}$

(n-te Wurzel aus dem Produkt aller (positiven) Werte x_1 bis x_n)

Beispiel

➲ Die Tabelle zeigt das jährliche Umsatzwachstum eines Unternehmens in % der Jahre. 2009 bis 2016: 2,3; 12,3; 8,9; 13,3; 9,5; 8,4; 9,1; 22,1.

a) Berechnen Sie das durchschnittliche Umsatzwachstum.

b) Ermitteln Sie den Umsatz 2017 (unter gleichen Bedingungen), wenn 2016 eine Umsatz von 3,2 Millionen € erzielt wurde.

Lösung

a) **Es handelt sich um relative prozentuale Werte, die in Wachstumsfaktoren** umgewandelt werden müssen, z. B. vom Jahr 2009 zum Jahr 2010: 1,023

Jährliche Wachstumsfaktoren:
1,023; 1,123; 1,089; 1,133; 1,095; 1,084; 1,091; 1,221

Wachstumsfaktor:
$1{,}023 \cdot 1{,}123 \cdot 1{,}089 \cdot 1{,}133 \cdot 1{,}095 \cdot 1{,}084 \cdot 1{,}091 \cdot 1{,}221 = 2{,}241$

Durchschnittlicher Wachstumsfaktor:
$x_g = \sqrt[8]{1{,}023 \cdot 1{,}123 \cdot 1{,}089 \cdot 1{,}133 \cdot 1{,}095 \cdot 1{,}084 \cdot 1{,}091 \cdot 1{,}221} = 1{,}106$

Ein jährliches Umsatzwachstum von 10,6 % hätte zum gleichen Ergebnis geführt.

Hinweis: Ein **Wachstumsfaktor** ist um 1 größer als eine Wachstumsrate. Wachstumsfaktoren sind nie negativ, also existiert die n-te Wurzel.

b) **Das durchschnittliche Wachstumstempo beträgt 1,106.**
Umsatzprognose für 2017 (in Millionen): $3{,}2 \cdot 1{,}106 = 3{,}539$
2017 kann (unter gleichen Bedingungen) ein Umsatz von ca. 3,539 Mio. € erzielt werden.

Excel-Befehle:

Arithmetisches Mittel: MITTELWERT(A1:A10)

Zentralwert (Median): MEDIAN(A1:A10)

Geometrisches Mittel: GEOMITTEL(A1:A10)

Excel berechnet das Lagemaß aus den Zahlenwerten in den Zellen A1 bis A10.

Was man wissen solte ... über Lagemaße

Arithmetisches Mittel:

Summe der Beobachtungswerte x_i dividiert durch deren Anzahl n: $\overline{x} = \frac{x_1 + x_2 + \ldots x_n}{n}$

Zentralwert (Median):

Derjenige Wert, der in der Mitte steht, wenn alle Beobachtungswerte der Größe nach geordnet sind.

Geometrisches Mittel:

n-te Wurzel aus dem Produkt aller (positiven) Werte x_1 bis x_n: $x_g = \sqrt[n]{x_1 \cdot x_2 \cdot \ldots \cdot x_n}$

Aufgaben

1 Die Zahl der Erwerbstätigen in Deutschland (in Millionen) hat sich in den Jahren 2009 bis 2016 gegenüber dem Vorjahr prozentual wie folgt verändert:

Jahr	2009	2010	2011	2012	2013	2014	2015	2016
Gesamtzahl	40,85	40,98	41,53	42,01	42,26	42,61	42,99	43,54
Veränderung in %		0,3	1,3	1,1	0,6	0,8	0,9	1,3

Berechnen Sie die durchschnittliche Zahl der Erwerbstätigen und die durchschnittliche jährliche Änderungsrate. Bestimmen Sie einen Prognosewert für 2017.

2 Die Tabelle zeigt Jahresendkurse des Deutschen Aktienindex (DAX).

Bestimmen Sie die durchschnittliche jährliche Änderungsrate des DAX in den Jahren 2005 bis 2015. Erstellen Sie damit eine Prognose für 2016 und vergleichen Sie mit dem tatsächlichen Wert am 31. 12. 2016.

Jahr	2005	2006	2007	2008	2009	2010	2011	2012	2013	2014	2015
Daxwert	5408	6596	8067	4810	5957	6914	5898	7612	9552	9805	10743

3 Die Daten zeigen das jährliche Umsatzwachstum eines Unternehmens in % der Jahre 2007 bis 2015: 2,3; 2,3; 0,9; 3,3; 2,5; 5,4; 6,1; 12,1; -3,6.

a) Berechnen Sie das durchschnittliche Umsatzwachstum.

b) Bestimmen Sie den Umsatz 2016 und 2017 (unter gleichen Bedingungen), wenn 2015 ein Umsatz von 12,8 Millionen € erzielt wurde.

4 Die Tabelle zeigt den Schlusskurs einer BASF-Aktie jeweils am 1. Handelstag eines Monats im Jahr 2016.

Monat	1	2	3	4	5	6	7	8	9	10	11	12
Kurs	87,2	84,0	85,3	91,7	96,4	43,8	40,7	39,4	33,7	26,1	25,1	27,9

Berechnen Sie die monatliche Rendite in % und die mittlere monatliche Rendite im Jahre 2016.

1.2.2 Streuungsmaße

Die Lagemaße beschreiben eine Verteilung nicht ausreichend. Unterschiedliche Verteilungen können denselben Mittelwert $\bar{x}$ haben. Es kommt also darauf an, wie sich die Daten um den Mittelwert scharen.

Beispiel

Notenverteilung in Kurs a

Schüler Nr.	1	2	3	4	5	6	7	8	9	10
Note	12	11	10	11	11	12	12	11	10	12

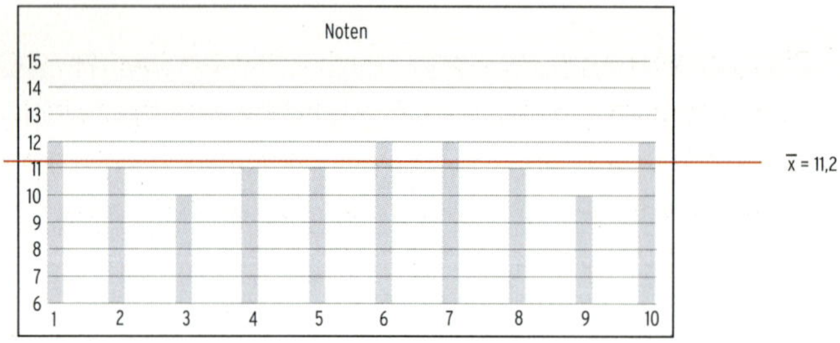

Notenverteilung in Kurs b

Schüler Nr.	1	2	3	4	5	6	7	8	9	10
Note	15	15	12	11	10	11	9	12	8	9

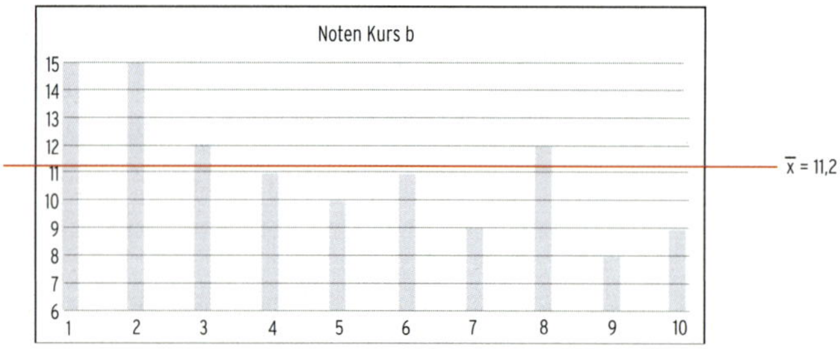

Trotz des gleichen Mittelwertes ist die Notenverteilung der beiden Klassen sehr unterschiedlich. In Klasse a „streuen" die Noten wenig um den Mittelwert, während in Klasse b die Abweichungen vom Mittelwert sehr groß sind.

Daraus ergibt sich die Notwendigkeit, die Abweichungen der Beobachtungswerte z. B. zum Mittelwert näher zu beschreiben.

Die beschreibende Statistik kennt dafür unterschiedliche **Streuungsmaße.**

Spannweite

Ein einfaches Maß für die Streuung ist die Differenz zwischen dem kleinsten und dem größten Beobachtungswert. Im Kurs a bewegen sich die Noten zwischen 2,5 und 3,5.

Die Spannweite beträgt 12 – 10 = 2.

Die Spannweite der Noten im Kurs b beträgt 15 – 8 = 7.

Beachten Sie

Für die **Spannweite R** gilt: größter Beobachtungswert minus kleinster Beobachtungswert

$$R = x_{max} - x_{min}$$

Bemerkung: Die **Spannweite** gibt die Länge des Bereichs an, über den sich die Beobachtungswerte verteilen. Eine größere Spannweite bedeutet eine größere Streuung, aber da die Spannweite nur von zwei Werten (dem kleinsten und dem größten Wert) abhängt, ist die Aussagekraft relativ gering.

Beispiel

➲ In einer Stadt wurde im Monat September an jedem Tag jeweils um 12 Uhr die Temperatur gemessen. Die Temperaturen in °C können der Urliste entnommen werden:

2; 5; 7; 11; 11; 12; 13; 15; 17; 24; 18; 14; 15; 16; 13; 12; 10; 24; 17; 18; 3; 20; 19; 18; 18; 20; 21; 22; 14; 11

Berechnen Sie die Spannweite und den Median.

Lösung

Sortierte Urliste	x_1	x_2	x_3	x_4	x_5	x_6	x_7	x_8	x_9	x_{10}	x_{11}	x_{12}	x_{13}	x_{14}	**x_{15}**
	2	3	5	7	10	11	11	11	12	12	13	13	14	14	**15**
	x_{16}	x_{17}	x_{18}	x_{19}	x_{20}	x_{21}	x_{22}	x_{23}	x_{24}	x_{25}	x_{26}	x_{27}	x_{28}	x_{29}	x_{30}
	15	16	17	17	18	18	18	18	19	20	20	21	22	24	24

Größter und kleinster Beobachtungswert: $x_{max} = 24$ $x_{min} = 2$

Spannweite R: $R = x_{max} - x_{min} = 22$

Berechnung des Medians

n = 30 gerade $x_{Med} = \frac{1}{2}(x_{15} + x_{16}) = \frac{1}{2}(15 + 15)$

Median (Zentralwert): $x_{Med} = 15$

Mittlere lineare Abweichung

Die folgenden Streuungsmaße berücksichtigen alle Beobachtungswerte.
Eine Möglichkeit, die Streuung der Datenwerte anzugeben, ist die Bestimmung der mittleren Abweichung vom Mittelwert.

Für die **mittlere (lineare) Abweichung vom Mittelwert** wird der jeweilige Abstand von Beobachtungswert zum arithmetischen Mittel berechnet und aufaddiert. Die Summe wird anschließend durch die Anzahl geteilt.
Um negative Differenzen zu vermeiden, berechnet man die **Beträge** der Differenzen.

Beispiel 1

➲ Berechnen Sie für die folgende Liste die mittlere Abweichung vom Mittelwert:
25; 23; 32; 24; 27; 19; 30; 21; 25; 24

Lösung

Das **arithmetische Mittel** beträgt $\overline{x} = 25$.
Die **Abweichungen $x_i - \overline{x}$** vom Mittelwert $\overline{x}$ werden im Diagramm veranschaulicht.

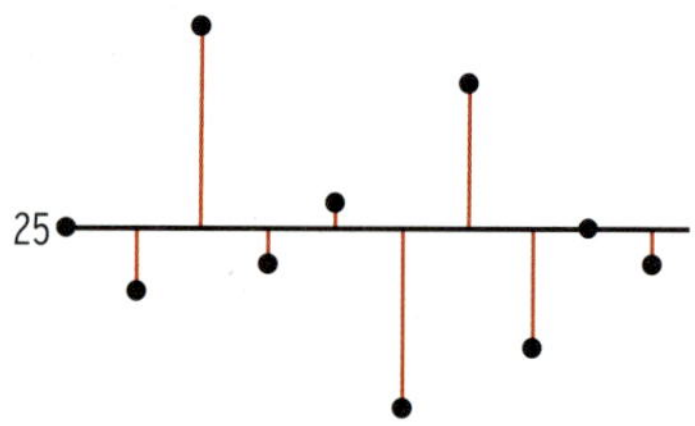

Man berechnet die Summe der Abweichungen vom Mittelwert $\overline{x} = 25$:

$$(25 - 25) + (23 - 25) + (32 - 25) + (24 - 25) + (27 - 25) + (19 - 25) + (30 - 25) + (21 - 25) + (25 - 25) + (24 - 25) = 0$$

Die Summe bestätigt nur den Mittelwert, sie hat **keine Aussagekraft** für die Streuung.
Die positiven und negativen Differenzen heben sich auf.
Der Abstand ist die (positive) Differenz zwischen den x_i-Werten und $\overline{x} = 25$.
Man berechnet die **Summe der Beträge der Abweichungen:**

$$|25 - 25| + |23 - 25| + |32 - 25| + |24 - 25| + |27 - 25| + |19 - 25| + |30 - 25| + |21 - 25| + |25 - 25| + |24 - 25| = 28$$

Die **Summe der Abweichungen** wird durch den Stichprobenumfang geteilt ($n = 10$):

Mittlere lineare Abweichung $d = \frac{28}{10} = 2{,}8$

Beachten Sie

Für die **mittlere Abweichung d** gilt: $d = \frac{|x_1 - \overline{x}| + |x_2 - \overline{x}| + \ldots\ |x_n - \overline{x}|}{n}$

d ist das arithmetische Mittel der Abweichungsbeträge aller Beobachtungswerte vom arithmetischen Mittel $\overline{x}$.

Beispiel 2

➲ Ein Weingut bietet vier Sorten Weine aus verschiedenen Lagen an.
Die nachfolgende Liste gibt die verkauften Mengen für einen Jahrgang an.

Sorte	A	B	C	D
Verkaufspreis pro Flasche in € (x_i)	5	7	8	12
Anzahl der verkauften Flaschen (n_i)	150	600	250	300

Berechnen Sie die durchschnittliche Abweichung der erzielten Verkaufspreise vom durchschnittlichen Verkaufspreis pro Flasche.

Lösung

Durchschnittlicher Verkaufspreis pro Flasche $\bar{x} = 8{,}12$ (vgl. S. 20)

x_i	$x_i - \bar{x}$	n_i	$\lvert x_i - \bar{x}\rvert \cdot n_i$
5	− 3,12	150	468
7	− 1,12	600	672
8	− 0,12	250	30
12	3,88	300	1164
insgesamt		1300	2334

oder

h_i	$\lvert x_i - \bar{x}\rvert \cdot h_i$
0,12	0,3744
0,46	0,5152
0,19	0,0228
0,23	0,8924
	1,8048

Die Summe der Abstandsbeträge dividiert durch den Stichprobenumfang $n = 1300$ ergibt die **mittlere Abweichung** $d = \frac{2334}{1300} \approx 1{,}80$.

Beachten Sie

Für die Berechnung der **mittleren Abweichung d** aus einer **Häufigkeitstabelle** gilt:

$$d = \frac{|x_1 - \bar{x}|n_1 + |x_2 - \bar{x}|n_2 + \ldots + |x_k - \bar{x}|n_k}{n} = |x_1 - \bar{x}|h_1 + \ldots + |x_k - \bar{x}|\,h_k$$

Dabei ist n_i die absolute Häufigkeit und h_i die relative Häufigkeit von x_i.

Aufgaben

1 Berechnen Sie Mittelwert, Median und Spannweite der folgenden Datenreihe:
3; 8; 12; 5; 7; 8; 9,5; 11; 14; 6; 8,5. Berechnen Sie die mittlere Abweichung von $\bar{x}$.

Berechnen Sie die mittlere Abweichung vom Mittelwert, wenn man die Datenreihe um eine der Zahlen 3 bzw. 8,4 erweitert.

2 Das folgende Säulendiagramm beschreibt die Fehltage von 12 Schülern eines Kurses während eines Halbjahres.

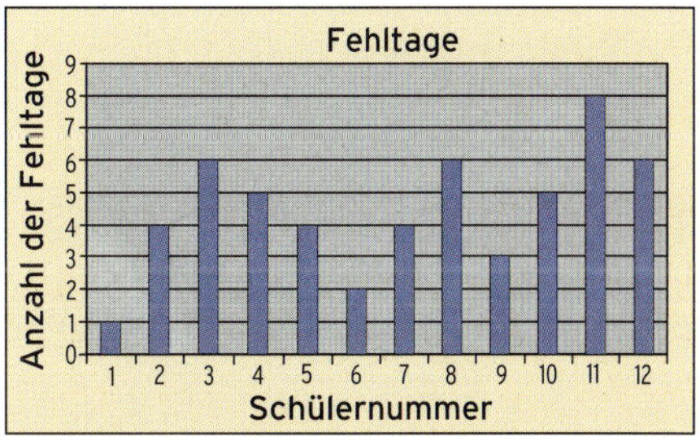

a) Erstellen Sie eine Häufigkeitstabelle.

b) Bestimmen Sie die Spannweite und den Median der Verteilung.
Geben Sie die Einheit der Lagemaße an.

c) Berechnen Sie die durchschnittliche Zahl der Fehltage und die mittlere Abweichung vom Mittelwert.

3 Die Tabelle enthält die Monatsmittelwerte der Temperatur für die Zugspitze des Jahres 2016 in °C:
– 10,6; – 9,6; – 10,0; – 5,4; – 2,8; 1,4; 3,9; 4,0; 2,4; – 4,2; – 6,8; – 5,9

a) Berechnen Sie die durchschnittliche Jahrestemperatur.

b) Berechnen Sie den Median und die Spannweite.

c) Die durchschnittliche Jahrestemperatur für die Jahre 1961 bis 1990 liegt bei – 4,8 °C. Beschreiben Sie die Veränderung der klimatischen Verhältnisse.

4 Ein Unternehmen verkauft ein Produkt an verschiedene Abnehmer. Die folgende Tabelle gibt die Umsatzstatistik für eine Periode an. Berechnen Sie

a) den erzielten Durchschnittspreis je Stück,

b) die durchschnittliche mittlere Abweichung der erzielten Stückpreise vom Durchschnittspreis.

Kunde	Stückpreis in €	Umsatz in €
A	6	420
B	8	320
C	9	270
D	7	490
E	10	200

5 Der Benzinverbrauch zweier Autos vom Typ A und B pro 100 km soll getestet werden. Dabei ergeben sich folgende Werte (in l/100 km):

Typ A	8,0	7,0	7,4	7,8	8,2	8,6	9,3	8,4	8,3	7,9	8,2	
Typ B	8,7	7,6	7,8	7,7	7,9	8,1	7,9	7,8	8,5	8,5	8,4	8,3

a) Ordnen Sie die Beobachtungswerte von Typ A und Typ B der Größe nach.

b) Bestimmen Sie die Werte, die in der Mitte der geordneten Daten liegen. Vergleichen Sie.

c) Berechnen Sie für jeden Fahrzeugtyp den durchschnittlichen Verbrauch und die mittlere Abweichung vom Mittelwert.

6 Die Tabelle zeigt die Niederschlagsmengen (langjähriger Durchschnitt in mm) einiger Städte.

Geben Sie an,

a) die durchschnittliche Niederschlagsmenge aller Städte.

b) die Stadt mit der mittleren Niederschlagsmenge.

c) die Spannweite der Niederschläge.

d) die durchschnittliche Abweichung der Niederschlagsmengen vom arithmetischen Mittelwert.

Lüdenscheid	1210
Aachen	808
Kahler Asten	1475
Siegen	1160
Münster	745
Bocholt	750
Dortmund	855
Düsseldorf	755
Gütersloh	755
Brilon	1075
Drolshagen	1333

7 Die Häufigkeitstabelle zeigt die Anzahl der Kinobesucher abends um 20 Uhr an 9 aufeinanderfolgenden Tagen.

Tag	1	2	3	4	5	6	7	8	9
Anzahl der Kinobesucher	19	15	30	40	70	85	65	15	17

a) Stellen Sie die Verteilung in einem Säulendiagramm dar.

b) Berechnen Sie den Zentralwert und den Mittelwert.

c) Berechnen Sie die mittlere (lineare) Abweichung der Beobachtungswerte vom Mittelwert.

Mittlere quadratische Abweichung (Varianz)

Die mittlere quadratische Abweichung (Varianz) ist das gebräuchlichste Streuungsmaß. Die Streuung wird gemessen durch die Abweichung der Beobachtungswerte x_i vom arithmetischen Mittelwert $\overline{x}$.

Beispiel

Beispiel

Notenverteilung im Kurs a (vgl. S. 26)

Die Abweichungen $x_i - \overline{x}$ vom Mittelwert $\overline{x}$ werden im Diagramm veranschaulicht.

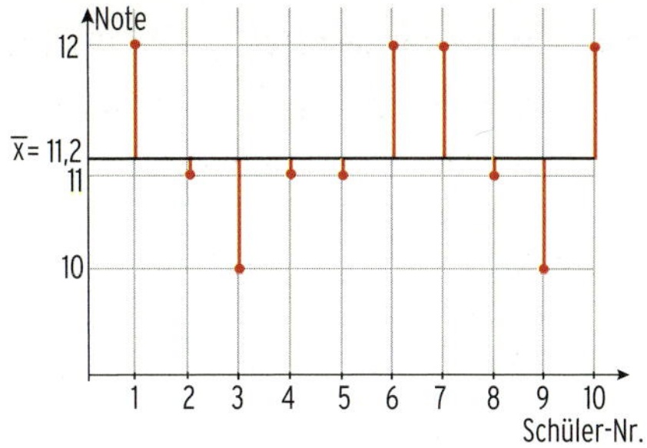

Summe der Abweichungen vom Mittelwert $\overline{x} = 11{,}2$:

$(12 - 11{,}2) + (11 - 11{,}2) + (10 - 11{,}2) + (11 - 11{,}2)$
$+ (11 - 11{,}2) + (12 - 11{,}2) + (12 - 11{,}2) + (11 - 11{,}2) + (10 - 11{,}2) + (12 - 11{,}2) = 0$

Die Summe bestätigt nur den Mittelwert, sie hat keine Aussagekraft für die Streuung.
Die positiven und negativen Differenzen heben sich auf.
Um die negativen Differenzen zu vermeiden, werden die Quadrate der Differenzen berechnet.
Summe aller quadrierten Abweichungen vom Mittelwert $\overline{x}$:

$(12 - 11{,}2)^2 + (11 - 11{,}2)^2 + (10 - 11{,}2)^2 + (11 - 11{,}2)^2 + (11 - 11{,}2)^2 + (12 - 11{,}2)^2 + (12 - 11{,}2)^2 +$
$(11 - 11{,}2)^2 + (10 - 11{,}2)^2 + (12 - 11{,}2)^2 = 5{,}6$

Der **Mittelwert** der Abweichungsquadrate heißt **Varianz** σ^2 oder s^2.
Varianz: $\sigma^2 = \frac{1}{10} \cdot 5{,}6 = 0{,}56$ (Summe der Abweichungsquadrate dividiert durch die Anzahl n)

Bemerkung: Die Differenz von zwei Merkmalsausprägungen hat die gleiche Einheit wie die Merkmalsausprägung (z. B. Gewicht in g). Da bei der Berechnung der Varianz die Einheiten auch quadriert werden, verlieren sie für die Merkmalsausprägung ihren Sinn (vgl. z. B. g^2). Um wieder auf die Einheit der Merkmalsausprägung zu kommen, zieht man die Wurzel aus der Varianz und erhält ein neues Streuungsmaß, die **Standardabweichung** σ (auch s).

Festlegung der mittleren quadratischen Abweichung (Varianz)

Die mittlere quadratische Abweichung (Varianz) ist das arithmetische Mittel der quadrierten Abweichungen der Beobachtungswerte x_i vom Mittelwert $\overline{x}$:

$$\sigma^2 = \frac{(x_1 - \overline{x})^2 + \ldots + (x_n - \overline{x})^2}{n} \quad \text{(auch } s^2\text{)}$$

$\overline{x}$: Mittelwert; x_i: i-ter Beobachtungswert; n: Anzahl der Merkmalsträger

Die Wurzel aus der Varianz heißt **Standardabweichung (Streuung):** $\sigma = \sqrt{\sigma^2}$

Notenverteilung von Kurs a	Notenverteilung von Kurs b
Varianz: $\sigma^2 = 0{,}56$	Varianz: $\sigma^2 = 5{,}16$
Standardabweichung: $\sigma = \sqrt{0{,}56} \approx 0{,}75$	Standardabweichung: $\sigma = \sqrt{5{,}16} \approx 2{,}27$

Die größere Standardabweichung der Notenverteilung von Klasse b bestätigt, dass die Streuung der Noten von Klasse b größer ist als die Streuung von Klasse a.

Beispiel 1

➲ Die monatlichen Absatzzahlen von zwei Filialen wurden über mehrere Jahre gesammelt und die monatlichen Absätze aufgelistet.

Filiale A	642	610	670	645	660	650	610	630	675	640	665	655
Filiale B	540	510	560	650	1060	590	503	574	495	540	495	1235

Berechnen Sie den Mittelwert, die mittlere quadratische Abweichung und die Standardabweichung. Interpretieren Sie im wirtschaftlichen Kontext.

Lösung:

Mittelwerte:

$$\overline{x}_A = \frac{642 + 610 + 670 + 645 + 660 + 650 + 610 + 630 + 675 + 640 + 665 + 655}{12} = 646$$

$$\overline{x}_B = \frac{540 + 510 + 560 + 650 + 1060 + 590 + 503 + 574 + 495 + 540 + 495 + 1235}{12} = 646$$

Mittlere quadratische Abweichung (Varianz) Standardabweichung

$$\sigma_A{}^2 = \frac{1}{12}((642 - 646)^2 + (610 - 646)^2 + ... + (665 - 646)^2 + (655 - 646)^2) \Rightarrow \sigma \approx 20{,}4$$

$$\sigma_B{}^2 = \frac{1}{12}((540 - 646)^2 + (510 - 646)^2 + ... + (495 - 646)^2 + (1235 - 646)^2) \Rightarrow \sigma \approx 21{,}3$$

Bei **gleichem durchschnittlichen monatlichen Absatz** unterscheiden sich die Filialen in der Standardabweichung. In Filiale B streuen die Absätze viel stärker als in Filiale A. Diesem Umstand kann begegnet werden durch den Einsatz von Hilfskräften oder Leiharbeitern in den verkaufsstarken Monaten Mai und Dezember.
Die Lagerverwaltung muss durch ihr Bestellverhalten dafür sorgen, dass für die beiden absatzstarken Monate genügend Ware am Lager ist.

Hinweis: Berechnung von $\overline{x}$ und σ (= σ_x) mit dem GTR/CAS (Filiale A)

Dateneingabe	Mittelwert, Standardabweichung
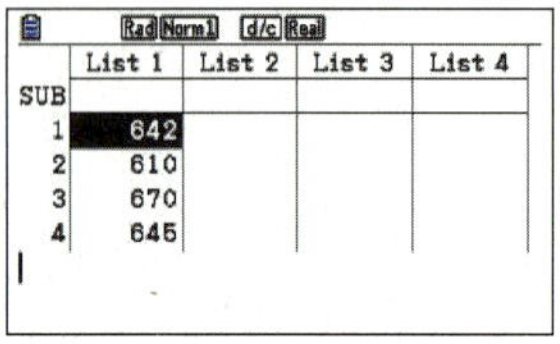	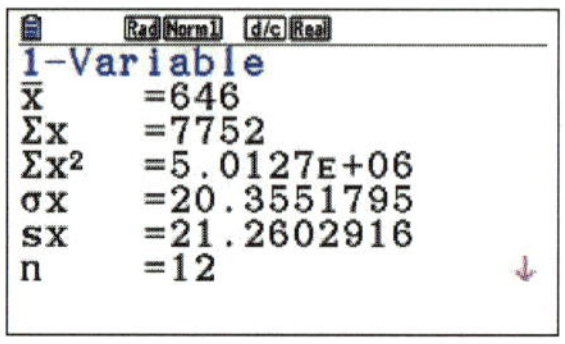

Beispiel 2

➲ Auf einer Maschine werden Präzisionsschrauben mit einer Solllänge von 80 mm hergestellt. Eine Stichprobe ergibt einen Mittelwert von 80,05 mm mit einer Standardabweichung $\sigma = 1{,}9$ mm. Nach der Reklamation eines Großkunden wird die Maschine neu eingestellt. Eine erneute Stichprobe ergibt einen Mittelwert von 80,03 mm mit einer Standardabweichung $\sigma = 1{,}3$ mm. Nehmen Sie Stellung.

Lösung

Die Neujustierung der Maschine hat den Mittelwert verbessert.
Die Standardabweichung, also die Streuung um das arithmetische Mittel, hat sich verringert. Die Qualität ist somit besser geworden, die Neueinstellung hat sich gelohnt.

Beispiel 3

➲ Gegeben ist folgende Häufigkeitstabelle:

Sorte	A	B	C	D
Verkaufspreis pro Flasche in € (x_i)	5	7	8	12
Verkaufte Flaschen (n_i)	150	600	250	300

Berechnen Sie die Varianz und die Standardabweichung.

Lösung:

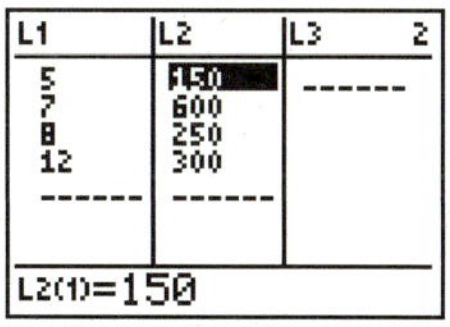

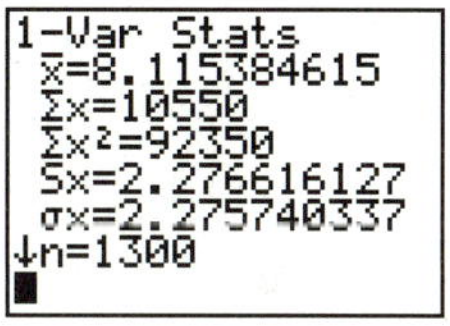

Mittelwert (durchschnittlicher Verkaufspreis in €): $\overline{x} = 8{,}12$

Anzahl der Merkmalsausprägungen: $r = 4$

Häufigkeit für die Merkmalsausprägung x_1: $n_1 = 150$

Anzahl der verkauften Flaschen: $n = 1300$

Varianz:

$$\sigma^2 = \frac{(5 - 8{,}12)^2 \cdot 150 + (7 - 8{,}12)^2 \cdot 600 + (8 - 8{,}12)^2 \cdot 250 + (12 - 8{,}12)^2 \cdot 300}{1300}$$

$\sigma^2 = 5{,}1790$

Varianz: $\sigma^2 = 5{,}1790$

Standardabweichung: $\sigma = \sqrt{5{,}1790} \approx 2{,}2757$

Hinweis: Berechnung der Varianz mithilfe der relativen Häufigkeiten

$$h_1 = \frac{150}{1300};\ h_2 = \frac{600}{1300};\ h_3 = \frac{250}{1300};\ h_4 = \frac{300}{1300}$$

$$\sigma^2 = (5 - 8{,}12)^2 \cdot \frac{150}{1300} + (7 - 8{,}12)^2 \cdot \frac{600}{1300} + (8 - 8{,}12)^2 \cdot \frac{250}{1300} + (12 - 8{,}12)^2 \cdot \frac{300}{1300}$$

Was man wissen sollte ... über Streuungsmaße

Spannweite R

Größter Beobachtungswert minus kleinster Beobachtungswert $R = x_{max} - x_{min}$

Mittlere lineare Abweichung d

Arithmetisches Mittel der Abweichungsbeträge aller Beobachtungswerte von $\overline{x}$.

$$d = \frac{|x_1 - \overline{x}| + |x_2 - \overline{x}| + \ldots + |x_n - \overline{x}|}{n}$$

Mittlere quadratische Abweichung σ^2 (Varianz)

Summe der Abweichungsquadrate geteilt durch die Anzahl n der Beobachtungswerte:

$$\sigma^2 = \frac{(x_1 - \overline{x})^2 + (x_2 - \overline{x})^2 + \ldots + (x_n - \overline{x})^2}{n}$$

Mittlere quadratische Abweichung σ^2 einer Häufigkeitsverteilung

$$\sigma^2 = (x_1 - \overline{x})^2 h_1 + (x_2 - \overline{x})^2 h_2 + \ldots + (x_n - \overline{x})^2 h_n \text{ mit } h_i = \frac{n_i}{n}$$

Die **Standardabweichung** σ ist die Wurzel aus der Varianz: $\sigma = \sqrt{\text{Varianz}}$

Aufgaben

1 Schüler erfragen die Preise von zwei Zubehörteilen für ein Handy in verschiedenen Geschäften der Stadt. Die festgestellten Stückpreise in € lassen sich der folgenden Liste entnehmen:

Ware A	4,00	4,10	5,40	4,90	3,50	3,40
Ware B	11,00	11,90	14,90	10,00	12,60	9,90

Berechnen Sie die mittlere quadratische Abweichung und die Standardabweichung für die beiden Waren. Welcher Preis schwankt stärker? Erläutern Sie.

2 Ein Möbelhaus hat zehn Filialen, deren Umsätze analysiert werden sollen. Eine Umfrage ergab folgende Umsätze für das Jahr 2016 (in Mio. €):
55; 65; 49; 84; 18; 105; 88; 58; 22; 87.

a) Berechnen Sie die mittlere quadratische Abweichung und die Standardabweichung.

b) Im Jahr 2015 wurde ein mittlerer Umsatz von 63,2 Mio. € und eine Standardabweichung von 14,1 Mio. € erzielt. Vergleichen Sie die Umsätze der beiden Jahre.

3 Die Häufigkeitstabelle zeigt die Verkaufszahlen für Wanderschuhe im Laufe eines Jahres.

Jan	Febr	März	April	Mai	Juni	Juli	Aug	Sept	Okt	Nov	Dez
2	1	3	13	23	54	43	35	50	33	8	1

Berechnen Sie den Mittelwert und die Standardabweichung.
Beurteilen Sie den Mittelwert als Grundlage für die Lagerhaltung.

4 Zwei Kurse mit jeweils 26 Schülern schreiben dieselbe Mathematikklausur. Die Ergebnisse können der Häufigkeitstabelle entnommen werden.

Notenpunkte	15	14	13	12	11	10	9	8	7	6	5	4
Kurs a	3	6	8	5	1	3	0	0	0	0	0	0
Kurs b	1	4	6	7	4	1	0	0	2	0	0	1

a) Berechnen Sie jeweils Mittelwert und Standardabweichung.
Beurteilen Sie die Ergebnisse.

b) In einem weiteren Test in Kurs b gibt es kein Ergebnis unter 10 Punkten. Die Anzahl der Schüler/innen mit 12 Punkten hat sich geändert.
Nennen Sie Änderungen beim Mittelwert und bei der Standardabweichung.

c) Beurteilen Sie die Bedeutung einer großen bzw. kleinen Standardabweichung für das Niveau der Klasse.

5 Berechnen Sie das arithmetische Mittel, den Median und die Standardabweichung aus der Abbildung und interpretieren Sie Ihre Ergebnisse.
Berechnen Sie die durchschnittliche Umsatzsteigerung der Jahre 2009 bis 2016.

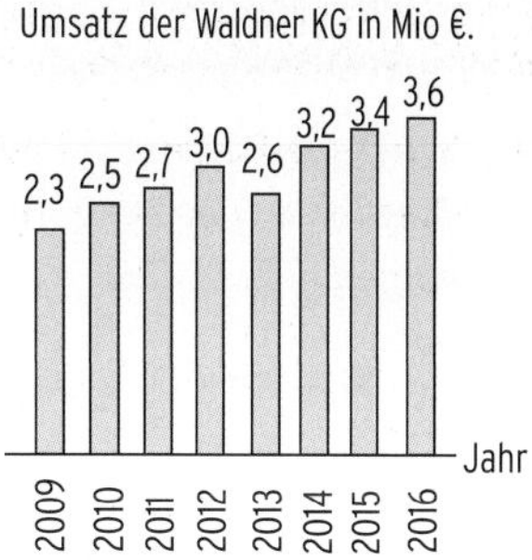

6 Herr Frantz betreibt einen Imbisswagen mit Verzehrtheke. Er erzielte 2016 einen durchschnittlichen monatlichen Gewinn vor Steuern in Höhe von 3840 €. Zum Jahresende stellt er seine monatlichen Gewinne in € zusammen:
2580; 3400; 3540; 4400; 4550; 4400; 4580; 5400; 2880; 3100; 2180.

a) Eine Monatsangabe ist verloren gegangen.
Ermitteln Sie den Gewinn, der in diesem Monat erzielt wurde.

b) Berechnen Sie die Standardabweichung. Interpretieren Sie Ihr Ergebnis.

7 Die AutoSystem GmbH führt Testreihen durch, um die Funktionsfähigkeit des neuen Systems zu prüfen. Dabei wird in jeweils fünf Versuchen die Zeit in Sekunden gemessen, die es dauert, um aus dem Stand heraus auf eine Geschwindigkeit von 100 km/h zu beschleunigen. Die erste Testreihe wird von einem erfahrenen Autofahrer ohne das neue System durchgeführt. Anschließend wird das neue System eingebaut und die Messung in einer zweiten Testreihe wiederholt. In der folgenden Tabelle sind die Messergebnisse festgehalten:

Messung	1	2	3	4	5
Zeit in Sekunden (ohne neues System)	7,31	7,42	6,99	7,25	7,13
Zeit in Sekunden (mit neuem System)	7,11	7,10	7,13	7,12	7,14

a) Berechnen Sie den Mittelwert und die Standardabweichung der beiden Versuchsreihen. Beurteilen Sie die Funktionsfähigkeit des neuen Systems.

b) Begründen Sie, weshalb ein mit dem neuen System ausgestattetes Fahrzeug einem Fahrzeug ohne das neue System nicht immer überlegen ist.

8 In einer Firma werden Schrauben gefertigt. Bei einer Qualitätskontrolle werden der Produktion 90 Schrauben entnommen und deren Länge (in mm) gemessen.

Länge	78,8	78,9	79,0	79,1	79,2	79,3	79,4	79,5	79,6	79,7	79,8	79,9	80,0	80,1	80,2
Häufigkeit n_i	1	2	3	5	3	8	8	14	11	11	9	4	5	5	1

a) Stellen Sie die Häufigkeitsverteilung durch ein Säulendiagramm dar.

b) Bestimmen Sie die durchschnittliche Länge der Schrauben.

c) Bestimmen Sie die Länge d, für die mindestens 50 % der Messwerte kleiner und mindestens 50 % der Messwerte größer als d sind und bezeichnen Sie diesen Wert.

d) Berechnen Sie die Standardabweichung.

e) Als Ausschuss gilt, wenn die Länge einer Schraube um mehr als 0,5 mm vom Mittelwert abweicht. Ermitteln Sie den Prozentsatz des Ausschusses, mit dem für die Produktion zu rechnen ist. Beurteilen Sie die Fertigungsqualität.

Test zur Überprüfung Ihrer Grundkenntnisse

1 An den ersten Tagen im März wurden täglich um 10.00 Uhr die folgenden Temperaturwerte in °C gemessen: 11, 12, 13, 14, 11, 17, 11, 14, 13, 11, 13, 14, 10, 12, 11.

a) Ermitteln Sie die Durchschnittstemperatur.

b) Der Median stimmt mit dem Mittelwert überein. Überprüfen Sie die Behauptung.

2 Berechnen Sie für die Häufigkeitsverteilung die absoluten Häufigkeiten, die Varianz und die Standardabweichung. (n = 80)

x_i	0	1	2	3	4	6
h_i	0,2	0,325	0,25	0,15	0,05	0,025

3 Die Tabelle gibt die monatlichen Regentage in zwei Städten A und B an.

Monat	Jan	Febr	März	April	Mai	Juni	Juli	Aug	Sept	Okt	Nov	Dez
A	13	14	14	10	9	7	6	5	6	9	9	0
B	2	3	4	8	13	17	18	16	13	10	7	3

a) Berechnen Sie jeweils die Anzahl der durchschnittlichen Regentage pro Monat.

b) Bestimmen Sie jeweils die mittlere quadratische Abweichung (Varianz) und die Standardabweichung.

c) Machen Sie Aussagen über die klimatischen Verhältnisse in den Städten A und B.

4 Die Fertigparkettquadrate haben eine Soll-Kantenlänge von 200 mm. Die Qualität der Produktion wird laufend überprüft.
In der **Produktionsperiode 1** ergibt sich folgende Häufigkeitsverteilung:

Kantenlänge in mm	199	200	201	202	203
Anzahl	159	1020	1393	396	32

In der **Produktionsperiode 2** wird die Sägemaschine nach Kundenreklamationen neu eingestellt. Es ergibt sich eine durchschnittliche Kantenlänge von $\overline{x} = 200{,}7$ mm bei einer Standardabweichung von $\sigma = 0{,}45$ mm.

Bestimmen Sie die durchschnittliche Kantenlänge und die Standardabweichung für die Produktionsperiode 1.

Die Neueinstellung in Produktionsperiode 2 kann als erfolgreich bezeichnet werden.

Nehmen Sie Stellung zu dieser Aussage.

5 Die Jahreseinkommen in einem Unternehmen gliedern sich wie folgt:

a) Berechnen Sie das Durchschnittseinkommen.

b) Bestimmen Sie die Standardabweichung.

Jahreseinkommen in €	Anzahl der Bezieher
0 bis unter 5000	11
5000 bis unter 10000	28
10000 bis unter 20000	45
20000 bis unter 30000	20
30000 bis unter 50000	15
50000 bis unter 90000	4

1.2.3 Lineare Regression und Korrelation

Wird ein Zusammenhang zwischen zwei Merkmalen vermutet, werden Daten für die zwei Merkmale X und Y erhoben und ein **Streudiagramm** erstellt.

Die Betrachtung der Punktwolke lässt vermuten, dass sich die Punkte um eine Gerade scharen.

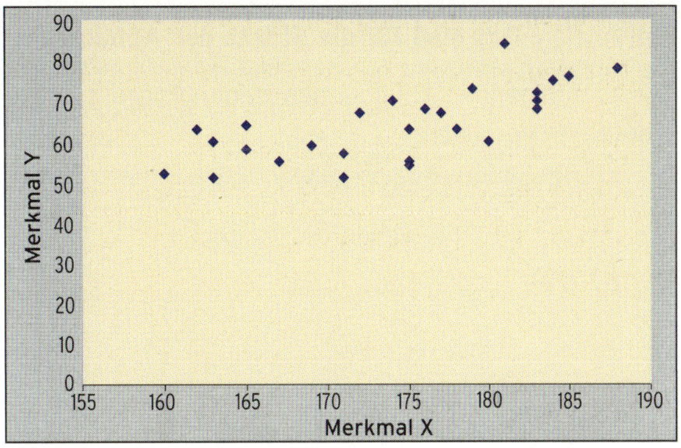

Auf der Suche nach der optimalen Geraden lassen sich subjektiv mehrere Geraden finden, die die Datenpunkte möglichst gut beschreiben. Diese Anpassung liefert sicherlich keine objektiv nachprüfbare Lösung.

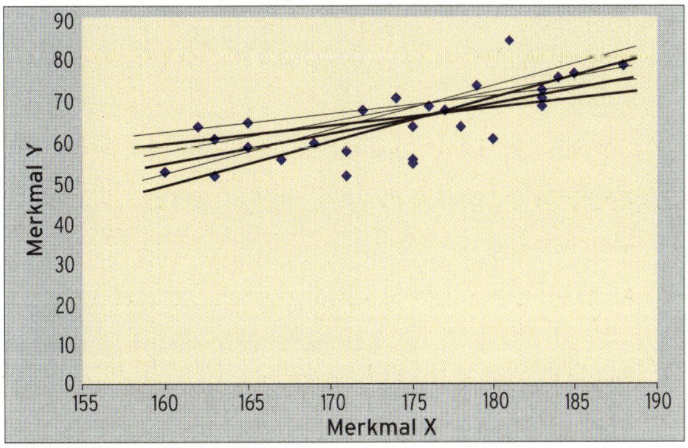

Es kommt nicht darauf an, dass die gesuchte optimale Gerade genau durch einen oder mehrere Datenpunkte geht, sondern möglichst nahe an allen Punkten liegt. Diese Bedingung wird erfüllt, wenn die Summe der quadrierten Abstände aller Punkte zur Geraden möglichst gering wird. Die optimale Gerade heißt **Regressionsgerade (Ausgleichsgerade).**

Die Regressionsanalyse beschreibt den linearen Zusammenhang mathematisch, d. h., der Zusammenhang zwischen den Merkmalen X und Y kann durch eine Gerade mit der Gleichung $y = mx + b$ beschrieben werden.

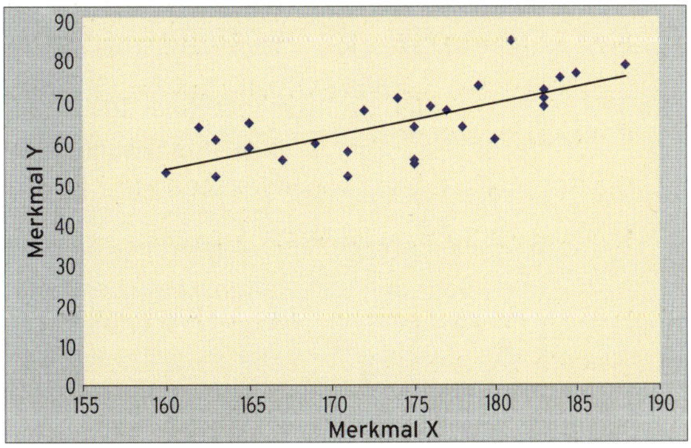

Die Regressionsgerade beschreibt den Zusammenhang zwischen zwei Merkmalen X und Y, aber sie gibt keine Auskunft darüber, wie gut die Punktwolke approximiert wird.

Je stärker der Zusammenhang ist, desto kleiner ist die Summe der Abweichungsquadrate.

Gesucht ist ein **Maß für die Stärke** dieses (linearen) Zusammenhangs zwischen den beiden Merkmalen. **Das Maß für die Stärke der Abhängigkeit ist der Korrelationskoeffizient r.**

Die nachfolgenden Abbildungen zeigen Regressionsgeraden mit ihren Korrelationskoeffizienten im Vergleich.

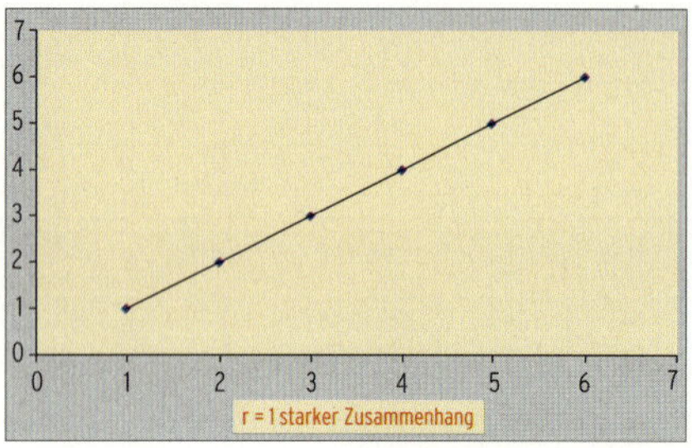

r = 1 starker Zusammenhang

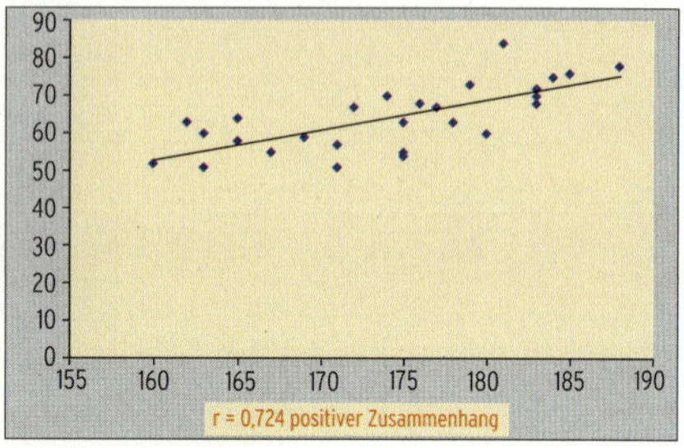

r = 0,724 positiver Zusammenhang

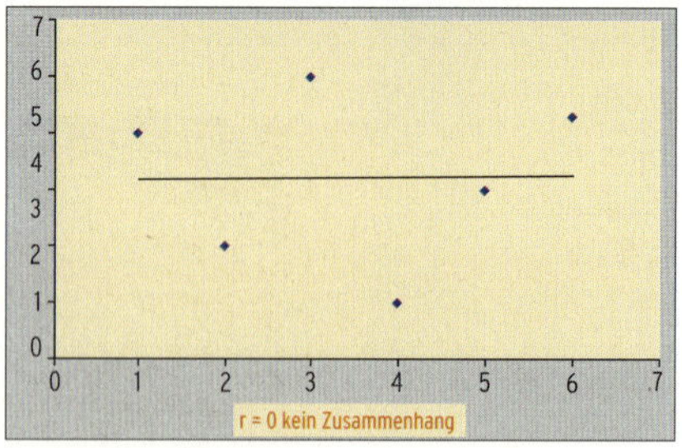

r = 0 kein Zusammenhang

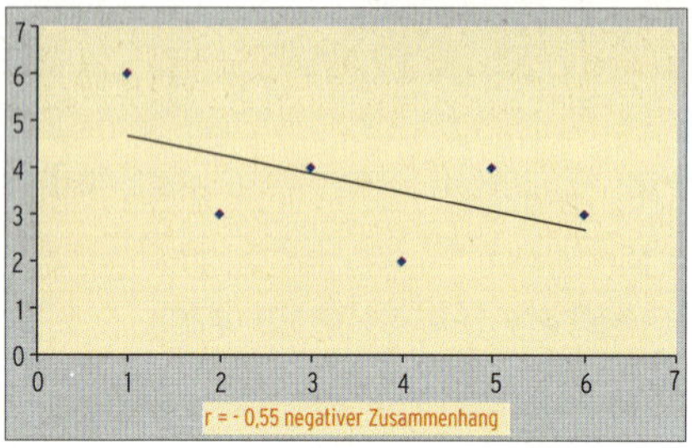

r = - 0,55 negativer Zusammenhang

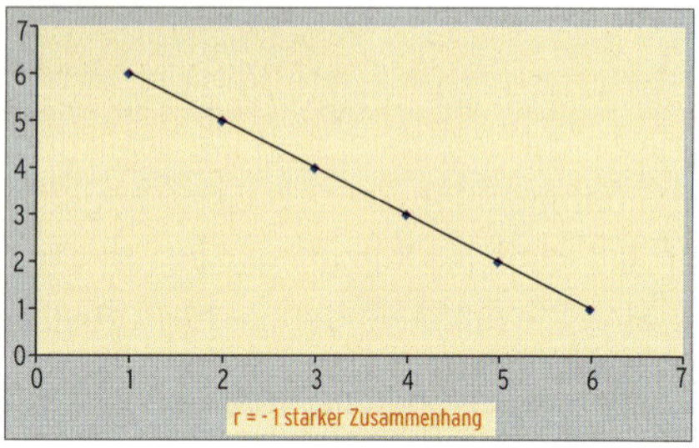

r = - 1 starker Zusammenhang

Hinweis: Der grafikfähige Taschenrechner **(GTR)** und **Excel** berechnen für **jede Punktwolke** eine „Regressionsgerade".

GTR und Excel geben das Bestimmtheitsmaß R^2 (= r^2) oder den Korrelationskoeffizienten r an.

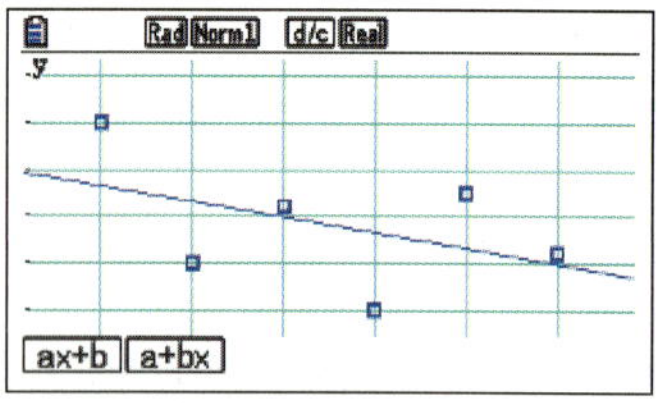

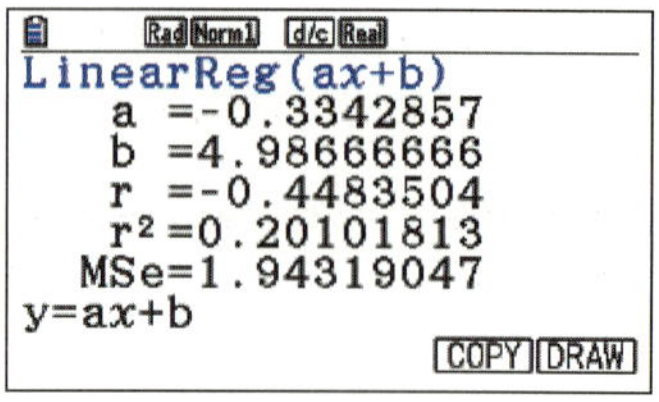

Beispiel 1

➲ Ein Unternehmen möchte den Zusammenhang zwischen dem Preis pro Stück und der Absatzmenge eines Produktes erkunden. Hierzu wurden folgende Daten (Urliste) ermittelt:

Preis pro Stück in €	0,70	0,8	0,9	1,00	1,10	1,20	1,30	1,35	1,40	1,70
Absatzmenge (Stückzahl)	280	230	220	200	199	188	134	110	110	102

Analysieren Sie die Tabelle.

Lösung

- Je größer der Stückpreis, desto kleiner die Absatzmenge.
  Es ist eine Richtung zu erkennen, eine Grundtendenz.

- Die Absatzmenge ist vom Stückpreis abhängig.
  Der Preis pro Stück ist das unabhängige Merkmal X,
  die Absatzmenge ist das abhängige Merkmal Y.

- Streudiagramm
  Ein Zusammenhang ist „augenscheinlich" gegeben und annähernd linear.

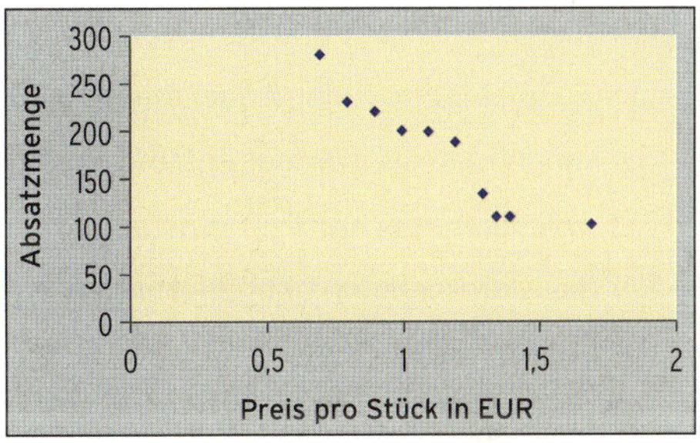

- GTR/CAS liefert:
  y = − 186,98x + 391,39
  m = − 186,98
  r = − 0,9467

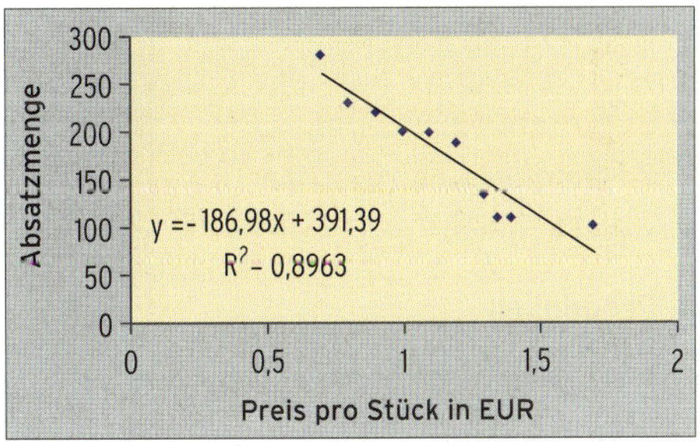

- r = − 0,9467 bedeutet, dass die Datenpunkte durch die Gerade sehr gut beschrieben werden.
  m = − 186,98 bedeutet, dass bei einer Preiserhöhung um 0,1 € durchschnittlich mit einer Verringerung der Absatzmenge von 19 Stück zu rechnen ist.

Hinweis: Die **Regressionsgerade** heißt auch **Trendgerade.**

Beispiel 2

➲ In einem Unternehmen wurden über ein Jahr (12 Monate) die folgenden Daten über die Gesamtkosten erhoben.
Dabei gibt x die Produktionsmenge in ME und K(x) die Gesamtkosten in € an.

Monat	1	2	3	4	5	6	7	8	9	10	11	12
x	45	30	35	40	20	55	65	58	30	60	25	49
K(x)	410	256	330	350	208	480	550	500	284	530	224	428

Geben Sie die Gesamtkosten in Abhängigkeit von der Produktionsmenge an.

Stellen Sie die Daten und die Trendlinie in einem Diagramm dar.

Bestimmen Sie die Produktionsmenge, die schätzungsweise Gesamtkosten von 600 € verursacht.

Lösung

Eingabe z. B. in Excel liefert die **Trendgerade** $y = 8{,}08x + 34{,}49$.

Die **Steigung der Trendgeraden** gibt den linearen Zusammenhang zwischen der Produktionsmenge x und den Gesamtkosten an: $m = 8{,}08$

$m = 8{,}08$ entspricht der **Änderungsrate der Gesamtkosten, den Grenzkosten.**

Bei linearem Kostenverlauf entspricht m den **variablen Stückkosten.**

Der **y-Achsenabschnitt** der Kostengeraden entspricht den **Fixkosten:** $K_{fix} = 34{,}49$

Für das Unternehmen gilt näherungsweise die **Gesamtkostenfunktion K** mit $K(x) = 8{,}08x + 34{,}49$

Der **Korrelationskoeffizient** $r = 0{,}9957$ bestätigt die Annahme:

Es besteht ein linearer Zusammenhang zwischen x und K.

Prognose:

Aus **K(x) = 600** folgt:
$600 = 8{,}08x + 34{,}49$
$x \approx 70.$

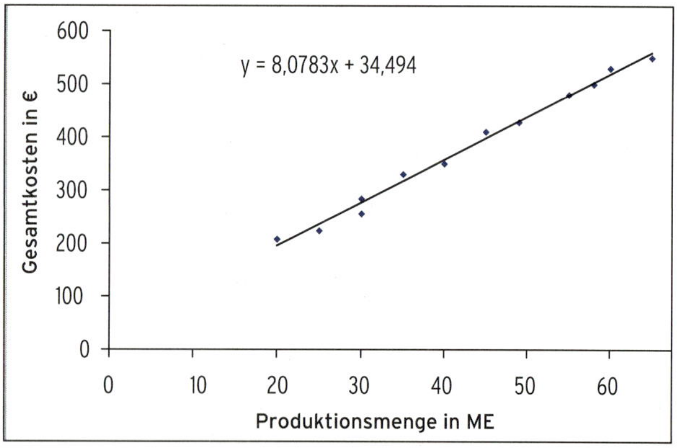

Die Produktionsmenge 70 ME verursacht schätzungsweise Gesamtkosten von 600 €.

Bemerkung: Bei einem **linearen Trend** sind die **Zuwachsraten** bzw. **Schrumpfungsraten** von Periode zu Periode gleich.

Aufgaben

1 In einem Unternehmen wurden über ein Jahr (12 Monate) die folgenden Daten über die Gesamtkosten erhoben.

Dabei gibt x die Produktionsmenge in ME und K(x) die Gesamtkosten in € an.

Monat	1	2	3	4	5	6	7	8	9	10	11	12
x	90	60	65	40	42	115	135	120	60	120	56	100
K(x)	400	250	315	200	212	495	540	505	284	533	229	438

Geben Sie die Kosten in Abhängigkeit von der Produktionsmenge an.

Stellen Sie die Daten und die Trendgerade in einem Diagramm dar.

Bestimmen Sie die Produktionsmenge, die schätzungsweise Kosten von 700 € verursacht.

Schätzen Sie die Kosten an der Kapazitätsgrenze 200 ME ab.

2 Eine Marktanalyse ergibt die folgenden statistischen Zahlen über den Zusammenhang von verkaufter Stückzahl und erzieltem Stückpreis in €.

Stückzahl x	10	40	50	70	110	150	180	200
Verkaufspreis p	134,8	133,2	133	132,2	130,4	128,9	127,5	126,8

Stellen Sie die zugehörige Trendgerade für die Preis-Absatz-Funktion auf.

Schätzen Sie den maximal möglichen Stückpreis ab.

Bestimmen Sie die voraussichtliche Sättigungsmenge.

3 Nach dem Start einer Werbekampagne „Umweltfreundliches Auto" im Jahre 2009 ergeben sich bei Umfragen folgende Imagewerte für die Automarke A:

Jahr	2009	2010	2011	2012	2013	2014	2015
Imagewert	5 %	8 %	8 %	8 %	10 %	12 %	13 %

(Z. B.: Im Jahr 2009 entfielen 5 % aller abgegebenen Stimmen aus der Zielgruppe auf die Marke A.)

Stellen Sie eine Trendgerade auf. Bestimmen Sie das Jahr, in dem bei Fortführung der Kampagne die 15 %-Marke überschritten werden wird.

4 Die Tabelle zeigt die Anzahl der Menschen in Deutschland, die 80 Jahre und älter sind.

a) Berechnen Sie die Gleichung der Trendgeraden.

Prognostizieren Sie damit den Anteil dieser Bevölkerungsgruppe an der Gesamtbevölkerung von 82,370 Mio. im Jahre 2020.

b) Bestimmen Sie einen Schätzwert für 2015.

Jahr	Gesamtzahl in Tsd.
2010	2013
2011	2060
2012	2104
2013	2130
2014	2138
2016	2185

2 Einführung in die Funktionen

Modellierung einer Situation

Im Versuchslabor der Firma Waldner GmbH werden verschiedene Gefäße benutzt.
Der Laborleiter zeigt dem Praktikanten Füllkurven für 3 Wasserbehälter (hier im Längsschnitt dargestellt). Die Zeichnungen sind nicht maßstabsgetreu.

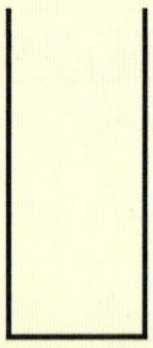
Zylindrischer Eimer (mit kreisförmiger Grundfläche)

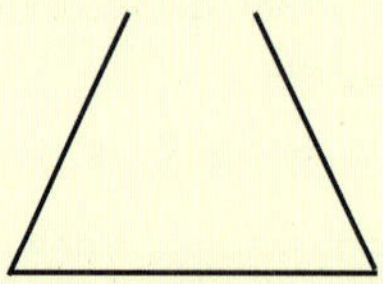
Kegelstumpfförmiger Kolben (mit kreisförmiger Grundfläche)

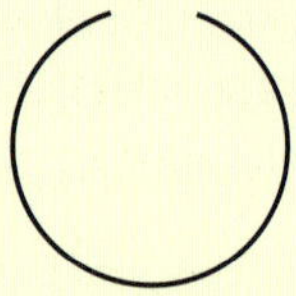
Kugel

Jeder dieser drei Behälter wird gleichmäßig mit einem Liter Wasser pro Sekunde vollständig gefüllt. Die Wasserhöhe in cm in Abhängigkeit von der Zeit t in s wird für jeden Behälter auf eine andere Weise beschrieben, und zwar

- durch das Schaubild A

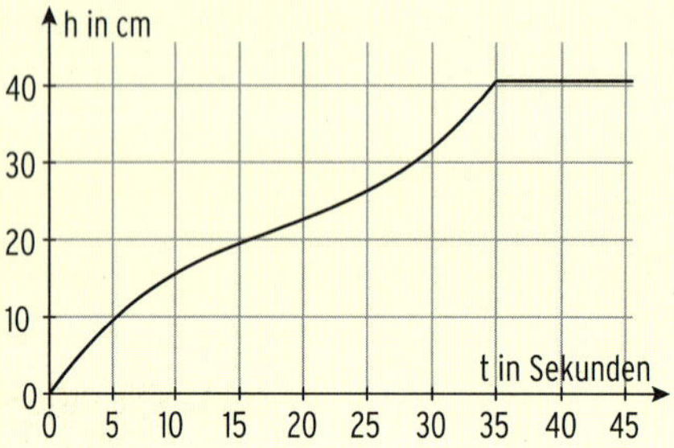

- durch das Schaubild B

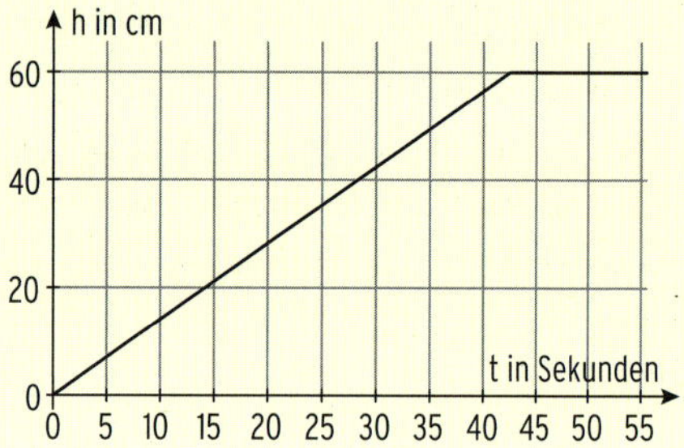

- durch die Tabelle

Zeit t in s	0	2,3	10,8	20,3	28,5	35,7	41,8	46,9	51,1	54,6	60
Wasserhöhe h in cm	0	1	5	10	15	20	25	30	35	40	40

Der Praktikant soll eine Zuordnung finden und diese begründen.
Ermitteln Sie die Höhe des Eimers.
Klassifizieren Sie die Behälter nach ihrem Volumen.

Bearbeiten Sie diese Situation, nachdem Sie die rechts aufgeführten **Qualifikationen und Kompetenzen** erworben haben.

Qualifikationen & Kompetenzen

- Funktionale Zusammenhänge erkennen
- Zuordnungen beschreiben
- Definitions- und Wertemenge bestimmen
- Realitätsbezogene Zusammenhänge darstellen

2.1 Zuordnungen

In Natur und Alltag hängt ein Merkmal sehr oft von einem anderen Merkmal ab, z. B. Preis und Menge, Temperatur und Zeitpunkt, Weg und Zeit, Bremsweg und Geschwindigkeit, Zinsen und Zeit, Einkommen und Konsum.
In vielen Fällen lassen sich die Zusammenhänge und Abhängigkeiten mathematisch erfassen.

Beispiel a)

In einer Krankenstation wurden über 5 Tage die Körpertemperaturen eines an *Malaria tertiana* erkrankten Kindes in °C gemessen.
Die Daten wurden grafisch dargestellt, nach rechts ist die Zeit in Stunden abgetragen.

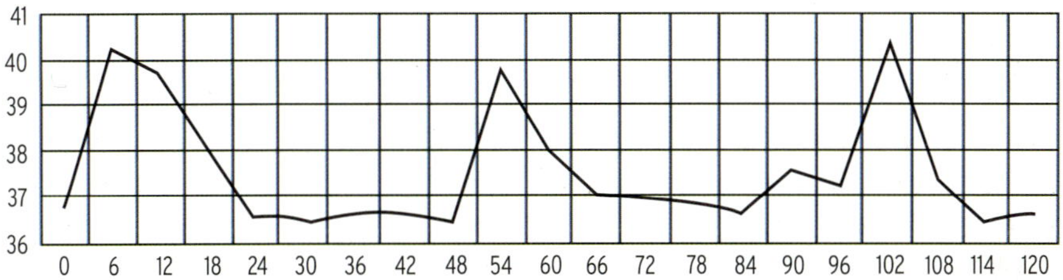

Was lässt sich ablesen?

- Zu jeder Stunde die Körpertemperatur.
- Das Fieber erreicht einen höchsten Wert von 40,5 °C.
- Die Fieberspitzen treten im Abstand von ca. 48 Std. auf.
- Das fieberfreie Intervall beträgt jeweils etwa einen Tag.

Beispiel b)

Das Glas in der Abbildung wird gleichmäßig mit Wasser gefüllt. In einem Koordinatensystem ist die Veränderung der Füllhöhe in Abhängigkeit von der Zeit aufgetragen. Für jeden Zeitpunkt erhält man die zugehörige Füllhöhe. Im **Wertepaar** (x | y) entspricht x der Ausprägung des Merkmals Zeit und y der Ausprägung des Merkmals Füllhöhe. Eine solche **Zuordnung** (*Zeit ↦ Füllhöhe*) lässt sich in einem **rechtwinkligen Koordinatensystem** übersichtlich darstellen.

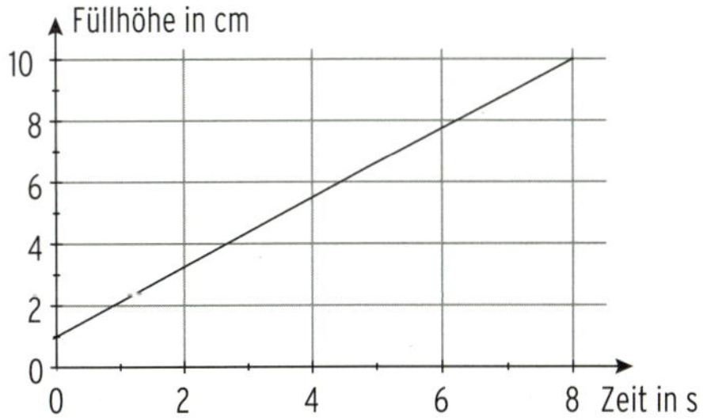

Beispiel 1

➲ In der deutschen Botschaft wird die Flagge gehisst.
Die drei Diagramme beschreiben die Höhe der Flagge in Abhängigkeit von der Zeit.
Interpretieren Sie die drei Diagramme.
Erläutern Sie die Art der Flaggenhissung.

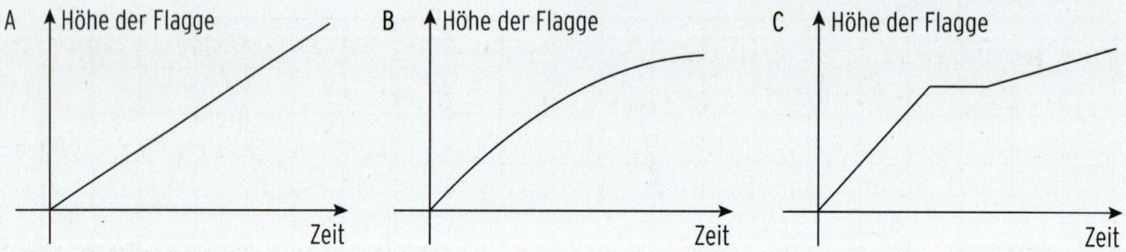

Lösung

Die Diagramme stellen die Zuordnung *Zeit* $\mapsto$ *Flaggenhöhe* grafisch dar.
Bei allen drei Diagrammen nimmt die Höhe mit der Zeit zu.

Diagramm A:
In der doppelten Zeit verdoppelt sich die Höhe. Höhe und Zeit sind proportional.
Die Flagge wird mit konstanter Geschwindigkeit hochgezogen.
Der Quotient $\frac{\text{Höhe}}{\text{Zeit}}$ ist konstant.
Wird die Flagge mit einem Motor bei konstanter Drehzahl gehisst, kann das Hissen mit diesem Diagramm beschrieben werden.

Diagramm B:
Der Höhenzuwachs pro Zeiteinheit (die Geschwindigkeit) nimmt ab und ist am Ende null.

Diagramm C:
Die Flagge wird mit konstanter Geschwindigkeit hochgezogen. Dann macht man eine Pause. Anschließend zieht man die Flagge wieder mit konstanter, aber verminderter Geschwindigkeit weiter hoch.

Beispiel 2

➲ Ein Landmetzger verkauft 100 g Bioleberwurst zu 1,60 €.

a) Bestimmen Sie die Tageseinnahmen für dieses Bioprodukt, wenn er 2 kg, 4 kg und 8 kg Wurst pro Tag verkauft. Übertragen Sie die Werte in ein Koordinatensystem.

b) Bestimmen Sie seine Einnahmen, wenn er 5 kg verkauft.

c) Die Tageseinnahmen betragen 100 €. Berechnen Sie die verkaufte Menge Wurst in kg. Verdeutlichen Sie Ihre Ergebnisse im Koordinatensystem.

d) Stellen Sie eine Gleichung auf, die die Tageseinnahmen (in €) in Abhängigkeit von der verkauften Menge (in kg) angibt.

e) Berechnen Sie das Gewicht der verkauften Wurst, wenn die Tageseinnahmen für dieses Produkt 168 € betragen.

Lösung

a) Tageseinnahmen in €
für 2 kg: $16 \cdot 2 = 32$
für 4 kg: $16 \cdot 4 = 64$
für 6 kg: $16 \cdot 6 = 96$
Darstellung der **Zuordnung** im Koordinatensystem.

Darstellung mit einer (Werte-)Tabelle:

Gewicht x in kg	2	4	6
Einnahmen y in €	32	64	96

b) Wenn der Metzger 5 kg Wurst verkauft, betragen seine Einnahmen $16 \cdot 5\,€ = 80\,€$.

c) Betragen seine Einnahmen 100 €, hat er $\frac{100}{16}$ kg = 6,25 kg verkauft.
Für jedes Gewicht x ($x > 0$) lässt sich die zugehörige Einnahme y berechnen.

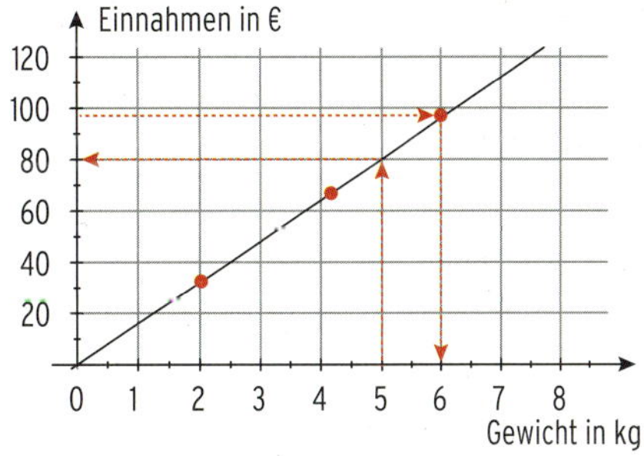

Hinweis: Die Punkte werden zu einer Halbgeraden verbunden.

d) Für die Maßzahl des **Gewichtes (in kg)** wählen wir die **Variable x**, für die Maßzahl der **Einnahmen (in €) y.**
Tageseinnahmen y € für x kg $y = 16 \cdot x$ (Zuordnungsvorschrift)

e) Ansatz: $y = 168$ $168 = 16 \cdot x \Rightarrow x = \frac{168}{16} = 10{,}5$
Der Metzger hat 10,5 kg Wurst verkauft.

Aufgaben

1 Stellen Sie folgende Zuordnungen grafisch dar.

a)

x	−1	−0,5	1	1,5	2
y	2	−1	2	−0,5	3

b)

x	−1	−0,5	0	0,5	1	1,5
y	2	0	−2	−1	3	7

2 Geben Sie die Zuordnung als Wertetabelle an.

a)

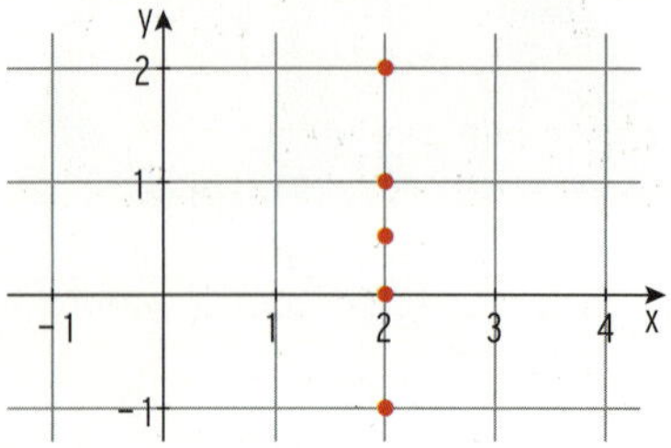

b)

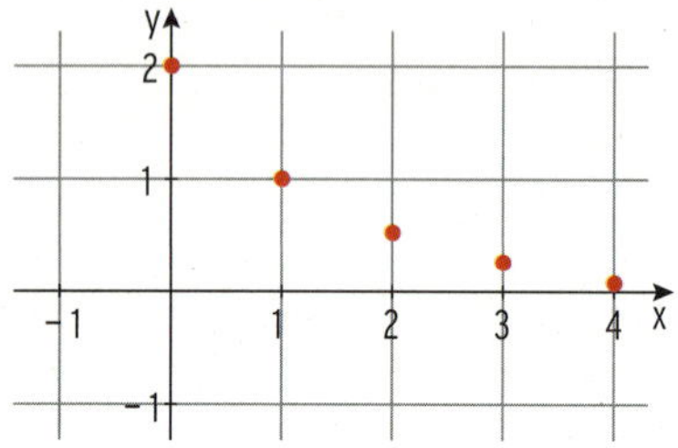

3 Beschreiben Sie die Zuordnung in Form einer Wertetabelle und finden Sie eine Vorschrift.

a) Jedem x-Wert wird ein um 3 größerer y-Wert zugeordnet.

b) Jedem positiven x-Wert wird sein Wurzelwert zugeordnet.

c) Dem Radius x eines Kreises wird der Umfang zugeordnet.

4 Gegeben ist die Punktmenge $A = \left\{(1|3); \left(2\middle|\frac{3}{2}\right); (3|0); \ldots\right\}$.

Tragen Sie die Punkte in ein Achsenkreuz ein.

Der Zusammenhang von x- und y-Koordinate ist festgelegt durch $3x + 2y = 9$.

Überprüfen Sie diese Behauptung. Geben Sie drei weitere Punkte an.

Lösen Sie den Term nach y auf.

5 Aus den Daten eines Fahrtenschreibers ergibt sich folgendes Schaubild.

Schreiben Sie eine Geschichte zu diesem Schaubild.

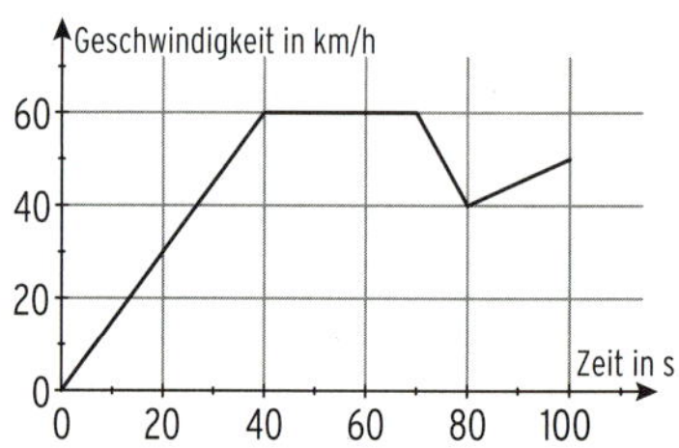

6 Eine Verbraucherumfrage nach Einkommen x und Konsumausgaben y ergab folgende Daten:

Einkommen x in €	550	720	1000	1260	1420	1730	1950	3000
Konsum y in €	520	670	900	1115	1250	1500	1690	2200

Ein Forscher hat die Zuordnungsvorschrift $y = 100 + 0{,}75\,x$ aufgestellt. Die Wertepaare aus der Tabelle ergeben eine Punktwolke, Wertepaare mithilfe der Vorschrift ergeben eine Gerade in einem Koordinatensystem. Interpretieren Sie die Zuordnungsvorschrift.

7 Jedem Diagramm kann einer der folgenden Sachverhalte zugeordnet werden. Begründen Sie Ihre Wahl. Geben Sie eine Zuordnungsvorschrift an.

a) Kosten eines Mietwagens bei einer Pauschale von 25 € und einem Preis von 0,2 € pro gefahrenem km

b) Tankinhalt (Volumen 11500 Liter) eines Flugzeugs in Abhängigkeit vom Verbrauch (für 100 km 180 Liter)

c) Herstellkosten einer Ware, deren Stückkosten 120 € betragen

d) Kapital nach x Jahren mit Zins und Zinseszins

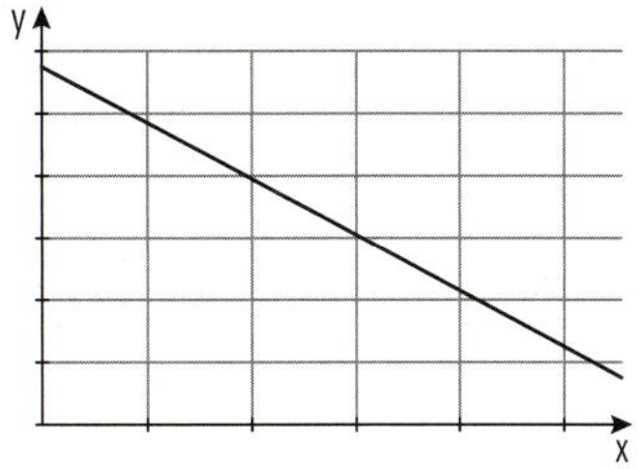

Abb. 1

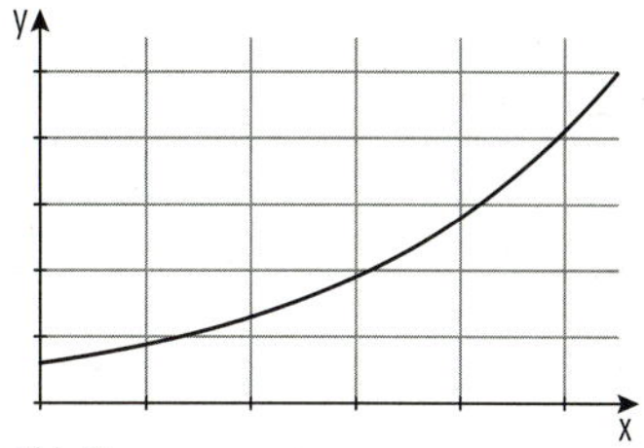

Abb. 2

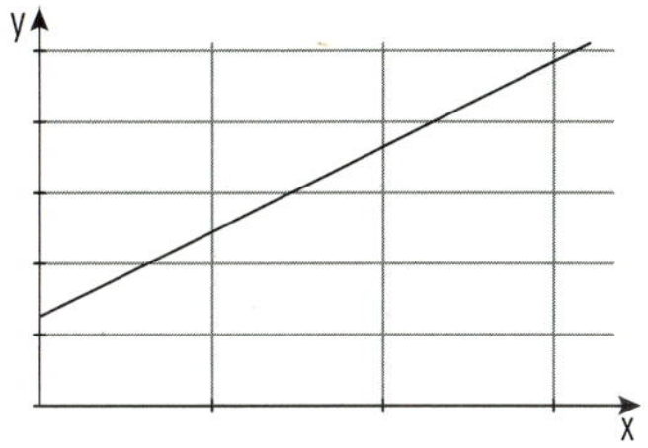

Abb. 3

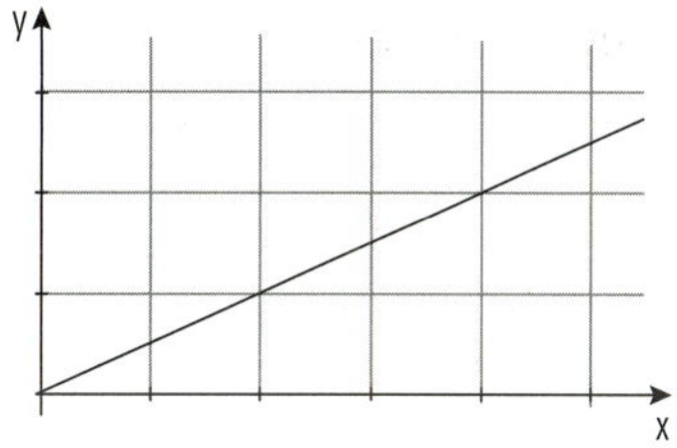

Abb. 4

8

a) Die Abbildung 5 zeigt den Querschnitt einer Vase mit 25 cm hohem Innenraum. Sie wird gleichmäßig gefüllt. Geben Sie die Füllhöhe in Abhängigkeit von der Zeit an. Stellen Sie diesen Vorgang in einem Koordinatensystem dar.

b) Die Abbildung 6 zeigt für ein anderes Gefäß den Graphen der Zuordnung *Zeit (t)* $\mapsto$ *Füllhöhe (y)*. Interpretieren Sie.

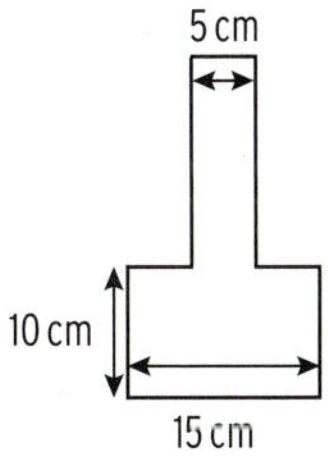

Abb. 5

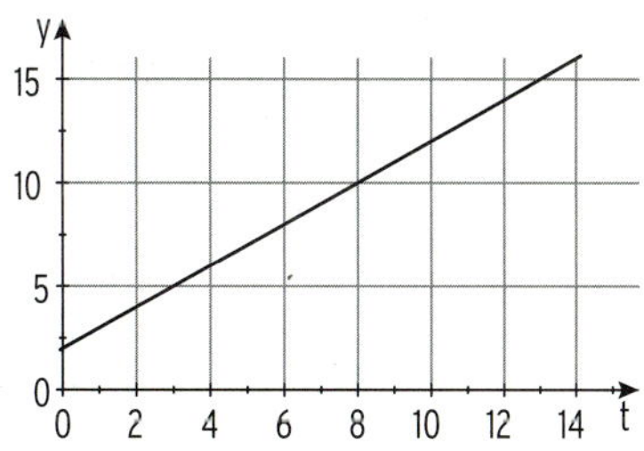

Abb. 6

9 Ein Kunde teilt dem Hersteller seine Kaufabsicht mit: Für 50 Geldeinheiten (GE) pro ME will er 2 Mengeneinheiten (ME) kaufen, für 40 GE/ME will er 4 ME und für 30 GE/ME will er 6 ME kaufen. Stellen Sie die Zuordnung des Preises x in GE/ME zur Menge y in ME auf verschiedene Arten dar.

10 Der Kraftstoffverbrauch eines Autos hängt von der Geschwindigkeit ab. Die Abbildung zeigt den Verbrauch y in Liter pro 100 km in Abhängigkeit von der Geschwindigkeit x, wenn man im 4. Gang fährt.

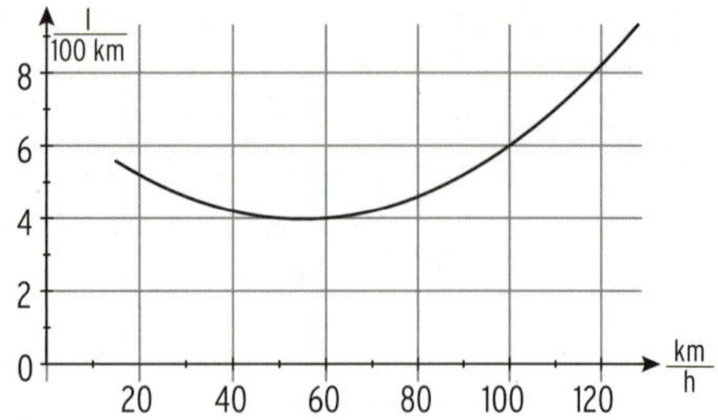

a) Interpretieren Sie die Kurve.

b) Berechnen Sie die Geschwindigkeit bei einem Verbrauch von 6 l pro 100 km. Ermitteln Sie die Geschwindigkeit mit dem geringsten Verbrauch.

c) Beschreiben Sie einen möglichen Kurvenverlauf für eine Fahrt im dritten Gang.

11 Die Grafik zeigt die Gesamtkosten einer Unternehmung in Geldeinheiten (GE) in Abhängigkeit der produzierten Mengeneinheiten (ME).

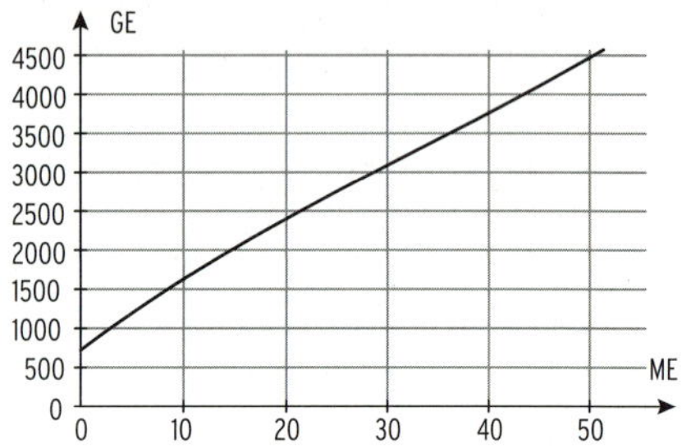

a) Beschreiben Sie die Kostenentwicklung.

b) Berechnen Sie die Kosten bei der Herstellung von 50 ME.

c) Ermitteln Sie die Stückkosten bei der Herstellung von 30 ME.

d) Die Kosten werden auf 3500 GE begrenzt. Untersuchen Sie, ob 40 ME hergestellt werden können.

12 Die Grafik zeigt die Bevölkerungsfortschreibung für NRW bis 2050.

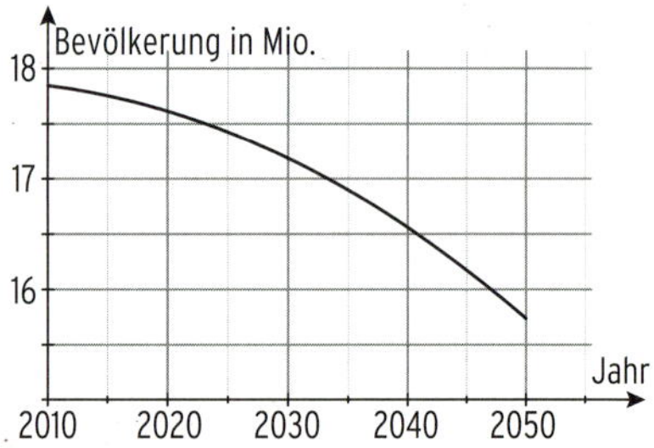

a) Berechnen Sie die Bevölkerungszahl in NRW im Jahr 2010.

b) Bestimmen Sie den Zeitpunkt, ab dem die Bevölkerungszahl erstmals unter 17 Millionen sinkt.

c) Ermitteln Sie die durchschnittliche jährliche Abnahme der Bevölkerung von 2010 bis 2050.

d) Beschreiben Sie die voraussichtliche Bevölkerungsentwicklung bis 2050.

13 Die Firma Unterweger bietet ihre Transistoren in ME am Markt in Abhängigkeit vom erzielbaren Preis in GE an. Bei einem Marktpreis von 2 GE/ME liefert sie 3 ME, bei 6 GE/ME liefert sie 5 ME und bei 10 GE/ME liefert sie 7 ME an den Markt.
Füllen Sie die Tabelle aus.
Finden Sie eine Zuordnungsvorschrift.

Preis pro ME (x)	0	2			20
Menge (y)		3			

2.2 Definition einer Funktion

Bei der Modellierung einer Situation erhält man oft **Zuordnungen** zwischen Größen, die einem Wert der einen Größe **genau einen Wert** der anderen Größe zuordnen. So kann z. B. bei der Bevölkerung einer Stadt jedem Tag genau eine Bevölkerungszahl zugeordnet werden. Dagegen ist die Zuordnung *Körpergröße* ↦ *Schuhgröße* nicht eindeutig, weil einer Körpergröße verschiedene Schuhgrößen zugeordnet werden können. **Eindeutige Zuordnungen** spielen eine herausragende Rolle.

Beispiel

➲ In der Fahrschule lernt man eine Faustregel zur Berechnung des Bremsweges in m: „Dividiere die Geschwindigkeit (in $\frac{km}{h}$) durch 10 und multipliziere das Ergebnis mit sich selbst."

a) Vervollständigen Sie die Tabelle.

Geschwindigkeit in $\frac{km}{h}$	30	50	80	100	120
Bremsweg in m					

Übertragen Sie diese Werte in ein Achsenkreuz.

b) Erfassen Sie diese Zuordnung durch eine Vorschrift.
Dabei sei x die Geschwindigkeit in $\frac{km}{h}$ und y der Bremsweg in m.

Lösung

a) Bremsweg in m bei 30 $\frac{km}{h}$: $\left(\frac{30}{10}\right)^2 = 9$

Der Bremsweg bei 30 $\frac{km}{h}$ beträgt nach dieser Regel 9 m.

Anwendung der Fahrschulregel:

Geschwindigkeit x in $\frac{km}{h}$	30	50	80	100	120
Bremsweg y in m	9	25	64	100	144

b) **Aufstellen der Vorschrift**

Geschwindigkeit x dividiert durch 10: $\frac{x}{10}$

Mit sich selbst multiplizieren: $\frac{x}{10} \cdot \frac{x}{10} = \frac{x^2}{100} = 0{,}01x^2$ (Term)

Gleichung für den Bremsweg: $y = 0{,}01x^2$ (Zuordnungsvorschrift)

Die Punkte werden zu einem Graphen verbunden.
Der Graph ist eine **Parabel**, da der Zusammenhang quadratisch ist.
$y = 0{,}01x^2$ ist die **Gleichung der Parabel.**

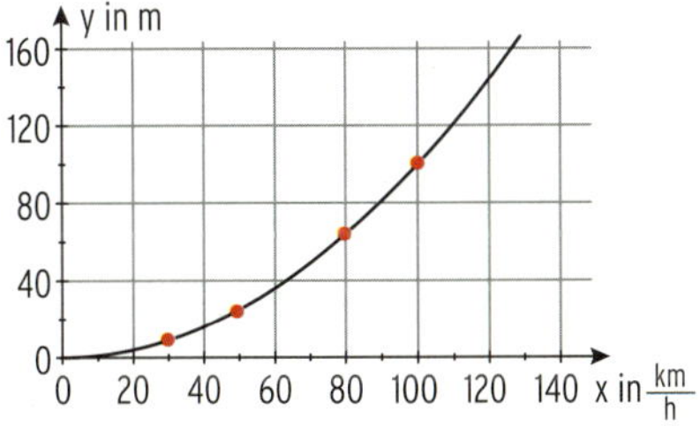

Im Beispiel „Bremsweg" ordnet man mit der Vorschrift $y = 0{,}01x^2$ jeder Geschwindigkeit x mit $x > 0$ genau einen Bremsweg y zu.
Eine solche **eindeutige Zuordnung** nennt man in der Mathematik **Funktion**.

Funktionen

Funktionen dienen zur Beschreibung von Zusammenhängen, bei denen eine Größe in **eindeutiger** Weise eine andere Größe festlegt.

Am Beispiel „Bremsweg" soll der Begriff **Funktion** näher erläutert werden.
Gleichung: $y = 0{,}01x^2$

Wertetabelle:

Geschwindigkeit x in km/h	0	30	50	80	100	120	150
Bremsweg y in m	0	9	25	64	100	144	225

Die Menge, die alle zugelassenen x-Werte enthält, nennt man **Definitionsmenge D**.
Für die Definitionsmenge D der „Bremsweg"-Funktion gilt: $D = \mathbb{R}_+$
Die Funktion (wir bezeichnen sie mit f) ordnet jeder Zahl aus der Definitionsmenge D mithilfe der **Funktionsvorschrift** $f(x) = 0{,}01x^2$ genau eine reelle Zahl zu.

Aus der Tabelle liest man ab:
Für $x = 30$: $y = f(30) = 9$
für $x = 120$: $y = f(120) = 144$
Für jedes x aus D gilt: $y = f(x)$

y ist der Funktionswert an der Stelle x.
Wir übertragen die Werte in ein Koordinatensystem mit x-Achse und y-Achse und erhalten das **Schaubild der Funktion f.**

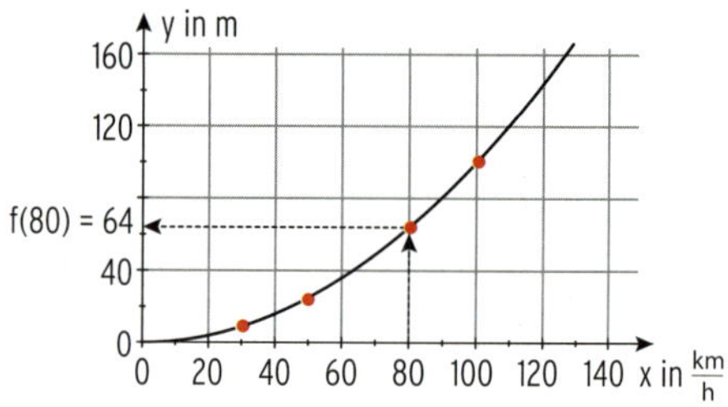

Es besteht ein **funktionaler Zusammenhang** von Geschwindigkeit und Bremsweg.
Jeder Geschwindigkeit x wird genau ein Bremsweg f(x) zugeordnet.

Schreibweise dieser Funktion f: f mit $f(x) = 0{,}01x^2$; $D = \mathbb{R}_+$
Der Term $0{,}01x^2$ ist der **Funktionsterm**.

Definition einer Funktion

Eine Funktion f ist eine **eindeutige Zuordnung,**
die **jeder reellen Zahl** aus einer
Definitionsmenge D **genau eine** reelle Zahl zuordnet.

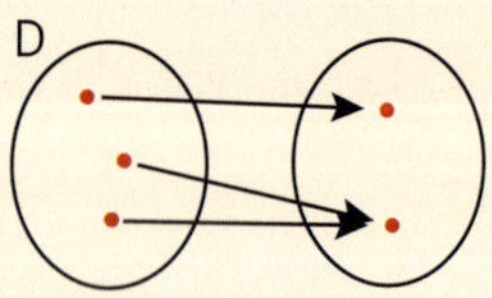

Bezeichnungen

x	Element von D ($x \in D$), Stelle, Argument oder Abszisse, **unabhängige Variable**
f(x)	**Funktionswert** von x (Funktionswert an der Stelle x)
D	**Definitionsmenge**, Menge aller x-Werte, auf die f angewandt werden soll.
	Das **Schaubild von f** enthält alle Punkte P(x | y), deren Koordinaten $y = f(x)$ erfüllen. y hängt von x ab, y heißt **abhängige Variable**.

Darstellungsmöglichkeiten einer Funktion

Beispiele

- Funktionsterm (Funktionsgleichung) $f(x) = x^2 - x;\ x \in \mathbb{R}$
- Wertetabelle

x	−2	−1	0	0,5	1	2	3
y	6	2	0	−0,25	0	2	6

- Funktionsgraph von f (Schaubild der Funktion f)

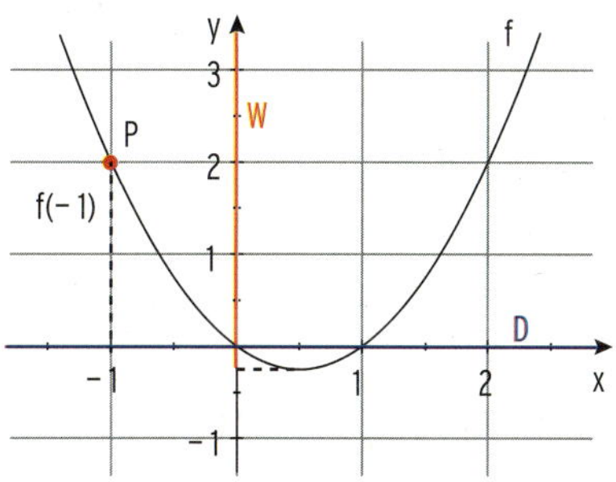

Unterscheiden Sie:
Die **Funktion f** mit $f(x) = x^2 - x$ beschreibt die Zuordnung.
Das Schaubild von f hat die Gleichung $y = x^2 - x$.

Hinweise:

1) Bedeutungen von $f(-1) = 2$

Für den x-Wert −1 erhält man durch Einsetzen in f(x) den y-Wert (Funktionswert) 2.

Der Punkt P(−1|2) liegt auf dem Schaubild von f.

2) Für den Funktionswert $y = f(x)$ gilt $f(x) \geq -\frac{1}{4}$ (s. Abb.).
Die Menge $W = \left\{y \mid y \geq -\frac{1}{4}\right\}$ heißt **Wertemenge**.

Seite 205

Definitionsbereich D und Wertebereich W einer Funktion

Im Beispiel: D = [1; 3]
W = [2; 4]

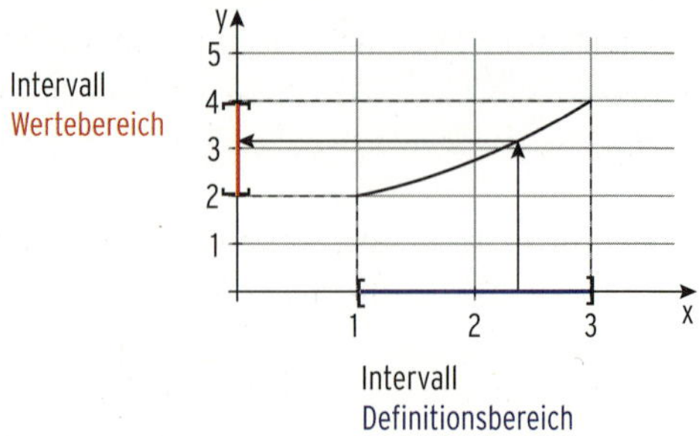

Definition: Wertebereich

Der Wertebereich von f ist die Menge aller y-Werte, für die gilt:
$W = \{y \mid y = f(x);\; x \in D\}$.

Beispiele

Eindeutige Zuordnung
(1) Quadrieren Sie jede Zahl x.
(2) 15 % der Einnahmen x sind Steuern.
(3) Erlös bei einem Stückpreis von 5 GE und maximaler Verkaufszahl 11.

Funktionsvorschrift
(1) $f(x) = x^2;\; x \in D$
(2) $f(x) = 0{,}15\,x;\; x \geq 0$
(3) $E(x) = 5\,x;\; x \in [0; 11]$

Der Graph einer Funktion wird im Allgemeinen von links nach rechts,

also für wachsende x, betrachtet.

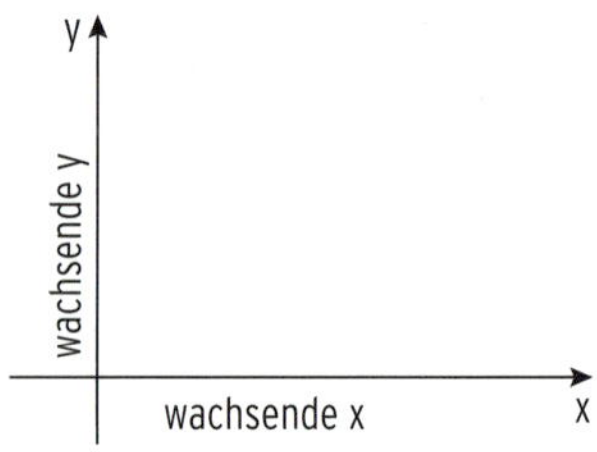

Keine Funktion
Der Graph einer Funktion enthält **niemals** mehrere Punkte, die **„übereinander"** liegen.

Begründung:
Bei einer Funktion wird **jedem** x-Wert **genau ein** y-Wert zugeordnet.

Hinweis: Die Abbildung zeigt den **Graphen einer Relation**.

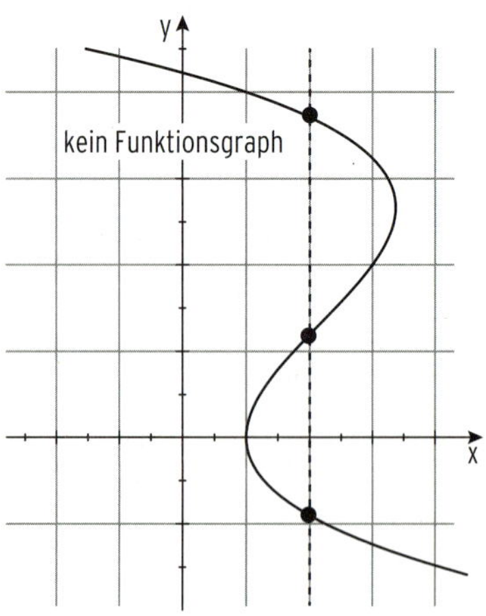

Aufgaben

1 Gegeben ist die Funktion f. Zeichnen Sie das zugehörige Schaubild. Bestimmen Sie $f(-1{,}5)$ und ein x, sodass $f(x) = 1$. Geben Sie den Wertebereich von f für $D = \mathbb{R}$ an.

a) $f(x) = \frac{1}{2}x + 1$ **b)** $f(x) = 6 - 2x$ **c)** $f(x) = 0{,}25x^2$ **d)** $f(x) = 4 - x^2$

2 **a)** Prüfen Sie, ob eine eindeutige Zuordnung $x \mapsto y$ vorliegt: $x^2 + y^2 = 1$

b) Geben Sie Punkte im Koordinatensystem an, welche die Gleichung $x^2 + y^2 = 1$ erfüllen.

3 Ein Schaubild gehört zu einer Funktion $f: x \mapsto f(x)$. Begründen Sie Ihre Zuordnung.

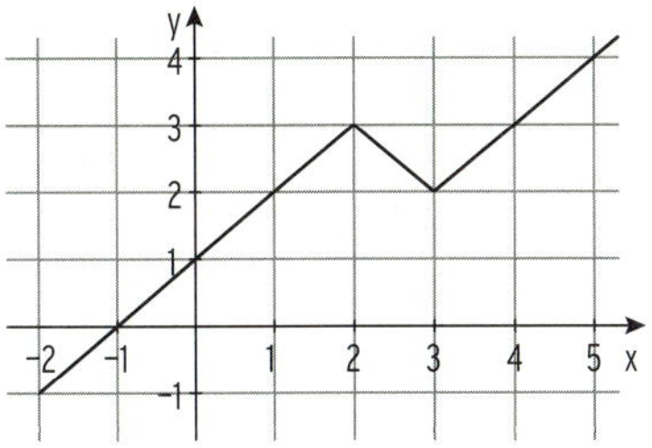

Abb. 1

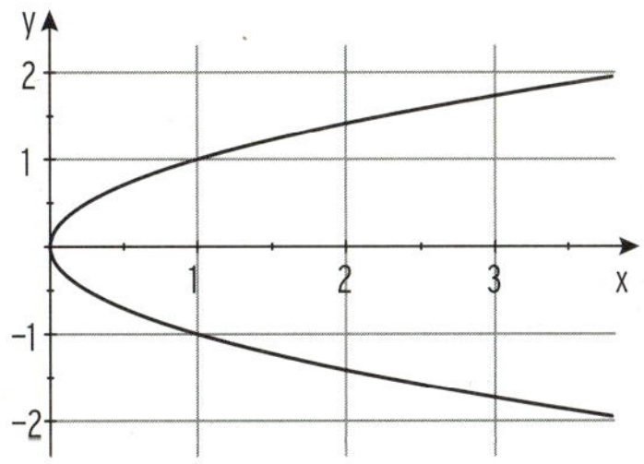

Abb. 2

4 Formulieren Sie mithilfe der mathematischen Kurzschreibweise.

a) An der Stelle 3 hat die Funktion f den Funktionswert 12.

b) Der Punkt $P(2\,|\,5)$ liegt auf dem Schaubild von f.

c) Die Funktionen f und g nehmen für $x = -1$ denselben Funktionswert an.

d) Das Schaubild von f schneidet die x-Achse in $x = 3$.

e) Alle Funktionswerte der Funktion f sind negativ.

5 Nennen Sie ein alltägliches Beispiel für eine Zuordnung, die eine (keine) Funktion ist.

6 Die Wertetabelle gehört zu einer Funktion. Überprüfen Sie diese Behauptung.

a)

x	−1	0	1	2	3
y	4	0	−2	4	4

b)

x	−1	0	3	3	4
y	8	7	2	4	5

7 Beschreiben Sie in Worten.

a) $f(5) = 0$ **b)** $f(1) = f(-1)$ **c)** $f(x) \geq 0$

8 Überprüfen Sie, ob die Punkte $A(3\,|\,-1)$, $B(0\,|\,1)$, $C(-4\,|\,-3)$ und $D\left(\frac{1}{2}\,\middle|\,\frac{3}{8}\right)$ auf dem Schaubild der Funktion f mit $f(x) = -\frac{x^2}{2} - x + 1$ liegen.

9 Entscheiden Sie begründet, welche Aussage wahr ist.

a) Der Graph einer Funktion schneidet die x-Achse in mindestens einem Punkt.

b) Der Graph einer Funktion schneidet eine Parallele zur y-Achse höchstens einmal.

c) Eine Parallele zur y-Achse kann nicht Graph einer Funktion sein.

d) Es gibt eine Parabel, die nur im 1. Quadranten verläuft.

10 Die Abbildung zeigt das Schaubild der Funktion f.

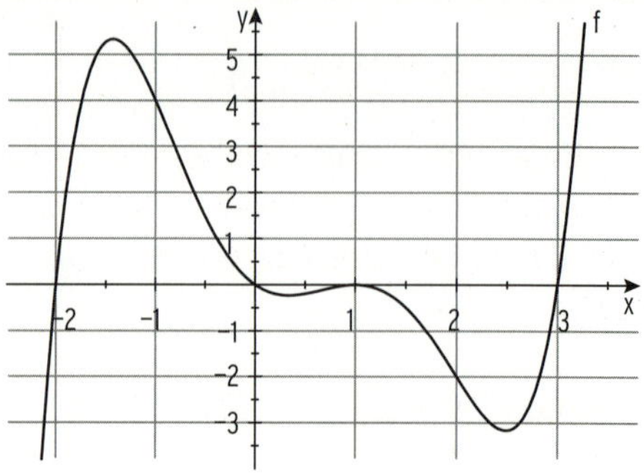

a) Bestimmen Sie f(2) und f(−1).

b) Bestimmen Sie alle Punkte auf dem Graphen von f mit der y-Koordinate null.

c) Interpretieren Sie die Lösungen von $f(x) < 0$ geometrisch.

d) Ermitteln Sie die Anzahl der Lösungen der Gleichung $f(x) = 2$.
Geben Sie die Lösungen an.
Ändern Sie diese Gleichung so ab, dass sie nur noch eine Lösung hat.

e) Bestimmen Sie den größten Funktionswert von f für $x < 0$.

f) Geben Sie die Punkte auf dem Graphen von f an, für die die x- und die y-Koordinate gleich sind.

11 Bei der Herstellung einer Ware entstehen der Firma Abele Gesamtkosten K, beim Verkauf der Ware wird ein Erlös E (Umsatz) erzielt.

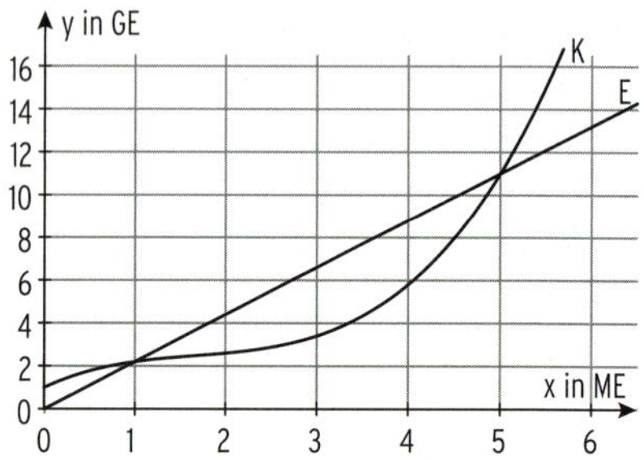

a) Lesen Sie ab: K(2) und E(2).

b) Interpretieren Sie die Differenz $E(2) - K(2)$ ökonomisch.

c) Beschreiben Sie die Gewinnsituation der Firma Abele.

12 Die Preise in USD für eine Feinunze Gold sind in der Tabelle notiert.

Jahr	2008	2009	2010	2011	2012	2013	2014	2015	2016
Preis in USD	871	972	1227	1572	1668	1412	1266	1160	1251

a) Erläutern Sie den Begriff Zuordnung anhand der Tabelle.

b) Begründen Sie, dass diese Zuordnung eine Funktion ist. Geben Sie die Definitionsmenge und die Wertemenge an.

c) Stellen Sie die Zuordnung in einem geeigneten Koordinatensystem dar.
Jan will diese Messpunkte verbinden. Erläutern Sie, ob dies sinnvoll ist.

d) Geben Sie den Anstieg des Goldpreises von 2008 bis 2016 in Prozent an.

13 Beschreiben Sie die dargestellte Zuordnung. Lesen Sie einige Messpunkte ab. Entscheiden Sie, ob die Abbildung den Graphen einer Funktion zeigt. Begründen Sie Ihre Antwort.

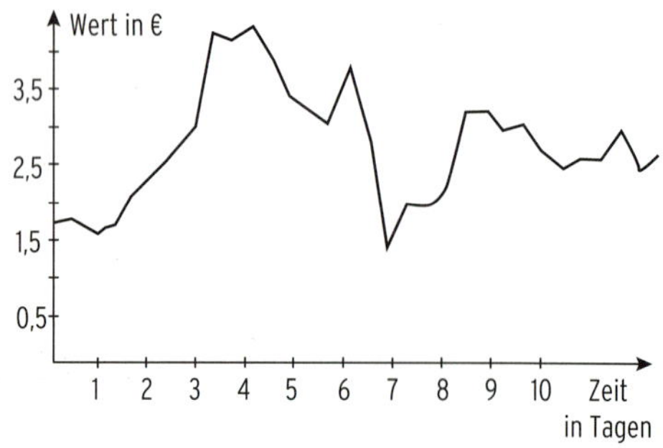

3 Ganzrationale Funktionen

3.1 Lineare Funktionen

Viele Situationen im Alltag und aus der Wirtschaft lassen sich modellieren, d. h. mit mathematischen Mitteln (vereinfacht) darstellen. Dadurch unterstützt die Mathematik wichtige Entscheidungsprozesse, indem sie versucht, die wirtschaftlichen Probleme zu erklären.

Modellierung einer Situation

Die Abteilung Einkauf der Firma Weber Metallbau GmbH prüft für die monatliche Bestellung von Stahlblech die Preissituation auf dem Markt. Es werden Angebote von drei Lieferanten eingeholt.

Stahlhandel Gruber:
Der Preis für je 100 kg beträgt 25 €
bei freier Lieferung.

Blime Stahl:
Der Preis für je 100 kg beträgt 27 € bis 1 Tonne bei Lieferkosten von 80 €. Bei einer Bestellmenge über einer Tonne beträgt der Preis für je 100 kg 20 € bei freier Lieferung.

Metall und Eisen Gmbh:
Der Preis für je 100 kg beträgt 27,5 € bis 2 Tonnen inklusive Lieferung.
Bei einer Bestellmenge über zwei Tonnen reduziert sich der Preis für je 100 kg auf 17 €.

Stellen Sie die Situation geeignet dar.
Beraten Sie die Abteilung Einkauf in ihrer Wahl des Lieferanten bei verschiedenen Bestellmengen.

Bearbeiten Sie diese Situation, nachdem Sie die rechts aufgeführten **Qualifikationen und Kompetenzen** erworben haben.

Qualifikationen & Kompetenzen

- Realitätsbezogene Zusammenhänge mit linearen Funktionen beschreiben, darstellen und deuten
- Schnittpunkte berechnen
- Bedeutung der Koordinaten erfassen

3.1.1 Definition der linearen Funktion

Beispiel 1

➲ Ökobauer Hans verkauft Kraut zu einem Preis von 1,50 € pro kg.
Er möchte seine Einnahmen für Mengen bis 100 kg tabellarisch und grafisch darstellen.

Lösung

Für die Menge (in kg) wählen wir die **Variable x**, für die Einnahmen, den Erlös in € die **Variable y**. Die Zuordnung ist eine Funktion.

- **Darstellung durch eine Tabelle**

Menge x in kg	0	10	20	30	50	100
Erlös y in €	0	15	30	45	75	150

- Darstellung im **Koordinatensystem**:

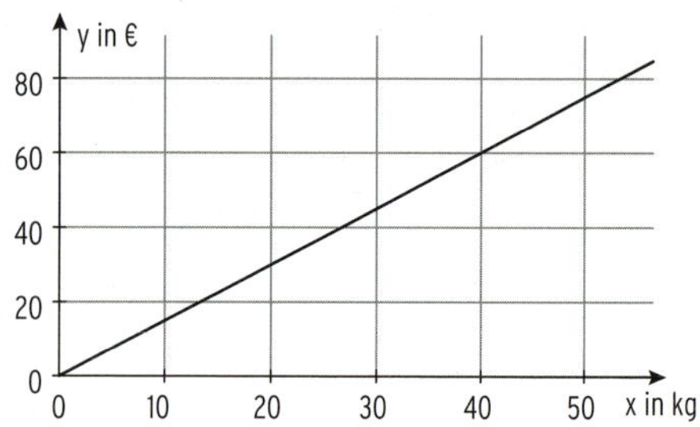

- Darstellung durch einen Term (Erlös y in € in Abhängigkeit von der Menge x in kg): $y = 1{,}5 \cdot x$ (**lineare Gleichung**)

Jeder verkauften Menge Kraut wird genau ein Erlös zugeordnet.
Erlösfunktion E mit $E(x) = 1{,}5x;\ x \geq 0$
Für die Menge an verkauftem Kraut (x) sind alle **positiven reellen Zahlen** (mit null) bis 100 zugelassen.
Diese Menge heißt ökonomisch sinnvoller **Definitionsbereich** $D_{ök}$ dieser linearen Funktion E: $D_{ök} = [0; 100]$.

Das Schaubild **der linearen Funktion** f mit $f(x) = 1{,}5x;\ x \in \mathbb{R}$ ist eine **Ursprungsgerade** mit **Steigung** $m = 1{,}5$.
Im **Steigungsdreieck** gilt: $m = \frac{1{,}5}{1}$

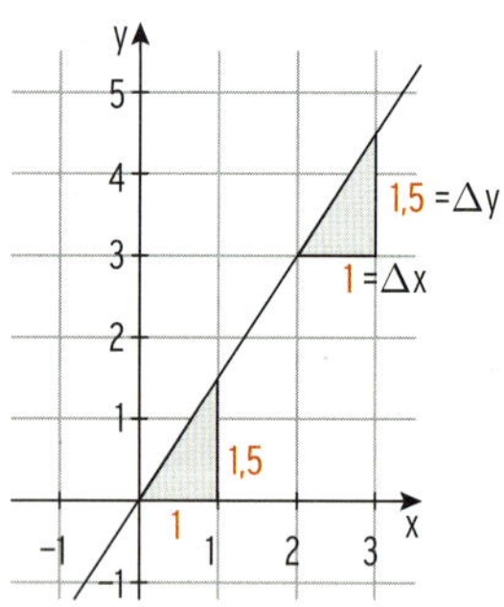

Beachten Sie

Allgemein gilt für die **Steigung m:**

$$m = \frac{\Delta y}{\Delta x} = \frac{\text{Differenz der y-Werte}}{\text{Differenz der x-Werte}}$$

Hinweise:

$m > 0$ bedeutet, die Gerade ist **steigend** (für wachsende x-Werte wachsen die y-Werte).
Ist E mit $E(x) = 1{,}5x$ die **Erlösfunktion,** so ist $m = 1{,}5$ **der Stückerlös bzw. der Stückpreis**.

Beispiel 2

➲ Die Firma Waldner kann in einer Produktionsperiode bis zu 8 Werkzeuge (Kapazitätsgrenze) herstellen. Dabei entstehen Gesamtkosten in Geldeinheiten (GE), die sich durch die Funktion K mit $K(x) = 12{,}5\,x + 30$ beschreiben lassen.

a) Zeichnen Sie das Schaubild von K. Veranschaulichen Sie K(4) grafisch.

b) Untersuchen Sie, ob der Punkt P(6|105) auf dem Schaubild von K liegt. Interpretieren Sie ökonomisch.

Lösung

a) K heißt **Gesamtkostenfunktion**
Kapazitätsgrenze $x_{max} = 8$:
Ökonomisch sinnvoller Definitionsbereich:
$D_{ök} = [0; 8]$

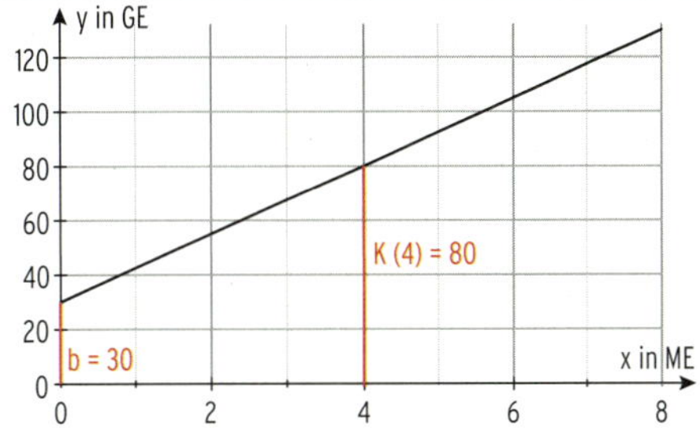

$K(x) = 12{,}5\,x + 30$ mit $x \in [0; 8]$.
$K(0) = 30$ sind die **fixen Kosten** K_f.
(Fixe Kosten entstehen unabhängig von der Produktionsmenge, z. B Mieten, Personalkosten.)
Eine **Geldeinheit** entspricht z. B. 100 €; 1 GE ≙ 100 €)
b = 30 ist der **y-Achsenabschnitt** der Kostengeraden.

Produktionsmenge x	0	4
Gesamtkosten K (x)	30	80

Hinweis: Eine Gerade ist durch **2 verschiedene Punkte** eindeutig festgelegt.
Die Kosten nehmen mit zunehmender Produktionsmenge auch zu.
Die Kostengerade ist steigend ($m > 0$).

b) **Punktprobe** mit P(6|105):
Einsetzen der Koordinaten in den Funktionsterm: $105 = 12{,}5 \cdot (6) + 30$
ergibt eine **wahre Aussage** $105 = 105$, d. h., P **liegt** auf dem Schaubild von K.
Werden 6 Werkzeuge hergestellt, so entstehen Gesamtkosten von 105 GE.

Bemerkung: Liegt ein **Punkt auf einer Geraden,** so ergibt das **Einsetzen** der Koordinaten des Punktes in die Geradengleichung **(Punktprobe) eine wahre Aussage.**

Beachten Sie

Eine Funktion der Form f mit $f(x) = mx + b;\ x \in \mathbb{R}$ heißt **lineare Funktion** (ganzrationale Funktion 1. Grades).

Das Schaubild von f ist eine **Gerade.** $y = mx + b$ ist die Geradengleichung in **Hauptform.** **m** ist die **Steigung, b** ist der **y-Achsenabschnitt.**

Beispiel 3

➲ Die Firma Besler stellt ein Produkt her. Die Abbildung zeigt den Verlauf der Gesamtkosten in GE für die Produktionsmenge x Mengeneinheiten (ME). Die Kapazitätsgrenze liegt bei 10 ME.

a) Bestimmen Sie die Geradengleichung.

b) Interpretieren Sie ökonomisch.

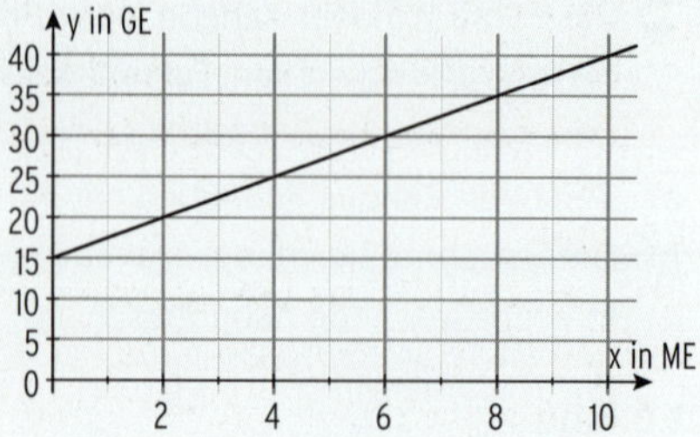

Lösung

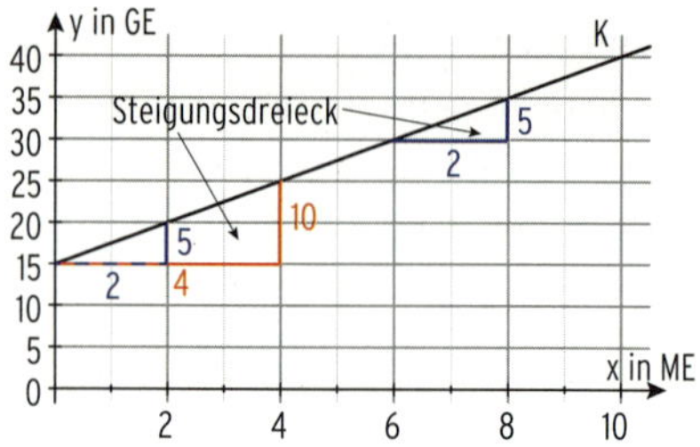

a) **Ansatz: y = mx + b**

Aus dem Schaubild lässt sich ablesen:

b = 15

$m = \frac{5}{2} = \frac{10}{4} = \frac{2,5}{1} = 2,5$

Geradengleichung $y = 2,5x + 15$

b) Eine **Mengeneinheit** entspricht z. B. 50 Stück (1 ME ≙ 50 St.)

y steht für die Gesamtkosten K(x): $K(x) = 2,5x + 15$

Die **Fixkosten** betragen 15 GE: $K(0) = 15$

Die Gesamtkosten setzen sich zusammen aus den **Fixkosten** und den **variablen Kosten**, die von der Produktionsmenge abhängen: $K(x) = K_v(x) + K_f$

$K(x) = 2,5x + 15$

Erhöht man die Produktionsmenge um 2 ME, so erhöhen sich die Kosten um 5 GE.

Die **variablen Stückkosten** sind **konstant** und entsprechen dem **Kostenzuwachs** m.

m heißt **Steigung der Geraden**.

Ökonomisch sinnvoller Definitionsbereich von K: $D_{ök}$ = [0; 10].

Die Kapazitätsgrenze liegt bei 10 ME, es können also bis zu 10 ME produziert werden.

Beachten Sie Wirtschaftliche Zusammenhänge

x	Ausbringungsmenge; Produktionsmenge in Mengeneinheiten (ME) oder in Stück
K(x)	**Gesamtkosten** in Abhängigkeit von der Menge x K(x) in Geldeinheiten (GE) oder in €
$K_f = K(0)$	Fixe Kosten
$K_v(x)$	Variable Kosten in Abhängigkeit von der Menge x
p	konstanter Stückpreis; Preis in GE pro ME
$E(x) = p \cdot x$	**Erlös** (Umsatz) in Abhängigkeit von x
$G(x) = E(x) - K(x)$	**Gewinn** = **Erlös** minus **Gesamtkosten**

$K(x) = K_v(x) + K_f$

Beispiel 4

➲ Die Funktion L mit $L(x) = -1{,}5x + 12$ beschreibt den Zusammenhang zwischen dem Lagerbestand L(x) (in ME) und der Zeit x in Tagen, seit der letzten Lieferung.
Zeichnen Sie das Schaubild der linearen Lagerbestandsfunktion L. Interpretieren Sie.

Lösung

Zeichnen mithilfe des **y-Achsenabschnittes** und eines Steigungsdreiecks.

$b = 12$: G schneidet die y-Achse in $S_y(0\,|\,12)$.

$m = -1{,}5 = -\frac{3}{2}$: Von $S_y(0\,|\,12)$ aus 2 Einheiten nach **rechts** und anschließend 3 Einheiten nach **unten.**

Ökonomische Interpretation: Der Lagerbestand nimmt täglich um 1,5 ME ab.
Nach 8 Tagen ist das Lager geräumt.

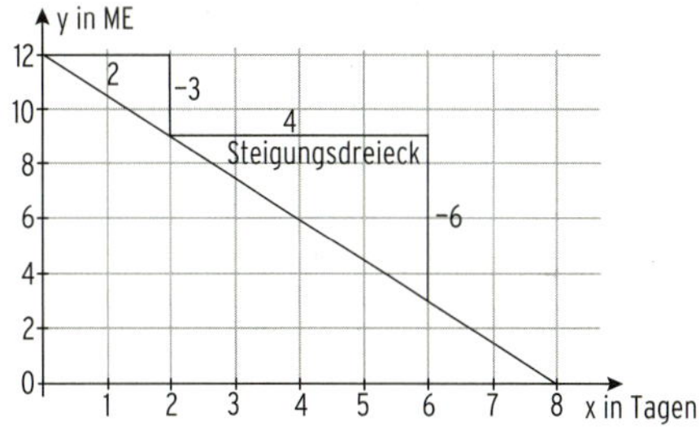

Beachten Sie Steigung von Graphen linearer Funktionen

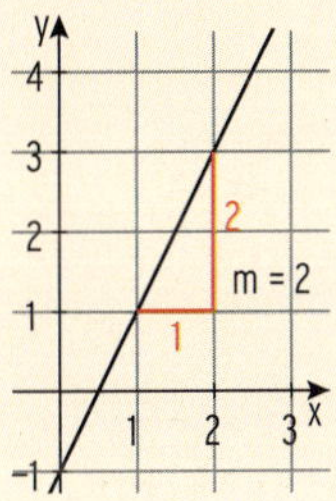

$f(x) = 2x - 1$ $(m > 0)$

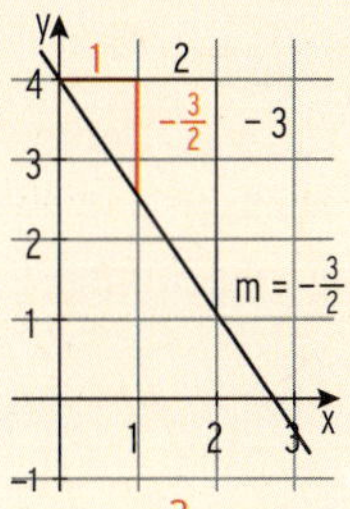

$f(x) = -\frac{3}{2}x + 4$ $(m < 0)$

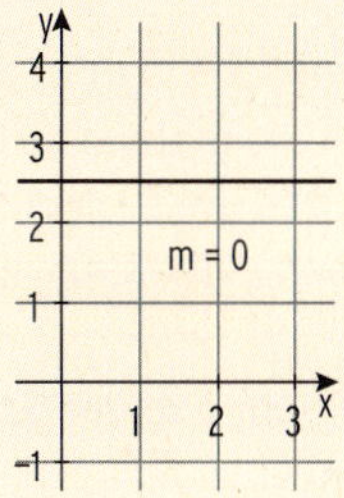

$f(x) = 2{,}5$ $(m = 0)$

Für $m > 0$ ist die zugehörige Gerade **steigend,** für $m < 0$ ist die zugehörige Gerade **fallend**. Für $m = 0$ verläuft die zugehörige Gerade **parallel zur x-Achse.**

Beispiel 5

➲ Der Filialleiter hat ein Grundgehalt von 1000 €. Bei einem Umsatz von 50 000 € verdient er 3500 €. Sein Gehalt hängt linear vom Umsatz ab.
Erläutern Sie die Bedeutung der Steigung.

Lösung

Die zugehörige Gerade verläuft durch (0 | 1000) und (50 000 | 3500).

Steigung $m = \frac{\Delta y}{\Delta x} = \frac{3500 - 1000}{50000 - 0}$, also $m = \frac{1}{20}$

$m = \frac{1}{20} = 5\,\%$; seine Umsatzbeteiligung liegt bei 5 %.

Ergebnis: Sein Gehalt beinhaltet einen variablen Gehaltsanteil von 5 % des Umsatzes.

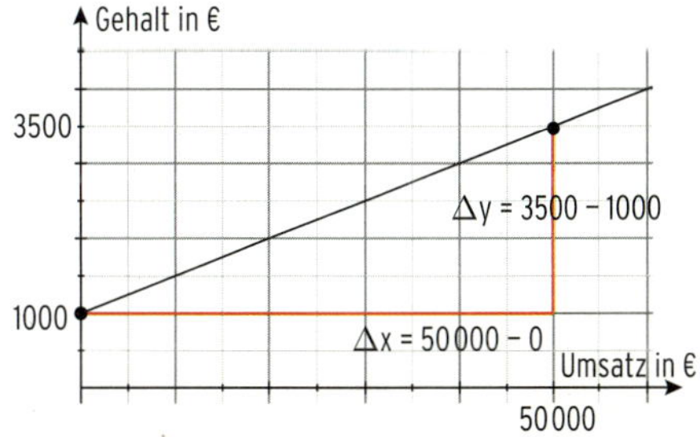

Steigungsformel

Für die **Steigung m einer Geraden** durch die Punkte $A(x_1 | y_1)$ und $B(x_2 | y_2)$ gilt:

$$m = \frac{\text{Differenz der y-Werte}}{\text{Differenz der x-Werte}} = \frac{\Delta y}{\Delta x} = \frac{y_2 - y_1}{x_2 - x_1}$$

Mit $y_1 = f(x_1)$ und $y_2 = f(x_2)$:

$$m = \frac{f(x_2) - f(x_1)}{x_2 - x_1}$$

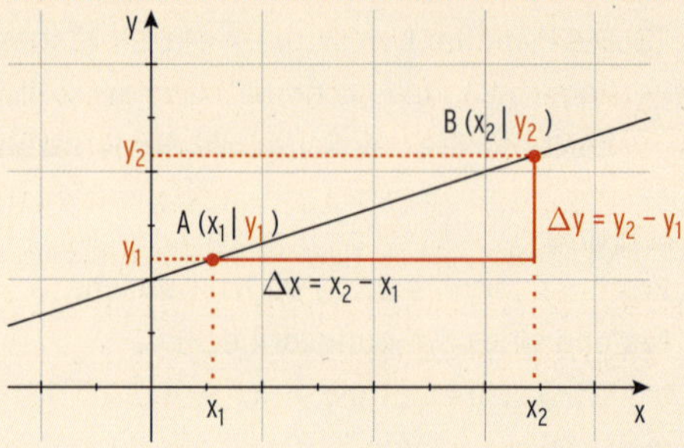

Aufgaben

1 Zeichnen Sie das Schaubild der linearen Funktion f.

a) $f(x) = 0{,}5x - 3$ b) $f(x) = -\frac{1}{8}x + 4$ c) $f(x) = -4x + 1{,}5$

2 Gegeben ist die lineare Funktion f mit $f(x) = 6 - 1{,}5x$; $x \in \mathbb{R}$.

a) Zeichnen Sie das Schaubild von f in ein geeignetes Koordinatensystem ein.

b) Kennzeichnen Sie in Ihrer Zeichnung: $f(0)$; $f(3{,}5)$.

c) Bestimmen Sie mithilfe Ihrer Zeichnung: $f(x) = 0$. Deuten Sie dies geometrisch.

d) Der Punkt $P(5{,}5 | -2)$ liegt auf der Geraden von f.
Überprüfen Sie diese Behauptung durch eine Rechnung.

3 Abb. 1 und Abb. 2 zeigen Schaubilder von linearen Funktionen.
Bestimmen Sie den zugehörigen Funktionsterm.

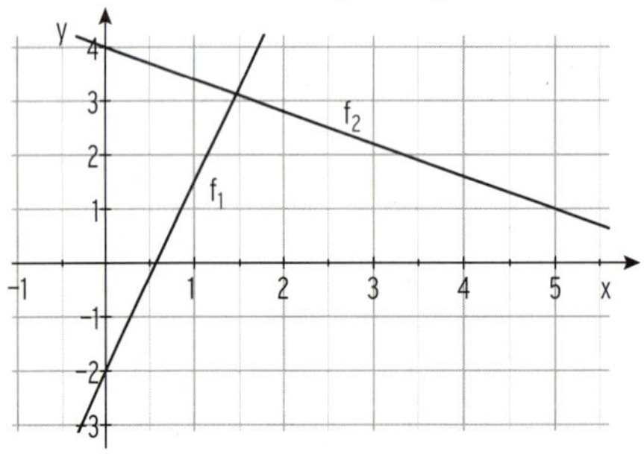

Abb. 1

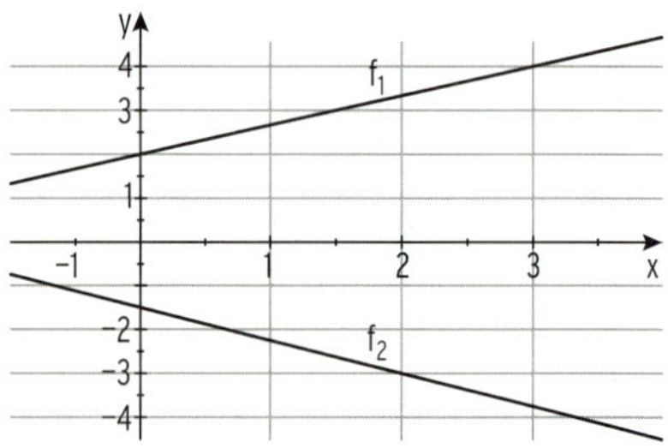

Abb. 2

4 Erläutern Sie den Einfluss der Parameter m bzw. b in $y = mx + b$ auf den Verlauf der zugehörigen Geraden.

5 Herr Bohn ist Marktleiter einer Filiale der Schuhhauskette Werdich.
Er bezieht ein monatliches Fixgehalt von 1200 €, der zweite Teil ist umsatzabhängig.
Bei 40 000 € Umsatz beträgt sein Gehalt 2800 €. Berechnen Sie seine Umsatzbeteiligung.
Beschreiben Sie den linearen Zusammenhang von Umsatz und Gehalt.

6 Die Herstellungskosten der Soester Büromöbel AG entwickeln sich entsprechend der Vorschrift $K(x) = 4{,}2\,x + 30$, x in ME, K(x) in GE.
Es können maximal 20 ME hergestellt werden.

a) Erläutern Sie die mathematische und ökonomische Bedeutung von 4,2 bzw. 30.

b) Verschieben Sie den Graphen von K um 5 nach oben.
Erläutern Sie dies mathematisch und ökonomisch.

c) Berechnen Sie die Kosten an der Kapazitätsgrenze.

d) Die Kosten bei der Produktion von 17 ME betragen 100 GE.
Überprüfen Sie diese Behauptung.

7 Die Abbildung rechts zeigt Schaubilder von linearen Funktionen.
Eine Gerade ist das Schaubild einer Gesamtkostenfunktion.
Begründen Sie Ihre Wahl und geben Sie den Funktionsterm an.

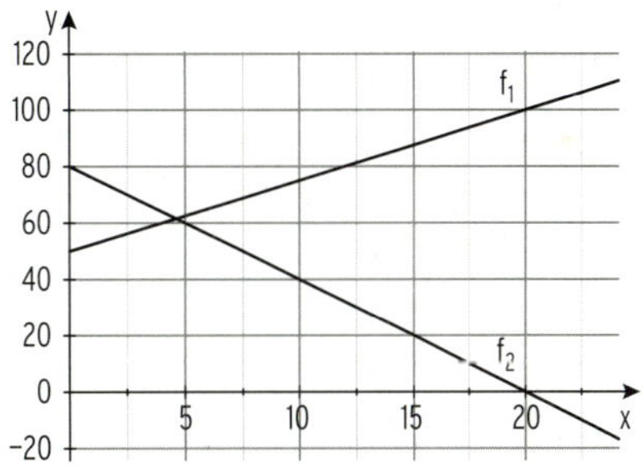

8 Bei der Herstellung eines Produktes entstehen fixe Kosten von 80 GE.
Die Gesamtkosten für eine Ausbringungsmenge von 5 ME betragen 255 GE.
Bestimmen Sie die variablen Stückkosten (variable Kosten pro ME) und geben Sie den Funktionsterm der Gesamtkostenfunktion an.
Zeichnen Sie die Kostengerade in ein geeignetes Koordinatensystem.

9 Für einen Betrieb lassen sich die Gesamtkosten beschreiben durch $K(x) = 0{,}75x + 8$, die Einnahmen (Erlös) durch $E(x) = 2{,}25x$, x in ME.
Der Gewinn in GE berechnet sich aus der Differenz von Erlös und Gesamtkosten.

a) Bestimmen Sie die lineare Gewinnfunktion.

b) Ermitteln Sie die Produktionsmenge für einen Gewinn von 20,5 GE.

10 Die Fixkosten für die Herstellung eines Billig-Gartenmöbel-Sets für das Möbelhaus Anhofer betragen 1000 €, die Kosten pro Stück 150 €.
Der Verkaufspreis liegt bei 200 € pro Stück.

a) Stellen Sie die Gleichungen der Kosten-, Erlös- und Gewinnfunktion auf.

b) Berechnen Sie die Stückzahl, die die Gartenabteilung verkaufen muss, um einen Gewinn von 4000 € zu erzielen. Ermitteln Sie die zugehörigen Einnahmen.

11 Ein Betrieb weist folgende Kennzahlen für den Monat Juni auf: Fixkosten € 6 400,00, variable Kosten pro Stück € 3,20, Verkaufspreis pro Stück € 8,50.

a) Ermitteln Sie Kosten, Erlös und Gewinn für 4 000 Stück.

b) Nach einer Erhöhung des Verkaufspreises kann der Gewinn im Juli beschrieben werden durch $G(x) = 6{,}50\,x - 6\,400$. Die Kostensituation ist unverändert. Bestimmen Sie die Gleichung der Kostenfunktion und der Erlösfunktion.

3.1.2 Abschnittsweise definierte Funktionen

Beispiel

➲ Bei der Herstellung eines Produktes entstehen Gesamtkosten (in €) in Abhängigkeit von der Produktionsmenge in ME: Für $x \leq 50$ gilt $K(x) = 1{,}8x + 100$.
Werden mehr als 50 ME produziert, erhöhen sich die fixen Kosten auf 150 € und die variablen Stückkosten können auf 0,8 € gesenkt werden.

a) Bestimmen Sie einen Funktionsterm für die Gesamtkosten K.
Bestimmen Sie K(40) und K(80).
Ermitteln Sie die Produktionsmengen, für die die Gesamtkosten 160 € übersteigen.

b) Erläutern Sie, ob sich die Produktion von 70 ME lohnt, wenn sich ein Verkaufserlös von 3,20 € pro ME erzielen lässt.

Lösung

a) Kosten für $0 \leq x \leq 50$: $K(x) = 1{,}8x + 100$
Kosten für $x > 50$: $K(x) = 0{,}8x + 150$

Hinweis: Die variablen Stückkosten entsprechen der Steigung der Gesamtkostengeraden.

Zusammenfassende Schreibweise:

$$K(x) = \begin{cases} 1{,}8x + 100 & \text{für } 0 \leq x \leq 50 \\ 0{,}8x + 150 & \text{für } x > 50 \end{cases}$$

Die Funktion K ist eine **abschnittsweise definierte Funktion.**

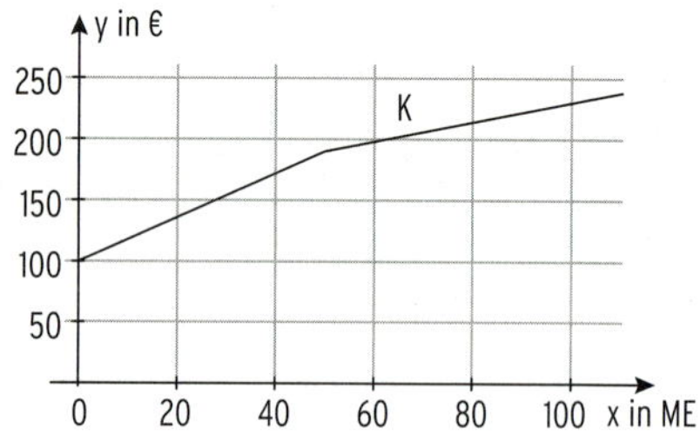

Hinweis: Das Schaubild der Funktion K setzt sich aus zwei Teilen zusammen. Die beiden Teile stoßen im Punkt P(50 | 190) zusammen.

Berechnung von Funktionswerten: $K(40) = 1{,}8 \cdot 40 + 100 = 172$ $(x < 50)$
$K(80) = 0{,}8 \cdot 80 + 150 = 214$ $(x > 50)$

Berechnung von x-Werten: $K(x) > 160$
$1{,}8x + 100 > 160$
$x > 33{,}3$

Für Produktionszahlen $x \geq 34$ betragen die Gesamtkosten mehr als 160 €.

b) Erlös in Abhängigkeit von x: $E(x) = 3{,}2x$
Erlös für $x = 70$: $E(70) = 224$
Gesamtkosten für $x = 70$: $K(70) = 206 < E(70)$
Die Produktion von 70 ME lohnt sich, da Gewinn erzielt wird.

Aufgaben

1 Die Gesamtkosten eines Unternehmens lassen sich durch die Funktion K

mit $K(x) = \begin{cases} 0{,}4x + 5; & 0 \leq x \leq 30 \\ 0{,}9x - 10; & x > 30 \end{cases}$ beschreiben.

Bestimmen Sie die Gewinnzone, wenn der konstante Stückpreis bei 0,75 € liegt.

Geben Sie den Funktionsterm der Gewinnfunktion an.

Zeichnen Sie die Gesamtkosten- und die Erlöskurve in ein Koordinatensystem ein.

2 Die Gewinnsituation eines Unternehmens lässt sich durch die Funktion G

mit $G(x) = \begin{cases} x - 3; & 0 \leq x \leq 4 \\ 0{,}5x - 1; & 4 < x \leq 12 \end{cases}$; x in ME, G(x) in GE, beschreiben.

Bei der Gewinnschwelle liegt der Erlös bei 4,5 GE, der Erlös pro ME ist konstant.

Erläutern Sie die Gesamtkosten- und die Erlössituation mithilfe einer Grafik.

Die Gesamtkosten übersteigen den Betrag von 15 GE. Widerlegen Sie diese Behauptung.

3 Die Gesamtkosten K für die Herstellung von Tennisbällen hängen linear von der produzierten Stückzahl x ab.

a) Berechnen Sie die Gesamtkosten für 1 000 bzw. 3 000 Bälle.

Geben Sie einen Term für die Gesamtkostenfunktion K an. Berechnen Sie die Fixkosten und die variablen Stückkosten.

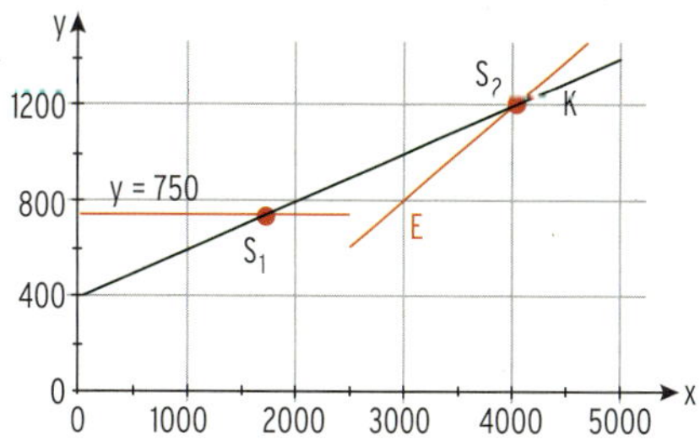

b) Für den Erlös gilt bis 2500 Stück ein Pauschalbetrag. Ab 2500 Stück steigt der Erlös linear mit der Anzahl der verkauften Bälle.

Bestimmen Sie die Erlösfunktion für $x > 2500$ und die Schnittpunkte S_1 und S_2.

Interpretieren Sie die x-Werte zwischen S_1 und S_2.

3.1.3 Aufstellen von Geradengleichungen

Beispiel 1

➲ Von den Herstellungskosten ist bekannt: Die variablen Stückkosten betragen 1,25 GE/ME und bei der Herstellung von 20 ME entstehen Gesamtkosten von 65 GE. Bestimmen Sie die lineare Gesamtkostenfunktion.

Lösung

Ansatz für die Geradengleichung:	$y = mx + b$
Die variablen Stückkosten entsprechen der Steigung $m = 1{,}25$:	$y = 1{,}25x + b$
P(20 | 65) liegt auf der Kostengeraden:	$65 = 1{,}25 \cdot (20) + b \Rightarrow b = 40$
Gesamtkosten:	$y = K(x) = 1{,}25x + 40$

Beispiel 2

➲ Der Discounter Gik verkauft in seinen Filialen ein T-Shirt zu unterschiedlichen Preisen. Die wöchentliche Auswertung zeigt die Tabelle.

nachgefragte Menge	100	200	140
Preis pro T-Shirt in €	3,25	2	2,75

Bestimmen Sie den linearen Zusammenhang von Menge und Preis.

Lösung

Punktprobe mit A(100 | 3,25) in $y = mx + b$: $3{,}25 = 100m + b$

Punktprobe mit B(200 | 2) in $y = mx + b$: $2 = 200m + b \quad | \cdot (-1)$

Lineares Gleichungssystem (LGS) aus 2 Gleichungen mit 2 Unbekannten

Lösung **mit dem Additionsverfahren:**

$$\begin{aligned} 3{,}25 &= 100m + b \\ -2 &= -200m - b \quad (+) \\ \hline 1{,}25 &= -100m \\ m &= -0{,}0125 \end{aligned}$$

Seite 214

Durch „Addition der beiden Gleichungen" wird die Unbekannte b eliminiert.

Einsetzen von $m = -0{,}0125$ in z. B. $2 = 200m + b$ ergibt: $2 = 200(-0{,}0125) + b$

$b = 4{,}5$

Gesuchter Zusammenhang $y = -0{,}0125x + 4{,}5$

Alternative Bestimmung mithilfe der Steigung:

$$m = \frac{y_2 - y_1}{x_2 - x_1} = \frac{3{,}25 - 2}{100 - 200}$$

$m = -0{,}0125$

Einsetzen von A(200 | 2) in $y = -0{,}0125x + b$: $2 = 200(-0{,}0125) + b \Rightarrow b = 4{,}5$

Gesuchter Zusammenhang $y = -0{,}0125x + 4{,}5$

Probe mit C(140 | 2,75) ergibt eine wahre Aussage.

Beispiel 3

➲ Herr Bock ist Vertreter für Elektrogeräte. Er hat ein Grundgehalt von 800 €. Bis zu einem Umsatz von 50 000 € ist er mit 4 % am Umsatz beteiligt. Ab 50 000 € erhält er 2,5 % des Umsatzes, der 50 000 € übersteigt. Bestimmen Sie den Zusammenhang von Umsatz und Gehalt.

Lösung

x: Umsatz in €, G (x) Gehalt in €

Für $x \leq 50000$: $G(x) = 0{,}04x + 800$ mit $4\,\% = \frac{4}{100} = m$

Für $x > 50000$: Die Gerade verläuft durch $(50000\,|\,2800)$ mit Steigung 0,025.

Herr Bock soll keine Einbuße haben.

Ansatz: $y = 0{,}025x + b$

$(50000\,|\,2800)$ einsetzen ergibt $b = 1550$.

Abschnittsweise definierte Funktion:

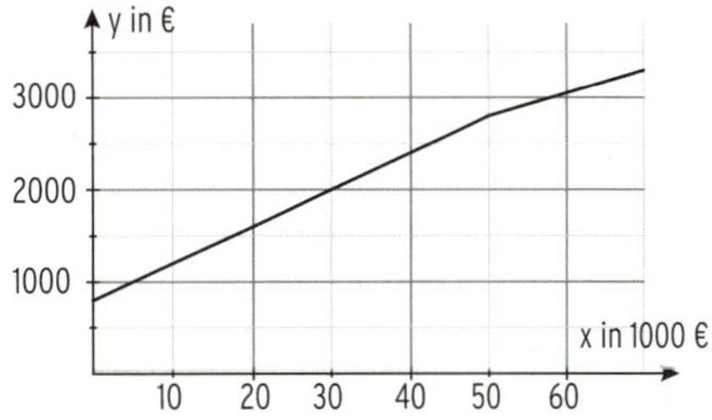

$$G(x) = \begin{cases} 0{,}04x + 800; & 0 \leq x \leq 50000 \\ 0{,}025x + 1550; & x > 50000 \end{cases}$$

Aufgaben

1 Zeichnen Sie die Gerade von g und bestimmen Sie die Geradengleichung.

a) Die Gerade von g hat die Steigung $m = 3$ und verläuft durch $A(1\,|\,1{,}5)$.

b) Die Gerade von g verläuft durch $A(-6\,|\,1)$ und $B(0\,|\,2)$.

c) Die Punkte $A(-3\,|\,1)$ und $B\left(1\,\middle|\,\frac{11}{3}\right)$ liegen auf der Geraden von g.

d) Gegeben ist die Gerade von h mit $h(x) = 3x - 4$.
Der Punkt $P(-1\,|\,y_P)$ liegt auf der Geraden von h. Die Gerade von g geht durch die Punkte P und $N(2\,|\,0)$.

e) $C(3{,}5\,|\,2{,}5)$ liegt auf der Geraden von g. Die Gerade von g verläuft parallel zur x-Achse.

2 Die Abbildung zeigt Schaubilder von linearen Funktionen.
Bestimmen Sie jeweils den zugehörigen Funktionsterm.

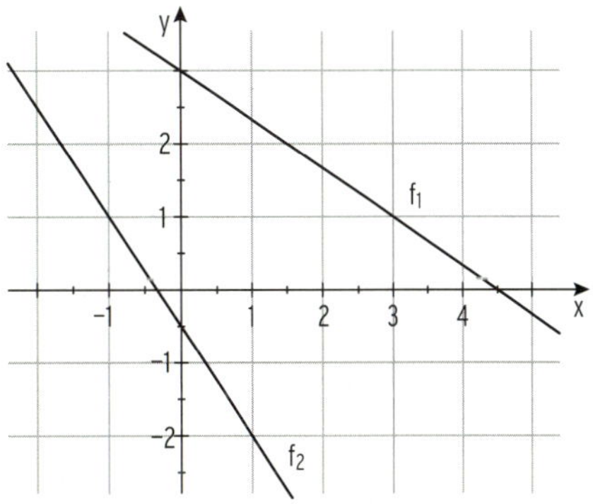

3 Zeigen Sie: Die Gerade durch den Punkt $(1\,|\,4)$ mit Steigung m hat die Gleichung $y = m(x - 1) + 4$.

4 Für einen Betrieb lässt sich der Gewinn durch eine lineare Funktion beschreiben. Bei einer Produktionsmenge von 2 ME beträgt der Gewinn 350 GE. Der Gewinn pro ME beträgt 275 GE.

a) Bestimmen Sie die lineare Gewinnfunktion.

b) Ermitteln Sie die Produktionsmenge so, dass der Gewinn 1175 GE beträgt.

5 In einem Betrieb entstehen Gesamtkosten K in Abhängigkeit von der hergestellten Stückzahl.

x in Stück	100	140	200
K in €	385	395	410

a) Übertragen Sie die Werte in ein Koordinatensystem.

b) Bestimmen Sie eine Gleichung der Gesamtkostengeraden.

c) Berechnen Sie die Gesamtkosten pro Stück (Stückkosten) bei einer Produktion von 140 Stück bzw. 10 000 Stück.
Die Stückkosten streben für sehr hohe Stückzahlen gegen einen Wert.
Bestimmen Sie diesen Wert.

6 Werden 15 Fahrräder produziert und verkauft, wird kein Gewinn und kein Verlust erzielt. Bei 20 verkauften Rädern beträgt der Gewinn 2 750 €. Zurzeit kann der Betrieb höchstens 25 Räder pro Woche herstellen.

a) Zeigen Sie, für die Gewinnfunktion G gilt $G(x) = 550x - 8250;\ 0 \leq x \leq 25$.

b) Bei der Produktion von Fahrrädern fallen in jeder Woche 8 250 € Fixkosten an. Das Unternehmen erzielt auf dem Markt einen Preis je Rad von 1350 €. Ermitteln Sie die variablen Kosten pro Rad.

7 Eine Wochenzeitschrift hat eine verkaufte Auflage von 120 000 Exemplaren.
Der Verkaufspreis für eine Zeitschrift beträgt 2,20 €. Mithilfe der Marktforschung stellt der Verlag fest, dass sich die Auflage um 5 000 Exemplare erhöhen lässt bei einer Preissenkung um 0,20 €, bei einer Preiserhöhung um 0,20 € verliert man 5 000 Käufer.

a) Berechnen Sie den Verkaufspreis bei einer Auflage von 140 000 Exemplaren.
Bestimmen Sie den Verkaufspreis, der sich bei einer Auflage von x Exemplaren ergibt.

b) Ermitteln Sie die zu erwartende Auflage, wenn der Verkaufspreis der Zeitschrift auf 1,50 € sinkt.

8 Für einen Palettenwickler rechnet der Lagerverwalter täglich mit fixen Kosten von 40 €.

Eine Verpackungsmaschine hat eine Kapazität von 200 Paletten. In der Hochsaison wird nur bei einem Bedarf von mehr als 200 Paletten ein zweiter Palettenwickler eingesetzt und die fixen Kosten erhöhen sich auf 90 €. Für jeden Verpackungsvorgang betragen die Kosten 2,50 €. Bestimmen Sie den Zusammenhang von Palettenanzahl und Gesamtkosten.

9 Die Kostenentwicklung lässt sich durch nebenstehende Tabelle beschreiben.

x in Stück	20	55	60	80
K in €	2 799	6 736,5	7 299	9 549

Untersuchen Sie, ob die Kostenentwicklung linear verläuft.

3.1.4 Gemeinsame Punkte

Erlös und Gewinn

Beispiel 1

Das Unternehmen Mobi stellt Mobiltelefone her.
Der Erlös pro Telefon beträgt 2,5 GE. Die fixen Kosten betragen 5 GE, bei der Produktion ergeben sich pro Telefon Kosten in Höhe von 1,25 GE.
Untersuchen Sie die Gewinnsituation.

Lösung

Erlös = Marktpreis · abgesetzte Menge
Erlösfunktion E mit $E(x) = 2{,}5x$
Die Erlösgerade ist eine **Ursprungsgerade:** $E(0) = 0$
Variable Stückkosten: 1,25 GE/ME
Variable Kosten: $K_v(x) = 1{,}25x$
Fixkosten $K_f = K(0) = 5$
Gesamtkostenfunktion K mit $K(x) = 1{,}25x + 5$

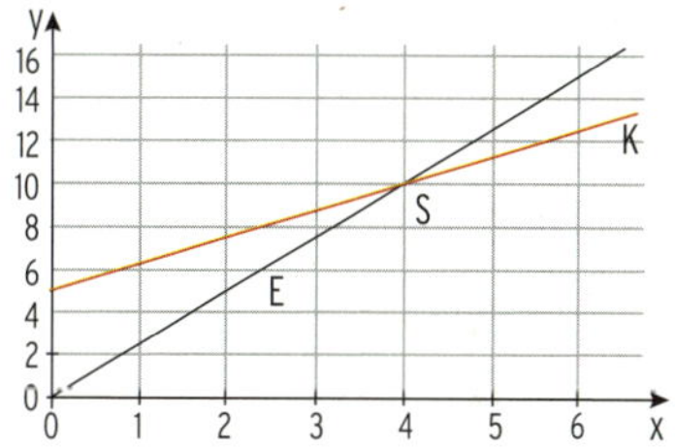

Kosten und Erlöse **sind gleich:** $E(x) = K(x)$
Gleichsetzen liefert: $2{,}5x = 1{,}25x + 5$ $1{,}25x = 5$ für $x = 4$

Mit $K(4) = E(4) = 10$ erhält man den Schnittpunkt: $S(4 \mid 10)$.

Erlös- und Kostengerade schneiden sich in $x = 4$, Mobi erzielt **Kostendeckung.**
Der zugehörige Erlös bzw. die zugehörigen Kosten betragen 10 GE.

Beachten Sie

Gewinn = Erlös − Gesamtkosten, $G(x) = E(x) - K(x)$

Gewinnfunktion G: $G(x) = 2{,}5x - (1{,}25x + 5)$
$G(x) = 1{,}25x - 5$
Schnittpunkt des Graphen von G mit der x-Achse
Bedingung: $G(x) = 0$ $1{,}25x - 5 = 0$ für $x = 4$
Schnittpunkt des Graphen von G mit der x-Achse $S_x(4 \mid 0)$.
Für $x < 4$ erzielt Mobi **Verluste**, für $x > 4$ **Gewinne.**

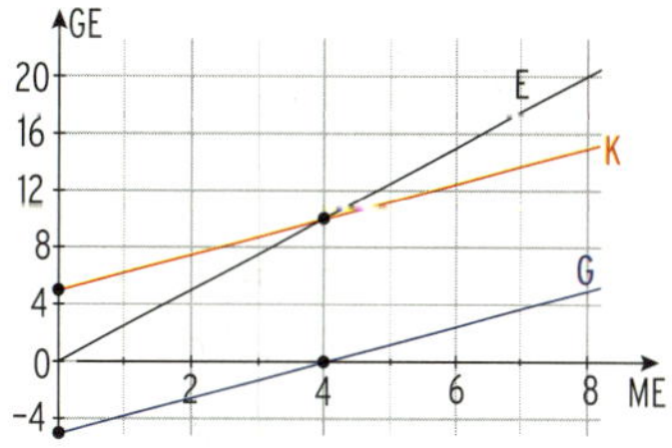

Hinweise: $x = x_{GS} = 4$ heißt **Gewinnschwelle.**
$x = 4$ ist die **Nullstelle** der Funktion G.
Für $x > 4$: $G(x) > 0$. Der Graph von G verläuft **oberhalb der x-Achse.**
Für $x < 4$: $G(x) < 0$. Der Graph von G verläuft **unterhalb der x-Achse.**

Schnittpunkt des Graphen von G mit der y-Achse: $G(0) = -5 \Rightarrow S_y(0 \mid -5)$
Der **Verlust** ist in $x = 0$ **am größten** und beträgt 5 GE.

Beachten Sie

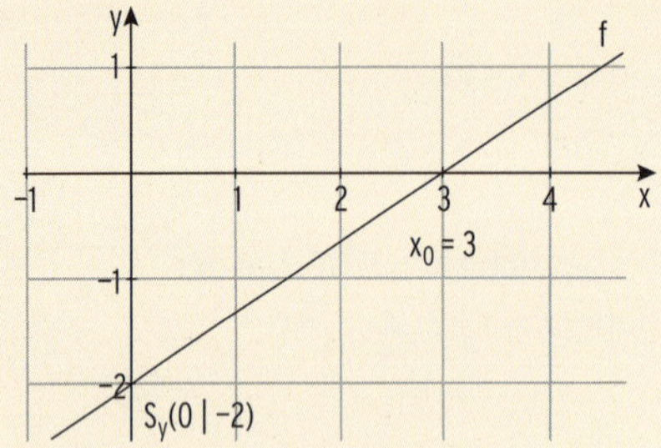

Der Graph von f **schneidet die x-Achse.**
f (x) = 0 liefert die **Nullstelle** x_0 von f:
Schnittpunkt mit der x-Achse: $S_x(x_0|0)$
Schnittpunkt mit der y-Achse: $S_y(0|f(0))$

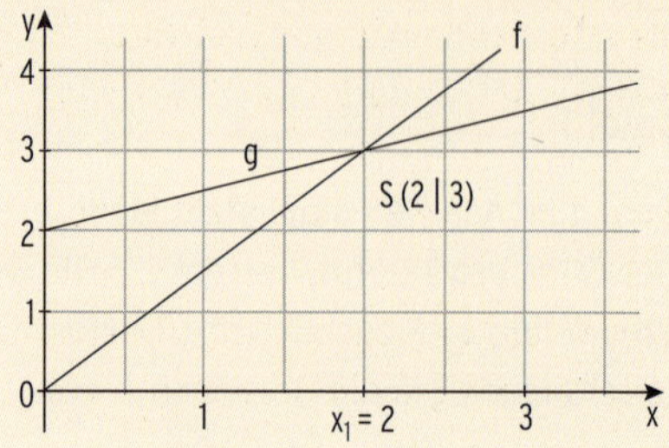

Die Graphen von f und g **schneiden sich.**
f (x) = g (x) (Gleichsetzen) liefert die **Schnittstelle** x_1 der Graphen von f und g.
Schnittpunkt der beiden Graphen:
$S(x_1|f(x_1))$.

Beispiel 2

➲ Die Gesamtkosten K der Firma LIDA zur Herstellung ihres Produktes werden beschrieben durch $K(x) = 0{,}14x + 7{,}5$.
Die Kapazitätsgrenze liegt bei 120 ME.
Der Verkaufspreis pro ME beträgt 0,24 GE.

a) Geben Sie die Erlösfunktion und die Gewinnfunktion an.
b) Vergleichen Sie Kosten, Erlös und Gewinn für eine Ausbringungsmenge von 50 ME und 100 ME. Nehmen Sie Stellung.
c) Bestimmen Sie den Bereich, in dem die Firma einen Gewinn erzielt.

Lösung

Beachten Sie

$x_{max} = 120$ ist die **Kapazitätsgrenze.**
$0 \leq x \leq 120$ ist ein **ökonomisch sinnvoller Definitionsbereich ($D_{ök}$).**

a) **Erlösfunktion E** mit $E(x) = p \cdot x$ $\quad E(x) = 0{,}24x$
Gewinnfunktion G mit $\quad G(x) = E(x) - K(x) = 0{,}24x - (0{,}14x + 7{,}5)$
$G(x) = 0{,}1x - 7{,}5;\ 0 \leq x \leq 120$

b) Für die Ausbringungsmenge von 50 ME: $K(50) = 14{,}5 > E(50) = 12$
Bei Produktion und Verkauf von 50 ME wird **Verlust** erzielt.
Für die Ausbringungsmenge von 100 ME: $K(100) = 21{,}5 < E(100) = 24$
Bei Produktion und Verkauf von 100 ME wird Gewinn erzielt:
$x = 100$ liegt in der **Gewinnzone.**

c) Um den Bereich, in dem Gewinn erzielt wird, festzulegen, benötigt man die **Ausbringungsmengen,** in denen **Erlös und Gesamtkosten gleich hoch sind, also Kostendeckung** erzielt wird.

Bed. für Kostendeckung: $E(x) = K(x)$ $\quad$ $0{,}24x = 0{,}14x + 7{,}5$

$x = 75$

$x = x_{GS} = 75$ heißt **Gewinnschwelle.**

Ergebnis: Der Betrieb erwirtschaftet einen **Gewinn**, wenn die produzierte und verkaufte Menge im Bereich zwischen $x = 75$ und $x = 120$ liegt. (75; 120] ist die Gewinnzone.
Hinweis: Verlustzone: [0; 75)

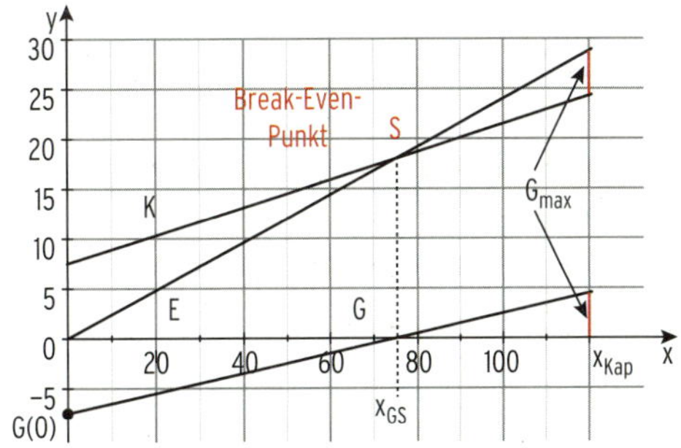

Der maximale Gewinn wird (bei einer linearen Gewinnfunktion) an der Kapazitätsgrenze erzielt: $G(120) = 0{,}1 \cdot 120 - 7{,}5 = 4{,}5$
Der **maximale Gewinn** beträgt 4,5 GE

Beachten Sie

Vom **Break-Even-Punkt** $S(x_{GS} \mid K(x_{GS}))$ an sind die Gesamtkosten erstmals kleiner als der Erlös.

$G(0) = -K_f$ **(negative Fixkosten)**;

$G(x) < 0$: Das Unternehmen erzielt Verluste.

Der **maximale Gewinn** (bei linearen Gewinnfunktionen) wird in der Kapazitätsgrenze x_{Kap} erzielt.

Erläuterungen zur Erlösfunktion E mit E(x) = p · x:

Ein Unternehmen liefert seine produzierte Ware an den Markt und erzielt einen **Erlös** (Umsatz). Von einem Markt mit **vollständiger Konkurrenz** wird gesprochen, wenn am Markt viele Anbieter **(Polypolist)** und Konsumenten auftreten, die jeweils nur kleine Mengen des gehandelten Gutes anbieten bzw. nachfragen.

Unter diesen Bedingungen passt das Unternehmen seinen Preis dem Marktpreis p an. Es betrachtet den Preis p als gegeben und unabhängig vom eigenen Angebot.
Daraus folgt: Verkaufte Menge x und erzielter Erlös E(x) verhalten sich zueinander **proportional:** $\frac{E(x)}{x} = p =$ konstant.

p ist der **konstante Verkaufspreis** in Geldeinheiten (GE) pro Mengeneinheit (ME), p wird auch **Stückpreis** oder **Stückerlös** genannt.

Aufgaben

1 Berechnen Sie die Koordinaten der Schnittpunkte des Graphen von f mit den Koordinatenachsen. Zeichnen Sie den Graphen von f in ein Koordinatensystem ein.

a) $f(x) = -4x - 3{,}5$ b) $f(x) = 2x - \frac{7}{3}$ c) $f(x) = -\frac{8}{3}x + \frac{5}{4}$

2 Gegeben sind die Geraden von f und von g. Die Geraden schneiden sich im Punkt S. Ermitteln Sie die Koordinaten von S.
Zeichnen Sie die Geraden in ein Koordinatensystem ein.

a) $f(x) = -3x + \frac{5}{4}$ b) $f(x) = \frac{1}{2}x + \frac{3}{2}$ c) $f(x) = -\frac{2}{3}x - 1$

$g(x) = -x - 1$ $g(x) = -\frac{1}{2}x + 4$ $g(x) = \frac{1}{6}x - 4$

3 In einer Fabrik entstehen zur Herstellung von maximal 1 250 ME Fertigteilen fixe Kosten in Höhe von 450 GE. Die variablen Kosten je ME Fertigteil betragen 0,25 GE.

a) Geben Sie die Gesamtkosten K bei einer Produktion von x ME an.
b) Ermitteln Sie den Verkaufspreis je ME Fertigteil, wenn bei 160 ME Kostendeckung erzielt werden soll.
c) Bestimmen Sie den maximalen Gewinn.
d) Durch Rationalisierung lassen sich die Fixkosten um 20 % senken. Berechnen Sie die Gewinnschwelle und den maximalen Gewinn, wenn der Verkaufspreis gleich bleibt.
e) Die Kosten für ein anderes Produktionsverfahren lassen sich beschreiben durch $K^*(x) = 0{,}2x + 500$.
Erläutern Sie, ab welcher Produktionszahl es sich lohnt, die Produktion (mit den Gesamtkosten aus a)) umzustellen.

4 Die Abbildung zeigt die Gewinnsituation der Kramer GmbH aus Soest.

a) Beschreiben Sie die Situation.
b) Berechnen Sie den Gewinn pro ME bei 40 ME.
c) Ermitteln Sie die variablen Stückkosten (variable Gesamtkosten pro ME), wenn der Preis pro ME bei 124 € liegt.

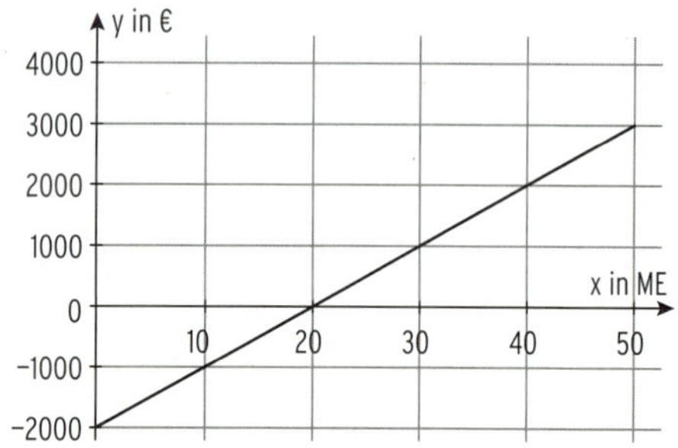

5 Der Gewinn eines Betriebes lässt sich beschreiben durch G mit $G(x) = 0{,}25x - 1{,}2$; $x \geq 0$.
x ist die Produktionsmenge in ME, G(x) der Gewinn in Geldeinheiten (GE).

a) Für welche x-Werte gilt: $G(x) > 0$? Interpretieren Sie ökonomisch.
b) Erläutern Sie die mathematische und ökonomische Bedeutung von 0,25 bzw. − 1,2.
c) Berechnen Sie die Produktionsmenge, die zu einem Gewinn von 5 GE führt.

Seite 212

6 Bestimmen Sie die Lösungsmenge ($x \in \mathbb{R}$).

a) $20x - 3(5x + 7) = -2(3 - x)$ b) $5x - (8 + 9x) = 12$

c) $-4x - \frac{3}{2} = -\frac{1}{2}x - 1$ d) $\frac{1}{4}x + \frac{3}{4} = x + 4$

e) $(x - 3)(4 - x) = 2 - (x + 5)(x - 1)$ f) $-\frac{1}{5}(2x - 1) = 1 - \frac{6}{5}x$

7 Die Abbildung zeigt eine Kostengerade und eine Erlösgerade. Dabei entspricht eine ME 100 Stück und eine GE 1000 €.

a) Ordnen Sie die Graphen zu.
Begründen Sie Ihre Zuordnung.

b) Geben Sie mithilfe der Zeichnung an:
- die Fixkosten in €.
- die Gesamtkosten bei einer Produktion von 800 Stück.

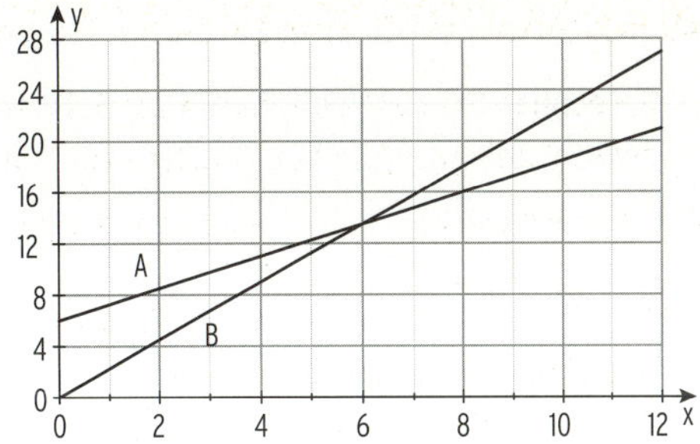

c) Prüfen Sie durch Rechnung, ob S(6 | 13,5) der Break-Even-Punkt ist.

d) Bestimmen Sie den Erlös pro Stück und den maximalen Gewinn in €, wenn die Kapazitätsgrenze bei 12 ME liegt.

8 Am Schulfest plant eine Klasse den Verkauf von Grillwurst mit Brot. Der Einkaufspreis für eine Grillwurst mit Brot beträgt 1,20 € und die Klasse rechnet mit festen Kosten von 50 €. Der geplante Verkaufspreis liegt bei 2,45 €.

a) Analysieren Sie die Gewinnsituation.
Verdeutlichen Sie Ihre Ergebnisse in einer Skizze.

b) Erläutern Sie die Veränderung der Gewinnsituation, wenn sich bei gleichbleibender Erlösfunktion
- der Einkaufspreis auf 1,30 € erhöht,
- die fixen Kosten auf 40 € senken lassen.

9 Für einen Betrieb wird der Gewinn beschrieben durch $G(x) = 425x - 2\,100$;
x ist die verkaufte Menge in ME, G(x) in GE. Die Kapazitätsgrenze liegt bei 15 ME.

a) Interpretieren Sie Steigung und y-Achsenabschnitt ökonomisch.

b) Berechnen Sie den Gewinn an der Kapazitätsgrenze.

c) Ermitteln Sie die Produktionsmenge so, dass der Gewinn 3 425 GE beträgt.

d) Bestimmen Sie die Gesamtkostenfunktion, wenn für den Erlös $E(x) = 680x$ gilt.
Berechnen Sie den Break-Even-Punkt.

10 Ein Betrieb weist folgende Kennzahlen für den Monat Dezember auf:
Fixkosten € 12 800,- , variable Kosten pro Stück € 4,50, Verkaufpreis pro Stück € 6,50.
Die Kapazitätsgrenze liegt bei 11 000 Stück.

a) Ermitteln Sie die gesamten Kosten, den Erlös und den Gewinn für 6 000 Stück.

b) Berechnen Sie den Break-Even-Punkt.
Erläutern Sie die ökonomische Bedeutung der Koordinaten.

c) Bestimmen Sie den Gewinn an der Kapazitätsgrenze.

3.1.5 Marktgleichgewicht

Im Modell der vollständigen Konkurrenz wird der Marktpreis durch Angebot und Nachfrage bestimmt.

Nachfragefunktion

Beispiel

Die folgende Wertetabelle beschreibt den Zusammenhang zwischen dem Preis eines Bekleidungsstückes in $\frac{€}{\text{Stück}}$ und der nachgefragten Stückzahl.

Stückzahl x	60	100	120	140
Stückpreis y	14	12	11	10

a) Stellen Sie den Zusammenhang von Absatzmenge x und Stückpreis y grafisch dar.
b) Bestimmen Sie den Term der zugehörigen Nachfragefunktion.
c) Interpretieren Sie die Situation.

Lösung

a) Die Variable x beschreibt die Absatzmenge in Stück. $y = p_N(x)$ ist der Stückpreis in Abhängigkeit von der Absatzmenge x.
Das Schaubild von p_N ist eine Gerade.
Schaubild von p_N

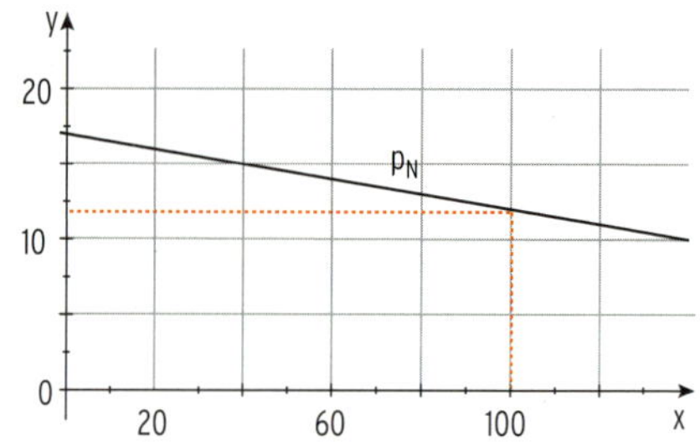

b) p_N ist eine **lineare Funktion.**
Die zugehörige Gerade hat die Steigung
$m = \frac{11 - 12}{120 - 100} = -\frac{1}{20}$
Einsetzen von z. B. (100 | 12) in $y = -\frac{1}{20}x + b$
ergibt: $12 = -\frac{1}{20} \cdot 100 + b$ und damit $b = 17$.
Funktionsterm **der Nachfragefunktion p_N:**
$p_N(x) = -0{,}05x + 17$

c) Die **Steigung m** ist negativ.
Der Absatz kann also nur gesteigert werden, wenn der Preis $p_N(x)$ gesenkt wird.
Der **y-Achsenabschnitt** (b = 17) entspricht dem **maximalen** Preis $p_{max} = 17$ bei dem die Nachfrage null wird (**Höchstpreis**).

Nullstelle von p_N: $p_N(x) = 0$ $\quad -0{,}05x + 17 = 0$ für $x = x_{Sätt} = 340$
$x_{Sätt}$ ist die **Sättigungsmenge.** Selbst bei einem Preis von null überschreitet die nachgefragte Menge nicht den Wert $x_{Sätt}$.

Nachfragefunktion

Die **Nachfragefunktion** beschreibt den **Zusammenhang** von **Stückpreis $p_N(x)$ und nachgefragter Stückzahl x:** der Stückpreis sinkt, wenn die Absatzmenge zunimmt.
Bei linearem Zusammenhang: $p_N(x) = mx + b;\ m < 0,\ b > 0$
Das Schaubild der **Nachfragefunktion** ist eine **fallende Gerade.**

Angebotsfunktion

Die **Angebotsfunktion** gibt die Abhängigkeit der angebotenen Menge von dem dafür verlangten Preis an. Je höher der Verkaufspreis, desto mehr sind die Hersteller bereit zu produzieren (weil die Anbieter mehr Gewinn machen). Mit steigenden Preisen nimmt auch die angebotene Menge zu.

Beispiel

➲ Eine Angebotsfunktion ist gegeben durch $p_A(x) = 9{,}25x + 10;\ x \geq 0$.
Interpretieren Sie.

Lösung

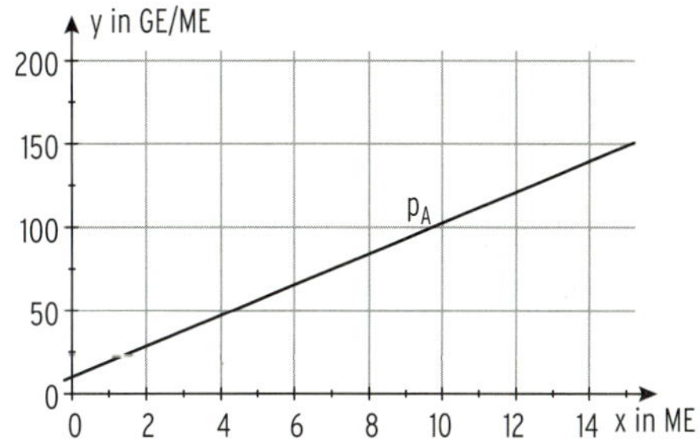

Die Angebotsmenge ist x in ME.
Die zugehörige Gerade hat eine positive **Steigung m** (m = 9,25). Der **y-Achsenabschnitt** (b = 10) entspricht dem **minimalen** Preis p_{min}, bei dem das Produkt nicht am Markt angeboten wird.
Erst bei steigenden Preisen sind die Hersteller bereit, mehr Produkte anzubieten.

Marktgleichgewicht

Beispiel

➲ Berechnen Sie das Marktgleichgewicht, wenn $p_A(x) = 9{,}25x + 10;\ x \geq 0$ und $p_N(x) = -14x + 196$ gegeben sind.

Lösung

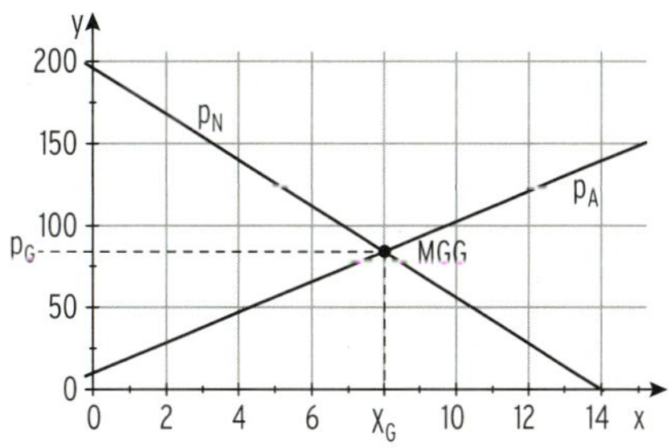

Das **Marktgleichgewicht** ist erreicht, wenn **Angebot und Nachfrage übereinstimmen.**
Im Koordinatensystem entspricht das Gleichgewicht dem Schnittpunkt der beiden Geraden. **Gleichsetzen** der Terme von Angebots- und Nachfragefunktion:
$p_A(x) = p_N(x)$
$9{,}25x + 10 = -14x + 196 \Leftrightarrow x = 8$
Einsetzen von $x_G = 8$ (**Gleichgewichtsmenge**) in $p_A(x)$ oder $p_N(x)$ ergibt $p = 84 = p_G$.
Der Preis p_G heißt **Gleichgewichtspreis**. **Marktgleichgewicht** $MGG(x_G \mid p_G) = MGG(8 \mid 84)$.
Bei einem Preis von $p_G = 84$ gleichen sich Angebot und Nachfrage aus. Der Markt befindet sich im Gleichgewicht. Die abgesetzte Menge beträgt dann $x_G = 8$.

Marktgleichgewicht

Das **Marktgleichgewicht** ist der **Schnittpunkt** von **Angebots-** und **Nachfragekurve:**
$MGG\ (x_G \mid p_G)$

Konsumenten- und Produzentenrente

Für die Angebotsfunktion p_A mit $p_A(x) = 9{,}25x + 10$ und die Nachfragefunktion p_N mit $p_N(x) = -14x + 196$ ergibt sich das Marktgleichgewicht MGG (8 | 84) und damit der Gleichgewichtspreis $p_G = p_N(8) = 84$. (vgl. S. 73)

Am Marktgleichgewicht MGG (x_G | p_G) gilt:
Der Nachfrager B (siehe Abb. 1) ist bereit, einen höheren Preis (p_B) als den Gleichgewichtspreis für das Gut zu zahlen, er muss jedoch nur den Preis p_G aufbringen. Er hat also wegen $p_B > p_G$ eine Ersparnis. Der Inhalt der markierten Fläche $(p_B - p_G) \cdot x_G$ entspricht einem Geldbetrag (Ersparnis).

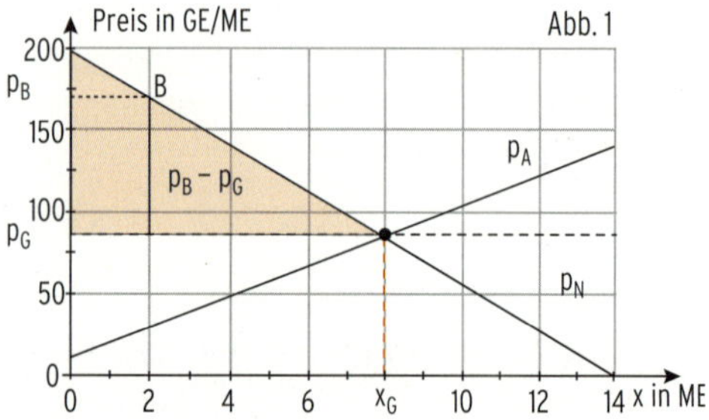

Grafisch entspricht also die Summe aller Ersparnisse der **Fläche unter der Nachfragekurve über dem Gleichgewichtspreis** (rot markierte Dreiecksfläche in der Zeichnung):
$KR = \frac{1}{2} \cdot (196 - 84) \cdot 8 = 448$

> **Beachten Sie**
>
> Die Summe aller Ersparnisse der Nachfrager ist die **Konsumentenrente KR.**

Ebenso wären auch einige **Produzenten** bereit, das Gut zu einem niedrigeren Preis zu veräußern (Anbieter C) (vgl. Abb. 2). Er erzielt jedoch durch den Gleichgewichtspreis p_G eine Mehreinnahme, die **Produzentenrente** PR.

> **Beachten Sie**
>
> Die Summe der Mehreinnahmen aller Anbieter ist die **Produzentenrente PR.**

Grafisch entspricht sie der **Fläche über der Angebotskurve unter dem Gleichgewichtspreis** (blau markierte Dreiecksfläche in der Zeichnung).
$PR = \frac{1}{2} \cdot (84 - 10) \cdot 8 = 296$

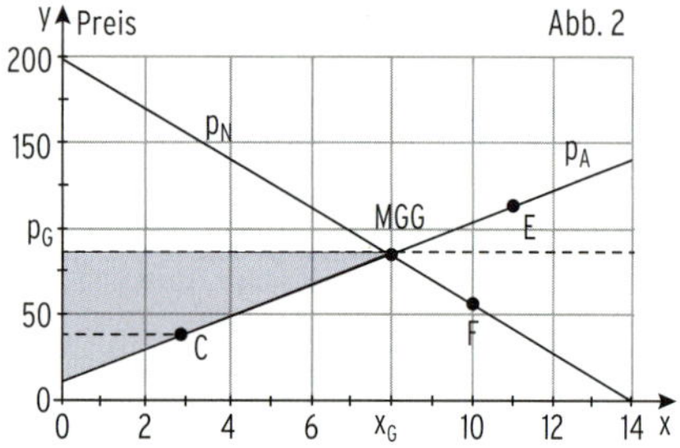

Hinweis:
Der Anbieter E produziert nur zu einem Preis oberhalb von p_G, der Nachfrager F kann nur einen Preis unterhalb von p_G zahlen, beide sind vom Markt ausgeschlossen.

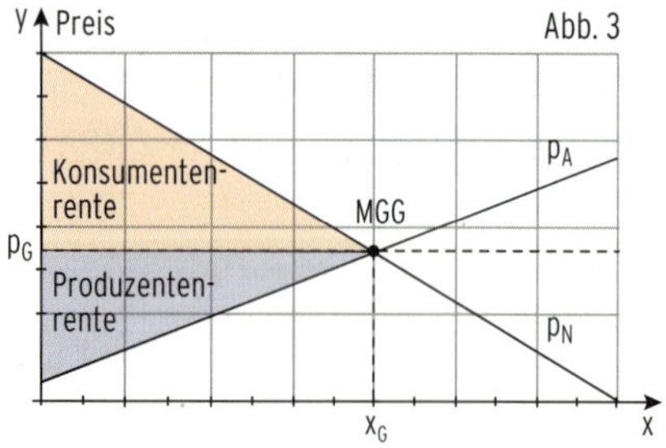

> **Beachten Sie**
>
> **Konsumentenrente** $KR = \frac{1}{2} \cdot (p_N(0) - p_G) \cdot x_G$
>
> **Produzentenrente** $PR = \frac{1}{2} \cdot (p_G - p_A(0)) \cdot x_G$

Marktgleichgewicht, Gleichgewichtsmenge, Gleichgewichtspreis

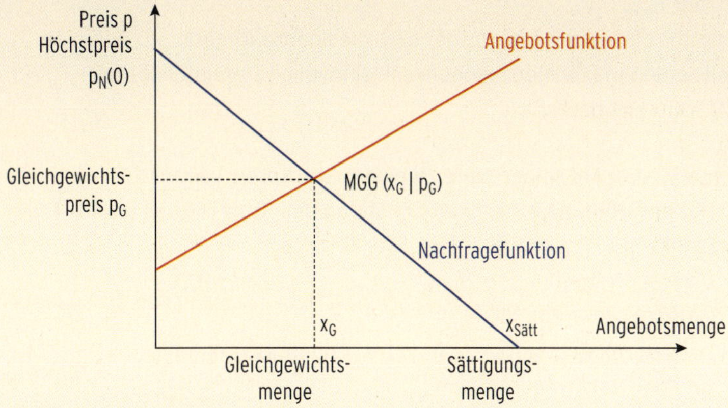

Sättigungsmenge: Nullstelle von p_N; Nachfragemenge mit Marktpreis 0; $p_N(x) = 0$

Höchstpreis: $p_N(0)$

MGG: Schnittpunkt der Graphen von p_N und p_A; $p_N(x) = p_A(x)$

Aufgaben

1 Gegeben sind die Angebotsfunktion p_A mit $p_A(x) = 0{,}5x + 4$ und die Nachfragefunktion p_N mit $p_N(x) = 12 - 1{,}5x$; x in ME, $p_A(x)$, $p_N(x)$ in GE/ME.

a) Bestimmen Sie die Sättigungsmenge, den Höchstpreis und den ökonomisch sinnvollen Definitionsbereich für beide Funktionen.

b) Bestimmen Sie Gleichgewichtsmenge und Gleichgewichtspreis.
Ermitteln Sie die Konsumenten- und die Produzentenrente.
Interpretieren Sie Ihre Ergebnisse aus ökonomischer Sicht.

2 Ein Marktforschungsunternehmen hat für ein Gut der Firma Waldhorn folgende Nachfragefunktion ermittelt: $p_N(x) = 6 - 0{,}5x$. Die Gleichgewichtsmenge liegt bei 5 ME. Bestimmen Sie eine geeignete Angebotsfunktion, wenn von einem minimalen Angebotspreis von 1 GE ausgegangen werden soll.

3 Die Abbildung zeigt die Preisbildung auf dem Markt für ein einfaches Handy. Dabei gibt x die Angebotsmenge in 1000 Stück an.
Übertragen Sie die Abbildung in Ihr Heft.
Beschriften Sie die Abbildung.
Die Konsumentenrente übersteigt die Produzentenrente um 20 %.
Überprüfen Sie.

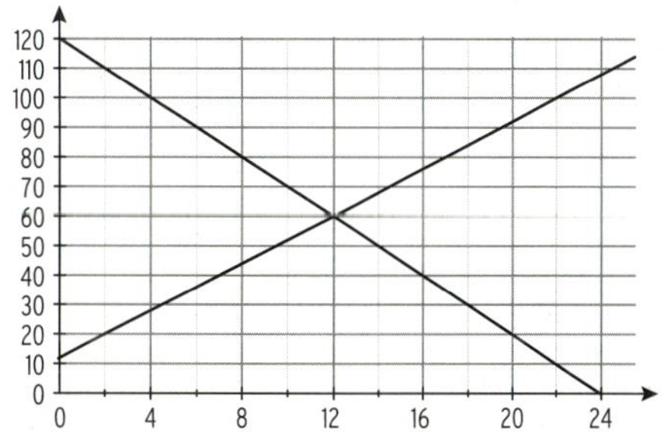

4 Auf dem Markt für Rollcontainer gilt der Maximalpreis von 400 € pro Container und eine Sättigungsmenge von 160 Stück. Der Mindestpreis beträgt 125 € und die „Steigung der Angebotsfunktion" beträgt 1,25.

a) Geben Sie einen Term für die lineare Nachfrage- bzw. die lineare Angebotsfunktion an.

b) Bestimmen Sie jeweils einen maximalen, ökonomisch sinnvollen Definitionsbereich.

c) Berechnen Sie das Marktgleichgewicht.

5 Ein Unternehmen verkauft 120 ME seiner Ware zu einem Stückpreis von 90 GE. Die Marktforschung hat ermittelt, dass bei einer Erhöhung des Stückpreises um 10 GE die Nachfrage um 20 ME sinkt.

a) Zeigen Sie, dass für die Nachfragefunktion p_N gilt: $p_N(x) = -0{,}5x + 150$. Ermitteln Sie den Erlös für $x \in \{60; 80; 150\}$.

b) Auf dem Markt stellt sich durch Gegenüberstellung der Angebotsfunktion p_A mit $p_A(x) = 0{,}65x + 35$ und der Nachfragefunktion p_N ein Gleichgewichtspreis ein. Bestimmen Sie das Marktgleichgewicht analytisch und grafisch.

c) Berechnen Sie den Preis, der bei einer verkauften Menge von 50 ME erzielt werden kann.

d) Ermitteln Sie die Konsumenten- und die Produzentenrente.

6 Für das Produkt Fahrradhelme ermittelt die Marktforschung, dass die Zielgruppe bei einem Marktpreis von 6 GE/ME nur 3 ME kaufen würde, bei einem Preis von 2 GE/ME dagegen 9 ME abnehmen würde.
Die Produzenten wären bei einem Preis von 3 GE/ME bereit, 4 ME herzustellen, bei einem Preis von 6 GE/ME würden Sie dagegen 10 ME anbieten.

a) Berechnen Sie das Marktgleichgewicht. Stellen Sie die Situation grafisch dar.

b) Diskutieren Sie die Situation am Markt bei einem Marktpreis von 2,5 GE/ME.

7 Für die Nachfragefunktion p_N gilt $p_N(x) = -0{,}15x + 79$.
Für die lineare Angebotsfunktion p_A gelten folgende Bedingungen:
Beträgt der Marktpreis des Gutes 20 GE, so wird das Gut nicht mehr angeboten.
Das Marktgleichgewicht wird bei einer Absatzmenge von 60 ME erreicht.
Beweisen oder widerlegen Sie die Behauptungen.

a) Die Produzentenrente ist dreimal größer als die Konsumentenrente.

b) Es gibt genau eine Absatzmenge, bei der der Nachfragepreis doppelt so hoch wie der Angebotspreis ist.

Aufgaben zu linearen Funktionen

1 Für die Gewinnfunktion G der Firma Bold und Co. gilt die Vorschrift $G(x) = ax + b$.
Es gelten folgende Bedingungen:
Für die Produktion von 10 Mengeneinheiten (ME) entsteht ein Gewinn in Höhe von 1,4 Geldeinheiten (GE). Der Gewinn erhöht sich um 0,25 GE, wenn eine ME zusätzlich verkauft wird.
Der höchste Absatz liegt bei 15 ME.

a) Zeigen Sie: G mit $G(x) = 0{,}25x - 1{,}4$ ist eine geeignete Gewinnfunktion.

b) Untersuchen Sie die Gewinnsituation.

2 Ein Energieversorger ABC bietet seinen Kunden Stromlieferung zu folgenden Bedingungen an: Eine kWh kostet 0,28 € bei einer monatlichen Grundgebühr von 15,00 €.
Eine Kaufhauskette verkauft Strom für 0,24 € pro kWh bei einer monatlichen Grundgebühr von 32 €. Der Stromanbieter Aprimo verkauft 300 kWh für 60 €.
Stellen Sie die Situation grafisch dar.
Erstellen Sie einen Beitrag zur Anbieterwahl für einen monatlichen Verbrauch bis zu 450 kWh.

3 Herr Krug ist Vertreter der Europa-Versicherungen. Er erhält von seinem Chef ein monatliches Grundgehalt von 2200 € und eine Provision von 5 % der abgeschlossenen Versicherungssumme, ab 100 000 € noch zusätzlich 4 % Provision.
Stellen Sie die Funktion g: *Versicherungssumme* ↦ *Gehalt* in einem geeigneten Koordinatensystem dar. Interpretieren Sie $g(120\,000)$ und $g(x) = 3500$ im Sachkontext.
Die KROVAG-Versicherung bietet Herr Krug ein Grundgehalt von 1500 € und eine Provision von 6 % der abgeschlossenen Versicherungssumme. Beraten Sie Herrn Krug.

4 Max hat eine monatliche Handyrechnung über 22,80 €, wenn er 120 Minuten telefoniert und über 25,68 €, wenn er 152 Minuten telefoniert. Auf dem Markt gibt es einen neuen Tarif mit 5 € Grundgebühr und 15 Cent pro Minute.

a) Max rechnet: $0{,}09x + 12 = 0{,}15x + 5$.
Nehmen Sie Stellung.

b) Untersuchen Sie, ob sich ein Wechsel für Max lohnt.

5 Die Haro GmbH stellt Kraftfutter für Schweine her.
Eine Marktuntersuchung liefert folgende Ergebnisse:
(Mengenangaben in Tonnen t)

Preis in € je t	nachgefragte Menge in t	angebotene Menge in t
35,5	29	50
19	62	20

Die Produktionsmenge muss geplant werden.

3.1.6 Geradenschar

Beispiel

Gegeben ist die lineare Funktion f mit $f(x) = mx - m + 2$; $x \in \mathbb{R}$.

a) Wählen Sie einige Werte für m und zeichnen Sie die zugehörigen Geraden.

b) Ermitteln Sie die Werte von m so, dass das Schaubild von f für $x \geq 0$ der Graph einer Kostenfunktion sein kann.

Lösung

a) Zeichnung für m = – 5; 0; 0,5; 1; 2

m = – 5: $y = -5x + 7$

m = 0: $y = 2$

m = 0,5: $y = 0{,}5x + 1{,}5$

m = 1: $y = x + 1$

m = 2: $y = 2x$

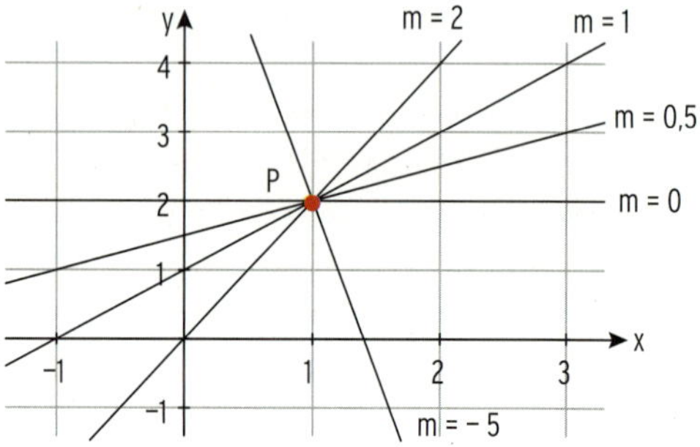

b) Die Gerade ist der Graph einer Kostenfunktion,
wenn die Steigung positiv ist, d. h.: $m > 0$
und der y-Achsenabschnitt größer ist: $-m + 2 > 0$
$m < 2$

Ergebnis: Der Graph von f ist der Graph einer Kostenfunktion für $0 < m < 2$ $(x \geq 0)$.

Hinweis: Alle Geraden verlaufen durch den Punkt P(1 | 2), denn die Punktprobe mit
P(1 | 2) ergibt: $2 = f(1) = m \cdot 1 - m + 2$
wahre Aussage für alle m-Werte: $0 = 0$

Erläuterungen:

- Durch die Gleichung $y = mx - m + 2$ werden unendlich viele Geraden beschrieben, deren **Steigung m** frei wählbar ist. m heißt **Parameter.**

  Diese Vielzahl von Geraden nennt man **Geradenschar.**

- Ersetzt man m durch t und y durch $f_t(x)$, ergibt sich folgende **Funktionsschreibweise:**

  Für jedes $t \in \mathbb{R}$ ist die lineare Funktion f_t gegeben durch $f_t(x) = tx - t + 2$; $x \in \mathbb{R}$.

  Die Steigung ist t und der y-Achsenabschnitt ist $(-t + 2)$.

  x ist die Funktionsvariable, t ist ein Parameter.

Bemerkung: Für jede Wahl von t erhält man **eine** lineare Funktion,
das Schaubild von f_t ist eine **Schargerade.**
Die Gesamtheit aller Schargeraden heißt **Geradenschar.**

Aufgaben

1 Für jedes $t \in \mathbb{R}$ ist eine lineare Funktion f_t gegeben. Ermitteln Sie $f_t(-1)$.
Berechnen Sie die Achsenschnittpunkte des Graphen von f_t.
Zeichnen Sie den Graphen von f_t für $t \in \{-2; 0; 0{,}5; 2\}$.

a) $f_t(x) = tx - 1 + 3t$

b) $f_t(x) = 0{,}5x - (t + 1)^2$

c) $f_t(x) = \frac{2}{3}t(x - 4)$

d) $f_t(x) = -2tx + 3t$

2 Die Abbildung zeigt das Schaubild von f_t mit $f_t(x) = 0{,}5tx - (t - 1)$; $x, t \in \mathbb{R}$, für verschiedene Werte von t.

Ordnen Sie jeder Geraden einen Parameterwert zu.

Geben Sie eine Gerade an, die für $x \geq 0$ eine Erlösgerade sein könnte.

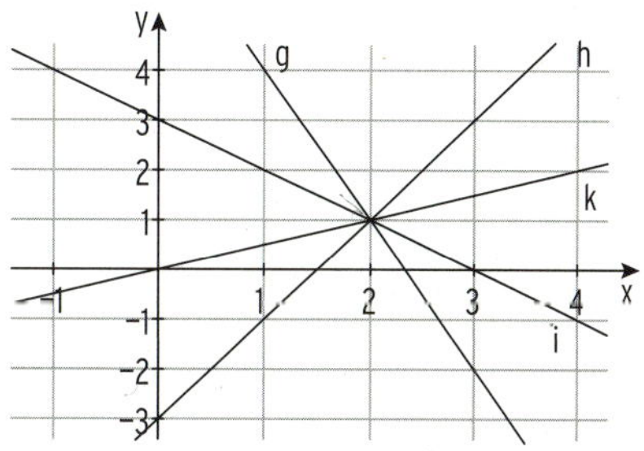

3 Bestimmen Sie einen Funktionsterm $f_t(x)$.

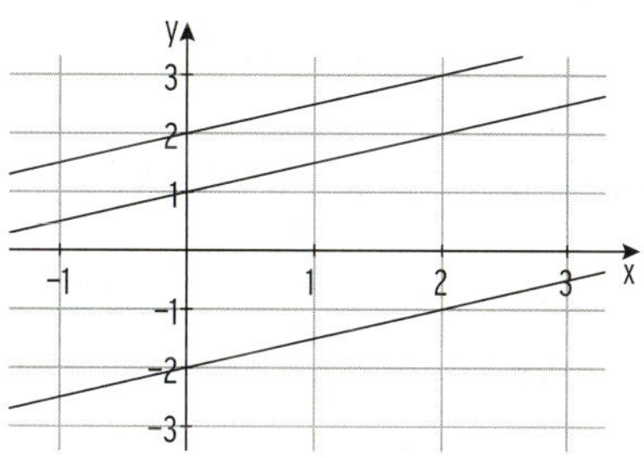

4 Für jedes $t > 0$ ist die Funktion f_t gegeben durch $f_t(x) = tx + \frac{3t - 9}{2}$; $x \in \mathbb{R}$.

Zeichnen Sie das Schaubild von f_t für $t \in \{0; 1; 3\}$.

Bestimmen Sie alle Werte von t so, dass das Schaubild von f_t für $x \geq 0$ der Graph einer Kostenfunktion ist. Begründen Sie Ihr Ergebnis.

5 Beschreiben Sie die Gemeinsamkeiten aller Schargeraden.

a) $f_t(x) = tx - 2$

b) $f_t(x) = -4x + t$

6 Gegeben ist für jedes $t < 0$ die Nachfragefunktion p_N mit $p_N(x) = tx - 2t + 3$.
Das Marktgleichgewicht ist MGG (2 | 3).

a) Bestimmen Sie den ökonomisch sinnvollen Definitionsbereich von p_N.

b) Berechnen Sie die Konsumentenrente (KR) in Abhängigkeit von t.
Ermitteln Sie den Wert von t, für den gilt: KR = 8.

Test zur Überprüfung Ihrer Grundkenntnisse

1 Lösen Sie die folgende Gleichung nach x auf.

a) $\frac{1}{8}(x + 3) = \frac{3}{2}x - 4$

b) $4(x - 1) - 5 = t - 3x$

2 Bestimmen Sie die Geradengleichungen aus der Abbildung.

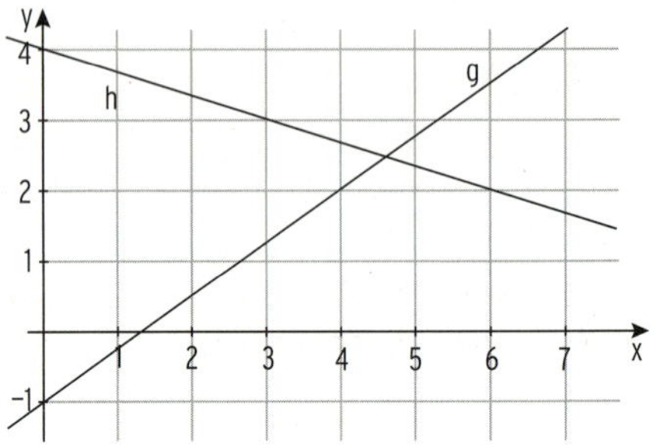

3 Gegeben sind die Funktionen f mit $f(x) = \frac{2}{3}x + 1;\ x \in \mathbb{R}$ und g mit $g(x) = -x - 1;\ x \in \mathbb{R}$.

a) Berechnen Sie die Nullstelle von f .

b) Ermitteln Sie die x-Werte, für die gilt: $f(x) < g(x)$.

c) Berechnen Sie den Wert für u so, dass gilt: $f(u) - g(u) = 3$. Interpretieren Sie Ihr Ergebnis.

4 Die Nachfrage und das Angebot für ein Produkt lassen sich durch Geraden beschreiben. Die Sättigungsmenge beträgt 22 ME, der Höchstpreis liegt bei 88 GE. Bei einem Preis von 15 GE/ME werden 2 ME angeboten, steigt der Preis um 2,5 GE/ME, so wird eine ME mehr angeboten.

a) Zeigen Sie: $p_A(x) = 2{,}5x + 10$ und $p_N(x) = -4x + 88$.
Bestimmen Sie einen für beide Funktionen ökonomisch sinnvollen Definitionsbereich.

b) Berechnen Sie das Marktgleichgewicht.

5 Die Gesamtkosten eines Autozulieferers verhalten sich linear. Bei einer Produktion von 100 ME betragen die Gesamtkosten 2 050 GE, bei 250 ME betragen sie 3 850 GE.

a) Stellen Sie den Term der Gesamtkostenfunktion auf.
Bestimmen Sie die Fixkosten und die variablen Stückkosten.

b) Eine ME wird für 20 GE am Markt abgegeben. Bestimmen Sie die Gewinnschwelle.

c) Berechnen Sie die Produktionsmenge, bei der ein Gewinn von 1 000 GE erzielt wird.

3.2 Quadratische Funktionen

Modellierung einer Situation

Die Firma Wagner stellt unter anderem ein medizinisches Gerät her.
Die Herstellkosten sind in der Tabelle aufgelistet.

Menge in Stück	0	10	30	40
Herstellkosten K (x) in 1 000 €	8	18,25	98,75	169

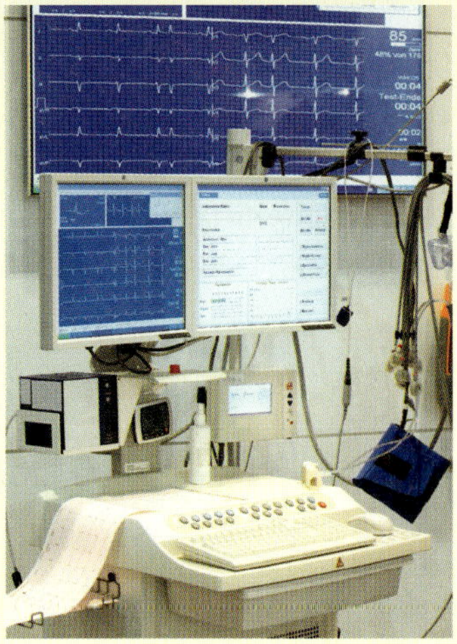

Eine Marktuntersuchung ergibt einen mittleren Verkaufspreis von 2 425 € pro Stück.
Überraschend meldet sich ein chinesischer Konkurrent mit einem vergleichbar leistungsfähigen Gerät auf dem Markt und bietet das Gerät für 1 825 € an.
Die Geschäftsleitung erwartet von Ihnen eine fundierte Analyse der Situation und Aufschluss über die Produktionszahl.

Ein weiteres Anliegen der Geschäftsleitung ist es, den Eingang der Prduktionshalle mit einem rechteckigen Firmenschild zu versehen. Dies soll möglichst groß in eine dreiecksförmige Fläche (siehe Skizze) eingepasst werden. Ein Betrag von 4 000 € ist eingeplant.
Untersuchen Sie, ob der Betrag ausreicht, wenn das Schild 900 € pro m^2 kostet.

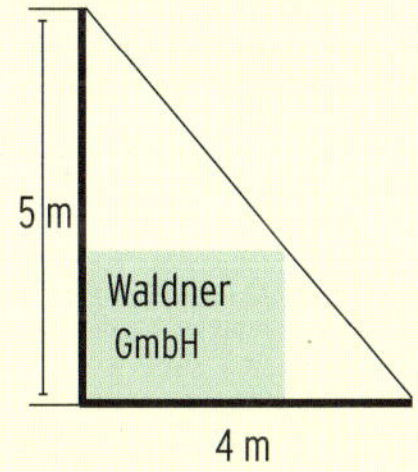

Bearbeiten Sie diese Situation, nachdem Sie die rechts aufgeführten **Qualifikationen und Kompetenzen** erworben haben.

Qualifikationen & Kompetenzen

- Realitätsbezogene Zusammenhänge mit quadratischen Funktionen beschreiben, darstellen und deuten
- Schnittpunkte berechnen
- Lineare Gleichungssysteme lösen
- Bedeutung der Koordinaten erfassen

6 Bohner, Ott, Deusch - ISBN 978-3-8120-0665-1

3.2.1 Definition einer quadratischen Funktion

In einem Markt mit **Angebotsmonopol** gibt es **einen** Anbieter und **viele** Nachfrager. Die Gesamtnachfrage steigt bei sinkendem Preis und umgekehrt. Der Anbieter kann die Nachfragemenge (und den Preis) so wählen, dass sie der Herstellungsmenge entspricht. Die Gesamtnachfragefunktion des Marktes ist die **Preis-Absatz-Funktion** p_N des Monopolisten. In einem Markt mit **Angebotsmonopol** hängt der Preis je ME von der Nachfrage (vom Absatz) ab, Preissenkungen sind absatzfördernd.
Der **Gesamterlös** (Gesamtumsatz) errechnet sich als Produkt aus
Absatzmenge und Preis pro ME: **Erlös = Preis · Menge**

Beispiel

➲ Eine Preis-Absatz-Funktion ist gegeben durch $p_N(x) = -14x + 196$.
Geben Sie den Term für die Erlösfunktion an und interpretieren Sie die Erlössituation.

Lösung

Preis-Absatz-Funktion p_N mit $p_N(x) = -14x + 196$

x	6	7	8	10
Stückpreis $p_N(x)$	112	98	84	56
Erlös $E(x) = p_N(x) \cdot x$	672	686	672	560

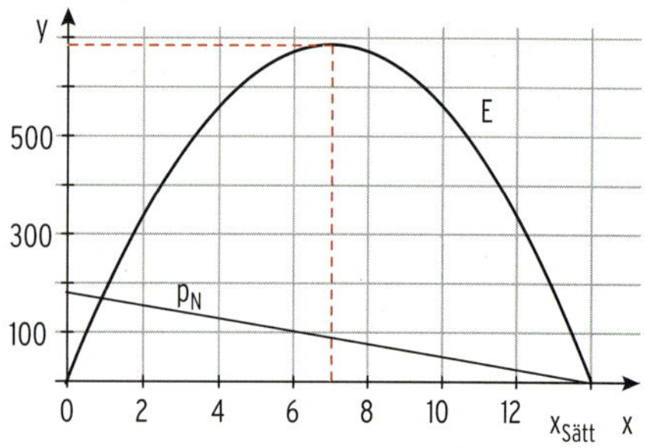

Quadratische **Erlösfunktion E** mit
$E(x) = (-14x + 196) \cdot x = -14x^2 + 196x$

Der **maximale Erlös** wird erreicht im Scheitel mit $x_{max} = 7$:
$E_{max} = E(7) = 686$ (GE).
Sättigungsmenge: $x_{Sätt} = 14$ $(p_N(14) = 0)$
Das **Schaubild der Erlösfunktion E** ist eine nach unten geöffnete Parabel durch den Ursprung $(E(0) = 0)$ und den Punkt $(14|0)$.
Ökonomisch sinnvoller Definitionsbereich von E: $D_{ök} = [0; 14]$

Beachten Sie

Eine Funktion f mit $f(x) = ax^2 + bx + c$; $a \neq 0$; $x \in \mathbb{R}$
heißt **quadratische Funktion oder ganzrationale Funktion 2. Grades.**

Das Schaubild von f ist eine **Parabel.**

Für $a > 0$ ist die Parabel nach oben geöffnet, ihr tiefster Punkt heißt **Scheitelpunkt** S.
Für $a < 0$ ist die Parabel nach unten geöffnet, ihr höchster Punkt heißt **Scheitelpunkt** S.

Das Schaubild von f mit $f(x) = x^2$ heißt **Normalparabel.**

Die Form $y = ax^2 + bx + c$ heißt **allgemeine Form** der Parabelgleichung.

Von der Normalparabel zur allgemeinen Parabel (2. Ordnung)

Das Schaubild der Funktion f mit $f(x) = x^2;\ x \in \mathbb{R}$ ist eine „gekrümmte Kurve“, die **Normalparabel.**
Die Normalparabel ist **achsensymmetrisch** zur y-Achse, denn es gilt: $f(-x) = f(x)$ für alle $x \in \mathbb{R}$.
Der Parabelpunkt mit dem **kleinsten** y-Wert liegt auf der **Symmetrieachse** und heißt **Scheitelpunkt** S(0 | 0).
$y = x^2$ ist die Gleichung der Normalparabel.

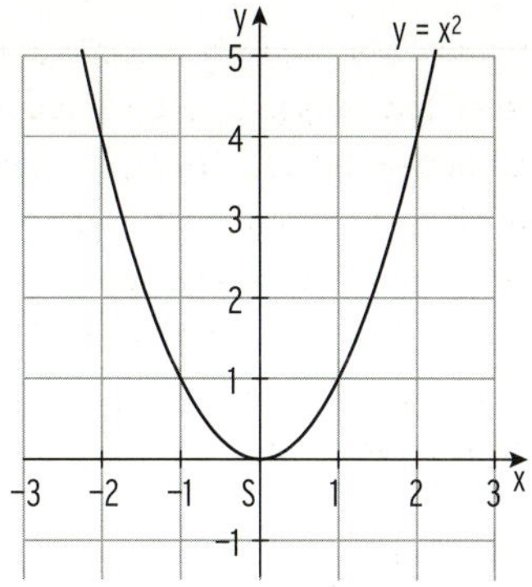

Die Abbildung zeigt zwei Parabeln, die durch **Verschiebung** der Normalparabel **in y-Richtung** entstanden sind.
Der Funktionsterm hat die Form $\mathbf{f(x) = x^2 + c}$
Für **$c > 0$: Verschiebung nach oben.**
Für **$c < 0$: Verschiebung nach unten.**
Der Scheitelpunkt liegt bei S(0 | c).

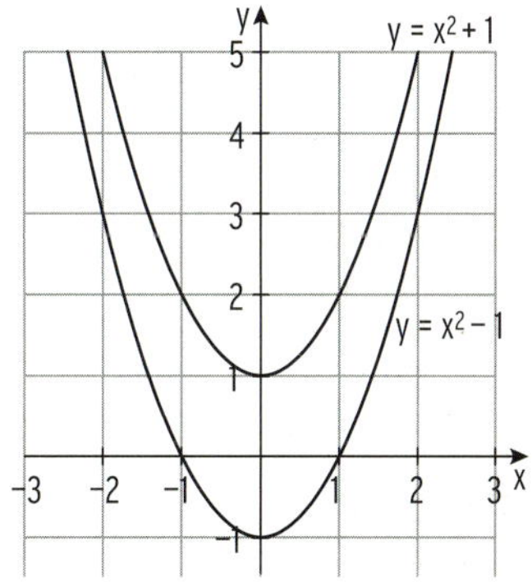

Die Abbildung zeigt zwei Parabeln, die durch **Streckung** der Normalparabel **in y-Richtung** bzw. durch **Spiegelung an der x-Achse** entstanden sind.
Der Funktionsterm hat die Form $\mathbf{f(x) = a x^2}$.
Für **$a > 0$:**
Streckung in y-Richtung;
Parabel ist **nach oben** geöffnet.
Für **$a < 0$:**
Zusätzlich eine Spiegelung an der x-Achse;
Parabel ist **nach unten** geöffnet.
Für $a = 1$:
Normalparabel

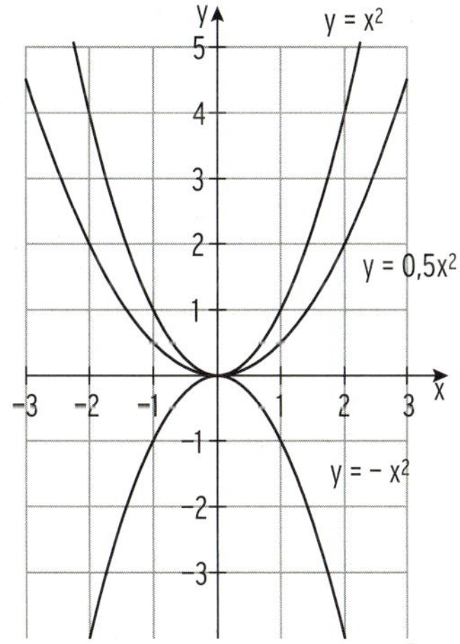

Hinweis: Für **$0 < a < 1$** spricht man auch von einer Stauchung.

Beachten Sie

Der Graph von h entsteht aus dem Graph von f
- durch Verschiebung in y-Richtung um c: $h(x) = f(x) + c$
- durch Streckung in y-Richtung mit Faktor $a > 0$: $h(x) = a \cdot f(x)$

Die Abbildung zeigt zwei Parabeln, die durch **Verschiebung** der Normalparabel **in x-Richtung** entstanden sind.
Der Funktionsterm hat die Form **$f(x) = (x - b)^2$**
Für **$b > 0$:** Verschiebung nach rechts
Für **$b < 0$:** Verschiebung nach links

Der Scheitelpunkt liegt bei $S(b\,|\,0)$.

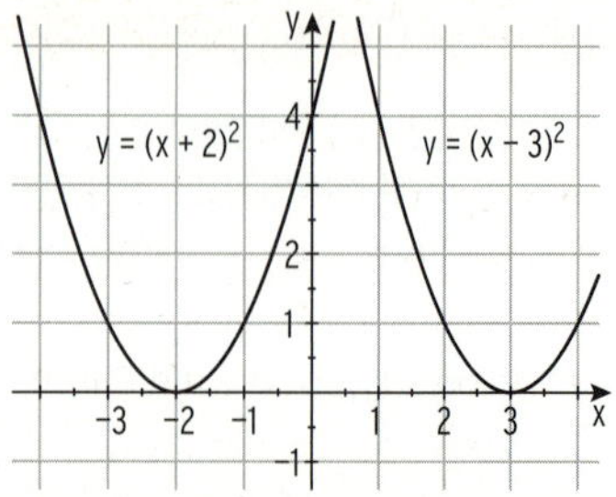

Beachten Sie

Bei der Verschiebung in x-Richtung um b gilt: Ersetzen Sie x durch $(x - b)$.
Der Graph von h entsteht aus dem Graph von f **durch Verschiebung in x-Richtung** um b:
$h(x) = f(x - b)$.

Die Parabel von f mit $f(x) = 0{,}5\,x^2$ wird um 2 nach oben verschoben:
Neuer Term: $f_1(x) = 0{,}5\,x^2 + 2$

um 2 nach rechts verschoben:
Neuer Term: $f_2(x) = 0{,}5\,(x - 2)^2$

Hinweis:
Der Faktor 0,5 bestimmt die Form der Parabel.

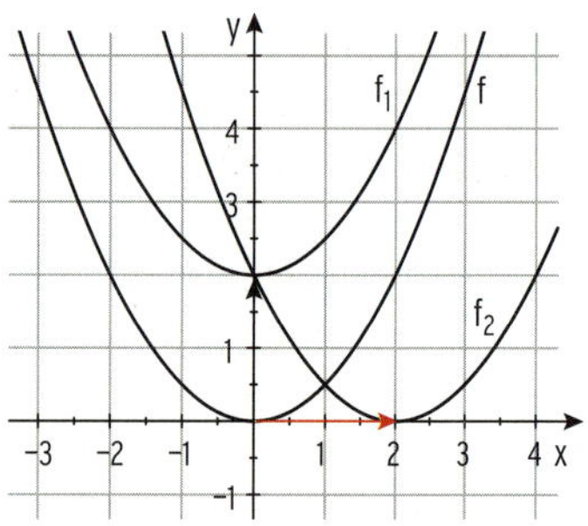

Die Parabel von f mit $f(x) = -0{,}25\,x^2$ wird
um 1 nach unten ($f_3(x) = -0{,}25\,x^2 - 1$)
und
um 3 nach links verschoben:
Neuer Term: $f_4(x) = -0{,}25\,(x + 3)^2 - 1$
(**Scheitelform** der Parabelgleichung)
Der Scheitel lässt sich ablesen: $S(-3\,|\,-1)$.

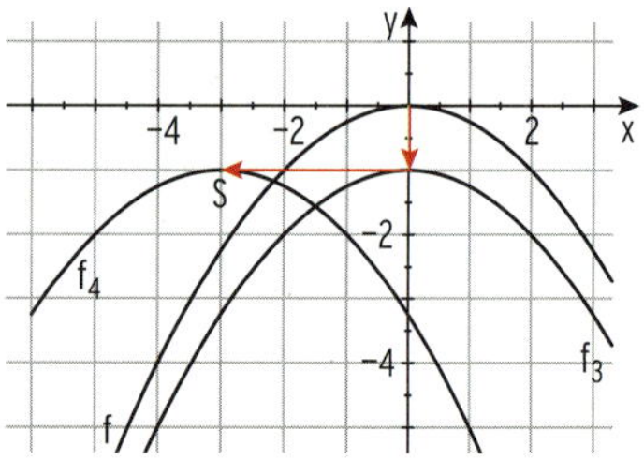

Beachten Sie

Die Form $y = a\,(x - x_S)^2 + y_S$ heißt **Scheitelfom** der Parabelgleichung.
Der Scheitel der Parabel liegt bei $S(x_S\,|\,y_S)$.

Ausmultiplizieren von	$y = -0{,}25\,(x + 3)^2 - 1$
ergibt	$y = -0{,}25\,(x^2 + 6x + 9) - 1$
die allgemeine Form der Parabelgleichung:	$y = -0{,}25\,x^2 - 1{,}5\,x - 2{,}25 - 1$
	$y = -0{,}25\,x^2 - 1{,}5\,x - 3{,}25$

Aufgaben

1 Gegeben ist ein Funktionsterm. Zeichnen Sie die zugehörige Parabel in ein Koordinatensystem ein. Machen Sie Aussagen über Lage und Verlauf der Parabel.

a) $f(x) = 0{,}5x^2 + 1$ b) $f(x) = -2x^2$ c) $f(x) = (x+1)^2$

2 Erläutern Sie, wie die Parabel von f aus der Normalparabel entsteht.

a) $f(x) = 0{,}5x^2 - 2{,}5$ b) $f(x) = x^2 - 4x + 4$ c) $f(x) = -\frac{5}{4}x^2$

3 Geben Sie die neue Parabelgleichung an. Die Normalparabel wird

a) um 2 nach unten verschoben.
b) um 5 nach rechts verschoben
c) mit dem Faktor 3 in y-Richtung gestreckt.
d) mit dem Faktor $\frac{1}{4}$ in y-Richtung gestreckt und danach um 1 nach oben verschoben.
e) um 5 nach unten verschoben und anschließend mit dem Faktor 2 in y-Richtung gestreckt.
f) an der x-Achse gespiegelt und danach mit dem Faktor 2,5 in y-Richtung gestreckt.
g) mit dem Faktor 4 in y-Richtung gestreckt und danach um 3 nach links verschoben.
h) um 6 nach unten verschoben und anschließend um 3 nach rechts verschoben.

4 Gegeben ist eine Wertetabelle für eine quadratische Funktion f. Machen Sie Aussagen über den Verlauf des Graphen. Untersuchen Sie, ob der Graph „enger" als die Normalparabel ist. Ermitteln Sie die x-Werte, für die die Funktionswerte fallen.

DEG

X	f(X)
-2	0
-1	-0.5
0	0
1	1.5
2	4

5 Ordnen Sie jedem Schaubild einen Funktionsterm zu. Begründen Sie Ihre Wahl.

$f_1(x) = x^2 + 2x + 1$; $f_2(x) = x^2 + 1$; $f_3(x) = -x^2 - x + 1$; $f_4(x) = -x^2 - 4x - 5$

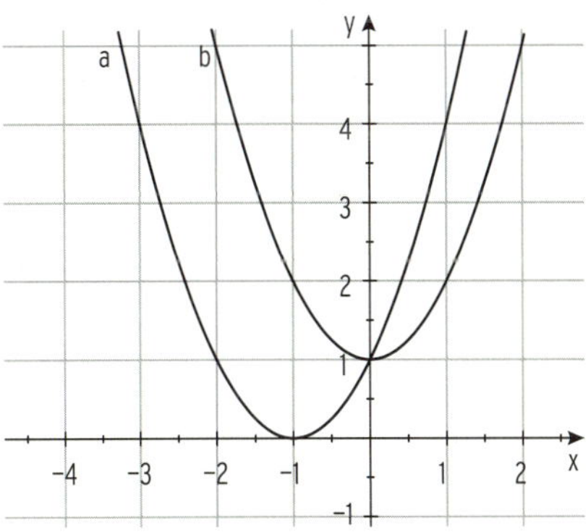

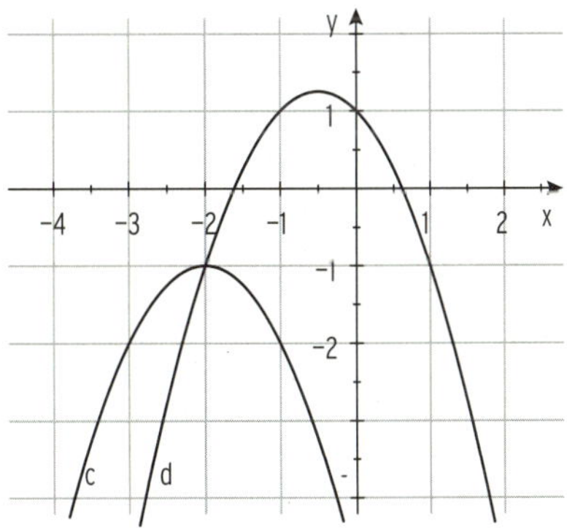

6 Die Funktion E mit $E(x) = 30x - \frac{1}{5}x^2$ beschreibt die Erlössituation eines Angebotsmonopolisten.
Zeichnen Sie die Erlöskurve in ein geeignetes Koordinatensystem.
Bestimmen Sie den maximal ökonomisch sinnvollen Definitionsbereich. Geben Sie den maximalen Erlös an.

3.2.2 Gemeinsame Punkte

Gemeinsame Punkte von Kurve und x-Achse

Beachten Sie

Bedingung für die **Nullstelle von f**: $f(x) = 0$
Die **Nullstelle** einer quadratischen Funktion zu berechnen, heißt, eine **quadratische Gleichung lösen.**

Beispiel 1

➲ In einer Unternehmung lässt sich der **Gewinn** in € näherungsweise darstellen durch die Funktion G mit $G(x) = -x^2 + 140x - 2400$.
Die Variable x steht für die Stückzahl der produzierten und verkauften Ware.

a) Geben Sie die Stückzahlen an, für die Gewinn erzielt wird.
b) Berechnen Sie den maximalen Gewinn.
c) Die Fixkosten werden um 2500 € erhöht.
Beschreiben Sie die zugehörige Gewinnfunktion.

Lösung

a) Aus der grafischen Darstellung des Gewinnverlaufs lässt sich die **Gewinnzone** (Bereich für die Ausbringungsmenge x mit $G(x) \geq 0$) erkennen.

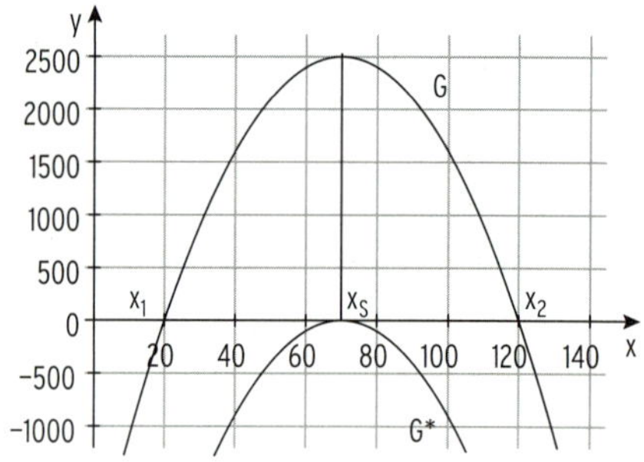

Um den Übergang von der Verlust- zur Gewinnzone **exakt** angeben zu können, müssen die **Schnittstellen von Gewinnkurve und x-Achse** berechnet werden.

Die Bedingung dafür ist $G(x) = 0$ — $-x^2 + 140x - 2400 = 0$

quadratische Gleichung in Normalform: $x^2 - 140x + 2400 = 0$

Lösung mit der **pq-Formel:** $x_{1|2} = -\frac{p}{2} \pm \sqrt{\left(\frac{p}{2}\right)^2 - q}$

$p = -140;\ q = 2400$ — $x_{1|2} = 70 \pm \sqrt{(-70)^2 - 2400} = 70 \pm 50$

Lösungen: $x_1 = 20;\ x_2 = 120$

Die Lösungen sind die **Gewinnschwelle** ($x_1 = 20$) und die **Gewinngrenze** ($x_2 = 120$).
x_1 und x_2 sind die **Nullstellen** der Gewinnfunktion.
Bei einer Produktionsmenge zwischen 20 Stück und 120 Stück wird Gewinn erzielt.

b) Der maximale Gewinn wird im Scheitelpunkt S angenommen.
Für die x-Koordinate von S gilt: $x_S = -\frac{p}{2} = 70$ (vgl. pq-Formel)
Mit $G(70) = 2\,500$ erhält man den maximalen Gewinn $G_{max} = 2\,500$ €.

c) Die Gewinnkurve wird um 2 500 nach unten verschoben.
Die verschobene Gewinnkurve berührt die x-Achse in $x = 70$ und wird beschrieben durch $G^*(x) = -x^2 + 140x - 4\,900$.

Beispiel 2

➲ Ein Monopolist orientiert seine Preispolitik an der Preis-Absatz-Funktion p_N mit $p_N(x) = -\frac{1}{2}x + 5$, sein Erlös wird also durch E mit $E(x) = -\frac{1}{2}x^2 + 5x$ beschrieben. Bestimmen Sie den maximal ökonomisch sinnvollen Definitionsbereich und das Erlösmaximum.

Lösung

$E(x) = p_N(x) \cdot x$ ist ökonomisch sinnvoll für alle x, für die gilt: $E(x) \geq 0$.
Die Erlösparabel hat mit der x-Achse **genau zwei Punkte gemeinsam.**

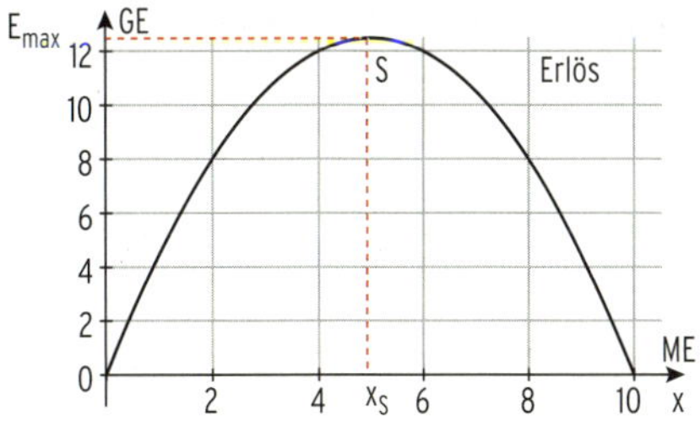

Bedingung für die Nullstellen: $E(x) = 0$

$-\frac{1}{2}x^2 + 5x = 0$

Lösung durch **Ausklammern:** $-\frac{1}{2}x(x - 10) = 0$

Satz vom Nullprodukt liefert: $x_1 = 0$; $x_2 = 10$

Zwischen $x_1 = 0$ und $x_2 = 10$ ist der **Erlös positiv.**
Maximaler ökonomisch sinnvoller Definitionsbereich
$D_{ök} = [0; 10]$

Seite 218

Satz vom Nullprodukt

Ein Produkt ist null, wenn **mindestens** ein Faktor null ist:
$u \cdot v = 0 \Leftrightarrow u = 0 \vee v = 0$

Beachten Sie

x_1 und x_2 sind die **Nullstellen** der Funktion E.

Die **erlösmaximale** Ausbringungsmenge liegt genau in der Mitte zwischen den Nullstellen (Symmetrie).
Es gilt für die **x-Koordinate des Scheitelpunkts:**

$x_S = \frac{x_1 + x_2}{2} = 5$

Erlösmaximum: $E(5) = 12{,}5$
Der maximale Erlös beträgt 12,5 GE.

Scheitelkoordinate

$x_S = \frac{x_1 + x_2}{2}$

Wirtschaftliche Zusammenhänge

In der Marktform **Monopol** gibt es einen Anbieter, der **Preis** für das betrachtete Gut ist von der Menge abhängig, die am Markt abgesetzt werden soll.

$p_N(x) = a - bx$; $a, b > 0$	Preis in GE pro ME abhängig von der Menge x; p_N ist die **Preis-Absatz-Funktion des Monopolisten**
$E(x) = p_N(x) \cdot x$	**Erlös** (Umsatz) in Abhängigkeit von x; quadratische Funktion
$G(x) = E(x) - K(x)$	**Gewinn** = **Erlös** minus **Gesamtkosten**

Beispiel 3

➲ Berechnen Sie die Nullstellen von f.

a) $f(x) = x^2 + 3x + 2$ b) $f(x) = x^2 + 3x + \frac{9}{4}$ c) $f(x) = x^2 + 3x + 4$

Lösung

Bedingung für Nullstellen: $f(x) = 0$

Lösung mit Formel

Seite 217

a) $x^2 + 3x + 2 = 0$

$x_{1|2} = -\frac{3}{2} \pm \sqrt{\left(\frac{3}{2}\right)^2 - 2}$

$D = \left(\frac{3}{2}\right)^2 - 2 = \frac{1}{4} > 0$

$x_1 = -2;\ x_2 = -1$

zwei einfache Lösungen

b) $x^2 + 3x + \frac{9}{4} = 0$

$x_{1|2} = -\frac{3}{2} \pm \sqrt{\left(\frac{3}{2}\right)^2 - \frac{9}{4}}$

$D = \left(\frac{3}{2}\right)^2 - \frac{9}{4} = 0$

$x_{1|2} = -\frac{3}{2}$

eine doppelte Lösung

c) $x^2 + 3x + 4 = 0$

$x_{1|2} = -\frac{3}{2} \pm \sqrt{\left(\frac{3}{2}\right)^2 - 4}$

$D = \left(\frac{3}{2}\right)^2 - 4 = -\frac{7}{4} < 0$

keine Lösung

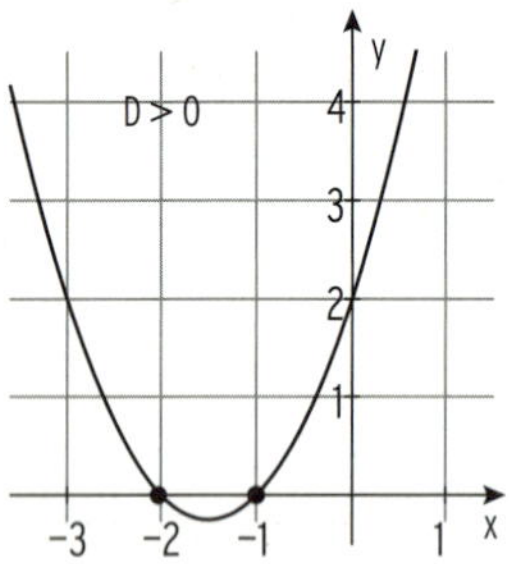

zwei einfache Nullstellen

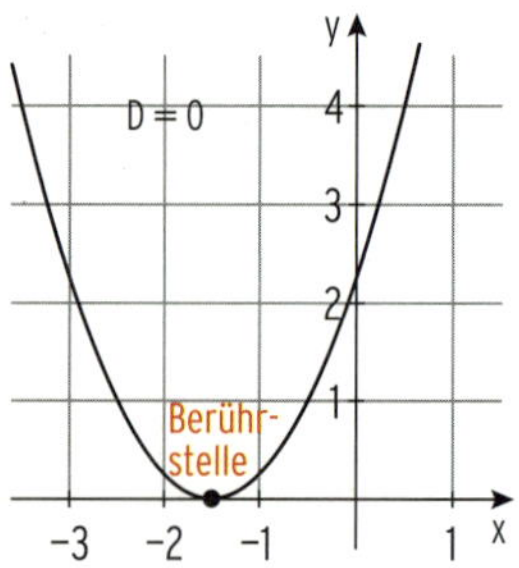

eine doppelte Nullstelle

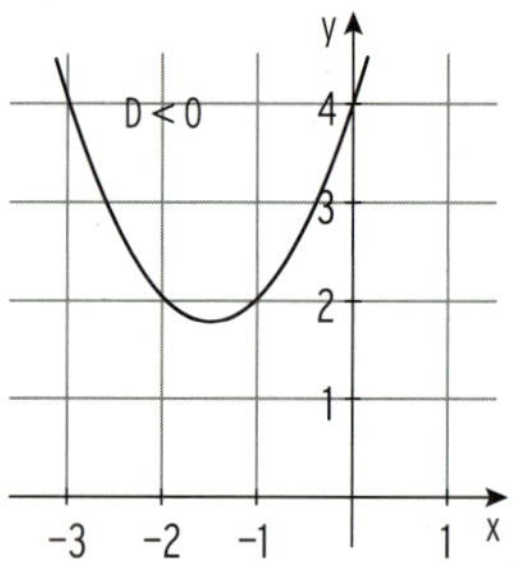

keine Nullstellen

Beachten Sie

Lösung der Gleichung $x^2 + px + q = 0$ mithilfe der pq-Formel: $x_{1|2} = -\frac{p}{2} \pm \sqrt{\left(\frac{p}{2}\right)^2 - q}$

$D = \left(\frac{p}{2}\right)^2 - q$ heißt **Diskriminante.**

Die Anzahl der Lösungen einer quadratischen Gleichung hängt von der **Diskriminante D** ab.

$D > 0$	$D = 0$	$D < 0$
zwei Lösungen	**eine (doppelte) Lösung**	**keine Lösung**

Weitere quadratische Gleichungen:

Seite 218

Lösung durch Ausklammern:

$x^2 - 3x = 0$

$x(x - 3) = 0$

$x_1 = 0;\ x_2 = 3$

Lösung durch Wurzelziehen:

$-\frac{1}{2}x^2 + 1 = 0 \Leftrightarrow x^2 = 2$

$x_{1|2} = \pm\sqrt{2}$

Beachten Sie

$ax^2 + bx = 0$

Ausklammern von x: $x(ax + b) = 0$

Satz vom Nullprodukt:

$x = 0 \lor ax + b = 0$

$ax^2 + c = 0$

Umformen: $x^2 = -\frac{c}{a}$

Lösungen für $-\frac{c}{a} > 0$ durch Wurzelziehen.

Aufgaben

Seite 217

1 Lösen Sie die quadratische Gleichung.

a) $x^2 + x - 12 = 0$ b) $\frac{1}{2}x^2 - 4x + 8 = 0$ c) $3 - 2x + \frac{1}{3}x^2 = 0$

d) $x^2 + 2x + 6 = -2x + 1$ e) $-x^2 - 1{,}5x - 1{,}25 = 0$ f) $x^2 - 6x + 5 = 0$

g) $8x^2 + 3x - 1 = 0$ h) $x^2 = x + 3$ i) $1{,}5x - 0{,}5x^2 + 2 = 0$

Seite 218

2 Lösen Sie die quadratische Gleichung ohne Formel.

a) $-2x(x + 5) = 0$ b) $(3 - x)(x - 6) = 0$ c) $\frac{x}{5}(x + 1) = 0$

3 Berechnen Sie die Schnittpunkte des Graphen von f mit den Achsen.
Beschreiben Sie den Verlauf des Graphen von f. Fertigen Sie eine Skizze an.

a) $f(x) = \frac{1}{3}(x^2 - x - 6)$ b) $f(x) = -\frac{1}{5}x^2 + x - \frac{5}{4}$ c) $f(x) = -\frac{2}{3}x^2 + x$

4 Bestimmen Sie einen Wert für a so, dass $x^2 - ax = 0$ die Lösung $x_1 = 4{,}5$ hat.

5 Ordnen Sie jeder Parabel einen Funktionsterm zu. Begründen Sie Ihre Entscheidung.
$f(x) = -0{,}5(x - 1)^2$; $g(x) = 0{,}5x^2 - x$; $h(x) = (x + 1)(x - 2)$

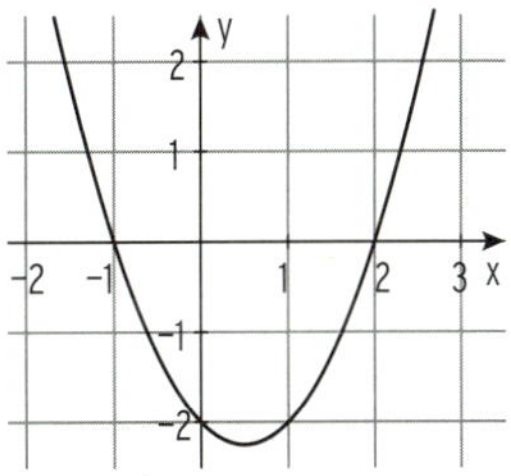

Abb. 1

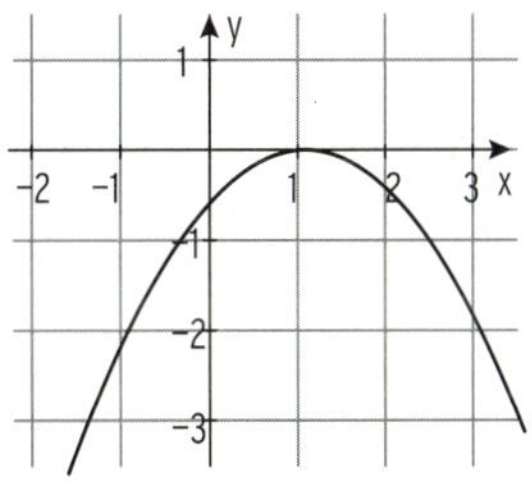

Abb. 2

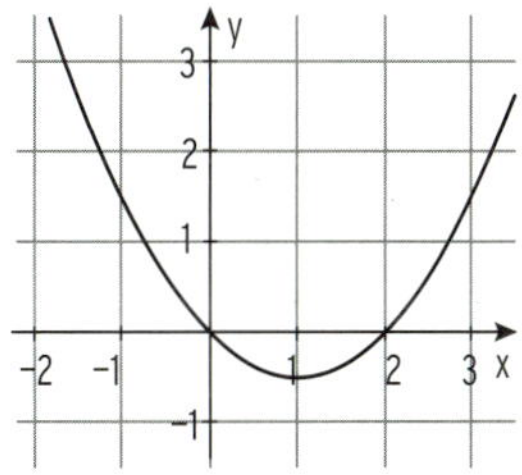

Abb. 3

6 Gegeben ist die Preis-Absatz-Funktion p_N mit $p_N(x) = -\frac{4}{5}x + 12$.
Bestimmen Sie den maximal ökonomisch sinnvollen Definitionsbereich und das Erlösmaximum.

7 Für eine Ofenproduktion wurde die Gewinnfunktion G mit
$G(x) = -0{,}2x^2 + 12x - 100$; x in ME, G(x) in €, ermittelt.

a) Bestimmen Sie die Gewinnschwelle, die Gewinngrenze und den maximalen Gewinn.

b) Die Fixkosten werden um 80 € erhöht. Ist die Produktion noch sinnvoll? Begründen Sie.

8 Die Nachfragefunktion p_N ist mit $p_N(x) = 20 - 0{,}025x^2$ gegeben.
Bestimmen Sie den Höchstpreis und die Sättigungsmenge.

9 Die Gesamtkosten bei der Produktion von Fernsehgeräten werden beschrieben durch die Funktion K mit $K(x) = 0{,}5x^2 - 0{,}5x + 37{,}5$; x in ME, K(x) in GE.
Der konstante Marktpreis beträgt 18 GE.

a) Bestimmen Sie die Gewinnfunktion G. Bestimmen Sie den Produktionsbereich, für den ein Gewinn erzielt wird.

b) Berechnen Sie den maximalen Gewinn.

Gemeinsame Punkte von zwei Kurven

Beispiel 1

➲ Die Gesamtkosten für einen Artikel ergeben sich im Modell der vollständigen Konkurrenz erfahrungsgemäß aus $K(x) = \frac{1}{40}x^2 + 2x + 160;\ x \geq 0$.
Die Kapazitätsgrenze liegt bei 360 Stück.
Der Verkaufspreis pro Stück beträgt 10,5 Geldeinheiten (GE).

a) Berechnen Sie die Schnittstellen der Graphen von Gesamtkosten- und Erlösfunktion. Interpretieren Sie Ihr Ergebnis ökonomisch.

b) Prüfen Sie, ob bei einem Preis von 6 GE/Stück verlustfrei produziert werden kann.

Lösung

a) Mit konstantem Stückpreis $p = 10{,}5$ ergibt sich die Erlösfunktion E mit $E(x) = 10{,}5\,x$.
Bedingung für die Schnittstellen: $K(x) = E(x)$ $\quad \frac{1}{40}x^2 + 2x + 160 = 10{,}5\,x$
Nullform: $\quad \frac{1}{40}x^2 - 8{,}5\,x + 160 = 0$
Gleichung in Normalform: $\quad x^2 - 340\,x + 6400 = 0$
Lösung mit **pq-Formel** ergibt: $\quad x_1 = 20;\ x_2 = 320$
Die **Erlösgerade schneidet die Kostenparabel** in $x_1 = 20$ und $x_2 = 320$.

Die Schnittstellen heißen **Gewinnschwelle** $(x_1 = x_{GS} = 20)$ und **Gewinngrenze** $(x_2 = x_{GG} = 320)$.

Gewinnfunktion:
G mit $G(x) = E(x) - K(x)$
$G(x) = -\frac{1}{40}x^2 + 8{,}5\,x - 160$
Die **Schnittstellen der Graphen von E und K** sind die **Nullstellen der Gewinnfunktion.**
$K(x) = E(x) \Leftrightarrow G(x) = 0$

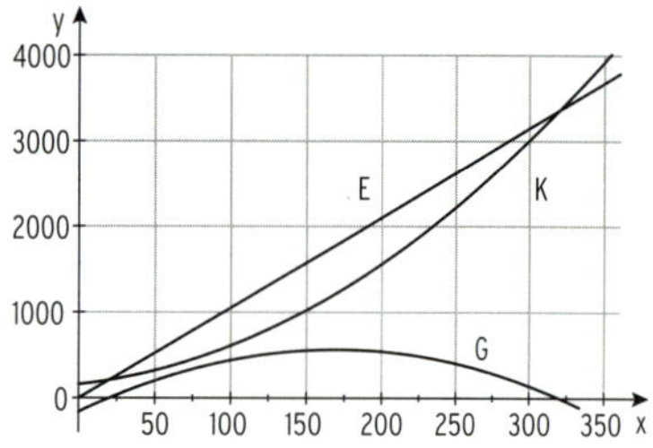

Für $20 < x < 320$ gilt: Die Gewinnkurve verläuft oberhalb der x-Achse.
$G(x) > 0$; das Unternehmen macht einen positiven Gewinn.
Der Produktionsbereich $20 \leq x \leq 320$ heißt **Gewinnzone.**
In $x_{GS} = 20$ gilt $G(x) = 0$ und die Gewinnzone beginnt (**Break-Even-Punkt** (20 | 210)).
In $x_{GG} = 320$ gilt $G(x) = 0$ und die Gewinnzone endet.

Hinweis: Der **maximale Gewinn** wird erwirtschaftet in $x_{max} = -\frac{p}{2} = \frac{x_1 + x_2}{2} = -\frac{-340}{2}$
$x_{max} = 170$. Der maximale Gewinn beträgt $G(170) = 562{,}5$ (GE).

b) Neue Erlösfunktion E* mit $E^*(x) = 6x$
$K(x) = E^*(x)$: $\quad \frac{1}{40}x^2 + 2x + 160 = 6x$
$\quad x^2 - 160x + 6400 = 0$
$x_{1|2} = 80 \pm \sqrt{(-80)^2 - 6400} = 80 \pm \sqrt{0} = 80$
Hinweis: Diskriminante D = 0
Die **Erlösgerade berührt die Kostenparabel** in $x_{1|2} = 80$. Es kann nur bei einer Produktion von 80 Stück verlustfrei produziert werden.

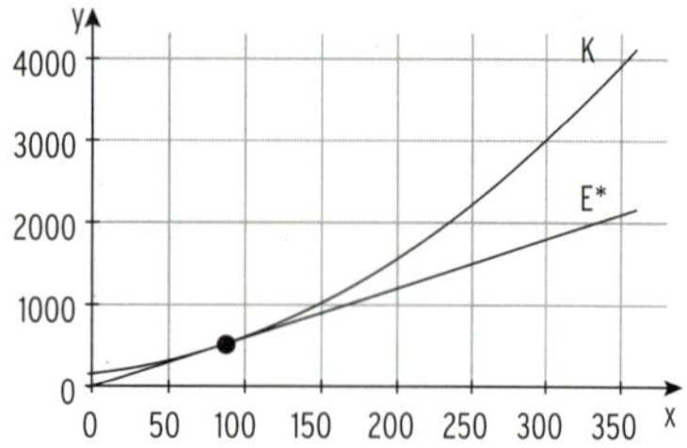

Beispiel 2

➲ Gegeben sind eine Nachfragefunktion p_N mit $p_N(x) = 345 - 4x^2$ und eine Angebotsfunktion p_A mit $p_A(x) = 120 + 5x^2$.
Bestimmen Sie den Höchstpreis, die Sättigungsmenge und das Marktgleichgewicht.

Lösung

Höchstpreis: $p_N(0) = 345$

Sättigungsmenge: $p_N(x) = 0$ $\quad 0 = 345 - 4x^2$

$x^2 = \frac{345}{4}$

Lösung durch **Wurzelziehen:** $x_{1|2} \approx \pm 9{,}3$

Für $x > 0$: $x = x_{Sätt} = 9{,}3$

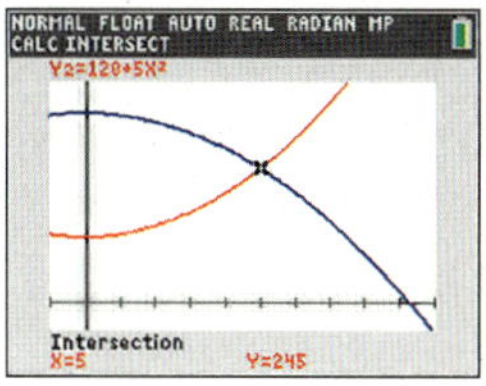

Hinweis: Maximal ökonomisch sinnvoller Definitionsbereich
$D_{max} = [0; x_{Sätt}] = [0; 9{,}3]$

Marktgleichgewicht

Bedingung: $p_N(x) = p_A(x)$ $\quad 345 - 4x^2 = 120 + 5x^2$

$9x^2 = 225$

$x_{1|2} = \pm 5$

Gleichgewichtsmenge $x > 0$: $x_G = 5$

Einsetzen liefert den **Gleichgewichtspreis** $p_N(5) = p_G = 245$

Marktgleichgewicht: MGG(5; 245)

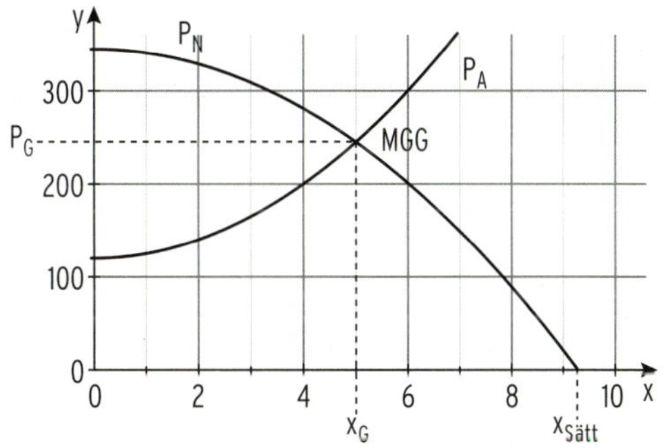

Beachten Sie

Eine **Nachfragefunktion**
ist eine **fallende** Funktion: $p_N(x)$ wird kleiner, wenn x größer wird.
Eine **Angebotsfunktion**
ist eine **wachsende** Funktion: $p_A(x)$ wird größer, wenn x größer wird.

Was man wissen sollte … über die gegenseitige Lage von zwei Kurven

Bedingung für die x-Koordinaten der gemeinsamen Punkte der Graphen von f und g (Schnittstellen): $f(x) = g(x)$

Ergibt sich eine **quadratische Gleichung** $x^2 + px + q = 0$

mit den Lösungen $x_{1|2} = -\frac{p}{2} \pm \sqrt{\left(\frac{p}{2}\right)^2 - q}$ **(pq-Formel),**

so hängt die Anzahl der Lösungen (eine Lösung entspricht einer Schnittstelle) ab von

der **Diskriminante D:** $D = \left(\frac{p}{2}\right)^2 - q$

D > 0

zwei (einfache) Lösungen

Die Graphen von f und g **schneiden sich** in **zwei** Punkten.

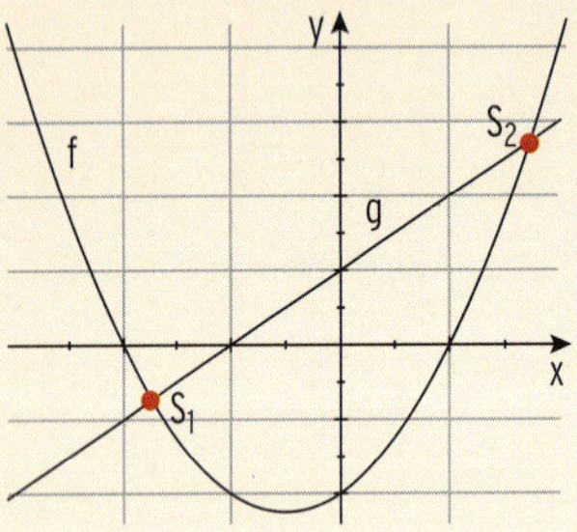

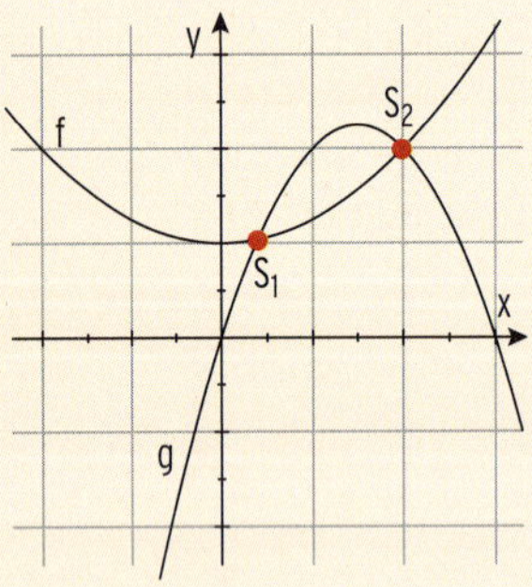

D = 0

eine (doppelte) Lösung

Die Graphen von f und g **berühren** sich.

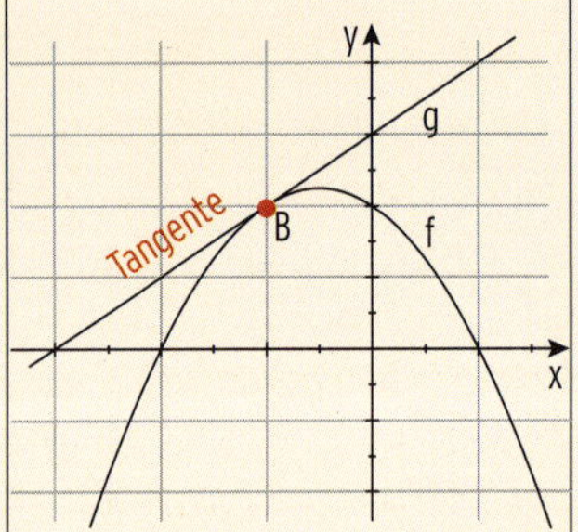

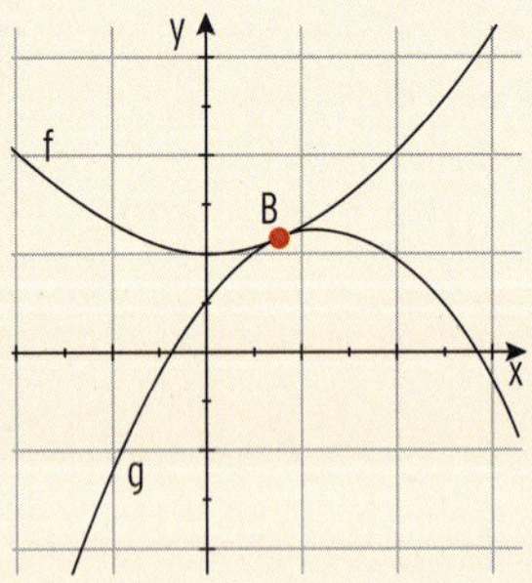

D < 0

keine Lösung

Die Graphen von f und g haben **keinen gemeinsamen Punkt.**

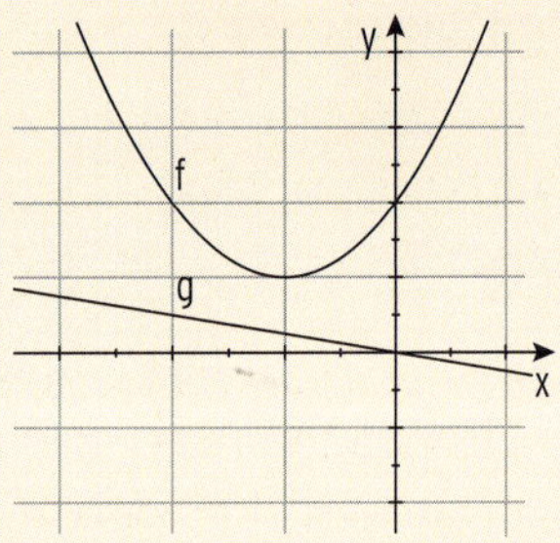

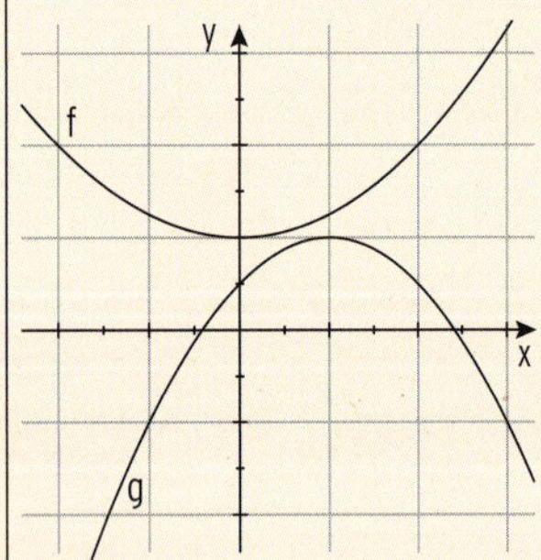

Hinweis: Lösung der quadratischen Gleichung $ax^2 + bx + c = 0;\ a \neq 0$,

mit der abc-Formel: $x_{1|2} = \frac{-b \pm \sqrt{b^2 - 4ac}}{2a}$

Diskriminante $D = b^2 - 4ac$

Aufgaben

1 Untersuchen Sie, ob die Graphen von f und g gemeinsame Punkte besitzen.
Bestimmen Sie gegebenenfalls die Koodinaten. Beschreiben Sie die gegenseitige Lage.

a) b)

a) $f(x) = 2x^2 - 6x + 2;\ g(x) = -2x + 8$

b) $f(x) = x^2 + x - 2;\ g(x) = -\frac{1}{2}x^2 + 3x - 4$

c) $f(x) = x^2 + x - 5;\ g(x) = 3x - 6$

d) $f(x) = x^2 + x - 2{,}5;\ g(x) = 0{,}5x - 1$

2 Die Gesamtkostenkurve einer Unternehmung lässt sich darstellen durch die Funktion $K(x) = \frac{1}{16}x^2 + \frac{1}{2}x + 200;\ x \geq 0$. Die Kapazitätsgrenze liegt bei 100 Stück. Der Verkaufspreis pro Stück beträgt 8,5 Geldeinheiten (GE).

a) Zeichnen Sie die Graphen der Kostenfunktion, der Erlösfunktion und der Gewinnfunktion in ein geeignetes Koordinatensystem.

b) Berechnen Sie die Schnittstellen von Kosten- und Erlösfunktion.
Interpretieren Sie Ihr Ergebnis ökonomisch.

c) Die Fixkosten haben sich erhöht, während der Verkaufspreis gleich bleibt. Ermitteln Sie die Erhöhung, ab der kein Gewinn mehr erzielt werden kann.

d) Die Fixkosten können um 100 GE gesenkt werden. Der Verkaufpreis beträgt 5,5 GE/Stück. Untersuchen Sie, ob unter diesen Bedingungen verlustfrei produziert werden kann.

3 Eine Marktsituation wird beschrieben durch p_A mit
$p_A(x) = -\frac{1}{4}x^2 + \frac{5}{2}x + \frac{1}{2}$ und p_N mit $p_N(x) = -\frac{1}{2}x^2 + \frac{13}{2}$.

a) Bestimmen Sie den ökonomisch sinnvollen Definitionsbereich.

b) Berechnen Sie den Schnittpunkt der Graphen von p_A und p_N und interpretieren Sie die Koordinaten ökonomisch.

4 Eine Ofenproduktion arbeitet mit der Kostenfunktion $K(x) = x^2 + 8x + 32$.
Die Nachfragefunktion wurde mit $p(x) = 80 - 10x$ ermittelt.

a) Ermitteln die die Erlösfunktion und die Gewinnfunktion.

b) Geben Sie den Bereich an, auf dem Gewinn erzielt wird.
Berechnen Sie den maximalen Gewinn.

5 Von einer Mineralwasserfirma kennt man die Funktion der variablen Gesamtkosten $K_v(x) = 0{,}001x^2 + 10x$ und die Fixkosten 900 000 GE. Der Marktpreis hat sich auf $p = 80$ GE/ME eingependelt.

a) Bestimmen Sie die Kostenfunktion und die Erlösfunktion

b) Berechnen Sie die Gewinnzone und das Gewinnmaximum.

c) Prüfen Sie, ob bei einem Marktpreis von $p = 60$ GE/ME eine verlustfreie Produktion möglich ist.

6 Die Abbildung zeigt die Graphen von Kosten-, Erlös- und Gewinnfunktion. Ordnen Sie jeder Kurve eine Bezeichnung zu.
Interpretieren Sie die Abbildung ökonomisch.

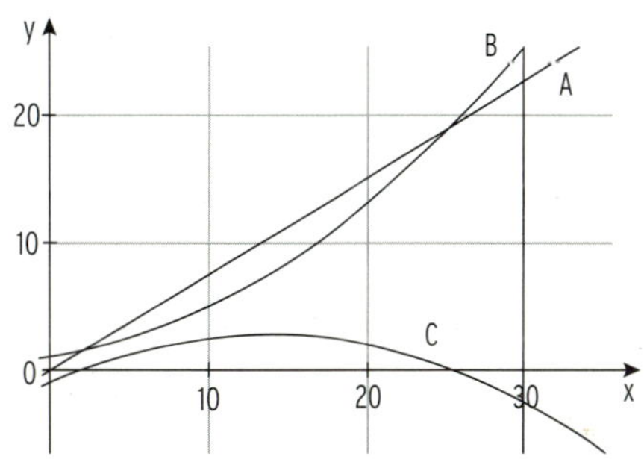

3.2.3 Aufstellen von Parabelgleichungen

Die Parabel ist das Schaubild einer quadratischen Funktion f mit $f(x) = ax^2 + bx + c$.
Liegt ein Punkt auf der Parabel, so liefert die Punktprobe mit seinen Koordinaten eine Gleichung mit den Unbekannten a, b, c.

Beispiel 1

➲ Der Discounter Gik verkauft in seinen Filialen einen Radiowecker zu unterschiedlichen Preisen. Die wöchentliche Auswertung zeigt die Tabelle (1 ME = 10 Stück).

nachgefragte Menge in ME	2	5
Preis pro Wecker in €	11,10	8,25

Bestimmen Sie den quadratischen Zusammenhang von Menge und Preis, wenn der Höchstpreis bei 12 € liegt.

Lösung

Ansatz für die Parabelgleichung: $y = p(x) = ax^2 + bx + c$

Höchstpreis bei 12 €:
Einsetzen von x = 0 und y = 12
in die Parabelgleichung ergibt: $a \cdot 0^2 + b \cdot 0 + c = c = 12$

Einsetzen von x = 2 und y = 11,10
in die Parabelgleichung ergibt: $a \cdot 2^2 + b \cdot 2 + c = 11{,}10 \Rightarrow 4a + 2b + c = 11{,}10$

Einsetzen von x = 5 und y = 8,25: $a \cdot 5^2 + b \cdot 5 + c = 8{,}25 \Rightarrow 25a + 5b + c = 8{,}25$

Übersichtliche Darstellung in Form einer Tabelle:

Punkte	Bedingungen	Gleichungssystem für a, b, c
A(2 | 11,10)	p(2) = 11,10	4a + 2b + c = 11,10
B(5 | 8,25)	p(5) = 8,25	25a + 5b + c = 8,25
C(0 | 12)	p(0) = 12	c = 12

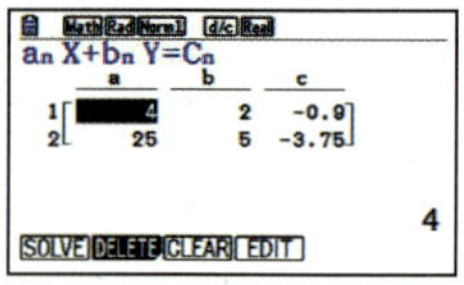

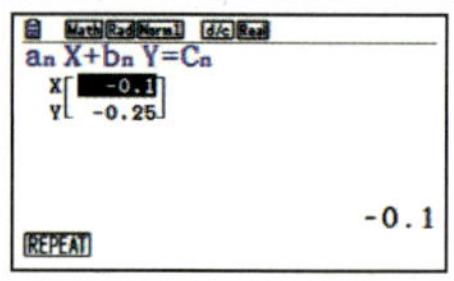

Vereinfachtes lineares Gleichungssystem: $4a + 2b = -0{,}90$
(c = 12 eingesetzt.) $25a + 5b = -3{,}75$

Seite 214

Auflösen des Gleichungssystems mit dem Additionsverfahren (Gauß-Algorithmus):

$$\begin{aligned} 4a + 2b &= -0{,}90 \quad |\cdot(-25) \\ 25a + 5b &= -3{,}75 \quad |\cdot 4 \end{aligned}$$

$$2b \cdot (-25) + 5b \cdot 4 = -0{,}90 \cdot (-25) - 3{,}75 \cdot 4$$
$$-30b = 7{,}5$$
$$b = -0{,}25$$

Setzt man $b = -0{,}25$ in die Gleichung $4a + 2b = -0{,}90$ ein, erhält man: $4a + 2 \cdot (-0{,}25) = -0{,}90$
$a = -0{,}1$

Lösung des linearen Gleichungssystems: $a = -0{,}1;\ b = -0{,}25;\ c = 12$

Preis-Absatz-Funktion: $p(x) = -0{,}1x^2 - 0{,}25x + 12$

Beispiel 2

➲ Die Abteilung Rechnungswesen der Firma Hoha veröffentlicht folgende Kostentabelle:

Produktionsmenge (ME)	0	1	5
Gesamtkosten (GE)	20	25	60

a) Die Gesamtkosten sollen durch eine ganzrationale Funktion zweiten Grades beschrieben werden. Bestimmen Sie eine Gesamtkostenfunktion K.

b) Ermitteln Sie den Break-Even-Punkt, wenn die Produktion für 12,25 GE/ME verkauft wird.

Lösung

Seite 214

a) Ansatz für die Parabelgleichung: $K(x) = a x^2 + b x + c$

Einsetzen der Punktkoordinaten ergibt ein Lineares Gleichungssystem für a, b und c.

(0 | 20): K(0) = 20 $\quad c = 20$

(1 | 25): K(1) = 25 $\quad a + b + c = 25$

(5 | 60): K(5) = 60 $\quad 25a + 5b + c = 60$

Einsetzen von c = 20 ergibt: $\quad a + b + 20 = 25$

$25a + 5b + 20 = 60$

vereinfacht: $\quad a + b = 5 \quad | \cdot (-5)$

$\underline{25a + 5b = 40}$

Lösung mit dem Additionsverfahren: $\quad 20a = 15$

$a = 0{,}75$

Einsetzen in z.B. a + b = 5 ergibt: $\quad b = 4{,}25$

Gesamtkostenfunktion K mit $\mathbf{K(x) = 0{,}75\,x^2 + 4{,}25\,x + 20}$

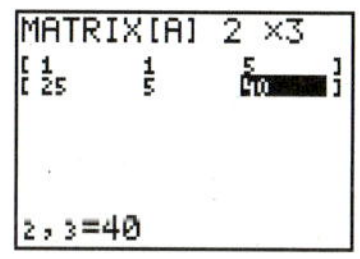

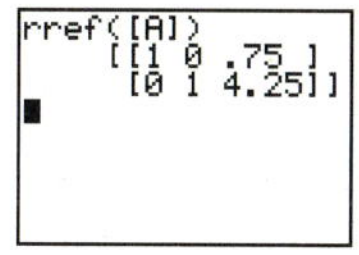

b) **Erlösfunktion** E mit $E(x) = 12{,}25\,x$

Gleichsetzen: **K (x) = E (x)** $\quad 0{,}75\,x^2 + 4{,}25\,x + 20 = 12{,}25\,x$

Lösung mit pq-Formel: $\quad x = 4$ oder $x \approx 6{,}67$

Die Gewinnzone beginnt bei 4 ME.

Mit E(4) = 49 erhält man den **Break-Even-Punkt B** (4 | 49).

Aufgaben

1 Das Schaubild von f mit $f(x) = ax^2 + 5$ verläuft durch den Punkt A(− 3 | − 4). Bestimmen Sie den Funktionsterm f(x).

2 Bestimmen Sie die Gleichung der Parabel, wenn Folgendes bekannt ist:

a) Die Parabel verläuft durch die Punkte A(1 | 2,5) und B(− 2 | 1) und C(0 | 3).

b) A(2 | 0), B(− 1 | 6) und C(0 | 0) sind Parabelpunkte.

3 Ein Monopolist erreicht seinen maximalen Erlös von 30 GE bei einem Absatz von 5 ME. Bestimmen Sie den Funktionsterm für die quadratische Erlösfunktion E.

4 Bestimmen Sie die Funktionsterme von f_1 und f_2 mithilfe der Zeichnung.

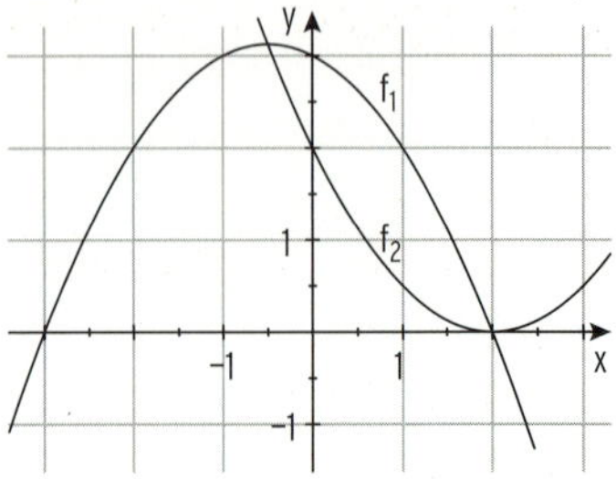

5 Ordnen Sie jeder Parabel einen Funktionsterm zu. Bestimmen Sie a, b, c und d.

$f(x) = 0{,}2x^2 + b$

$g(x) = ax^2 + 2$

$h(x) = cx^2 + d$

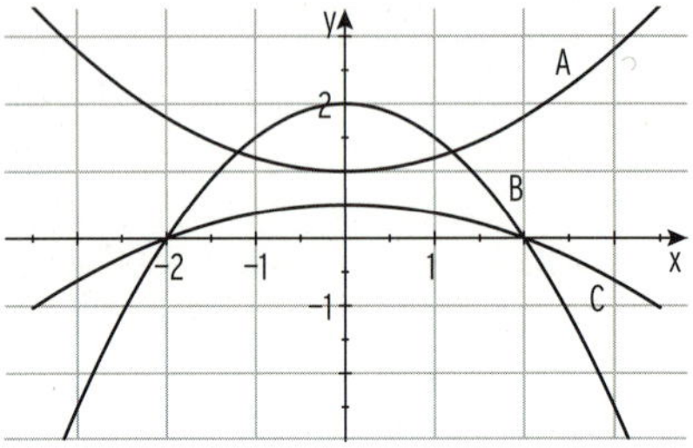

6 Die Gesamtkosten K eines Betriebes in € können in Abhängigkeit von der Produktionsmenge x der nebenstehenden Tabelle entnommen werden:

x in ME	0	10	20	24
K (x)	900	1 050	1 400	1 596

a) Bestimmen Sie die Kostenfunktion K unter der Annahme, dass es sich um eine quadratische Funktion handelt. (Kontrollergebnis: $K(x) = x^2 + 5x + 900$)

b) Berechnen Sie die Produktionsmenge, bei der Gesamtkosten von 1 200 € entstehen.

c) Bestimmen Sie den größten Gewinn, wenn die produzierte Menge zum Preis von 80 €/ME verkauft wird.

7 Der Betrieb verkauft seine Artikel für 200 GE pro ME. Die Gesamtkostenkurve ist eine Parabel. Sie schneidet die Erlösgerade in $x = 20$ und $x = 120$.
Die Fixkosten betragen 2 400 GE. Bestimmen Sie die Kostenfunktion K.

8 Der Gewinn in € in Abhängigkeit von der nachgefragten Menge in ME wird beschrieben durch eine ganzrationale Funktion zweiten Grades. Bei 100 ME ist der Gewinn null. Bei 300 ME ist der Gewinn maximal und beträgt dann 40 000 €.
Die fixen Kosten betragen 50 000 GE.
Bestimmen Sie den Funktionsterm für die Gewinnfunktion.

9 Die Abbildung zeigt eine Gesamtkostenkurve und die zugehörige Gewinnkurve.
Bestimmen Sie die lineare Erlösfunktion, die Gewinngrenze und die Gesamtkosten an der Gewinngrenze mithilfe der Abbildung.

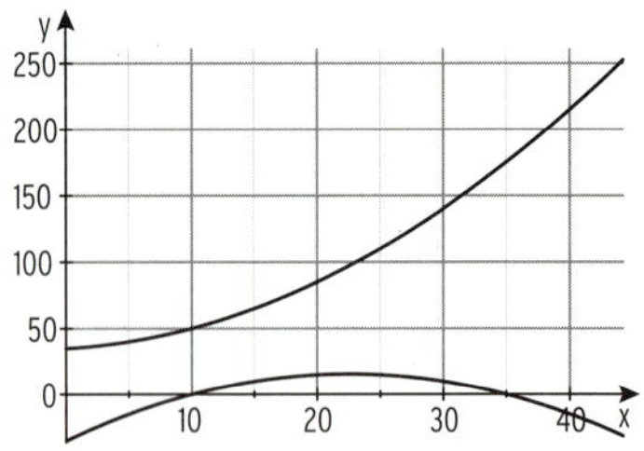

10 Der Höchstpreis für ein Produkt beträgt 80 GE/ME, die Sättigungsmenge liegt bei 8 ME.
Bei 5 ME kann ein Preis von 45 GE/ME erzielt werden.
Bestimmen Sie die Nachfragefunktion 2. Grades.

3.2.4 Quadratische Funktionen in Anwendungen

Handlungssituation im Modell der vollständigen Konkurrenz

Beispiel 1

➲ Bei der Produktion eines Artikels werden die Gesamtkosten in € pro Tag, in Abhängigkeit von der Ausbringungsmenge x (in ME), festgelegt durch:

$K(x) = \frac{1}{8}x^2 + \frac{3}{2}x + 200$; $x \geq 0$. Die Kapazitätsgrenze liegt bei 90 ME.

Der Betrieb hat einen konstanten Verkaufspreis von 14 € je ME geplant.

a) Interpretieren Sie den Verlauf der Gesamtkostenkurve.
Bestimmen Sie den mittleren Kostenzuwachs im Bereich [20; 50]

b) Bestimmen Sie die Gewinnzone und den maximalen Gewinn.

c) Der Preis wird auf 10 € je ME gesenkt.
Beurteilen Sie, ob eine verlustfreie Produktion möglich ist.

Lösung

a) **Fixe Kosten:** $K(0) = 200$

$x_{Kap} = 90$: Kapazitätsgrenze

ökonomisch sinnvoller Definitionsbereich: $D_{ök} = [0; 90]$

Der Kostenverlauf ist **progressiv,** die **Zusatzkosten** für die Produktion einer weiteren Einheit werden **immer größer.**

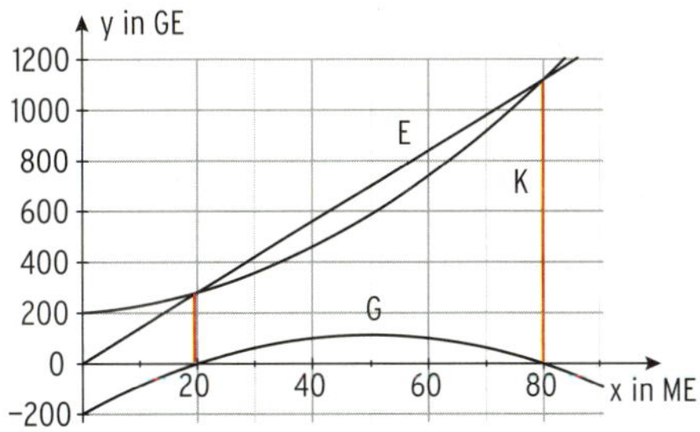

Mittlerer Kostenzuwachs:

$\frac{\Delta K}{\Delta x} = \frac{K(50) - K(20)}{50 - 20} = \frac{587{,}5 - 280}{30} = 10{,}25$

Erhöht man die Produktion von 20 ME auf 50 ME, so wachsen die Kosten durchschnittlich um 10,25 €/ME.

b) Bed. für die **Schnittstellen der Graphen von E und K:** $K(x) = E(x)$ $\qquad \frac{1}{8}x^2 + \frac{3}{2}x + 200 = 14x$

Lösung ergibt die **Schnittstellen:** $\qquad x_1 = 20;\ x_2 = 80$

Bei Produktion und Verkauf von 20 ME bzw. 80 ME sind Erlös und Gesamtkosten gleich groß. Die Gewinnzone beginnt in der **Gewinnschwelle** $x_{GS} = 20$ und endet in der **Gewinngrenze** $x_{GG} = 80$.

c) Gemeinsame Punkte: $K(x) = E^*(x)$

$\frac{1}{8}x^2 + \frac{3}{2}x + 200 = 10x$

$x^2 + 12x + 1600 = 80x$

$x^2 - 68x + 1600 = 0$

$x_{1|2} = 34 \pm \sqrt{(-34)^2 - 1600} = 34 \pm \sqrt{-444}$

$D < 0$ Die Gleichung ist unlösbar.

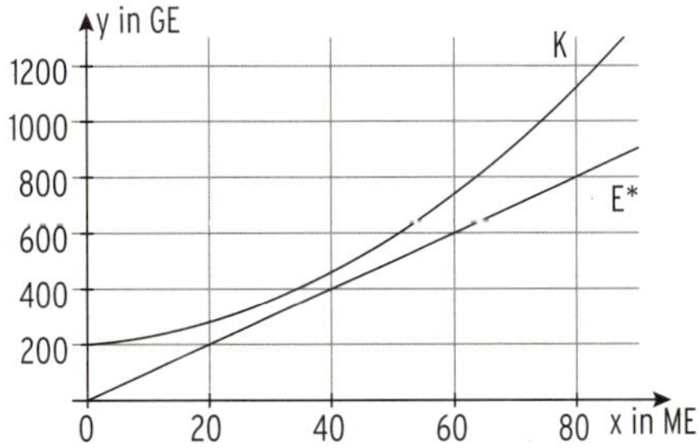

Kostenkurve und Erlösgerade haben keine gemeinsamen Punkte. Die Produktion ist nie verlustfrei.

Hinweis: Die Kostenkurve verläuft oberhalb der Erlösgeraden.

Beispiel 2

➲ Ein Unternehmen stellt Bildkalender her. Bei einer Produktion von höchstens 60 Stück pro Tag betragen die Gesamtkosten $K_1(x) = -\frac{1}{30}x^2 + 6x + 60$, bei mehr als 60 Stück $K_2(x) = \frac{1}{12}x^2 - 8x + 480$.

Die Gesamtkosten werden in € angegeben.

Berechnen Sie den konstanten Stückertrag, wenn die Gewinngrenze bei 120 Stück liegt. Ermitteln Sie für diesen Fall die Gewinnschwelle und das Gewinnmaximum.

Lösung

Gesamtkostenfunktion als **abschnittsweise definierte Funktion:**

$$K(x) = \begin{cases} -\frac{1}{30}x^2 + 6x + 60; & 0 \leq x \leq 60 \\ \frac{1}{12}x^2 - 8x + 480; & x > 60 \end{cases}$$

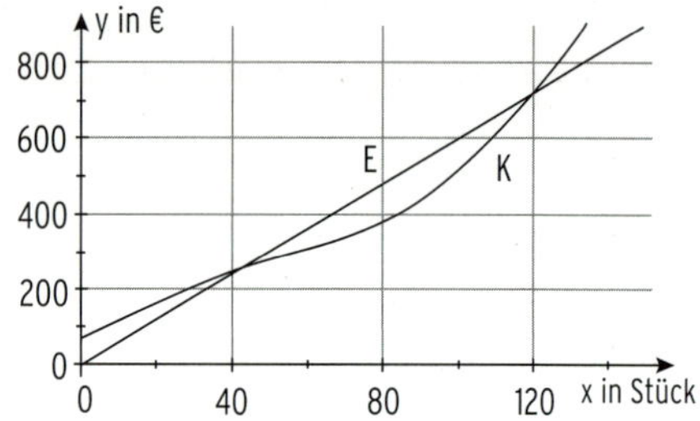

Gewinngrenze bei 120 Stück:

$K(120) = K_2(120) = 720$

Aus $E(x) = p \cdot x$ und $E(120) = 720$

ergibt sich der konstante Stückertrag $p = \frac{720}{120} = 6$.

Erlösfunktion E mit $E(x) = 6x$

Gewinnschwelle

Aus der Zeichnung entnimmt man, dass $x_{GS} < 60$ ist. Berechnung von x_{GS} also durch Gleichsetzen: $K_1(x) = E(x)$ $\quad -\frac{1}{30}x^2 + 6x + 60 = 6x$

Nullform: $\quad -\frac{1}{30}x^2 + 60 = 0 \Leftrightarrow x^2 = 1800$

Positive Lösung als **Gewinnschwelle:** $\quad x_1 = x_{GS} \approx 42{,}4$

Werden täglich zwischen 43 und 120 Bildkalender gefertigt, macht das Unternehmen Gewinn.

Gewinnfunktion als **abschnittsweise definierte Funktion:**

$$G(x) = \begin{cases} E(x) - K_1(x) = \frac{1}{30}x^2 - 60; & 0 \leq x \leq 60 \\ E(x) - K_2(x) = -\frac{1}{12}x^2 + 14x - 480; & x > 60 \end{cases}$$

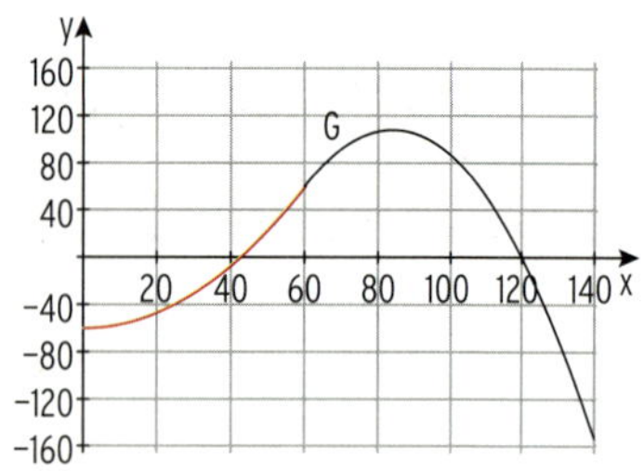

Die Parabel von G_1 mit $G_1(x) = \frac{1}{30}x^2 - 60$ ist nach oben geöffnet und hat für $0 \leq x \leq 60$ ihr **Maximum** in $x = 60$: $G_1(60) = 60$ (Randmaximum)

Die Parabel von G_2 mit $G_2(x) = -\frac{1}{12}x^2 + 14x - 480$ hat ihr **Maximum** in $x = 84$.

Das Maximum beträgt $G_2(84) = 108$.

Der Gewinn wird am größten bei einer Produktion von 84 Stück.

Handlungssituation im Modell eines Angebotsmonopols

Beispiel

Eine Preis-Absatz-Funktion ist gegeben durch $p_N(x) = 100 - 6x$; x in ME, $p_N(x)$ in GE. Geben Sie den Term für die Erlösfunktion an und ermitteln Sie den maximal möglichen Erlös. Bestimmen Sie den maximalen Gewinn, wenn $K(x) = -\frac{1}{3}x^2 + \frac{79}{3}x + 68$ die Gesamtkosten beschreibt. Ermitteln Sie die Koordinaten des Cournot'schen Punktes.

Lösung

Erlösfunktion E mit $E(x) = p_N(x) \cdot x$ — $E(x) = (100 - 6x)x = 100x - 6x^2$

Nullstellen von E: $E(x) = 0$ — $100x - 6x^2 = 0 \Leftrightarrow x_1 = 0;\ x_2 = \frac{50}{3}$

Scheitelabszisse = Maximalstelle — $x_{Emax} = \frac{1}{2}(x_1 + x_2) = \frac{50}{6}$

Maximaler Erlös: — $E\left(\frac{50}{6}\right) \approx 416{,}7$

Gewinn: $G(x) = E(x) - K(x)$ — $G(x) = 100x - 6x^2 - \left(-\frac{1}{3}x^2 + \frac{79}{3}x + 68\right)$

$G(x) = -\frac{17}{3}x^2 + \frac{221}{3}x - 68$

Gewinnmaximum: — $G_{max} = G(6{,}5) \approx 171{,}4$

Gewinnmaximale Produktionsmenge: — $x_{max} = 6{,}5$

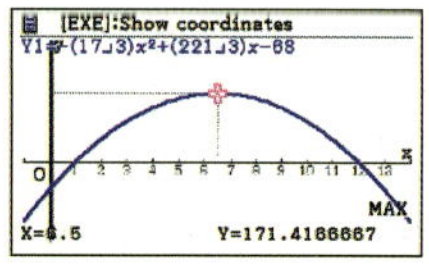

Beachten Sie

Der Punkt auf dem Graph von p_N mit der Abszisse x_{max} **(gewinnmaximale Menge)** heißt **Cournot'scher** Punkt: $C(x_{max} \mid p_N(x_{max}))$; $p_N(x_{max})$ ist der **gewinnmaximale Preis.**

Mit $p_N(6{,}5) = 61$ erhält man den **Cournot'schen Punkt** $C(6{,}5 \mid 61)$.

Hinweis: $x_{GS} = 1$; $x_{GG} = 12$

Gewinnbereich: $1 < x < 12$

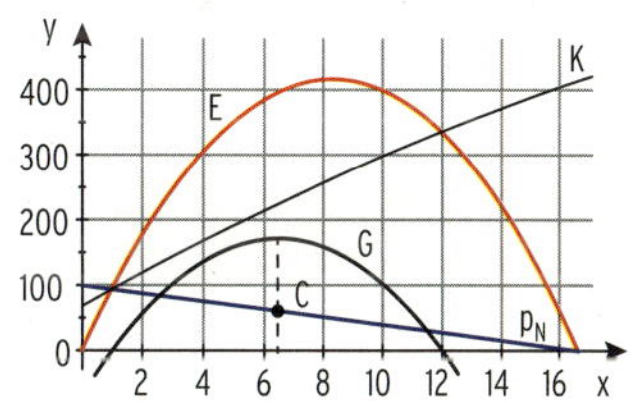

Beachten Sie

Erlös bei **vollständiger Konkurrenz:**
$E(x) = p \cdot x$
Stückpreis (Preis pro ME) p

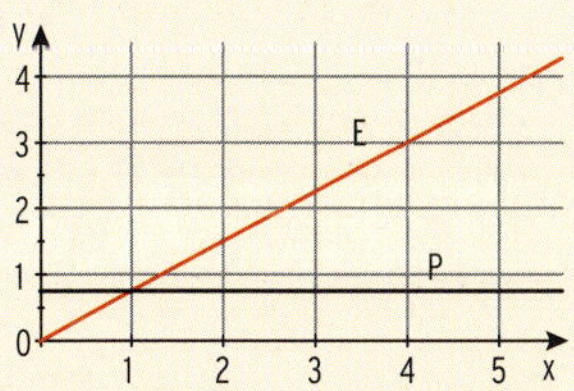

Erlös bei **Angebotsmonopol:**
$E(x) = p_N(x) \cdot x = -ax^2 + bx$; $a, b > 0$
Preis-Absatz-Funktion $p_N(x) = -ax + b$.

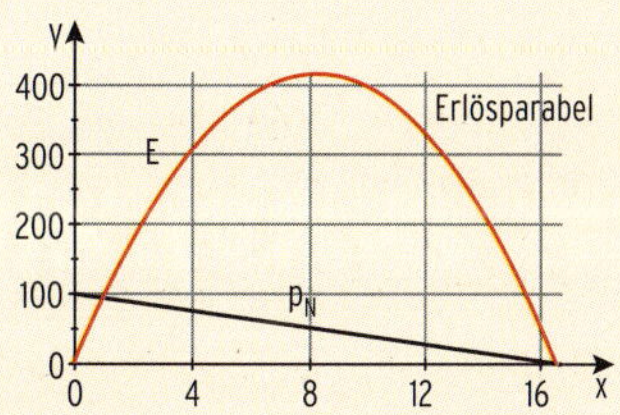

Anwendung im Alltag

Beispiel

➲ Landwirt Bernhard will eine rechteckige Pferdekoppel einzäunen. Er hat 150 m Zaunmaterial zur Verfügung, um eine möglichst große Fläche einzuzäunen.

Lösung

Er berechnet den Flächeninhalt verschiedener Rechtecke mit den Seiten a und b.

Seitenlängen (in m): $a + b = 75$	Flächeninhalt (in m²): $A = a \cdot b$
$a = 20;\ b = 55$	$A = 1100$
$a = 30;\ b = 45$	$A = 1350$
$a = 40;\ b = 35$	$A = 1400$

Mathematische Formulierung des Problems:

Gibt es eine Formel für den Flächeninhalt in Abhängigkeit von einer Seitenlänge a?

Es gilt: $a + b = 75 \Rightarrow b = 75 - a$

Durch Einsetzen erhält man den **Flächeninhalt** $A(a) = a \cdot (75 - a) = 75a - a^2$.

Die Variable a kann alle reellen Zahlen von 0 bis 75 annehmen.

Schaubild der quadratischen Funktion A mit $A(a) = 75a - a^2;\ 0 \leq a \leq 75$

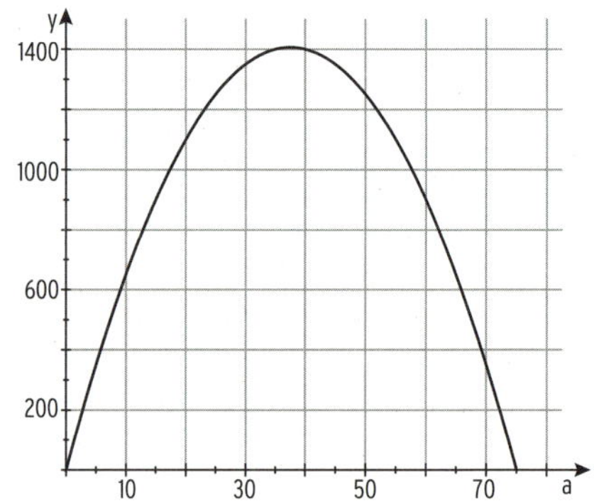

Maximaler Flächeninhalt:

$A_{max} = A(37{,}5) = 1406{,}25$

Der größte Flächeninhalt von 1406,25 m² wird erreicht bei einer Seitenlänge von 37,5 m.

Aufgaben

1 Der parabelförmige Brückenbogen einer Brücke hat eine Spannweite von 170 Metern. Im Abstand von 2,5 Meter zum Fußpunkt der Brücke ist der Brückenbogen 6,28 Meter hoch. Berechnen Sie die (maximale) Höhe des Brückenbogens.

2 Auf einem dreieckigen Grundstück mit den Kantenlängen 60 m und 80 m soll ein möglichst großer rechteckiger Bauplatz abgesteckt werden.

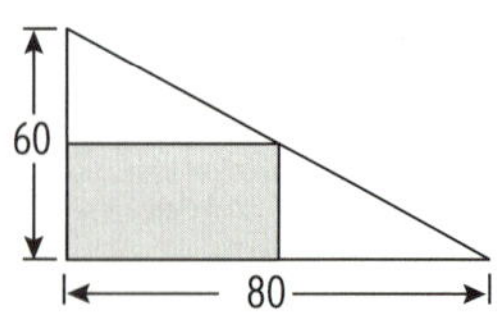

3 Die Firma Waldner GmbH produziert ein medizinisches Gerät. Die verwendete Technologie führt zu der Kostenfunktion K mit $K(x) = 0{,}25x^2 + 8$; x in ME, K(x) in GE.

a) Bestimmen Sie die Gewinnzone, wenn am Markt vollständige Konkurrenz herrscht und die Ware für 3,8 GE je ME abgesetzt werden kann.

b) Berechnen Sie den maximalen Gewinn und die Gesamtkosten an der Gewinngrenze.

c) Ermitteln Sie den mittleren Kostenzuwachs im Intervall [2,5; 12,5].

d) Aus Wettbewerbsgründen senkt das Unternehmen den Verkaufspreis. Die Gewinnschwelle liegt jetzt bei einer Produktionsmenge von 5 ME. Berechnen Sie den neuen Verkaufspreis.

e) Erläutern Sie, wie weit das Unternehmen den Verkaufspreis (je ME) senken kann, sodass bei der Produktion fixe und variable Kosten gerade noch gedeckt sind.

4 Die Soester Büromöbel AG hat als Hersteller von Regalsystemen eine Monopolstellung. Der erzielbare Preis in GE pro ME lässt sich aufgrund einer Marktstudie mit der Preis-Absatz-Funktion $p_N(x) = -0{,}8x + 9$ berechnen.

a) Bestimmen Sie den Höchstpreis, die Sättigungsmenge und den maximalen Erlös.

b) Die Gesamtkosten lassen sich durch $K(x) = 0{,}125x^2 + x + 6$ beschreiben. Berechnen Sie die gewinnmaximale Produktionsmenge der Soester Büromöbel AG.

5 Der Handyhersteller Mobi bringt sein neues Handy Mobi 4 auf den Markt. Die Marktsituation kann durch die beiden Funktionen $f(x) = 10 - 0{,}04x^2$ und $g(x) = 0{,}75x + 2$ beschrieben werden.

a) Zeichnen Sie die Graphen von f und g in ein Koordinatensystem. Ordnen Sie begründet die beiden Graphen einer Nachfrage- und einer Angebotsfunktion zu.

b) Ermitteln Sie den maximalen, ökonomisch sinnvollen Definitionsbereich.

c) Bestimmen Sie den Höchstpreis und die Sättigungsmenge und das Marktgleichgewicht.

d) Beschreiben Sie die Marktsituation bei einem Preis von 6 GE und bei 8 GE.

e) Aufgrund einer veränderten Marktsituation entsteht eine neue Nachfragefunktion. Ermitteln Sie eine neue Nachfragefunktion für ein Marktgleichgewicht MGG(2 | 4,5), einem Höchstpreis von 7 GE und einer Sättigungsmenge von 8 ME.

6 Gegeben ist die Nachfragefunktion p_N mit $p_N(x) = 970 - 13x$.
Bestimmen Sie die Sättigungsmenge.
Geben Sie den Bereich an, in dem der Umsatz durch Preissteigerung bzw. Preissenkung erhöht werden kann.

7 Die Gesamtkosten eines Unternehmens lassen sich durch die Funktion K

$$\text{mit } K(x) = \begin{cases} -\frac{1}{6}x^2 + 12x + 90; & 0 \le x \le 30 \\ \frac{13}{20}x^2 - 37x + 825; & 30 < x \le 50 \end{cases}\text{; x in ME, K(x) in GE beschreiben.}$$

Berechnen Sie die Produktionsmengen, sodass bei einem Preis von 11 €/ME Gewinn erzielt wird.

8 Über die Gesamtkosten K der Brandstätter KG ist Folgendes bekannt:
Für eine Produktion von 10 Stück entstehen Gesamtkosten von 1050 €, bei 20 Stück sind es 1400 €. Die Fixkosten betragen 900 €.
Die produzierte Menge wird zum Stückpreis von 85 € verkauft.

a) Untersuchen Sie die Gewinnsituation der Brandstätter KG.

b) Aufgrund einer veränderten Marktlage erhöhen sich die Fixkosten.
Erläutern Sie mögliche Reaktionen der Brandstätter KG.
Berechnen Sie die Erhöhung der Fixkosten für den Fall, dass diese durch eine Preiserhöhung ausgeglichen werden muss.

9 Die Firma Waldner ist als Produzent von Laborgeräten Monopolist.

a) Die Fixkosten für die Produktion belaufen sich auf 330 GE. Werden 10 Mengeneinheiten (ME) der Ware hergestellt, erhöhen sich die Gesamtkosten um 50 GE.
Bei 20 ME betragen die Gesamtkosten 460 GE.
Abteilungsleiter Merk behauptet, die Gesamtkosten werden beschrieben durch $K(x) = -0{,}15\,x^2 + 3{,}5\,x + 330$. Überprüfen Sie, ob er Recht hat.

b) Die Erlösfunktion ist gegeben durch $E(x) = -1{,}75\,x^2 + 79\,x$.
Berechnen Sie, wie viel Geräte hergestellt und zu welchem Preis sie verkauft werden sollten.

10 Der Freizeitpark am Schloss hat täglich etwa 1400 Besucher und der Eintritt kostet 12 €. Ein Umfrage ergibt, dass sich durch eine Preissenkung um je 0,50 € die tägliche Besucherzahl um je 50 erhöht. Der Freizeitpark will seine Einnahmen optimieren. Beraten Sie das Unternehmen.
Berechnen Sie die Anzahl der Besucher, sodass der Freizeitpark seine täglichen Kosten von 12 675 € decken kann.

11 Die Firma Vetter stellt ein Mittel gegen Bluthochdruck her. Marktbeobachtung liefert die Grundlage für die Preispolitik.
Die Kostenentwicklung lässt sich beschreiben durch fixe Kosten von 5 000 GE und variable Kosten von 50 GE/ME. Erläutern Sie, wie die Firma Vetter ihr Unternehmensziel erreichen kann.

Absatz in ME	Preis in GE/ME
80	170
120	90

12 Die Abbildung zeigt eine Gesamtkostenkurve und drei Erlösgeraden.
Bestimmen Sie die Gleichungen der Erlösgeraden. Beschreiben Sie die zugehörigen Gewinnsituationen.

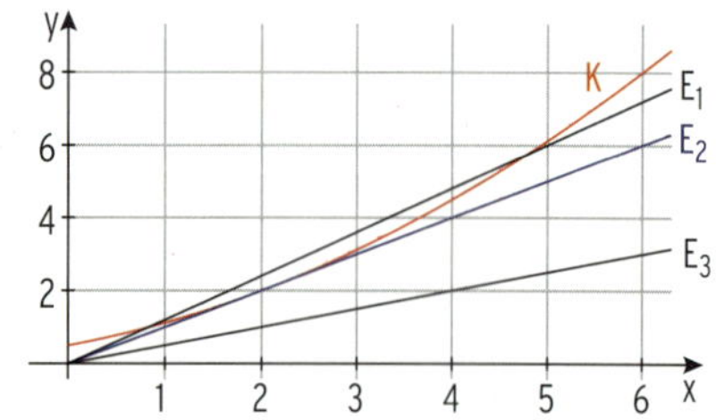

3.2.5 Parabelschar

Beispiel

➲ Gegeben ist für jedes $t \neq 0$ die Funktion f_t mit $f_t(x) = tx^2 - 3tx$; $x \in \mathbb{R}$.

a) Beschreiben Sie den Verlauf des Graphen von f_t in Abhängigkeit von t.

b) Bestimmen Sie den Wert von t so, dass der Punkt P(2 | 4) auf dem Graphen von f_t liegt.

c) Ermitteln Sie die Werte von t so, dass der Graph von f_t der Graph der Erlösfunktion eines Monopolisten sein kann.
Bestimmen Sie für diesen Fall den maximalen Definitionsbereich.

Lösung

a) Der **Parameter t** steht für eine reelle Zahl.
Damit ist es möglich, durch einen Funktionsterm mit Parameter (z. B. $f_t(x) = tx^2 - 3tx$ viele Parabeln zu beschreiben.

$f_t(x) = tx^2 - 3tx = tx(x - 3)$

Die Parabel von f_t schneidet die x-Achse in x = 0 bzw. x = 3.
$N_1(0 \mid 0)$ und $N_2(3 \mid 0)$ sind **gemeinsame Punkte** aller Parabeln von f_t.

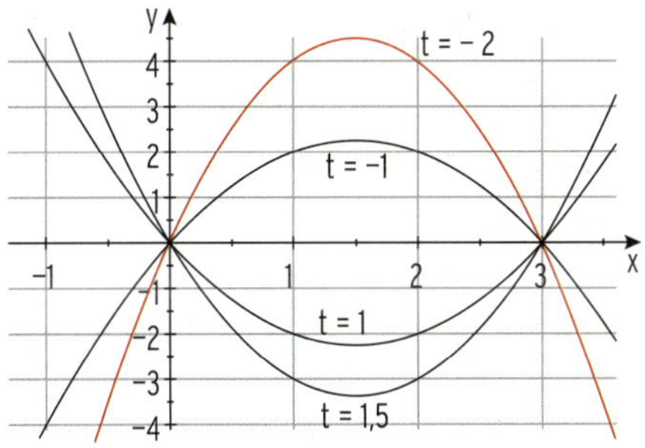

Für $t > 0$ ist die Parabel von f_t nach oben, für $t < 0$ ist die Parabel von f_t nach unten geöffnet.

Hinweis: Für t = 0 würde man eine Gerade mit y = 0 erhalten.

b) Punktprobe mit P(2|4):

$$t \cdot 2^2 - 3t \cdot 2 = 4$$
$$-2t = 4$$
$$t = -2$$

Für t = − 2 liegt P(2|4) auf der Parabel von f_{-2}.

c) Der Graph von f_t ist der Graph der Erlösfunktion eines Monopolisten, wenn die Parabel nach unten geöffnet ist und die Nullstellen von f_t größer oder gleich null sind.
Dies trifft zu für $t < 0$.
Maximaler Definitionsbereich: $0 \leq x \leq 3$

Aufgaben

1 Für jedes $a \neq 0$ ist die Funktion f_a gegeben durch $f_a(x) = \frac{a}{2}x^2 - ax;\ x \in \mathbb{R}$.

a) Bestimmen Sie einen Wert von a so, dass der Punkt $Q(-1|4)$ auf dem Graphen von f_a liegt.

b) Betrachten Sie den Graphen von f_a für verschiedene Werte von a und geben Sie drei gemeinsame Eigenschaften an.

c) Berechnen Sie alle Werte von a, sodass der Graph von f_a der Graph der Erlösfunktion eines Monopolisten sein kann.

d) Ermitteln Sie den Wert von a so, dass 3 der größte Funktionswert ist. Interpretieren Sie Ihr Ergebnis ökonomisch.

2 Ein Graph in der Abb. 1 ist das Schaubild einer Gesamtkostenfunktion.

Begründen Sie, indem Sie jeweils ein Argument angeben, das zum Ausschluss einer Gesamtkostenkurve führt.

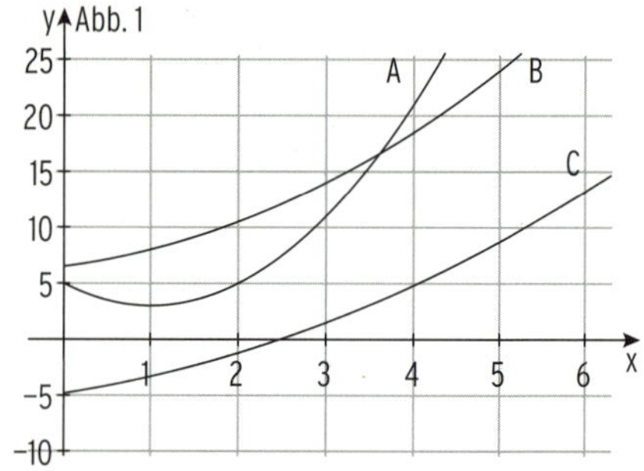

3 Für jedes $t \neq 0$ ist die Funktion f_t gegeben mit $f_t(x) = \frac{1}{t}x^2 + 6x + 300 - 100t;\ x \in \mathbb{R}$.

Die Abb. 2 zeigt die zugehörige Parabel für zwei Werte von t.

Bestimmen Sie die beiden t-Werte.

Geben Sie Werte von t an, für die die zugehörige Parabel für $x \geq 0$ der Graph einer Gesamtkostenfunktion ist.

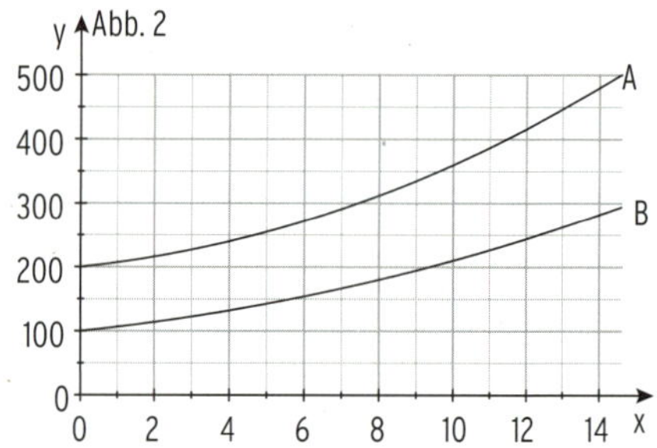

4 Gegeben ist für jedes $t \neq 0$ die Funktion f_t mit $f_t(x) = t(x^2 - 14x + 24);\ x \in \mathbb{R}$.

Die Abb. 3 zeigt das Schaubild einer Gewinnfunktion G.

Bestimmen Sie den Wert von t, sodass die Abbildung 3 das Schaubild von G darstellt.

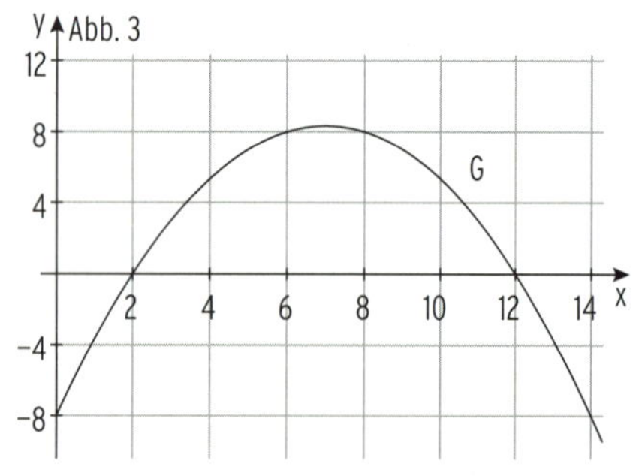

5 Ermitteln Sie die Werte von a so, dass die Gleichung $x^2 + 2x - a = 0$ zwei verschiedene Lösungen hat.

6 Zeigen Sie: Die Funktion f_a mit $f_a(x) = \frac{1}{10}(x + \sqrt{a})^2 + a^2 + 1$ ist eine Gesamtkostenfunktion für alle $a > 0$ und $x \geq 0$.

Test zur Überprüfung Ihrer Grundkenntnisse

1 Lösen Sie die quadratische Gleichung.
a) $x^2 + 2x - 15 = 0$ b) $x^2 - 3x - t^2 = 0$

2 Gegeben sind die Gesamtkostenfunktion K durch $K(x) = 0{,}2x^2 + 3x + 20$ und die Erlösfunktion E mit $E(x) = 8x$.
a) Berechnen Sie die Gewinnzone. Zeigen Sie: Der maximale Gewinn liegt bei 11,25 GE.
b) Überprüfen Sie, ob die Gerade mit der Gleichung $y = 7x$ Tangente an den Graph von K ist. Interpretieren Sie ökonomisch.

3 p_N und p_A mit $p_N(x) = -0{,}2x^2 - 3x + 20$ und $p_A(x) = 0{,}1x^2 + 2x + 2{,}3$ beschreiben die Nachfrage- und die Angebotssituation für ein Elektrogerät.
Die Preise sind in GE/Stück angegeben.
a) Ermitteln Sie den Höchstpreis und die Sättigungsmenge.
b) Berechnen Sie den Gleichgewichtspreis.

4 Die Abbildung 1 zeigt den Graph einer quadratischen Funktion für $x > 0$.
a) Abb. 1 zeigt eine Kostenkurve. Begründen Sie diese Aussage.
b) Übertragen Sie die Abbildung in Ihr Heft. Zeichnen Sie den Graph der Funktion der variablen Kosten bzw. der variablen Stückkosten in ihr Koordinatensystem ein.

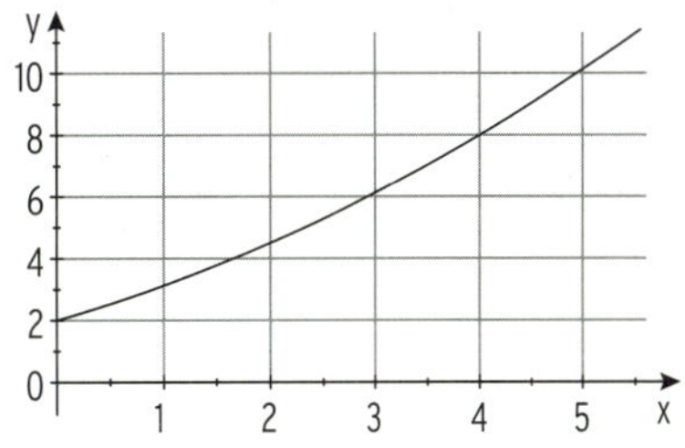

Abb.1

5 Das Unternehmen Hirscher und Söhne bietet als Monopolist am Markt eine Spezialgerät an. Dadurch hängt der Preis (in €) von der nachgefragten Stückzahl ab.
Die Erlöskurve ist eine Parabel, welche die x-Achse in $x = 16$ schneidet.
Der größtmögliche Erlös beträgt 320 €.
Bestimmen Sie die Erlösfunktion.

6 Eine Brückendurchfahrt (Abb. 2) hat die Form einer Parabel (2. Ordnung). Sie ist 6 m hoch und 4 m breit.
Ein Fahrzeug ist 3 m breit und 2,20 m hoch.
Überprüfen Sie, ob dieses Fahrzeug noch unter der Brücke hindurchfahren kann.

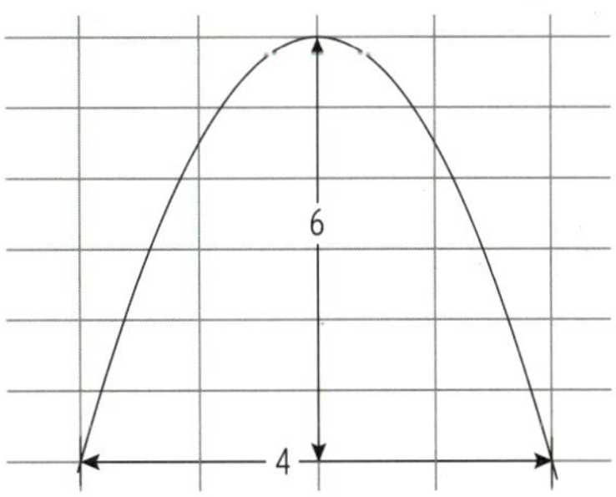

Abb.2

7 Gegeben ist für jedes $t \neq 0$ die Funktion f_t mit $f_t(x) = tx^2 + 1$; $x \in \mathbb{R}$.
Bestimmen Sie t, sodass das Schaubild von f_t eine Gesamtkostenkurve ist.

3.3 Ganzrationale Funktionen dritten Grades

Modellierung einer Situation

Der Markt für Verpackungsmaschinen ist im Umbruch. Die Nachfrage ist gestiegen und Konkurrenz aus dem Ausland drängt auf den Markt.
Die Geschäftsleitung der Firma Waldner Verpackungstechnik will die Kosten- und die Gewinnsituation untersuchen lassen.
Die Gesamtkosten des Topmodells PACK2 der letzten Produktionsperiode sind in der Tabelle aufgelistet.

Menge in Stück	0	2	4	6
Gesamtkosten K(x) in 1000 €	5	13	29	101

Die Gesamtkosten lassen sich beschreiben durch den Term $K(x) = x^3 + bx^2 + cx + d;\ x \geq 0$.
In der letzten Produktionsperiode wurden 6 Maschinen des Topmodells gefertigt und verkauft, trotzdem war der Gewinn eingebrochen.
Zur Zeit wird das Topmodell für 11 000 € pro Stück verkauft.
Ein Kunde verlangt 35 % Nachlass.

Erläutern Sie mögliche Folgerungen der Geschäftsleitung.

Ermitteln Sie die Produktionsmenge so, dass die variablen Stückkosten am geringsten sind.

Vergleichen Sie.

Bearbeiten Sie diese Situation, nachdem Sie die rechts aufgeführten **Qualifikationen und Kompetenzen** erworben haben.

Qualifikationen & Kompetenzen

- Realitätsbezogene Zusammenhänge mit ganzrationalen Funktionen beschreiben, darstellen und deuten
- Schnittpunkte berechnen
- Lineare Gleichungssysteme lösen
- Funktionsterme bestimmen

3.3.1 Einführung

Beispiel 1

➲ Die Abbildung zeigt den Graphen der Gesamtkostenfunktion K mit
$K(x) = x^3 - 7x^2 + 20x + 40;\ x \geq 0;$ x in ME
und die Erlösgerade.

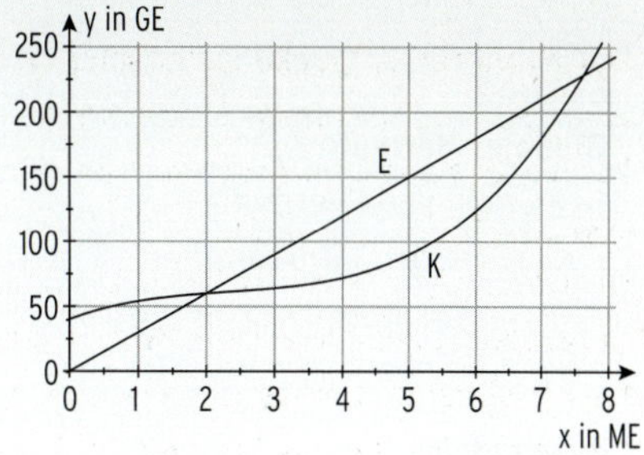

a) Beschreiben Sie den Verlauf der Gesamtkostenkurve.
Berechnen Sie den Verkaufspreis.

b) Begründen Sie die Aussage: Bei einer Produktion von 1 ME macht das Unternehmen keinen Gewinn.
Geben Sie die Gewinnzone und die Verlustzonen an.

Lösung

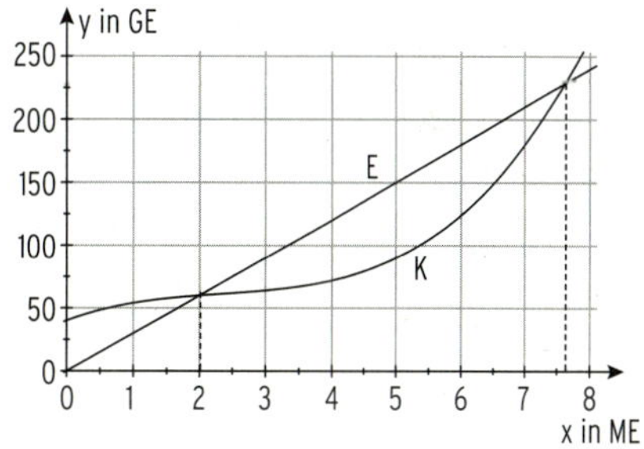

a) **Verlauf:** Der Graph von K verläuft im 1. Quadranten und schneidet die y-Achse in 40, d. h., die Fixkosten betragen 40 GE.
Die Gesamtkostenkurve ist steigend.
Wegen $K(2) = E(2) = 60$ folgt $p = 30$
und mit $E(x) = p \cdot x$: $E(x) = 30x$

b) **Erlösfunktion** E mit $E(x) = 30x$
Wegen $K(1) = 54$ und $E(1) = 30$
ist $G(1) = E(1) - K(1) = -24$.
d. h., das Unternehmen macht in $x = 1$ einen Verlust. **Kein Gewinn bei $x = 1$.**

Gewinnzone

Bedingung für die Grenzen: $E(x) = K(x)$

Durch Ablesen: $x_1 = x_{GS} = 2$

$x_2 = x_{GG} \approx 7{,}6$

Die Gewinnzone erstreckt sich von 2 ME bis 7,6 ME.
Verlustzonen: $[0;\ 2);\ (7{,}6;\ \infty)$

Beachten Sie

Eine **ganzrationale Funktion (Polynomfunktion)** f dritten Grades ist gegeben durch
$f(x) = ax^3 + bx^2 + cx + d;\ x \in \mathbb{R};\ a \neq 0.$
a, b, c und d heißen Koeffizienten.
Der maximale Definitionsbereich von f ist $D = \mathbb{R}$.

Hinweis: $ax^3 + bx^2 + cx + d$ ist ein **Polynom 3. Grades.**
Ganzrationale Funktionen werden auch als **Polynomfunktionen** bezeichnet.

Beispiel 2

➲ Gegeben ist die Funktion f durch $f(x) = 2x^3 - 3x;\ x \in \mathbb{R}$.
Untersuchen Sie den Graphen von f auf Verlauf und Symmetrie.

Lösung

Globaler Verlauf:

Der Graph von f verläuft
- vom 3. in den 1. Quadranten;
- für $x \to \infty$ bzw. für $x \to -\infty$ wie das Schaubild mit $y = 2x^3$.

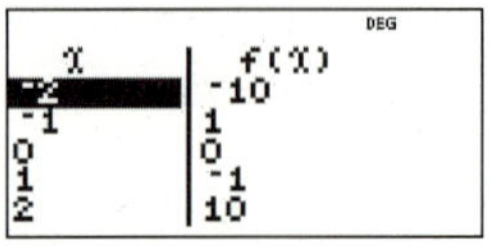

x	f(x)
-2	-10
-1	1
0	0
1	-1
2	10

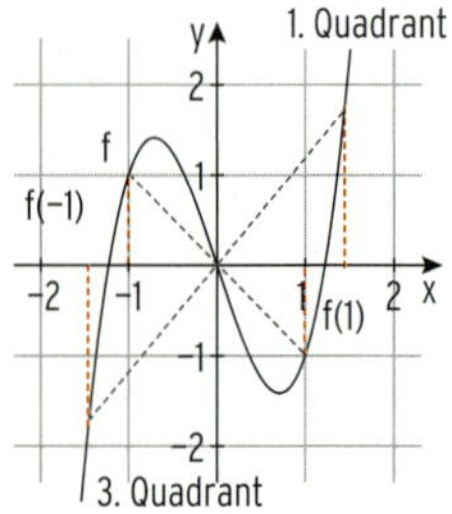

Symmetrie:

Funktionwerte vergleichen

$f(-1) = 1;\ f(1) = -1$ d. h. $f(-1) = -f(1)$

$f(2) = 10;\ f(-2) = -10$ d. h. $f(-2) = -f(2)$

Feststellung: $f(-x) = -f(x)$

Der Graph von f ist symmetrisch zum Ursprung O.

Im Funktionsterm sind **alle Exponenten von x ungerade**: $f(x) = ax^3 + cx$.

Schaubilder von ganzrationalen Funktionen 3. Grades

Aus dem Funktionsterm lassen sich folgende Eigenschaften des Schaubildes einer ganzrationalen Funktion 3. Grades direkt ablesen.

Symmetrie zum Ursprung:

Kommen im Funktionsterm **nur ungerade Exponenten** von x vor, dann ist das Schaubild **symmetrisch zum Ursprung**. Die Bedingung für Punktsymmetrie zu O(0|0), $\mathbf{f(-x) = -f(x)}$, ist erfüllt und es gilt $\mathbf{f(x) = ax^3 + cx}$.

Globaler Verlauf

Das Vorzeichen des Koeffizienten a vor x^3 entscheidet über den Verlauf des Schaubildes für $x \to \infty$ bzw. $x \to -\infty$.

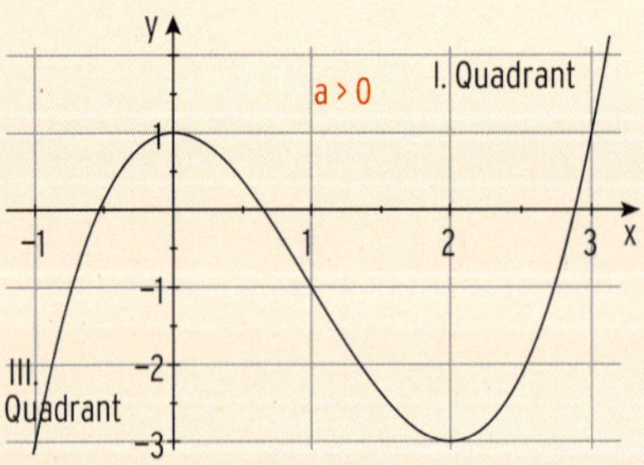

$f(x) = \mathbf{a}\mathbf{x^3} + \ldots$

Das Schaubild von f verläuft für $a > 0$ vom III. in den I. Quadranten.

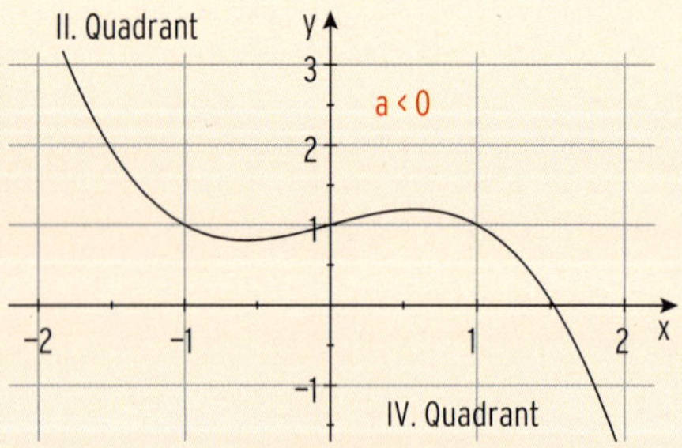

$f(x) = \mathbf{a}\mathbf{x^3} + \ldots$

Das Schaubild von f verläuft für $a < 0$ vom II. in den IV. Quadranten.

Aufgaben

1 Zeichnen Sie den Graphen der gegebenen Funktion f in einem geeigneten Bereich. Beschreiben Sie den Verlauf des Graphen von f. Geben Sie die Achsenschnittpunkte an.

a) $f(x) = \frac{1}{2}x^3 - 3x^2$ b) $f(x) = -x^3 + \frac{4}{3}x^2 - \frac{1}{3}x$ c) $f(x) = \frac{1}{4}x^3 - \frac{3}{4}x^2 + 5$

d) $f(x) = -x + \frac{1}{48}x^3$ e) $f(x) = \frac{1}{4}x^3 - 3x^2 + 9x$ f) $f(x) = x^2(3 - x)$

2 $x_1 = -3$; $x_2 = 1$ und $x_3 = 2$ sind die Nullstellen einer Polynomfunktion f 3. Grades. Der Graph von f verläuft durch den Punkt P(0|1,5). Skizzieren Sie den Graphen von f.

3 Der Graph einer ganzrationalen Funktion 3. Grades ist symmetrisch zum Ursprung. Skizzieren Sie den Graph, wenn dieser

a) durch die Punkte P(1|2) und Q(3|− 2) verläuft,

b) die Gerade g mit $y = 3x$ in O berührt und durch P(1|1) geht.

4 Eine ganzrationale Funktion 3. Grades hat die Nullstellen $x_{1|2} = 4$ und $x_3 = -1$. Skizzieren Sie eine mögliche zugehörige Parabel. Bestimmen Sie eine ganzrationale Funktion 2. Grades mit denselben Nullstellen.

5 Das Schaubild einer ganzrationalen Funktion 3. Grades verläuft durch die Punke A(1|0), B(3|0) und C(0|−4). Zeichnen Sie ein mögliches Schaubild.

6 Ordnen Sie jeder Kurve den zugehörigen Funktionsterm zu. Begründen Sie Ihre Wahl.

$f_1(x) = x^3 - 2x^2 + 1$; $f_2(x) = x^3 - 2x$; $f_3(x) = -\frac{1}{2}x(x - 2)(x + 1)$; $f_4(x) = x^3 - 2x^2$

A

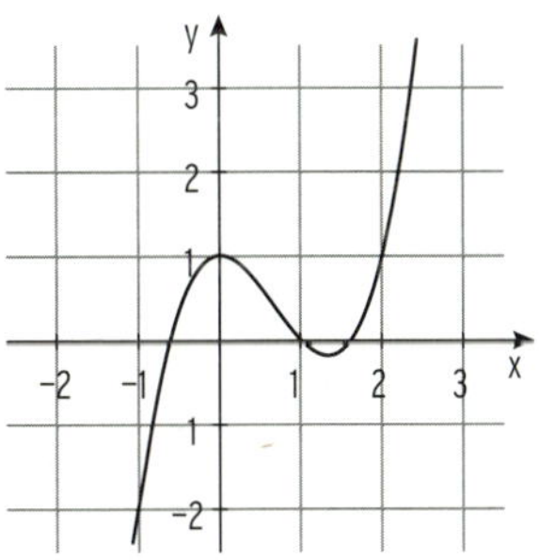

B

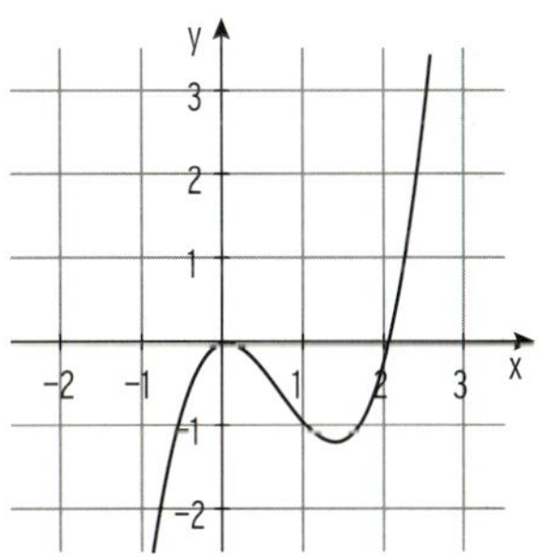

C

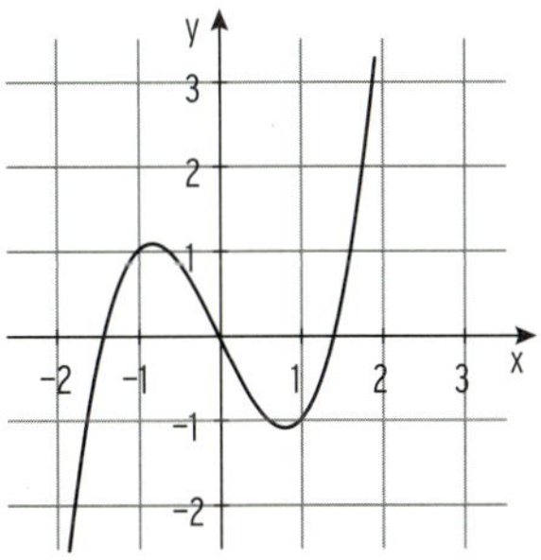

D

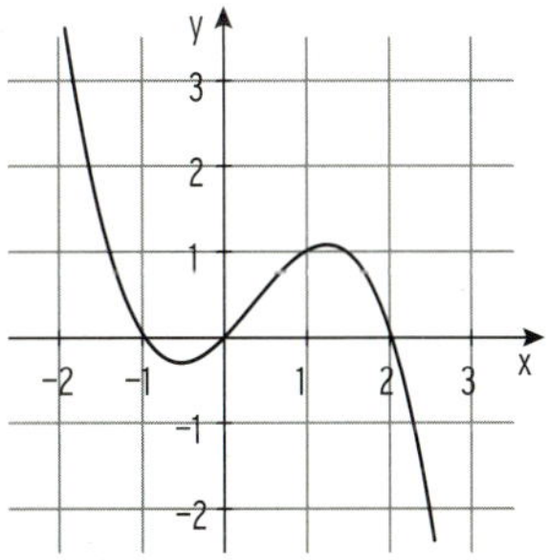

3.3.2 Polynomgleichungen

Die **Nullstelle** einer ganzrationalen Funktion zu berechnen, heißt, eine **Polynomgleichung lösen.**

Gleichungstyp 1: Lösung durch Wurzelziehen

Beispiele

a) $x^3 - 8 = 0$

$x^3 = 8$

$x = \sqrt[3]{8} = 2$

in Worten:

x ist gleich 3. Wurzel aus 8

b) $x^3 + 4 = 0$

$x^3 = -4$

$x = -\sqrt[3]{4}$

gerundet auf 2 Dezimalen: $x \approx -1{,}59$

x ist gleich **minus** 3. Wurzel aus 4

Bemerkung: Für $a \geq 0$: $(\sqrt[3]{a})^3 = a$

Beachten Sie

Gleichungen der Form $a x^3 + d = 0;\ a \neq 0$ lösen wir durch Umformung zu $x^3 = -\frac{d}{a}$ und 3. Wurzel ziehen.

Gleichungstyp 2: Lösung durch Ausklammern und Anwendung des Satzes vom Nullprodukt

Beispiele

a) $x^3 - x = 0$

Lösung

Ausklammern von x: $\mathbf{x} \cdot x^2 - \mathbf{x} = 0 \Leftrightarrow \mathbf{x}(x^2 - 1) = 0$

Satz vom Nullprodukt: $x = 0 \vee x^2 - 1 = 0$

Lösungen: $x_1 = 0;\ x_2 = 1;\ x_3 = -1$

b) $x^3 - x^2 = 0$

Lösung

Ausklammern von x^2: $\mathbf{x^2} \cdot x - \mathbf{x^2} = \mathbf{x^2}(x - 1) = 0$

Satz vom Nullprodukt: $x^2 = 0 \vee x - 1 = 0$

Lösungen: $x_{1|2} = 0;\ x_3 = 1$

c) $\frac{1}{4}(x^3 - 9x^2 + 20x) = 0$

Lösung

Ausklammern von x: $\frac{1}{4}x(x^2 - 9x + 20) = 0$

Satz vom Nullprodukt: $x = 0 \vee x^2 - 9x + 20 = 0$

Lösung von $x^2 - 9x + 20 = 0$ ergibt: $x_2 = 5;\ x_3 = 4$

Lösungen: $x_1 = 0;\ x_2 = 5;\ x_3 = 4$

Gleichungstyp 3: Lösung durch Polynomdivision

Beispiel 1

➲ Zeigen Sie, $x = -1$ ist eine Lösung der Gleichung $2x^3 + 17x^2 + 7x - 8 = 0$.
Bestimmen Sie die weiteren Lösungen ohne Hilfsmittel.

Lösung

Einsetzen von $x = -1$ in die Gleichung	$2x^3 + 17x^2 + 7x - 8 = 0$
ergibt:	$2(-1)^3 + 17(-1)^2 + 7(-1) - 8 = 0$
eine wahre Aussage.	$0 = 0$
$x = -1$ ist Lösung bedeutet,	
$(x + 1)$ ist **Linearfaktor** des Polynoms	$2x^3 + 17x^2 + 7x - 8.$
Das Polynom lässt sich damit in folgender **Produktform** darstellen:	$2x^3 + 17x^2 + 7x - 8 = (x + 1)\,[...]$
Den Term in der Klammer [...] berechnen wir durch **Division:**	$(2x^3 + 17x^2 + 7x - 8) : (x + 1) = [...]$
Diese Division nennt man **Polynomdivision.**	

Polynomdivision

$$
\begin{array}{l}
(2x^3 + 17x^2 + 7x - 8) : (x + 1) = 2x^2 + 15x - 8 \\
\underline{-(2x^3 + 2x^2)} \longleftarrow 2x^2(x + 1) \\
\quad 15x^2 + 7x \\
\quad \underline{-(15x^2 + 15x)} \longleftarrow 15x(x + 1) \\
\qquad -8x - 8 \\
\qquad \underline{-(-8x - 8)} \longleftarrow -8(x + 1) \\
\qquad\quad 0
\end{array}
$$

Produktform $2x^3 + 17x^2 + 7x - 8 = (x + 1)(2x^2 + 15x - 8) = 0$

Anwendung des Satzes vom Nullprodukt	
ergibt weitere Lösungen, wenn	$2x^2 + 15x - 8 = 0$
Lösungen dieser **quadratischen Gleichung**	$x_2 = 0{,}5;\ x_3 = -8$
Damit lässt sich die Gleichung in **Faktoren zerlegt** darstellen:	$2(x + 1)(x - 0{,}5)(x + 8) = 0$

Linearfaktoren (Pfeile auf $(x + 1)$, $(x - 0{,}5)$, $(x + 8)$)

Ergebnis:
Die Gleichung $2x^3 + 17x^2 + 7x - 8 = 0$ hat die Lösungen $x_1 = -1;\ x_2 = 0{,}5;\ x_3 = -8.$

Polynomzerlegungssatz

Die Gleichung $2x^3 + 17x^2 + 7x - 8 = 0$ hat die Lösung $x_1 = -1$.
Das Polynom $P_3(x) = 2x^3 + 17x^2 + 7x - 8$ kann
zerlegt werden in: $2x^3 + 17x^2 + 7x - 8 = (x + 1)\,[\ldots]$
bzw.: $P_3(x) = (x - (-1)) \cdot P_2(x)$
Allgemein gilt:

Polynomzerlegungssatz

Ist $P_n(x)$ ein Polynom vom Grad n und x_1 eine Lösung der Gleichung $P_n(x) = 0$, dann gibt es ein Polynom P_{n-1} vom Grad n − 1, so dass gilt:

$$P_n(x) = (x - x_1)\,P_{n-1}(x).$$

$(x - x_1)$ heißt Linearfaktor.

Beispiel 2

➲ Zerlegen Sie das Polynom $x^3 + 4x^2 + x - 6$ in Linearfaktoren.

Lösung

Gleichung in Nullform: $x^3 + 4x^2 + x - 6 = 0$
Als **ganzzahlige Lösungen** kommen nur die **Teiler** von 6 in Frage.
Probieren ergibt die erste Lösung: $x_1 = 1$

Polynomdivision mit (x − 1):

$$(x^3 + 4x^2 + x - 6) : (x - 1) = x^2 + 5x + 6$$

$$\begin{array}{ll}
-(x^3 - x^2) & \leftarrow x^2(x-1) \\
\hline
5x^2 + x & \\
-(5x^2 - 5x) & \leftarrow 5x(x-1) \\
\hline
6x - 6 & \\
-(6x - 6) & \leftarrow 6(x-1) \\
\hline
0 &
\end{array}$$

Produktform: $x^3 + 4x^2 + x - 6 = (x - 1)\,(x^2 + 5x + 6) = 0$
Weitere Lösungen, wenn: $x^2 + 5x + 6 = 0$
Lösungen dieser **quadratischen Gleichung:** $x_2 = -2$; $x_3 = -3$
$x^2 + 5x + 6 = (x + 2)(x + 3)$
Polynomzerlegung: $x^3 + 4x^2 + x - 6 = (x - 1)\,(x + 2)\,(x + 3)$

Hinweis: Die Gleichung $x^3 + 4x^2 + x - 6 = 0$ hat die Lösungen $x_1 = 1$; $x_2 = -2$; $x_3 = -3$.
1; − 2 und − 3 sind Teiler von − 6.

Aufgaben

1 Bestimmen Sie alle Lösungen.

a) $3x^3 = 12$ b) $8 - 3x^3 = 0$ c) $\frac{1}{8}x^3 + 2 = 0$

2 Lösen Sie:

a) $-0{,}25x^3 + 3x = 0$ b) $2x^3 - \frac{3}{4}x^2 = 0$ c) $x^3 - x^2 = x$

d) $-3x + \frac{1}{2}x^3 = 0$ e) $4x^3 - 5x^2 = 0$ f) $x + 2{,}5x^2 - 4x^3 = 0$

3 Lösen Sie die Gleichungen durch Polynomdivision.

a) $x^3 + 5x^2 - 17x - 21 = 0$ b) $x^3 - 3x^2 - 4x + 12 = 0$

c) $-3x^3 + 4x^2 + 8 = 0$ d) $x^3 - x^2 - x + 1 = 0$

4 Lösen Sie die Gleichungen.

a) $\frac{1}{32}x^3 - 3 = 0$ b) $-0{,}3x^3 - 0{,}8x = 0$ c) $x^3 - 2x^2 - 8x + 21 = 0$

d) $x^3 - 3x^2 - 10x + 24 = 0$ e) $2x^3 - \frac{3}{4}x^2 = 0$ f) $x^3 + 6x^2 = 32$

5 Bestimmen Sie die Lösungen der Polynomgleichung $x^3 - 3x^2 = -2$.

6 $x_1 = 0$ und $x_2 = 1$ sind die einzigen Lösungen einer Gleichung dritten Grades. Geben Sie zwei mögliche Gleichungen an.

7 Schreiben Sie die Gleichung $x^3 - 4x^2 = -4x$ in der Faktorform $(x - x_1)(x - x_2)(x - x_3) = 0$.

8 Zeigen Sie: $x_1 = -0{,}4$ ist Lösung der Gleichung $x^3 + 0{,}4x^2 - 15x - 6 = 0$. Berechnen Sie die weiteren Lösungen.

9 Zeigen Sie: $x = 2$ ist einzige Lösung der Gleichung $2x^3 - 5x^2 + 3x - 2 = 0$.

10 Zerlegen Sie das Polynom in Faktoren.

a) $f(x) = -x^3 + 4x^2 - x - 6$ b) $f(x) = 0{,}2(x^3 + 5x^2 + x + 5)$

11 Alexander löst zwei Gleichungen. Nehmen Sie Stellung und korrigieren Sie mögliche Fehler.

Rechnung A

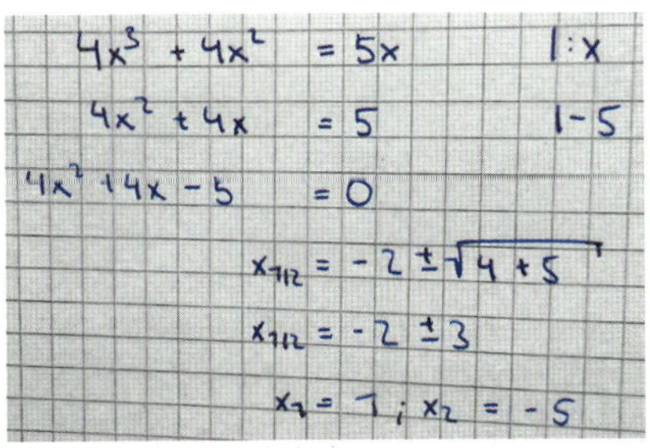

Rechnung B

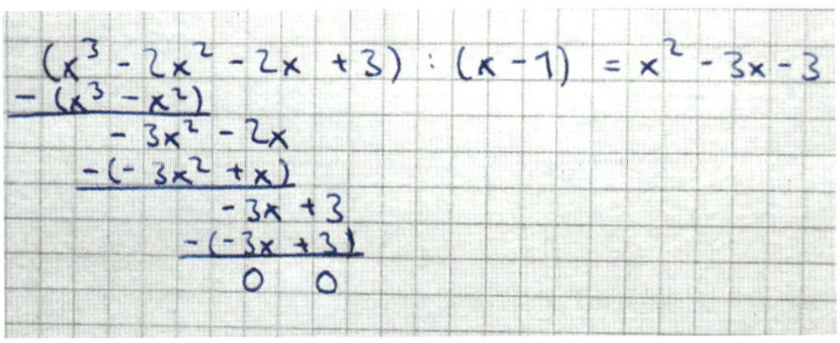

12 Im Verlauf von 3 Jahren verliert unser Geld 10 % an Kaufkraft. Berechnen Sie die durchschnittliche jährliche Inflationsrate.

8 Bohner, Ott, Deusch - ISBN 978-3-8120-0665-1

3.3.3 Nullstellen einer ganzrationalen Funktion

Beispiel 1

➲ Die Funktion f mit $f(x) = -x^3 + 6x^2 + 16x$ beschreibt die Abhängigkeit der Kartoffelproduktion von der Menge x des eingesetzten Düngers. x in Tonnen pro Hektar (t/ha), f (x) ist der Ertrag in t/ha.

a) Ermitteln Sie die sinnvollen Einsatzmengen für den Dünger.

b) Geben Sie die Menge in Tonnen Dünger pro Hektar an, die nötig ist, um einen Ertrag von 60 Tonnen pro Hektar zu erzielen.

Lösung

a) Aus der grafischen Darstellung des Produktionsverlaufs lässt sich der Bereich für positive Produktionszahlen $(f(x) > 0)$ erkennen.

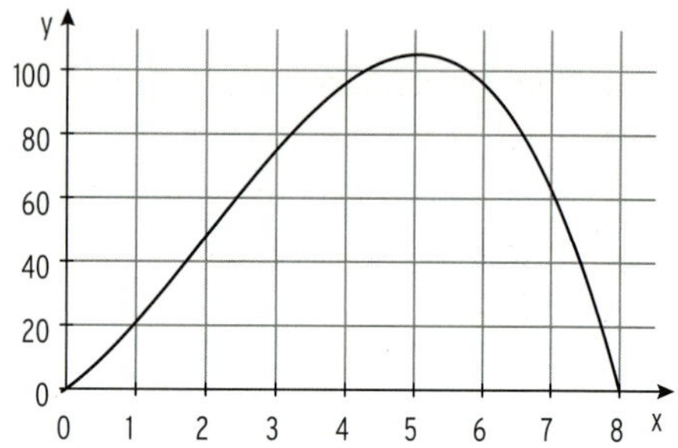

Die **Schnittstellen von Ertragskurve und x-Achse** begrenzen den sinnvollen Definitionsbereich.

Bedingung: $f(x) = 0$ $\qquad -x^3 + 6x^2 + 16x = 0$

Lösung ohne Hilfsmittel

Lösung **durch Ausklammern**: $\qquad -x(x^2 - 6x - 16) = 0$

erste Lösung $\qquad x_1 = 0$

weitere Lösungen für $\qquad x^2 - 6x - 16 = 0$

Lösung mit der **pq-Formel:** $\qquad x_{2|3} = -\frac{p}{2} \pm \sqrt{\left(\frac{p}{2}\right)^2 - q}$

$p = -6;\ q = -16$ $\qquad x_{2|3} = 3 \pm \sqrt{(-3)^2 + 16}$

$x_{2|3} = 3 \pm 5$

Lösungen: $\qquad x_2 = 8;\ x_3 = -2$

$x_1 = 0$ und $x_2 = 8$ sind die **Nullstellen** der Produktionsfunktion.

$x_3 = -2 < 0$ ist keine sinnvolle Lösung.

Ein Düngemitteleinsatz von 0 bis 8 Tonnen pro ha ist denkbar.

b) Bedingung: $f(x) = 60$ $\qquad -x^3 + 6x^2 + 16x = 60$

Sinnvolle Lösung mit GTR/CAS:

$x_1 \approx 2{,}43$

$x_2 \approx 7{,}06$

Bei einem Einsatz von ca. 2,4 bzw. von ca. 7,1 Tonnen Dünger pro Hektar erzielt man einen Ertrag von 60 Tonnen pro Hektar.

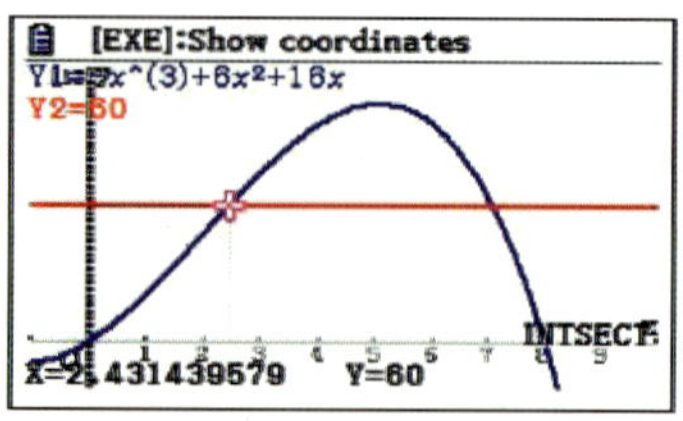

Beispiel 2

➲ Die täglichen Gesamtkosten eines Industriebetriebes in GE, in Abhängigkeit von der Ausbringungsmenge x (in ME), sind gegeben durch:
$K(x) = 0{,}1x^3 - 3x^2 + 50x + 300;\ x \geq 0$.
Die Kapazitätsgrenze liegt bei 40 ME. Der Verkaufspreis beträgt 60 € je ME.
Bestimmen Sie die Gewinnzone ohne Hilfsmittel.

Lösung

Erlösfunktion E mit $E(x) = p \cdot x = 60x$

Schnittstellen der Graphen von E und K

Bedingung: $E(x) = K(x)$ $\qquad 60x = 0{,}1x^3 - 3x^2 + 50x + 300$

Gleichung in Nullform: $\qquad 0{,}1x^3 - 3x^2 - 10x + 300 = 0$

erste Lösung z. B. aus der Zeichnung oder durch Probieren: $x_1 = 10$

d.h. $(x - 10)$ ist **Linearfaktor** im Polynom $0{,}1x^3 - 3x^2 - 10x + 300$.

Polynomdivision mit $(x - 10)$:

$$
\begin{array}{l}
(0{,}1x^3 - 3x^2 - 10x + 300) : (x - 10) = 0{,}1x^2 - 2x - 30 \\
\underline{-(0{,}1x^3 - x^2)} \\
\quad -2x^2 - 10x \\
\quad \underline{-(-2x^2 + 20x)} \\
\qquad -30x + 300 \\
\qquad \underline{-(-30x + 300)} \\
\qquad\quad 0
\end{array}
$$

weitere Lösungen, wenn $\qquad 0{,}1x^2 - 2x - 30 = 0$

Lösung mit der pq-Formel ergibt: $\qquad x_2 = 30;\ x_3 = -10$

$x_3 = -10 < 0$ wirtschaftlich nicht relevant

Bei Produktion und Verkauf von 10 bzw. 30 Stück sind Erlös und Gesamtkosten gleich groß (Kostendeckung).

Gewinnschwelle: $x_{GS} = 10$

Gewinngrenze: $x_{GG} = 30$

Gewinnzone: (10; 30)

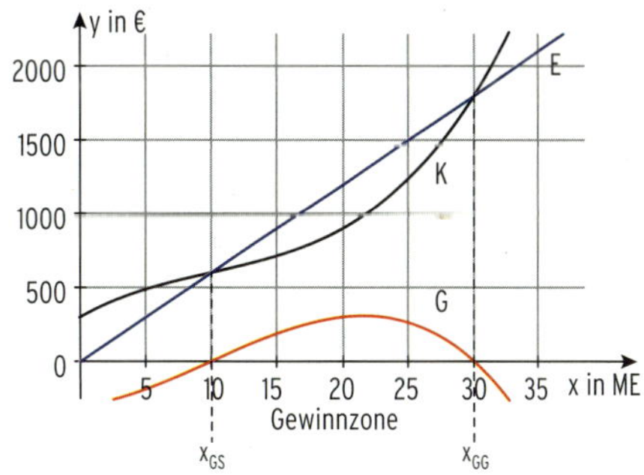

Hinweis:

Gewinnschwelle und **Gewinngrenze** sind Nullstellen der Gewinnfunktion $G(x) = E(x) - K(x) = -0{,}1x^3 + 3x^2 + 10x - 300$

Bedingung für Gewinnschwelle und Gewinngrenze: $G(x) = 0$

Beispiel 3

➲ Der Gewinn der ZFW AG lässt sich modellieren durch die Funktion G mit
$G(x) = -x^3 + 6x^2 + 15x - 20$; x in ME, G(x) in GE.

a) Bestimmen Sie die Gewinnschwelle und die Gewinngrenze ohne Hilfsmittel.

b) Die Fixkosten erhöhen sich um 80 GE.
Untersuchen Sie, ob die ZFW in diesem Fall verlustfrei produzieren kann.

Lösung

a) Bedingung: $G(x) = 0$ — $-x^3 + 6x^2 + 15x - 20 = 0$

Erste Lösung z. B. durch Probieren: $x_1 = 1$

Polynomdivision mit $(x - 1)$:

$$
\begin{array}{l}
(-x^3 + 6x^2 + 15x - 20):(x - 1) = -x^2 + 5x + 20 \\
\underline{-(-x^3 + x^2)} \\
\quad 5x^2 + 15x \\
\quad \underline{-(5x^2 - 5x)} \\
\qquad 20x - 20 \\
\qquad \underline{-(20x - 20)} \\
\qquad\quad 0
\end{array}
$$

Weitere Lösungen, wenn
$-x^2 + 5x + 20 = 0$
Lösungen: $x_2 = 7{,}62$; $x_3 = -2{,}62$
Gewinnschwelle: $x_{GS} = 1$
Gewinngrenze: $x_{GG} = 7{,}62$

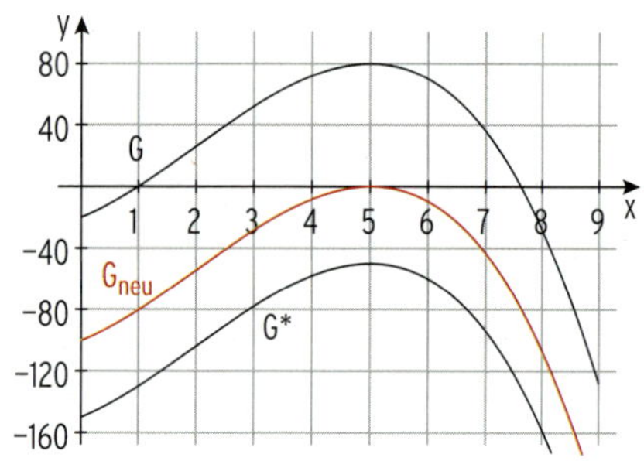

b) Term der neuen Gewinnfunktion G_{neu} mit $G_{neu}(x) = G(x) - 80 = -x^3 + 6x^2 + 15x - 100$

Hinweis: Das Schaubild der Funktion G_{neu} entsteht aus dem Schaubild von G durch Verschiebung um 80 nach unten.

G_{neu} auf Nullstellen untersuchen

Bedingung: $G_{neu}(x) = 0$
Lösungen mit GTR/CAS: $x_1 = 5$; $x_2 = 5$; $x_3 = -4$
Mit $x \geq 0$: $x_1 = 5$; $x_2 = 5$

Interpretation

$x_{1|2} = 5$ ist eine doppelte Lösung, d.h. $x_{1|2} = 5$ ist eine doppelte Nullstelle von G_{neu}.
Das Schaubild der Gewinnfunktion G_{neu} berührt die x-Achse.
Die ZFW AG kann nur verlustfrei produzieren, wenn sie 5 ME produziert und verkauft.
Die ZFW AG macht weder Gewinn noch Verlust.

Hinweis: Verschiebt man das Schaubild von G um mehr als 80 nach unten (z. B. G*), so hat die verschobene Kurve keinen Schnittpunkt mit der x-Achse.
Erhöhen sich die Fixkosten um mehr als 80 GE, kann nicht verlustfrei produziert werden.

Vielfachheit von Nullstellen ganzrationaler Funktionen

$f(x) = -\frac{1}{2}x^3 + 2x$	$f(x) = 5x^3 - 20x^2 + 25x - 10$	$f(x) = x^3 - 3x^2 + 3x - 1$
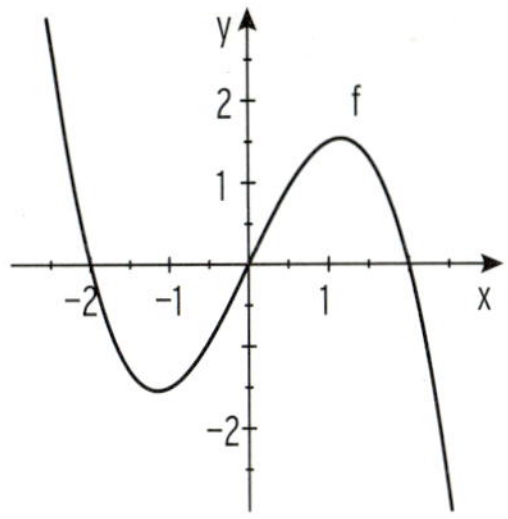	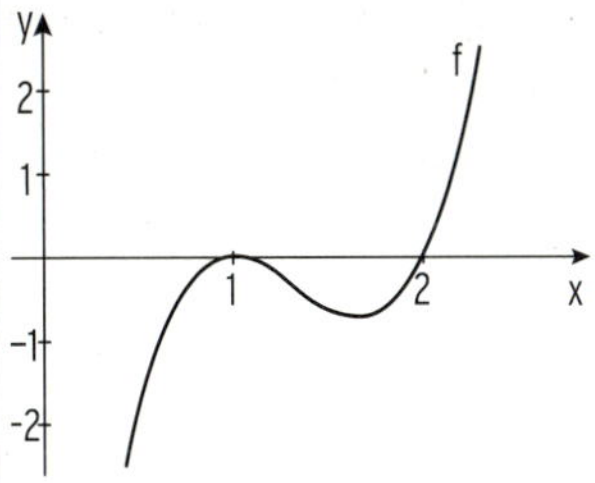	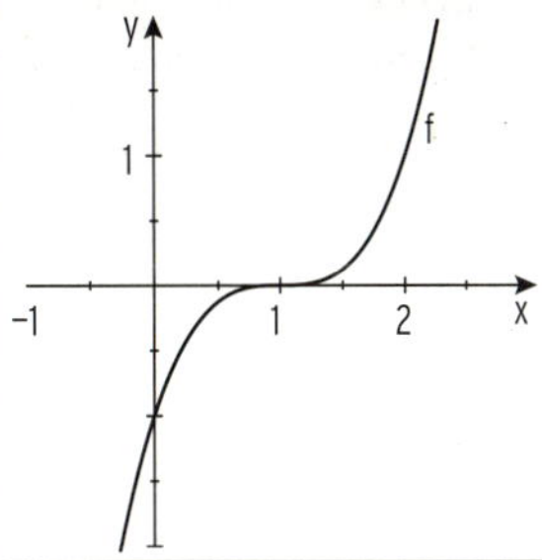

Bedingung für die Nullstellen: $f(x) = 0$

$-\frac{1}{2}x^3 + 2x = 0$ $-\frac{1}{2}x(x-2)(x+2) = 0$ 3 **einfache** (Linear-)Faktoren im Nullprodukt $x_1 = 0;\ x_2 = 2;\ x_3 = -2$ **einfache Nullstellen**	$5x^3 - 20x^2 + 25x - 10 = 0$ $5(x-1)^2(x-2) = 0$ $x = 1$ ist **2-facher Faktor** im Nullprodukt $x_1 = 1 = x_2;\quad x_3 = 2$ **doppelte** **einfache** **Nullstelle(n)**	$x^3 - 3x^2 + 3x - 1 = 0$ $(x-1)^3 = 0$ $(x-1)$ ist **3-facher Faktor** im Nullprodukt $x_1 = x_2 = x_3 = 1$ **dreifache Nullstelle**

Bedeutung für das Schaubild von f

z.B. $x_1 = 0$ ist **einfache** Nullstelle Der Graph von f **schneidet** die x-Achse in x_1. O(0|0) ist **Schnittpunkt**.	z.B. $x_{1\|2} = 1$ ist **doppelte** Nullstelle Der Graph von f **berührt** die x-Achse in $x_{1\|2}$. B(1|0) ist **Berührpunkt**.	$x_{1\|2\|3} = 1$ ist **dreifache** Nullstelle Der Graph von f **schneidet** und **berührt** die x-Achse in $x_{1\|2\|3}$. B(1|0) ist **Sattelpunkt**.

$f(x) = \mathbf{(x-1)} \cdot g(x)$
$f(x) = \mathbf{(x-1)^2} \cdot g(x)$ Für $g(1) \neq 0$ ist $x_1 = 1$ {**einfache** / **doppelte** / **dreifache**} Nullstelle von f.
$f(x) = \mathbf{(x-1)^3} \cdot g(x)$

Beachten Sie

Eine ganzrationale Funktion **vom Grad 3 hat mindestens eine und höchstens 3 Nullstellen.**

Aufgaben

1 Berechnen Sie den Schnittpunkt des Schaubildes von f mit der x-Achse.
Skizzieren Sie den Graphen von f.

a) $f(x) = -\frac{1}{3}x^3 + 2x$ b) $f(x) = -\frac{1}{8}x^3 + \frac{3}{4}x^2 - 2$ c) $f(x) = 2 + x - 3x^3$

2 Berechnen Sie die gemeinsamen Punkte der Graphen von f und g.

a) $f(x) = x^3 - 2x^2$; $g(x) = x^2$ b) $f(x) = x^3$; $g(x) = 4x$

3 Untersuchen Sie die gegenseitige Lage der Graphen von f und g.

a) $f(x) = \frac{1}{20}x^3 - \frac{3}{8}x^2 + 2$; $g(x) = -\frac{1}{10}x^2 + x + 2$

b) $f(x) = -x^2 + 2x^3$; $g(x) = 0{,}5x^2$

4 Gegeben sind die Funktionen f und g mit $f(x) = 0{,}5x^3 - 3x$ und $g(x) = -0{,}5x$; $x \in \mathbb{R}$.
Berechnen Sie die Koordinaten der gemeinsamen Punkte der Graphen von f und g.

5 Die Gesamtkosten eines Betriebes in GE, in Abhängigkeit von der Ausbringungsmenge x (in ME), sind gegeben durch: $K(x) = x^3 - 6x^2 + 15x + 32$; $x \geq 0$. Der Verkaufspreis beträgt 15 € je ME. Zeigen Sie: Die Erlösgerade berührt die Gesamtkostenkurve in $x = 4$.

6 Die Gesamtkosten und der Erlös eines Unternehmens werden beschrieben durch
$K(x) = 3x^3 - 15x^2 + 30x + 65$; $E(x) = 83x$; x in ME; K(x), E(x) in GE.
Zeigen Sie: Die Gewinnzone beginnt in $x = 1$. Bestimmen Sie die Gewinngrenze.

7 Die Absatzfunktion A für ein Luxusgut der Boss AG ist gegeben durch
$A(t) = -\frac{1}{12}t^3 + 2t^2$; t in Wochen; A(t) in ME/Woche.
Bestimmen Sie den maximalen, ökonomisch sinnvollen Definitionsbereich.

8 Die Aldo KG verwendet die Gewinnfunktion
G mit $G(x) = -x^3 + 6x^2 - 2x - 12$; $x \in D_{ök} = [0; 6]$.
Lösen Sie die Gleichung $G(x) = 0$. Interpretieren Sie die Lösungen ökonomisch.

9 Ein Betrieb arbeitet mit der Gewinnfunktion
G mit $G(x) = -x^3 + 6x^2 - 3x - 9$; x in ME; G(x) in GE. Bestimmen Sie die Gewinnzone.

10 Für die Gesamtkosten der Kramer GmbH in Soest gilt: $K(x) = x^3 - 6x^2 + 14x + 18$; $x \geq 0$; x in ME; K(x) in GE. Die Erlössituation lässt sich beschreiben durch $E(x) = 15x$.
Berechnen Sie die Schnittpunkte von Gesamtkostenkurve und Erlösgerade.
Interpretieren Sie Ihre Ergebnisse im Sachzusammenhang.

11 Die Erlös- und die Gewinnsituation eines Monopolisten lassen sich beschreiben durch
$E(x) = -10x^2 + 120x$ und $G(x) = -0{,}5x^3 - 2x^2 + 73x - 134$, x in ME.

a) Zeigen Sie: Die Gewinnzone beginnt bei 2 ME. Berechnen Sie die Gewinngrenze.

b) Bestimmen Sie den Term der Gesamtkostenfunktion.

c) Ermitteln Sie die Produktionsmenge x so, dass die Gesamtkosten 250 GE betragen.

Nullstellenbestimmung (näherungsweise)

Zur Bestimmung einer Nullstelle der Funktion f ist die Gleichung $f(x) = 0$ zu lösen.
Eine Gleichung kann nicht immer exakt gelöst werden.
Die Nullstelle kann in diesem Fall nur **näherungsweise** bestimmt werden.
Ein Näherungsverfahren, das **Intervallhalbierungsverfahren,** wird hier vorgestellt.

Beispiel

➲ Gegeben ist die Funktion f mit $f(x) = x^3 - x - 1{,}5;\ x \in \mathbb{R}$.

a) Zeigen Sie: Eine Nullstelle von f liegt im Intervall [1; 2].

b) Berechnen Sie diese Nullstelle mit einem Näherungsverfahren auf eine Nachkommastelle gerundet.

Lösung

a) $f(1) = -1{,}5$
$f(2) = +4{,}5$ → VZW

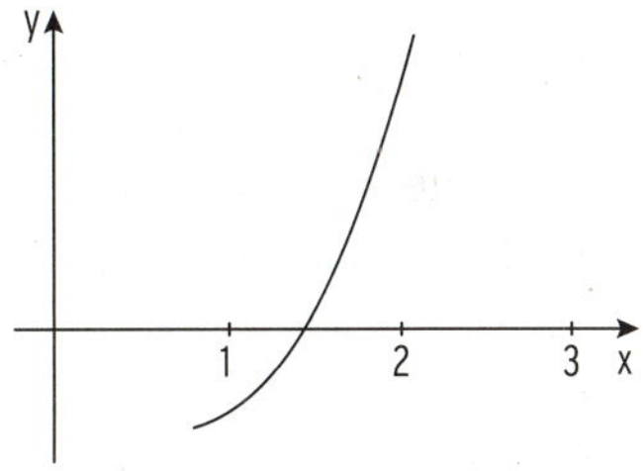

f(1) und f(2) haben verschiedene Vorzeichen, damit gibt es (mindestens) eine Nullstelle von f im Intervall [1; 2].

b) Zur weiteren Eingrenzung bestimmt man die Intervallmitte.

Intervallmitte m: $m = \frac{x_1 + x_2}{2} = \frac{1 + 2}{2} = 1{,}5$

Funktionswert an der Stelle m: $f(m) = f(1{,}5) = 0{,}375 > 0$

Vorzeichenwechsel von f(x) im Intervall [1; 1,5].
Die gesuchte Nullstelle liegt im Intervall [1; 1,5].

Hinweis: Das **Vorzeichen von f(m)** entscheidet, mit welchem Intervall man weiterarbeitet.

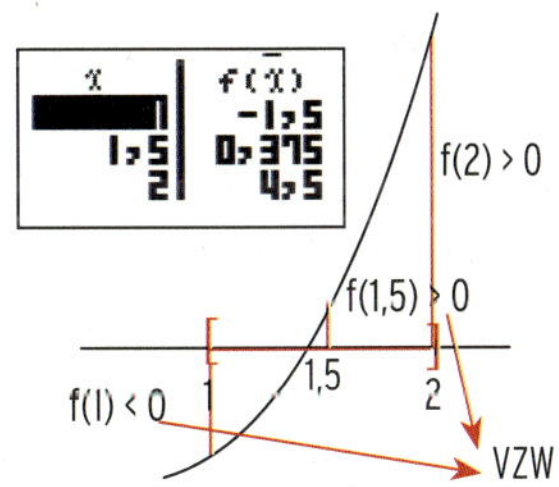

Das Verfahren mit der Intervallhalbierung wird nun auf das Intervall [1; 1,5] angewendet.

Intervallmitte: $m = \frac{1 + 1{,}5}{2} = 1{,}25$

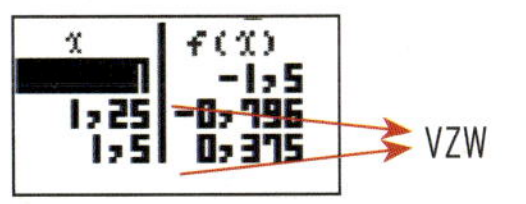

Es liegt ein VZW von f(x) im Intervall [1,25; 1,5] vor.
Die gesuchte Nullstelle liegt im Intervall [1,25; 1,5]

Intervall [1,25; 1,5]

Intervallmitte: $m = \frac{1{,}25 + 1{,}5}{2} = 1{,}375$

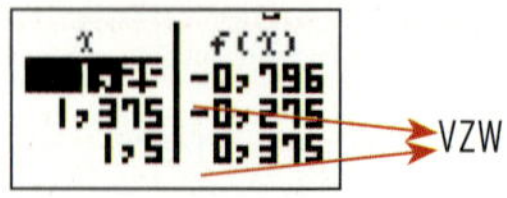

Die Nullstelle liegt im Intervall [1,375; 1,5]

Intervall [1,375; 1,5]

Intervallmitte: $m = \frac{1{,}375 + 1{,}5}{2} = 1{,}4375$

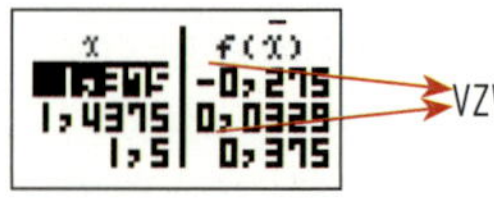

die Nullstelle liegt im Intervall [1,375; 1,4375]

Die auf eine Nachkommastelle gerundete Nullstelle von f lautet $x_N = 1{,}4$.

Vorgehensweise beim Intervallhalbierungsverfahren

Ein Intervall [a; b], welches die gesuchte Nullstelle enthält, bestimmen.
Haben die Werte f(a) und f(b) verschiedene Vorzeichen, so hat die (stetige) Funktion f (mindestens) eine Nullstelle in [a; b].

- Intervallmitte $m = \frac{a + b}{2}$ berechnen.
- Vorzeichen von f(m) bestimmen (z.B. mit dem GTR).
- Neues Intervall [a; m] bzw. [m; b] (VZW beachten) festlegen.

Diese Schritte auf das neue Intervall anwenden.

Aufgaben

1 Gegeben ist die Funktion f mit $f(x) = x^3 - x^2 - 2;\ x \in \mathbb{R}$.
Die Funktion f hat eine Nullstelle im Intervall [1; 2].
Berechnen Sie diese Nullstelle mit einem Näherungsverfahren auf eine Dezimale genau.

2 Die Gleichung $x^3 - 3x + 6 = 0$ hat eine Lösung zwischen −3 und −2.
Ermitteln Sie diese Lösung mit einem Näherungsverfahren auf eine Nachkommastelle gerundet.

3 Die Abbildung zeigt das Schaubild der Nachfragefunktion p_N mit $p_N(x) = -x^3 - x + 14$.
Berechnen Sie die Sättigungsmenge mit einem Näherungsverfahren auf eine Dezimale genau.

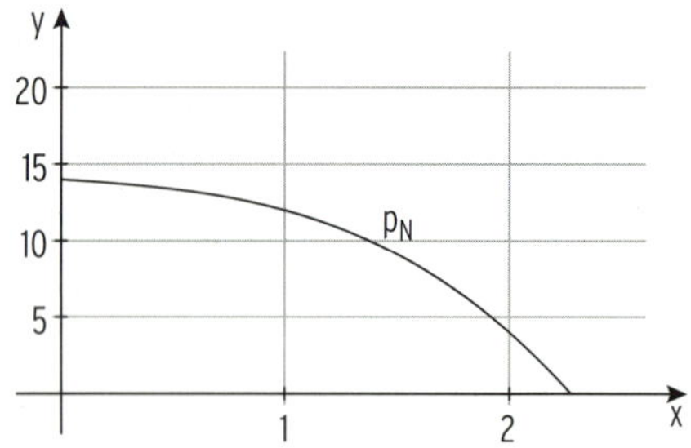

4 Die Gewinnsituation eines Unternehmens lässt sich beschreiben durch
$G(x) = -x^3 - 5x^2 + 33x - 30;\ x \geq 0$, x in ME.
Berechnen Sie die Gewinnschwelle mit einem Näherungsverfahren auf eine Dezimale genau.

3.3.4 Ganzrationale Funktionen dritten Grades in Anwendungen

Ganzrationale Funktionen im Modell der vollständigen Konkurrenz

Beispiel 1

➲ Die Gesamtkosten K eines Betriebes werden beschrieben durch
$K(x) = 0{,}1x^3 - 6x^2 + 186x + 540;\ 0 \leq x \leq 70$. Der Marktpreis pro ME beträgt 190 GE.

a) Erstellen Sie eine Wertetabelle für $16 \leq x \leq 24$ und berechnen Sie die jeweilige Kostenzunahme. Untersuchen Sie den Verlauf des Graphen von K.

b) Vergleichen Sie Kosten, Erlös und Gewinn für eine Ausbringungsmenge von 10 ME und 15 ME. Nehmen Sie Stellung.

c) Bestimmen Sie den Bereich, in dem der Betrieb einen Gewinn erzielt.

Lösung

a)

x	16	17	18	19	20	21	22	23	24
K(x)	2389,6	2459,3	2527,2	2593,9	2660,0	2726,1	2792,8	2860,7	2930,4
Kostenzunahme		69,7	67,9	66,7	66,1	66,1	66,7	67,9	69,7

Die Gesamtkosten steigen mit zunehmender Produktionsmenge: K ist **monoton wachsend.** Bis 20 ME wird die Gesamtkostenzunahme geringer, der Graph von K ist **rechtsgekrümmt. K ist degressiv wachsend.** Ab 20 ME wird die Gesamtkostenzunahme größer, der Graph von K ist **linksgekrümmt. K ist progressiv wachsend.** Der Wechsel des Krümmungsverhaltens findet im **Wendepunkt** statt.

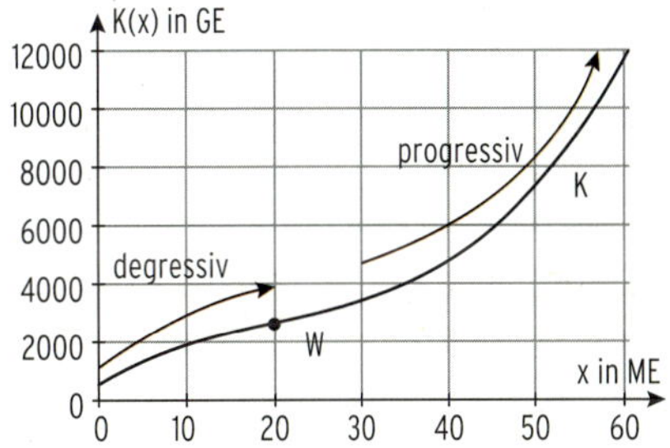

Beachten Sie

Eine **ganzrationale Gesamtkostenfunktion** 3. Grades heißt **ertragsgesetzlich**, wenn die Kosten zunächst degressiv, danach progressiv wachsen.
Degressiv (progressiv) wachsend bedeutet, die **Zusatzkosten** für die Produktion einer weiteren Einheit werden **immer kleiner (größer).**

b) **Erlösfunktion E** mit $E(x) = 190x$
Im **Modell der vollständigen Konkurrenz** ist der Marktpreis konstant, es gilt $E(x) = p \cdot x$ (Vergleichen Sie auch S. 69).

Gewinnfunktion G mit $G(x) = E(x) - K(x) = 190x - (0{,}1x^3 - 6x^2 + 186x + 540)$
$G(x) = -0{,}1x^3 + 6x^2 + 4x - 540$

Für die Ausbringungsmenge von 10 ME: $K(10) = E(10) = 1900$
Erlös und Gesamtkosten sind gleich hoch, es wird **Kostendeckung** erzielt: $G(10) = 0$.
Bei Produktion und Verkauf von 15 ME wird Gewinn erzielt: $K(15) < E(15)$
$x = 15$ liegt in der **Gewinnzone.**

c) Bed. für Kostendeckung: $E(x) = K(x)$ $\quad 190x = 0{,}1x^3 - 6x^2 + 186x + 540$

$$0 = 0{,}1x^3 - 6x^2 - 4x + 540$$

Lösung durch Polynomdivision: $(0{,}1x^3 - 6x^2 - 4x + 540):(x - 10) = 0{,}1x^2 - 5x - 54$

Lösung der quadratischen Gleichung: $x_2 \approx 59{,}13$; $x_3 \approx -9{,}13$

Lösungen: $x_1 = 10$; $x_2 \approx 59{,}13$; $x_3 \approx -9{,}13$

($x_3 \approx -9{,}13 < 0$ ist keine sinnvolle Lösung.)

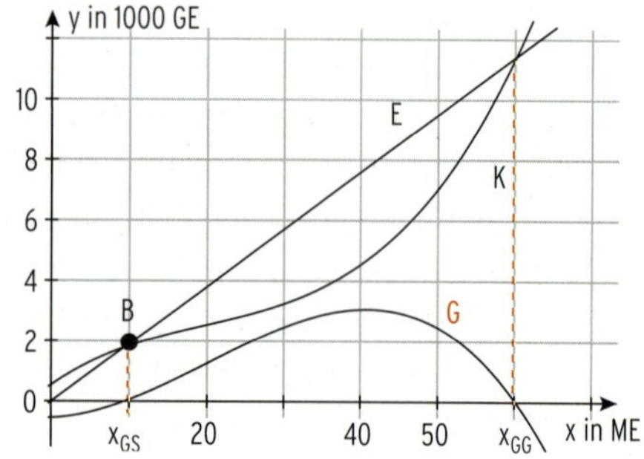

Ergebnis: Der Betrieb erwirtschaftet einen **Gewinn**, wenn die produzierte und verkaufte Menge im Bereich zwischen 10 ME und 59,13 ME liegt.

Hinweise:

1. Der Bereich $10 \leq x \leq 59{,}13$ heißt **Gewinnzone.** Die **Gewinnzone** beginnt in der **Gewinnschwelle** $x_1 = 10 = x_{GS}$ und endet in der **Gewinngrenze** $x_2 = x_{GG} = 59{,}13$.
2. Äquivalente Bedingungen sind $\mathbf{E(x) = K(x)} \Leftrightarrow \mathbf{G(x) = 0}$
3. Ist $\mathbf{G(x) < 0}$, macht der Betrieb **Verluste.**

Beachten Sie

Die **Gewinnschwelle** $\mathbf{x_{GS}}$ ist die kleinere positive Nullstelle von G, die **Gewinngrenze** $\mathbf{x_{GG}}$ ist die größere positive Nullstelle von G.

Bedingung für **Kostendeckung**: $G(x) = 0 \Leftrightarrow E(x) = K(x)$

Für die **Gewinnzone** gilt: $x_{GS} \leq x \leq x_{GG}$.

Der Schnittpunkt $B(x_{GS} | K(x_{GS}))$ der Graphen von K und E heißt **Break-Even-Punkt.**

Beispiel 2

➲ Zeigen Sie, die Gerade mit der Gleichung $y = 60x$ berührt die Gesamtkostenkurve, beschrieben durch $K(x) = x^3 - 12x^2 + 60x + 256$ in $x = 8$. Interpretieren Sie den Sachverhalt ökonomisch.

Lösung

Gleichsetzen: $x^3 - 12x^2 + 60x + 256 = 60x$

$$x^3 - 12x^2 + 256 = 0$$

Lösung: $x_1 = 8$

Polynomdivision mit $(x - 8)$:

$(x^3 - 12x^2 + 256):(x - 8) = x^2 - 4x - 32$

$x^2 - 4x - 32 = 0$

$x_2 = 8$; $x_3 = -4$

Doppelte Lösung $\mathbf{x_{1|2} = 8}$ bedeutet Berührstelle.

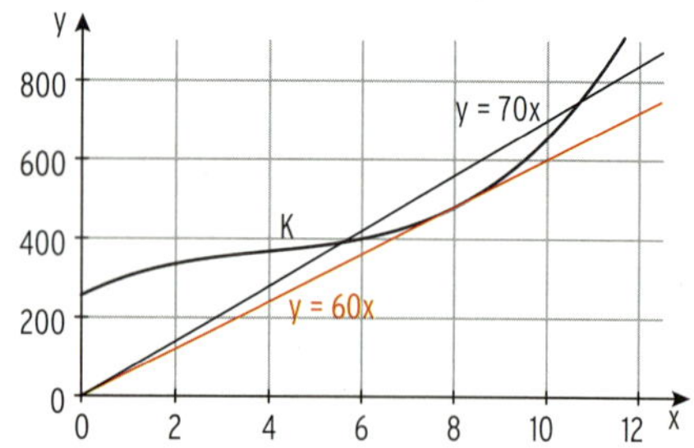

Interpretation: Bei einem Erlös von 60 GE/ME werden die Kosten nur bei einer Herstellungsmenge von 8 ME gedeckt, ist der Erlös größer als 60 GE/ME, so gibt es eine Gewinnzone, unter 60 GE/ME wird nur Verlust gemacht.

Aufgaben

1 Die Gesamtkosten der Waldner GmbH sind gegeben durch $K(x) = 2x^3 - 20x^2 + 74x + 204$. Die Ware ist zu einem konstanten Preis je ME am Markt absetzbar. Die Abbildung zeigt die Gesamtkostenkurve K.

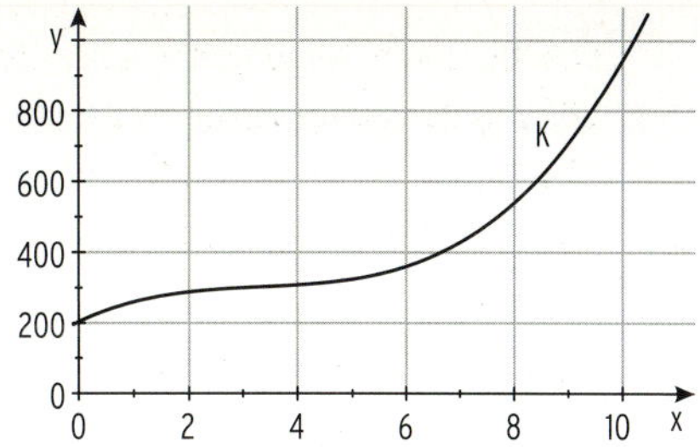

a) Übertragen Sie die Kurve K in Ihr Heft. Geben Sie den Bereich an, auf dem die Kosten degressiv bzw. progressiv wachsen.

b) Zeichnen Sie eine sinnvolle Erlösgerade ein und bestimmen Sie den zugehörigen Stückerlös.

c) Ermitteln Sie den konstanten Verkaufspreis, wenn die Gewinnschwelle bei 4 ME liegt. Berechnen Sie die Gewinngrenze.

d) Während die Gesamtkosten unverändert bleiben, muss der Stückerlös aufgrund der Marktlage gesenkt werden. Erläutern Sie die Auswirkung einer Preissenkung auf den Gewinn.

2 Die Gesamtkosten lassen sich beschreiben durch $K(x) = x^3 - 10x^2 + 37x + 72$. Zeigen Sie: Eine Ursprungsgerade berührt die Gesamtkostenkurve in $B(6 \mid 150)$. Interpretieren Sie den Sachverhalt ökonomisch.

3 Für die Gesamtkosten in GE gilt: $K(x) = x^3 - 10x^2 + 36x + 110$; $x \geq 0$; x in ME. Die Erlössituation lässt sich beschreiben durch $E(x) = 51x$.

a) Bestimmen Sie die Gewinnzone.

b) Bei 4 ME wird ein Gewinn von 46 GE erzielt. Ermitteln Sie eine weitere Produktionsmenge, sodass ein Gewinn in gleicher Höhe erzielt wird.

c) Verdeutlichen Sie Ihr Ergebnis in einer Skizze.

4 Begründen Sie anhand der dargestellten Gewinnfunktion, welche Auswirkungen eine Veränderung der Fixkosten auf die Gewinnzone, die gewinnmaximale Ausbringungsmenge und den maximalen Gewinn hat.

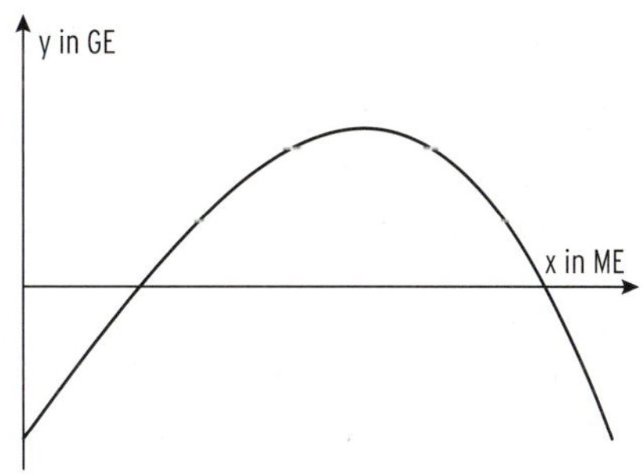

5 Die Abbildung zeigt das Schaubild einer Gesamtkostenfunktion und einer Erlösfunktion. Bestimmen Sie durch Ablesen:

- Die Gesamtkosten und den Gewinn/Verlust für eine Produktionsmenge von 1 ME bzw. von 3 ME.
- Die Gewinnschwelle, die Gewinngrenze und den maximalen Gewinn.

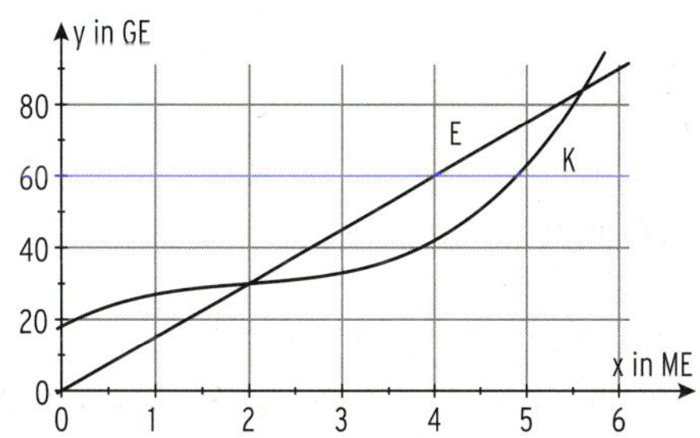

Ganzrationale Funktionen dritten Grades im Modell des Angebotsmonopols

Beispiel

➲ Die Gesamtkosten für die Herstellung einer OP-Leuchte, für die die Firma Waldner ein Monopol besitzt, sind gegeben durch die Funktion K mit $K(x) = x^3 - 3x^2 + 3x + 27$.
Die Erlösfunktion E ist gegeben durch $E(x) = -8x^2 + 36x$.
Dabei ist x in ME, K(x) bzw. E(x) in GE angegeben. Die Kapazitätsgrenze wird bei 5 ME erreicht.

a) Berechnen Sie die Gewinnschwelle und die Gewinngrenze.
b) Bestimmen Sie die Preis-Absatz-Funktion p, den Höchstpreis und die Sättigungsmenge.

Lösung

a) **Gewinnfunktion** G mit $G(x) = E(x) - K(x)$
$G(x) = -8x^2 + 36x - (x^3 - 3x^2 + 3x + 27)$
$G(x) = -x^3 - 5x^2 + 33x - 27$
Gewinnschwelle, Gewinngrenze: $G(x) = 0$
$-x^3 - 5x^2 + 33x - 27 = 0$
Lösungen: $x_1 = 1$; $x_2 = 3$; $x_3 = -9$
($x_3 = -9$ ist keine sinnvolle Lösung wegen $x > 0$.)
Gewinnschwelle $x_{GS} = 1$
Gewinngrenze $x_{GG} = 3$

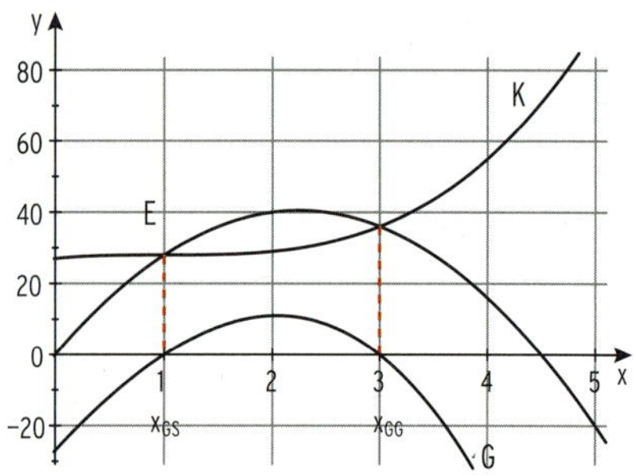

b) Im Modell des Angebotsmonopols hängt der Verkaufspreis von der Absatzmenge ab.
p mit $p(x) = ax + b$ ist die lineare Preis-Absatz-Funktion.
Für den Erlös gilt $E(x) = p(x) \cdot x$.
Für p(x) erhält man: $p(x) = \frac{E(x)}{x} = \frac{-8x^2 + 36x}{x} = -8x + 36$.
Für den **Höchstpreis** gilt: $p(0) = 36$
Die **Sättigungsmenge** ist die
Nullstelle der Preis-Absatzfunktion: $p(x) = 0$ $\quad -8x + 36 = 0$ für $x = 4{,}5$
Hinweis: $x = 4{,}5$ ist Nullstelle der Erlösfunktion.

Aufgaben

1 Die Gesamtkosten für die Herstellung einer Verpackungsmaschine, für die die Weber Metallbau ein Monopol besitzt, sind gegeben durch die Funktion K mit $K(x) = x^3 - 12x^2 + 60x + 90$. Die Erlösfunktion E ist gegeben durch $E(x) = -14x^2 + 113x$, x in ME, K(x) und E(x) in GE.

a) Die Unternehmung behauptet, dass sich die Gewinnzone von 1 ME bis 6 ME erstreckt. Widerlegen Sie diese Behauptung.
b) Ermitteln Sie die Produktionsmengen x so, dass ein Gewinn über 20 GE erzielt wird.
c) Kennzeichnen Sie Ihre Ergebnisse in einer Zeichnung.

2 Die Gesamtkosten in GE für die Herstellung einer Druckpresse, für die die Mannheimer Druckmaschinen AG ein Monopol besitzt, sind gegeben durch die Funktion K mit
$K(x) = 0{,}05\,x^3 - 1{,}2\,x^2 + 10\,x + 156$.
Die Kapazitätsgrenze liegt bei 26 ME.
Die Erlösfunktion E ist gegeben durch
$E(x) = -1{,}25\,x^2 + 50\,x$.

a) Geben Sie den ökonomisch sinnvollen Definitionsbereich an und zeichnen Sie die Schaubilder von K und E.

b) Ermitteln Sie den Bereich, auf dem Gewinn erzielt wird.

c) Erläutern Sie die Preisspanne für eine Druckpresse.

d) Bestimmen Sie x, sodass $E(x) - K(x) = 200$ und interpretieren Sie Ihr Ergebnis.

3 Die Abbildung beschreibt die Kosten- und die Erlössituation eines Monopolisten.
Beschriften Sie alle Kurven.
Erläutern Sie die Bedeutung der gekennzeichneten Punkte.

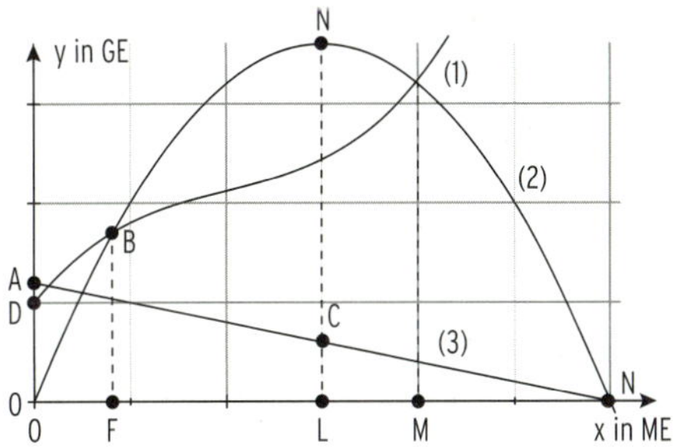

4 Für welche Werte von a und c ist die Funktion E mit $E(x) = a\,x^2 + 4\,x + c$ eine Erlösfunktion eines Angebotsmonopolisten?
Geben Sie den maximalen ökonomisch sinnvollen Definitionsbereich an.
Begründen Sie Ihre Ergebnisse.

5 Gegeben ist die Gesamtkostenfunktion K mit $K(x) = \frac{1}{3}x^3 - 3\,x^2 + 10\,x + 18$.
Die Kapazitätsgrenze liegt bei 10 ME.

a) Ermitteln Sie den Höchstpreis und die Sättigungsmenge, wenn der Erlös beschrieben wird durch $E(x) = -4\,x^2 + 22\,x$. Berechnen Sie den maximalen Erlös.

b) Die Gewinnzone endet bei 3 ME und ist weniger als 1 ME breit.
Überprüfen Sie diese Behauptung.

6 Für die Gesamtkosten in GE gilt: $K(x) = x^3 - 10\,x^2 + 36\,x + 108$; $x \geq 0$; x in ME.
Die Erlössituation lässt sich beschreiben durch $E(x) = -15\,x^2 + 120\,x$.
Berechnen Sie den Beginn der Gewinnzone, wenn sie bei 6 ME endet.
Bei 3 ME wird ein Gewinn von 72 GE erzielt. Ermitteln Sie eine weitere Produktionsmenge so, dass ein Gewinn in gleicher Höhe erzielt wird.
Verdeutlichen Sie Ihre Ergebnisse in einer Skizze.

3.3.5 Aufstellen von Kurvengleichungen

Zwei Gleichungen mit zwei Unbekannten

Beispiel

➲ Die Gesamtkostensituation des Unternehmens wird durch folgende Tabelle dargestellt:

x in ME	0	1	3
K(x) in GE	2	9,75	16,25

Ermitteln Sie die Gesamtkostenfunktion K unter der Annahme, dass es sich um eine ganzrationale Funktion mit $K(x) = ax^3 + bx^2 + 10x + d$ handelt.
Bestimmen Sie die Gesamtkosten für x = 5.

Lösung

Bedingungen	Gleichungssystem für a, b, d
$K(0) = 2$	$d = 2$
$K(1) = 9{,}75$	$a + b + 10 + d = 9{,}75$
$K(3) = 16{,}25$	$27a + 9b + 30 + d = 16{,}25$

Vereinfachtes Gleichungssystem:
(Einsetzen von d = 2)

$$a + b + 10 + 2 = 9{,}75$$
$$27a + 9b + 30 + 2 = 16{,}25$$

Umformen des Gleichungssystems für a und b:

$$a + b = -2{,}25$$
$$27a + 9b = -15{,}75$$

Auflösen des Gleichungssystems mit dem Additionsverfahren:

$$a + b = -2{,}25 \quad | \cdot (-9)$$
$$27a + 9b = -15{,}75$$

$$18a = -2{,}25 \cdot (-9) - 15{,}75$$
$$18a = 4{,}5$$
$$a = 0{,}25$$

Setzt man a = 0,25 in die Gleichung

a + b = − 2,25 ein, erhält man:

$$0{,}25 + b = -2{,}25$$
$$b = -2{,}5$$

Lösung des linearen Gleichungssystems: $a = 0{,}25;\ b = -2{,}5$

Gesamtkostenfunktion: $K(x) = 0{,}25x^3 - 2{,}5x^2 + 10x + 2$

Gesamtkosten für x = 5: $K(5) = 20{,}75$

Aufgaben

1 Der Graph einer Gesamtkostenfunktion K mit $K(x) = x^3 - 12x^2 + 60x + d$ verläuft durch den Punkt P(2 | 170). Berechnen Sie die fixen Kosten.

2 Das Schaubild einer ganzrationalen Funktion f mit $f(x) = \frac{2}{3}x^3 - \frac{1}{6}x^2 + cx + d$ geht durch die Punkte B(1|2,5) und C(−2|−14). Ermitteln Sie c und d.

3 Das Graph einer ganzrationalen Funktion 3. Grades mit $f(x) = -0{,}5x^3 + bx^2 + cx + d$ verläuft durch die Punkte A(0|−4); B(1|−1,5) und C(2|−2).
Bestimmen Sie den Funktionsterm.

4 Das Schaubild einer ganzrationalen Funktion 3. Grades ist symmetrisch zum Ursprung und verläuft durch A(−2 | −8) und B(1 | 2,5). Bestimmen Sie den Funktionsterm.

5 Die Abbildung zeigt den Graph einer Gesamtkostenfunktion K mit $K(x) = ax^3 + bx^2 + 37x + d$.
Die fixen Kosten liegen bei 72 GE.
Bestimmen Sie mithilfe der Abbildung einen Funktionsterm der Gesamtkostenfunktion.

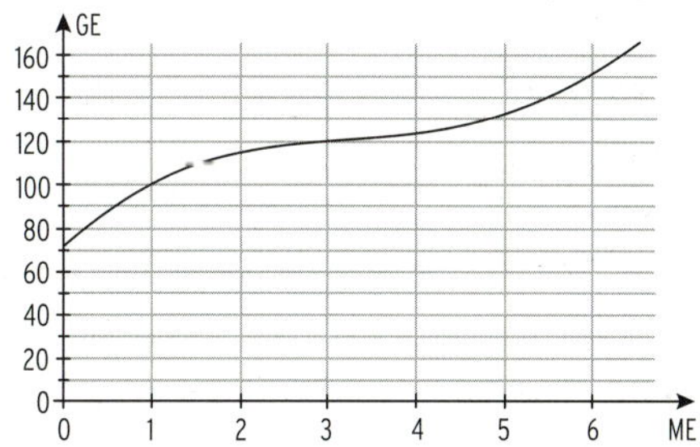

6 Die Gesamtkosten (in GE) für die Produktion eines Betriebes (x in ME) können der Tabelle entnommen werden:

x	0	10	20	40
K(x)	1020	2920	3420	5020

Ermitteln Sie die Gesamtkostenfunktion K der Form $K(x) = ax^3 - 13x^2 + cx + d$.

7 Die Gesamtkosten K eines Unternehmens in Abhängigkeit von der Ausbringungsmenge x werden durch nachfolgende Funktion beschrieben: $K(x) = ax^3 + bx^2 + 20x + 20$.
Die Gesamtkosten bei einer Produktion von 4 ME betragen 60 GE.
Bei einem Verkaufspreis von 20 GE je ME liegt die Gewinnschwelle bei 2 ME.
Bestimmen Sie die Gesamtkostenfunktion.

8 Mit dem folgenden LGS soll der Term einer ertragsgesetzlichen Gesamtkostenfunktion bestimmt werden. Leiten Sie daraus Daten über den Gesamtkostenverlauf her.

$a + b + c + d = \frac{37}{3}$

$27a + 9b + 3c + d = 17$

$d = 5$

$216a + 36b + 6c + d = 29$

9 Über die Gewinnsituation eines Unternehmens ist folgendes bekannt: Die Gewinnzone verläuft von 2 ME bis 5 ME. Die fixen Kosten betragen 90 GE. Bei Produktion und Verkauf von 4 ME wird ein Gewinn von 26 GE erzielt. Stellen Sie ein LGS zur Bestimmung der Gewinnfunktion (Polynomfunktion 3. Grades) auf.

Drei Gleichungen mit drei Unbekannten

Beispiel 1

➲ Die Gesamtkostensituation des Unternehmens wird durch folgende Tabelle dargestellt:

x in ME	0	1	3	5
K (x) in GE	8	39	65	83

Ermitteln Sie eine geeignete Kostenkurve, wenn bekannt ist, dass es sich um eine ertragsgesetzliche Gesamtkostenkurve handelt.

Lösung

Ansatz für den Funktionsterm einer Kostenfunktion 3. Grades: $K(x) = a\,x^3 + b\,x^2 + c\,x + 8$

Für die **3 Unbekannten a, b, c** benötigt man drei Bedingungen und damit drei Bestimmungsgleichungen.

Bedingungen	Gleichungssystem für a, b, c
$K(1) = 39$	$a + b + c + 8 = 39$
$K(3) = 65$	$27a + 9b + 3c + 8 = 65$
$K(5) = 83$	$125a + 25b + 5c + 8 = 83$

Vereinfachtes Gleichungssystem:

$$\begin{aligned} a + b + c &= 31 \\ 27a + 9b + 3c &= 57 \\ 125a + 25b + 5c &= 75 \end{aligned}$$

Lösung des linearen Gleichungssystems (LGS) mit dem **Gauß-Verfahren:**

Gleichungen

$$\begin{array}{l} a + b + c = 31 \quad \cdot(-27) \quad \cdot(-125) \\ 27a + 9b + 3c = 57 \quad + \\ 125a + 25b + 5c = 75 \quad + \\ \hline a + b + c = 31 \\ -18b - 24c = -780 \quad :(-100) \\ -100b - 120c = -3800 \quad + \quad \cdot 18 \\ \hline a + b + c = 31 \\ -18b - 24c = -780 \\ 240c = 9600 \end{array}$$

Stufenform

Matrixschreibweise

$$\begin{array}{ccc|c} a & b & c & \\ 1 & 1 & 1 & 31 \\ 27 & 9 & 3 & 57 \\ 125 & 25 & 5 & 75 \end{array} \quad \cdot(-27) \quad \cdot(-125), \; +$$

$$\left(\begin{array}{ccc|c} 1 & 1 & 1 & 31 \\ 0 & -18 & -24 & -780 \\ 0 & -100 & -120 & -3800 \end{array}\right) \quad :(-100), \; + \; \cdot 18$$

$$\left(\begin{array}{ccc|c} 1 & 1 & 1 & 31 \\ 0 & -18 & -24 & -780 \\ 0 & 0 & 240 & 9600 \end{array}\right)$$

Dreiecksform

Letzte Gleichung: $240c = 9600$	$c = 40$
Einsetzen von $c = 40$ in $-18b - 24c = -780$:	$-18b - 24 \cdot 40 = -780$ $b = -10$
Einsetzen von $c = 40$ und $b = -10$ in $a + b + c = 31$:	$a - 10 + 40 = 31$ $a = 1$
Das LGS hat die Lösung:	$a = 1;\; b = -10;\; c = 40$
Kostenfunktion K:	$K(x) = x^3 - 10x^2 + 40x + 8$

Hinweis: Weitere Umformungen z.B. mit dem GTR führen auf eine Diagonalgestalt

$$\left(\begin{array}{ccc|c} 1 & 0 & 0 & 1 \\ 0 & 1 & 0 & -10 \\ 0 & 0 & 1 & 40 \end{array}\right)$$

Beispiel 2

➲ Gegeben ist das LGS:

$$\begin{aligned} x_1 - \phantom{2x_2 +{}} x_3 &= 1 \\ x_1 + 2x_2 \phantom{{}+ x_3} &= 3 \\ -4x_1 + 2x_2 + x_3 &= -10 \end{aligned}$$

Berechnen Sie die Lösung.

Lösung

LGS in Matrixschreibweise:

$$\begin{array}{ccc} x_1 & x_2 & x_3 \end{array}$$
$$\left(\begin{array}{ccc|c} 1 & 0 & -1 & 1 \\ 1 & 2 & 0 & 3 \\ -4 & 2 & 1 & -10 \end{array}\right) \quad \begin{array}{l} \cdot(-1),\ + \text{ (Zeile 1 zu Zeile 2)} \\ \cdot 4,\ + \text{ (Zeile 1 zu Zeile 3)} \end{array}$$

Umformung mit dem Gaußverfahren:

$$\left(\begin{array}{ccc|c} 1 & 0 & -1 & 1 \\ 0 & 2 & 1 & 2 \\ 0 & 2 & -3 & -6 \end{array}\right) \quad \cdot(-1),\ + \text{ (Zeile 2 zu Zeile 3)}$$

Dreiecksform:

$$\left(\begin{array}{ccc|c} 1 & 0 & -1 & 1 \\ 0 & 2 & 1 & 2 \\ 0 & 0 & -4 & -8 \end{array}\right)$$

Letzte Gleichung: $-4x_3 = -8$ für $x_3 = 2$

Einsetzen von $x_3 = 2$ in die zweite Gleichung $2x_2 + x_3 = 2$: $2x_2 + 1 \cdot 2 = 2$ für $x_2 = 0$

Einsetzen von $x_3 = 2$ und $x_2 = 0$ in die erste Gleichung $x_1 - x_3 = 1$: $x_1 - 2 = 1$ für $x_1 = 3$

Das LGS hat die Lösung: $x_1 = 3;\ x_2 = 0;\ x_3 = 2$

Beachten Sie

Die zulässigen Elementarumformungen im **Gauß-Verfahren,** um die Dreiecksform der Koeffizientenmatrix zu erreichen, sind die **Multiplikation einer Gleichung mit einer Zahl** ungleich null und die **Addition von Gleichungen.**

Hinweis: Koeffizientenmatrix $\begin{pmatrix} 1 & 0 & -1 \\ 1 & 2 & 0 \\ -4 & 2 & 1 \end{pmatrix}$; erweiterte Koeffizientenmatrix $\left(\begin{array}{ccc|c} 1 & 0 & -1 & 1 \\ 1 & 2 & 0 & 3 \\ -4 & 2 & 1 & -10 \end{array}\right)$

Aufgaben

a) b)

1 Lösen Sie mit dem Gaußverfahren.

a) $$\begin{aligned} 2x_1 + x_2 - x_3 &= -3 \\ x_1 - x_2 - 3x_3 &= -7 \\ 3x_1 + x_2 + x_3 &= 7 \end{aligned}$$

b) $$\begin{aligned} x_1 + x_2 + 2x_3 &= 5 \\ 3x_1 - x_2 - 2x_3 &= -1 \\ -2x_1 + 2x_2 + 2x_3 &= 1 \end{aligned}$$

c) $$\begin{aligned} 3x_1 + 3x_2 - 3x_3 &= 9 \\ x_2 - 3x_3 &= -12 \\ 6x_1 + x_2 - x_3 &= 18 \end{aligned}$$

d) $$\begin{aligned} x_2 - x_3 &= 0 \\ 2x_1 + 3x_2 + x_3 &= 6 \\ x_2 + x_3 &= 3 \end{aligned}$$

e) $$\begin{aligned} x + 2y + 2z &= 5 \\ 2x + y + z &= 4 \\ 2x + 4y + 3z &= 9 \end{aligned}$$

f) $$\begin{aligned} x + y + z &= 3 \\ 3x + 4y + 3z &= 9 \\ 2x + 2y + 3z &= 5 \end{aligned}$$

Beispiel 3

➲ Die Nachfragefunktion p_N wird durch eine quadratische Funktion beschrieben. Die Abbildung zeigt das Schaubild von p_N. Berechnen Sie den Höchstpreis und die Sättigungsmenge.

Lösung

Zur Bestimmung des Höchstpreises und der Sättigungsmenge benötigt man den Funktionsterm der quadratischen Funktion.

Ansatz: $p_N(x) = ax^2 + bx + c$

Drei Kurvenpunkte auswählen: A(3 | 100); B(7 | 40); C(8 | 20)

Punktprobe

Punkte	Bedingungen	Gleichungssystem für a, b, c
A(3|100)	$p_N(3) = 100$	$9a + 3b + c = 100$
B(7|40)	$p_N(7) = 40$	$49a + 7b + c = 40$
C(8|20)	$p_N(8) = 20$	$64a + 8b + c = 20$

Gleichungssystem in Matrixform:

$$\begin{array}{ccc} a & b & c \end{array}\quad \left(\begin{array}{ccc|c} 9 & 3 & 1 & 100 \\ 49 & 7 & 1 & 40 \\ 64 & 8 & 1 & 20 \end{array}\right)$$

Spaltentausch (vereinfacht die Rechnung):

$$\begin{array}{ccc} c & b & a \end{array}\quad \left(\begin{array}{ccc|c} 1 & 3 & 9 & 100 \\ 1 & 7 & 49 & 40 \\ 1 & 8 & 64 & 20 \end{array}\right) \quad \begin{array}{l} \text{Zeile 1} \cdot (-1) + \text{Zeile 2} \\ \text{Zeile 1} \cdot (-1) + \text{Zeile 3} \end{array}$$

Umformung der Matrix:

$$\left(\begin{array}{ccc|c} 1 & 3 & 9 & 100 \\ 0 & 4 & 40 & -60 \\ 0 & 5 & 55 & -80 \end{array}\right) \quad \text{Zeile 2} \cdot (-5) + \text{Zeile 3} \cdot 4$$

Dreiecksform, Diagonalgestalt:

$$\left(\begin{array}{ccc|c} 1 & 3 & 9 & 100 \\ 0 & 4 & 40 & -60 \\ 0 & 0 & 20 & -20 \end{array}\right)$$

Auflösung ergibt: $a = -1;\ b = -5;\ c = 124$

Nachfragefunktion: $p_N(x) = -x^2 - 5x + 124$

Höchstpreis: $p_N(0) = 124$

Sättigungsmenge: $p_N(x) = 0$ $\quad -x^2 - 5x + 124 = 0$

Lösung der quadratischen Gleichung: $x_1 = 8{,}91\ (x_2 = -13{,}91 < 0)$

Ergebnis: Der Höchstpreis liegt bei 124 GE/ME und die Sättigungsmenge beträgt 8,91 ME.

Aufgaben

1 Die Gesamtkosten K eines Betriebes lassen sich durch eine ganzrationale Funktion 3. Grades berechnen.

Produktionsmenge x in ME	0	2	4	6
Gesamtkosten in GE	18	30	42	102

Bestimmen Sie den Funktionsterm aus der Tabelle mithilfe eines linearen Gleichungssystems.

2 Die Abbildung zeigt das Schaubild der Gewinnfunktion G.
G ist eine ganzrationale Funktion 3. Grades.
Bei 5 ME beträgt der Gewinn 5 GE.
Bestimmen Sie die Gewinnfunktion.

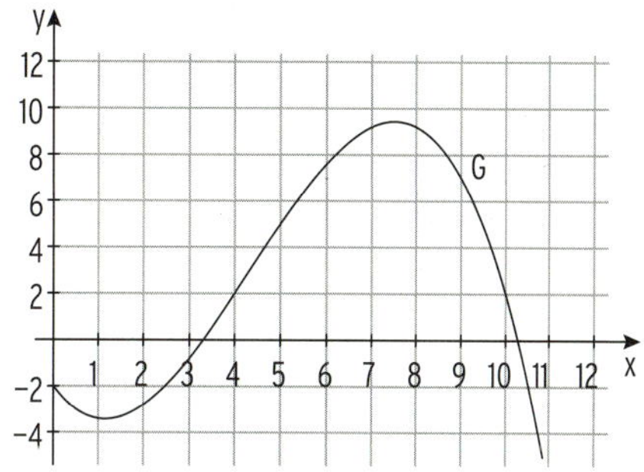

3 Die Nachfragefunktion p_N wird durch eine quadratische Funktion beschrieben.
Die folgende Wertetabelle beschreibt den Zusammenhang zwischen dem Preis $p_N(x)$ in $\frac{€}{\text{Stück}}$ und der nachgefragten Stückzahl x.

Stückzahl x	1	2	3
Stückpreis $p_N(x)$	24	16	6

Bestimmen Sie den Term der zugehörigen Nachfragefunktion p_N.

4 Bestimmen Sie mithilfe der Abbildung einen Funktionsterm einer ertragsgesetzlichen Gesamtkostenfunktion.
Die fixen Kosten betragen 32 GE.

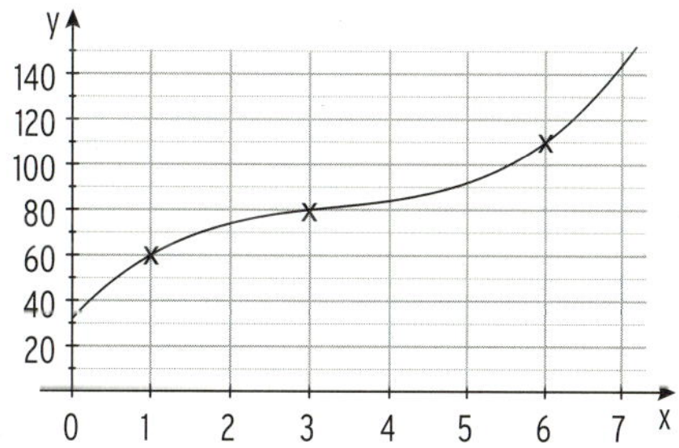

5 Für ein Klassenfest kaufen drei Schüler im gleichen Getränkemarkt Mineralwasser (M), Saft (S) und Cola (C) ein. Die Tabelle gibt die Anzahl der gekauften Gebinde an.

	Mineralwasser (M)	Saft (S)	Cola (C)
Schüler 1	2	4	5
Schüler 2	3	2	6
Schüler 3	2	5	5

Die Einkäufer legen der Klassenkasse Belege über 80 EUR, 75 EUR und 89 EUR vor.
Berechnen Sie den Gewinn der Klasse, den sie erwirtschaftet, wenn alle Getränke verkauft werden und der Verkaufspreis von M 20 %, der von S 30 % und der von C 25 % über dem jeweiligen Einkaufspreis liegt.

3.3.6 Kurvenschar

Beispiel

Ein Betrieb fertigt High-End-Lautsprecher für höhere Ansprüche.
Für die Markteinführung gilt die Preisabsatzfunktion $p_N(x) = -0{,}17x + 4$.
Der Preis $p_N(x)$ wird angegeben in Geldeinheiten pro Mengeneinheiten (GE/ME).
Die Lautsprecher werden aus Tropenholz gefertigt, dessen Preis saisonabhängig schwankt. Diese Abhängigkeit wird durch einen Parameter t repräsentiert:

$$K_t(x) = 0{,}002x^3 - 0{,}09x^2 + tx + 10;\ t \in [1{,}4;\ 2{,}5];\ x \in [0;\ 30].$$

Die Abbildung zeigt die Schaubilder (Scharkurven) für drei t-Werte.

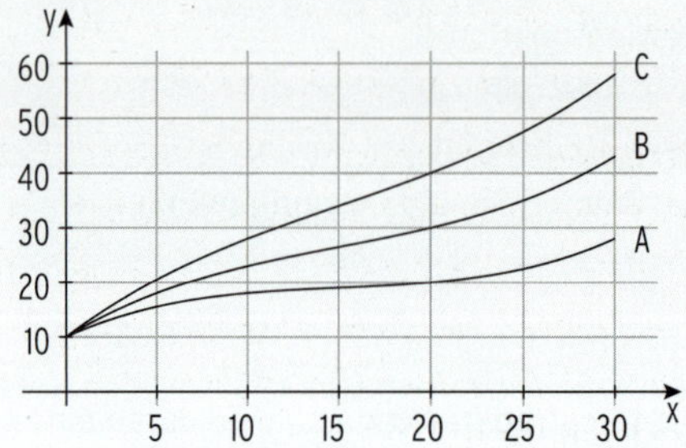

a) Ordnen Sie jedem Schaubild einen Parameterwert zu.

b) Bei 10 ME entstehen Kosten in Höhe von 19 GE.
Bestimmen Sie den zugehörigen t-Wert.

c) Es sei t = 1,5.
Ermitteln Sie die Gewinnzone.

Lösung

a) Schaubild A:

Punktprobe mit P(20 | 20): $20 = 0{,}002 \cdot 20^3 - 0{,}09 \cdot 20^2 + t \cdot 20 + 10$

$20 = -10 + 20t$

$t = 1{,}5$

Schaubild B:

Punktprobe mit P(20 | 30) : $30 = 0{,}002 \cdot 20^3 - 0{,}09 \cdot 20^2 + t \cdot 20 + 10$

$30 = -10 + 20t$

$t = 2$

Schaubild C:

Punktprobe mit P(20 | 40) ergibt t = 2,5.

b) Ansatz: $K_t(10) = 19$ $\quad 0{,}002 \cdot 10^3 - 0{,}09 \cdot 10^2 + t \cdot 10 + 10 = 19$

$10t + 3 = 19$

$t = 1{,}6$

c) Kostenfunktion für t = 1,5. $\quad K_{1,5}(x) = 0{,}002x^3 - 0{,}09x^2 + 1{,}5x + 10$

Erlösfunktion: $E(x) = p_N(x) \cdot x$ $\quad E(x) = (-0{,}17x + 4)x = -0{,}17x^2 + 4x$

Gewinnfunktion: $G(x) = E(x) - K_{1,5}(x)$ $\quad G(x) = -0{,}002x^3 - 0{,}08x^2 + 2{,}5x - 10$

Ansatz: $G(x) = 0$ $\quad -0{,}002x^3 - 0{,}08x^2 + 2{,}5x - 10 = 0$

Lösung mit GTR/CAS: $\quad x_1 = x_{GS} \approx 4{,}84;\ x_2 = x_{GG} \approx 16{,}77$

$x_3 \approx -61{,}61 < 0$ $\quad x_3$ liegt nicht in [0; 30].

Gewinnzone: (4,84; 16,77)

Aufgaben

1 Die Speedmobil AG bietet verschiedene Mobilgeräte an. Zukünftig soll das Modell Rapido hinzukommen.
Die Controlling-Abteilung schlägt eine Werbeaktion vor, deren Auswirkungen durch den Paramter t wie folgt berücksichtigt werden.

$f_t(x) = -0{,}002 \cdot t \cdot x^3 + 0{,}3 \cdot t \cdot x^2 - 15x + 275;\ x \geq 0,\ t > 0.$

Die Abb. 1 zeigt den Graphen der Absatzfunktion f_t für t = 1,0324.

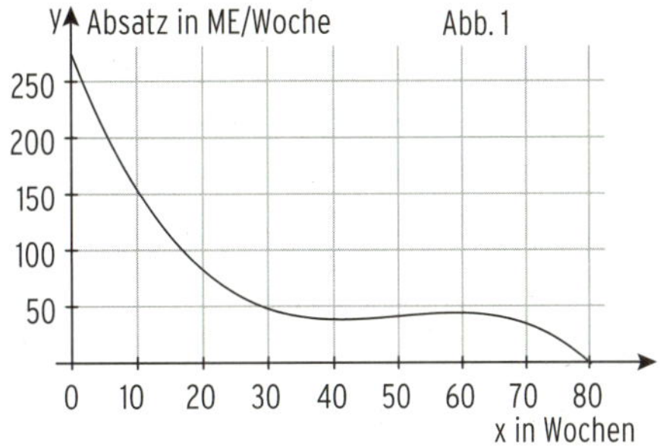

a) Beschreiben Sie den Verlauf des Graphen aus Abb. 1 hinsichtlich der Entwicklung der wöchentlichen Absatzzahlen.

b) Berechnen Sie den Wert t, so dass der Absatz nach 60 Wochen 23 ME pro Woche beträgt. Übertragen Sie die Abbildung in Ihr Heft und zeichnen Sie die zugehörige Scharkurve in Ihr Koordinatensystem ein. Vergleichen Sie die beiden Kurven.

2 Das Traditionsunternehmen K-Küche produziert Küchen in verschiedenen Ausführungen. Augrund des hohen Preisdrucks seitens der Konkurenz soll die Gewinnsituation für das neu einzuführende Standardmodell EasyCook 707 genauer untersucht werden.
Die Marketingabteilung geht nach ersten Untersuchungen von folgender Gewinnfunktion für die nächsten Produktionsperioden aus:
$G_p(x) = -0{,}1x^3 + 27x^2 + (p - 2430)x - 107100$ mit $x, p \in \mathbb{R}$ und $x \geq 0,\ p > 0$.
Dabei geben x die Stückzahl und $G_p(x)$ den Gewinn in Euro für eine Produktionsperiode von einer Woche und p den Verkaufspreis der Küche in Euro an.
Auf Grund des Produktionsprozesses und der zur Verfügung stehenden Kapazitäten soll die wöchentliche Produktionsmenge zwischen 90 und 250 Küchen liegen.
Ermitteln Sie den Verkaufspreis p, so dass die Gewinnschwelle bei einer Produktion von 90 Küchen pro Woche liegt.
Berechnen Sie die Gewinnzone.

3 Bestimmen Sie die Graphen in der Abb. 2, die Schaubilder von Gesamtkostenfunktionen sein können.
Begründen Sie ihre Entscheidung.

Nennen Sie Gemeinsamkeiten aller drei Kurven.

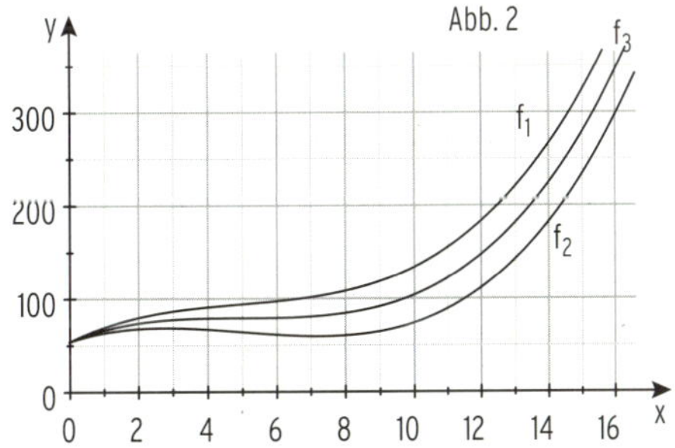

Test zur Überprüfung Ihrer Grundkenntnisse

1 Berechnen Sie die Lösungen der folgenden Gleichung.

a) $0{,}125\,x^3 - 3\,x = 0$

b) $-2\,x^3 + x^2 + x = 0$

c) $x^3 - 3\,x^2 - x + 3 = 0$

2 Gegeben sind die Gesamtkostenfunktion K durch $K(x) = 0{,}5\,x^3 - 3\,x^2 + 9\,x + 5$ und die Erlösfunktion E mit $E(x) = 7{,}5\,x$.

a) Zeigen Sie, dass gilt: $G(x) = -0{,}5\,x^3 + 3\,x^2 - 1{,}5\,x - 5$
Berechnen Sie die Gewinnzone.

b) Zeigen Sie: Die variablen Stückkosten betragen mindestens 4 GE/ME.

c) Überprüfen Sie, ob die Gerade mit der Gleichung $y = 4{,}5\,x + 5$ Tangente an die Gesamtkostenkurve ist. Erläutern Sie die Bedeutung der Geradensteigung.

3 Der Gewinn der Zurga AG lässt sich modellieren durch die Funktion G mit $G(x) = ax^3 + 20x^2 + 3x + d$.
Bestimmen Sie a und d, wenn folgendes bekannt ist:
Die Gewinnschwelle liegt bei 4 ME. Werden 5 ME verkauft, wird ein Gewinn von 61 GE erzielt.

4 Die Abbildung zeigt den Graphen einer Funktion für $x > 0$.

a) Die Abbildung zeigt eine ertragsgesetzliche Kostenkurve. Begründen Sie.

b) Übertragen Sie die Abbildung in Ihr Heft. Skizzieren Sie den Graphen einer quadratischen Erlösfunktion E in Ihr Koordinatensystem ein, wenn [1; 3] die Gewinnzone ist.
Bestimmen Sie einen Funktionsterm der Erlösfunktion.

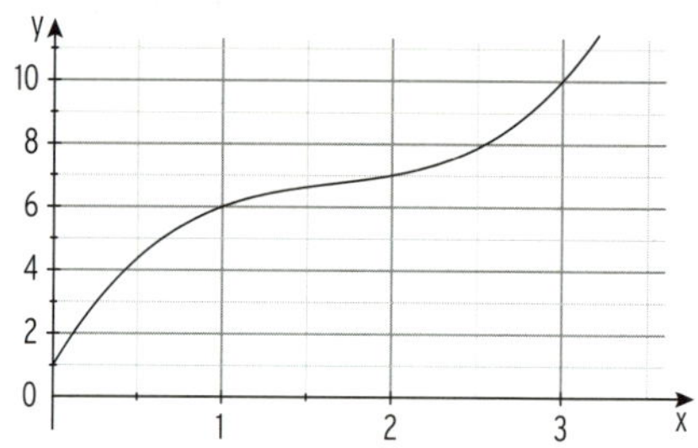

5 Die Gesamtkosten in GE für die Herstellung eines Produktes, für das der Hersteller ein Monopol besitzt, sind gegeben durch die Funktion K mit $K(x) = 0{,}05\,x^3 - 1{,}2\,x^2 + 10\,x + 156$.
Die Erlösfunktion E ist gegeben durch $E(x) = -1{,}25\,x^2 + 50\,x$; x in ME.

a) Zeichnen Sie die Schaubilder der Gesamtkostenfunktion und der Erlösfunktion in ein geeignetes Koordinatensystem.

b) Berechnen Sie die Gewinngrenze, wenn die Gewinnschwelle bei 4 ME liegt.

c) Der maximale Erlös wird bei 20 ME erzielt. Überprüfen Sie.

6 Lösen Sie das zugehörige lineare Gleichungssystem für die Unbekannten a, b und c.

$$\left(\begin{array}{ccc|c} 1 & 1 & 1 & 7 \\ 1 & 2 & 4 & 2 \\ 1 & 5 & 25 & -25 \end{array}\right)$$

4 Gebrochenrationale Funktionen

Modellierung einer Situation

Der Zulieferbetrieb ZFW für die Roboterindustrie stellt Hydraulikteile her.
Die Fertigungskosten je ME werden näherungsweise beschrieben durch $k(x) = \frac{10x + 300}{x + 20}$;
x ist die Anzahl der gefertigten Mengeneinheiten, k(x) wird in GE/ME angegeben.

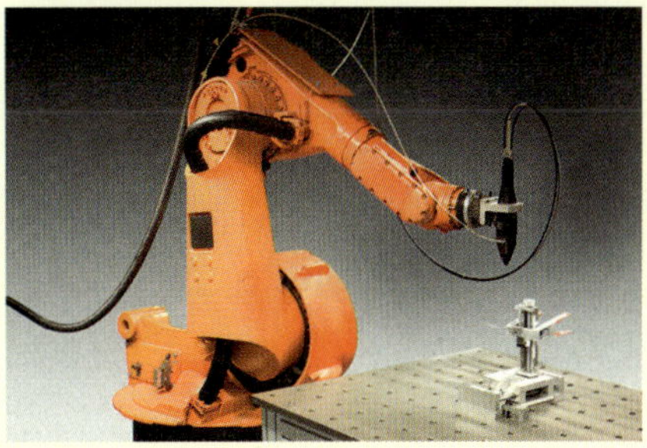

Um einen Überblick über die Stückkosten zu erhalten, soll Herr Cerone von der Buchhaltung die Stückkosten für die unterschiedlichen Produktionszahlen 2 ME, 10 ME und 100 ME berechnen.
Bestimmen Sie die Stückkosten für große Stückzahlen.

Erfahrungsgemäß lässt sich der Angebotspreis beschreiben durch $p_A(x) = 1{,}5x + 6$,
der Nachfragepreis durch $p_N(x) = \frac{105}{x + 1}$; $p_A(x)$, $p_N(x)$ in GE/ME.
Ermitteln Sie den Preis, bei dem sich das Marktgleichgewicht einstellt.
Berechnen Sie den Gewinn für die ZFW bei diesem Preis.

Bearbeiten Sie diese Situation, nachdem Sie die rechts aufgeführten **Qualifikationen und Kompetenzen** erworben haben.

Qualifikationen & Kompetenzen

- Realitätsbezogene Zusammenhänge mit gebrochenrationalen Funktionen beschreiben, darstellen und deuten
- Schaubilder von gebrochenrationalen Funktionen skizzieren
- Stückkostenbetrachtung

4.1 Einführung

Beispiel

➲ Ein Betrieb bestimmt seine Gesamtkosten K mithilfe des Funktionsterms $K(x) = 2x + 50;\ x \in [0; 11]$.

a) Berechnen Sie die Stückkosten bei einer Ausbringungsmenge von x = 8 ME.

b) Bestimmen Sie den Funktionsterm für die Stückkostenfunktion.

Lösung

a) Gesamtkosten K für x = 8: $K(8) = 66$

Stückkosten k bei 8 ME: $k(8) = \frac{66}{8} = 8{,}25$

Ergebnis: Werden 8 ME produziert, betragen die Kosten 8,25 GE für 1 ME.

b) Die Stückkosten k(x) ergeben sich durch: $k(x) = \frac{K(x)}{x}$

Funktionsterm mit Definitionsbereich: $k(x) = \frac{2x + 50}{x};\ 0 < x \leq 11$

Die Variable x steht im Nenner.
In diesem Fall handelt es sich um einen neuen Funktionstyp.
Man nennt diesen Funktionstyp **gebrochenrationale Funktion.**

Definition

Eine **gebrochenrationale Funktion f** ist gegeben durch

$$f(x) = \frac{Z(x)}{N(x)} = \frac{\textbf{Zählerpolynom}}{\textbf{Nennerpolynom}}$$

mit der **maximalen Definitionsmenge D** = $\mathbb{R} \setminus \{x \mid N(x) = 0\}$.

Festlegung: Die größte Hochzahl von x im Zählerpolynom heißt **Zählergrad;** die größte Hochzahl von x im Nennerpolynom heißt **Nennergrad.**

Hinweis: Ist das Nennerpolynom N(x) eine Konstante, so ist f eine ganzrationale Funktion.
Z. B.: f mit $f(x) = \frac{x}{2} = \frac{1}{2}x$ ist eine ganzrationale Funktion.

Beispiele für Funktionsterme gebrochenrationaler Funktionen:

$f(x) = \frac{1}{x}$; $g(x) = \frac{5 - 2x}{x - 2}$; $h(x) = \frac{x^2 + 4x + 1}{x} = x + 4 + \frac{1}{x}$; $k(x) = 2x - 3 + \frac{2}{x} = \frac{2x^2 - 3x + 2}{x}$

4.2 Die Grundfunktion f mit $f(x) = \frac{1}{x}$

Wertetabelle

x	$-\infty \leftarrow$	-10	-5	-1	$-0{,}1$	$\rightarrow 0$
y	$0 \leftarrow$	$-0{,}1$	$-0{,}2$	-1	-10	$\rightarrow -\infty$

x	$0 \leftarrow$	0,1	1	5	10	$\rightarrow \infty$
y	$\infty \leftarrow$	10	1	0,2	0,1	$\rightarrow 0$

Verhalten der Funktionswerte für $x \rightarrow \infty$ bzw. für $x \rightarrow -\infty$

Aus der Wertetabelle:

Streben die x-Werte gegen $+\infty$ bzw. gegen $-\infty$, streben die f(x)-Werte gegen null.

Der Graph von f nähert sich in beiden Fällen der x-Achse an. Die x-Achse ist **Näherungsgerade.**

Man nennt diese Näherungsgerade mit der Gleichung y = 0 **waagrechte Asymptote.**

Schreibweise: $f(x) = \frac{1}{x} \rightarrow 0$ für $x \rightarrow \infty$ $\qquad \lim\limits_{x \to \infty} \frac{1}{x} = 0$

$f(x) = \frac{1}{x} \rightarrow 0$ für $x \rightarrow -\infty$ $\qquad \lim\limits_{x \to -\infty} \frac{1}{x} = 0$

Verhalten der Funktionswerte für $x \rightarrow 0$

Aus der Wertetabelle:

Streben die x-Werte gegen null, streben die f(x)-Werte für $x > 0$ gegen $+\infty$,
für $x < 0$ gegen $-\infty$.

Der Graph von f nähert sich in beiden Fällen immer mehr der y-Achse an.
Die y-Achse ist **Näherungsgerade** mit der Gleichung x = 0.

Man nennt diese Näherungsgerade **senkrechte Asymptote.**

Die Funktion f ist für 0 nicht definiert, der Nenner darf nicht null sein.
Eine Definitionslücke mit den beschriebenen Eigenschaften der f(x)-Werte nennt man eine **Polstelle.** $x_1 = 0$ ist eine Polstelle.

Die Funktion f mit $f(x) = \frac{1}{x}$; $x \neq 0$

Das Schaubild der Funktion f mit
$f(x) = \frac{1}{x}$; $x \neq 0$

- hat keine Schnittpunkte mit den Achsen.
- hat eine waagrechte Asymptote (y = 0)
  $\lim\limits_{x \to \infty} \left(\frac{1}{x}\right) = 0$; $\quad \lim\limits_{x \to -\infty} \left(\frac{1}{x}\right) = 0$.
- hat eine senkrechte Asymptote (x = 0):
  $f(x) \rightarrow \infty$ für $x \rightarrow 0$ und $x > 0$
  $f(x) \rightarrow -\infty$ für $x \rightarrow 0$ und $x < 0$
  $x_1 = 0$ ist eine Polstelle.
- ist symmetrisch zum Ursprung.

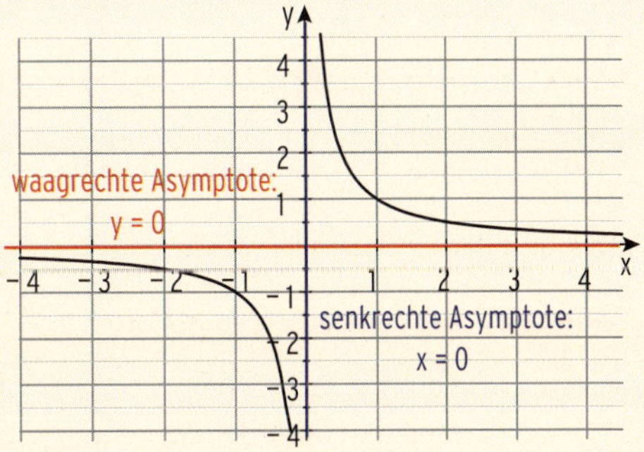

Verschiebung des Schaubildes der Grundfunktion f

a) Verschiebung in y-Richtung

Beispiel 1

➲ Verschieben Sie den Graphen der Funktion f mit $f(x) = \frac{1}{x}$; $x \neq 0$, um 1 nach unten.
Der verschobene Graph ist das Schaubild der Funktion g. Geben Sie g(x) an.
Untersuchen Sie den Graphen von g auf Schnittpunkte mit der x-Achse und auf Asymptoten.

Lösung

Schaubilder von f und g

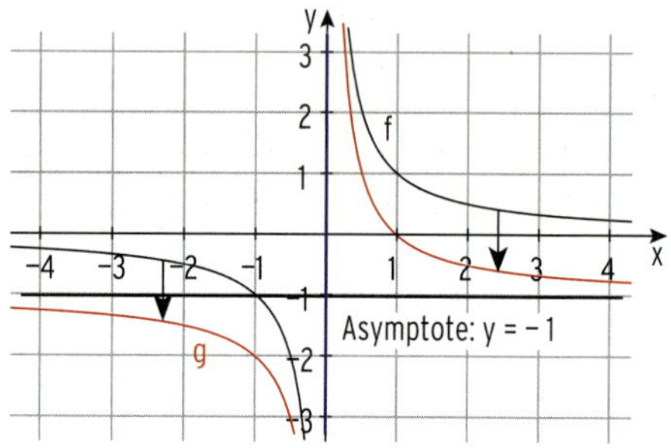

Der verschobene Graph ist das Schaubild der Funktion g mit $g(x) = \frac{1}{x} - 1$; $x \neq 0$.

Schnittpunkt mit der x-Achse

Bed.: g(x) = 0

$\frac{1}{x} - 1 = 0 \Rightarrow \frac{1}{x} = 1 \Rightarrow x = 1$

N(1 | 0)

Asymptoten

Bei der Verschiebung in y-Richtung bleibt die senkrechte Asymptote erhalten: x = 0.
Die waagrechte Asymptote wird wie der Graph von f um 1 nach unten verschoben: y = − 1.

b) Verschiebung in x-Richtung

Beispiel 2

➲ Verschieben Sie den Graphen der Funktion f mit $f(x) = \frac{1}{x}$; $x \neq 0$, um 2 nach links.
Der verschobene Graph ist das Schaubild von g. Geben Sie g(x) an.
Bestimmen Sie die maximale Definitionsmenge von g.
Untersuchen Sie den Graphen von g auf den Schnittpunkt mit der y-Achse und auf Asymptoten.

Lösung

Der verschobene Graph ist das Schaubild der Funktion g mit $g(x) = \frac{1}{x+2}$; $x \neq -2$

Hinweis: Bei der Verschiebung um 2 nach links ersetzt man $\boxed{x}$ durch $\boxed{x+2}$.

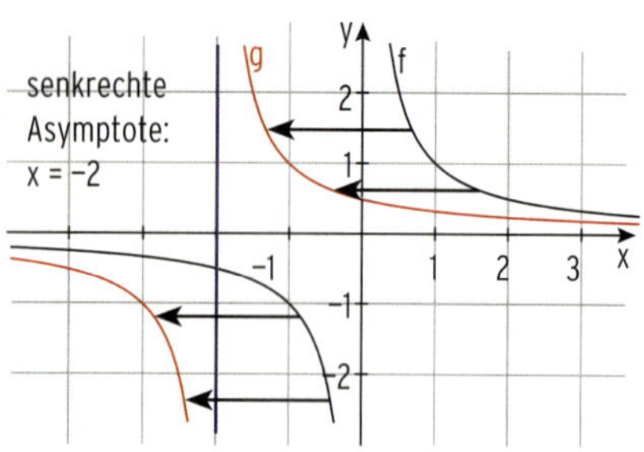

Maximale Definitionsmenge: $D = \mathbb{R}\setminus\{-2\}$

Hinweis: Maximale Definitionsmenge $D_{max} = \mathbb{R}\setminus\{\text{Nullstellen des Nenners}\}$

Schnittpunkt mit der y-Achse

Bed.: $x = 0$ $g(0) = \frac{1}{2}$ $S_y(0 \mid \frac{1}{2})$

Asymptoten

Bei der Verschiebung in x-Richtung bleibt die waagrechte Asymptote erhalten: $y = 0$.

Die senkrechte Asymptote wird wie der Graph von f um 2 nach links verschoben: $x = -2$.

Aufgaben

1 Bestimmen Sie D_{max} und die Asymptoten. Beschreiben Sie, wie der Graph von f aus dem Graphen von g mit $g(x) = \frac{1}{x}$ entsteht. Skizzieren Sie den Graphen von f.

a) $f(x) = \frac{1}{x} + 2$ b) $f(x) = \frac{1}{x-3}$ c) $f(x) = \frac{1-3x}{x}$ d) $f(x) = 1 - \frac{1}{x}$

2 Gegeben ist die Funktion f mit $f(x) = \frac{2}{x}$; $x \in \mathbb{R}^*$. Verschieben Sie den Graphen von f um 3 nach rechts und um 2 nach unten. Geben Sie den neuen Funktionsterm an.

3 Für die Funktion f wurde folgende Wertetabelle erstellt:

x	− 2	− 1	0	1	2	3	4
f(x)	$-\frac{1}{3}$	$-\frac{1}{2}$	− 1	–	1	$\frac{1}{2}$	$\frac{1}{3}$

Skizzieren Sie ein mögliches Schaubild von f. Geben Sie einen Funktionsterm an. Untersuchen Sie das zugehörige Schaubild auf Symmetrie.

4 Die Abbildung zeigt den Graphen von f. Bestimmen Sie die Asymptotengleichungen. Geben Sie einen möglichen Funktionsterm für f an.

a)

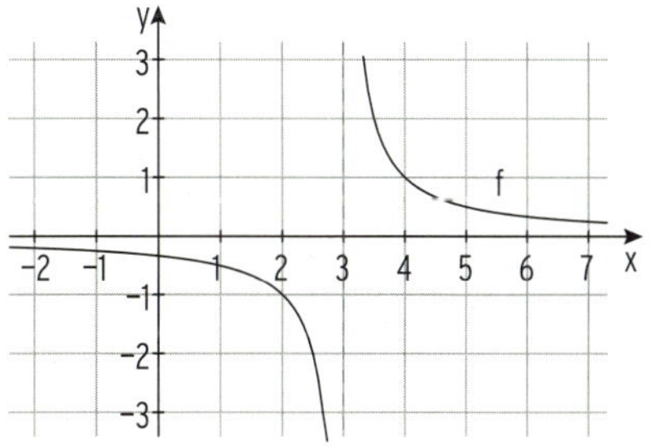

b)

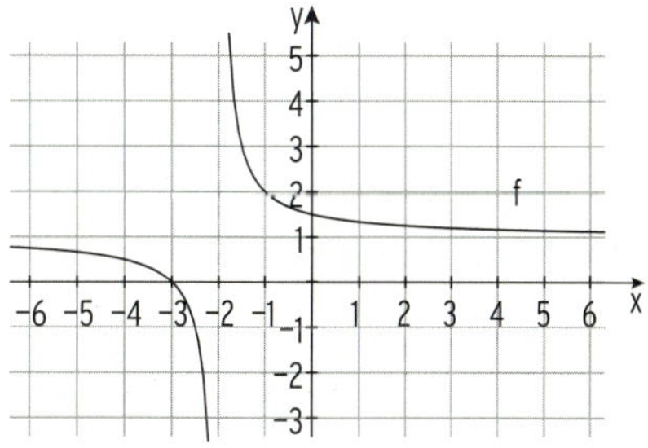

4.3 Schaubilder von gebrochenrationalen Funktionen

Beispiel 1

➲ Gegeben ist die Funktion f mit $f(x) = \frac{5 - 2x}{x - 3}$; $x \in D$.
Bestimmen Sie die maximale Definitionsmenge D der Funktion f.
Untersuchen Sie den Graphen von f auf Schnittpunkte mit den Koordinatenachsen und auf Asymptoten. Zeichnen Sie den Graphen von f.

Lösung

Schaubild

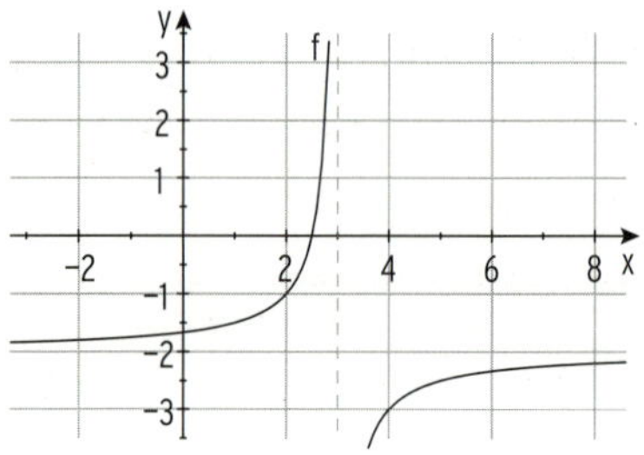

Definitionsmenge

Definitionslücke (Nullstelle des Nenners):

$x - 3 = 0 \Leftrightarrow x = 3$

Definitionsmenge: $D = \mathbb{R} \setminus \{3\}$

Schnittpunkte mit den Koordinatenachsen

- **mit der x-Achse**

Bed.: $f(x) = 0$ — $\frac{5 - 2x}{x - 3} = 0 \Leftrightarrow 5 - 2x = 0$

Nullstelle von f (des Zählers): $x = 2{,}5$

$N(2{,}5 \mid 0)$

Bemerkung: $f(x) = \frac{Z(x)}{N(x)} = 0 \Leftrightarrow Z(x) = 0;\ x \in D$

Die **Nullstelle $x_0 \in D$ des Zählers (die Nullstelle von f)** führt zum **Schnittpunkt mit der x-Achse.**

- **mit der y-Achse**

Bed.: $x = 0$ — $f(0) = -\frac{5}{3}$

$S_y(0 \mid -\frac{5}{3})$

Asymptoten

Verhalten von f(x) für $x \to 3$ (Definitionslücke)

Für $x \to 3$ und $x > 3$ gilt: $f(x) \to -\infty$

Für $x \to 3$ und $x < 3$ gilt: $f(x) \to \infty$

„Vorzeichenwechsel"

Gleichung der senkrechten Asymptote: $\mathbf{x = 3}$

Erläuterung:

$x_1 = 3$ ist eine **einfache Nullstelle des Nenners,**

d. h., der **Nenner wechselt das Vorzeichen (VZW).**

Für $x \to 3$ strebt der Zähler gegen die Zahl -1. $x_1 = 3$ ist Polstelle mit Vorzeichenwechsel.

Verhalten von f(x) für $x \to \infty$ bzw. $x \to -\infty$ (Kurzschreibweise: für $|x| \to \infty$)

$$f(x) = \frac{5-2x}{x-3} = \frac{x(\frac{5}{x}-2)}{x(1-\frac{3}{x})} = \frac{\overbrace{\frac{5}{x}-2}^{\to -2}}{\underbrace{1-\frac{3}{x}}_{\to 1}} \to \frac{-2}{1} = -2; \text{ d. h., } \lim_{|x| \to \infty} f(x) = -2$$

Das Schaubild von f nähert sich für $x \to \infty$ bzw. $x \to -\infty$ der Geraden g mit der Gleichung $y = -2$ immer mehr an, d. h.,

für $x \to \infty$ bzw. $x \to -\infty$ gilt:

Die Differenz $f(x) - (-2)$ strebt gegen null: $\lim\limits_{|x| \to \infty} (f(x) - (-2)) = 0$.

Die **Näherungsgerade** mit $y = -2$ heißt **waagrechte Asymptote.**

Schaubild von f:

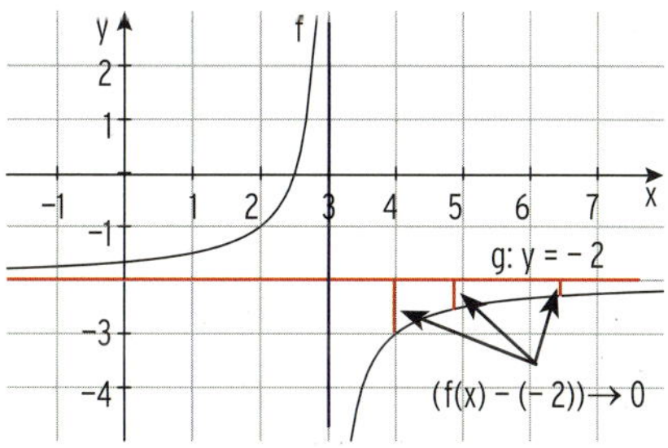

Beachten Sie

Sind **Nennergrad und Zählergrad gleich,** bestimmen die Faktoren vor der höchsten Potenz von x im Zähler und im Nenner die Gleichung der waagrechten Asymptote.

Ist der **Nennergrad größer als der Zählergrad,** dann ist die x-Achse waagrechte Asymptote.

Beispiele:

1) f mit $f(x) = \frac{1-4x}{3x-1}$

Nennergrad = Zählergrad = 1

Das Schaubild von f hat eine waagrechte Asymptote mit der Gleichung $y = -\frac{4}{3}$.

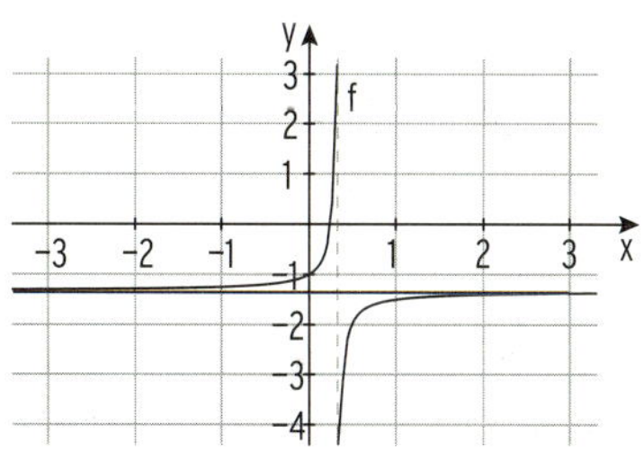

2) f mit $f(x) = \frac{3}{2x+4}$

Nennergrad > Zählergrad

Das Schaubild von f hat die x-Achse als waagrechte Asymptote.

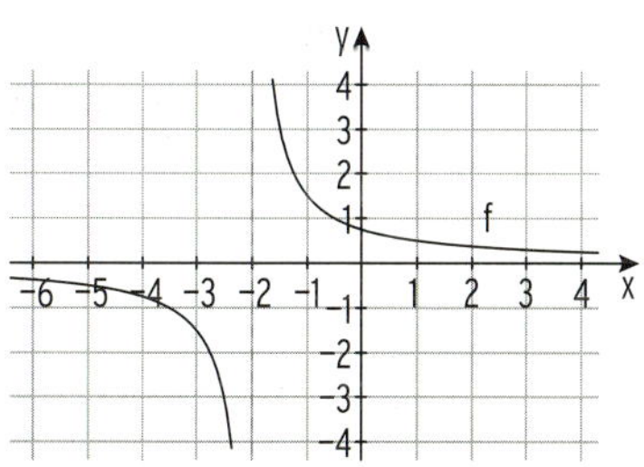

Beispiel 2

➲ Gegeben ist die Funktion f mit $f(x) = \frac{2x^2+1}{x}$; $x \in \mathbb{R}\setminus\{0\}$.
Untersuchen Sie den Graphen von f auf Asymptoten. Skizzieren Sie den Graphen.

Lösung

Asymptoten

Senkrechte Asymptote

Die Definitionslücke $x_1 = 0$ ist einfache Nullstelle des Nenners und keine des Zählers, also Polstelle mit VZW.

Gleichung der senkrechten Asymptote: $x = 0$

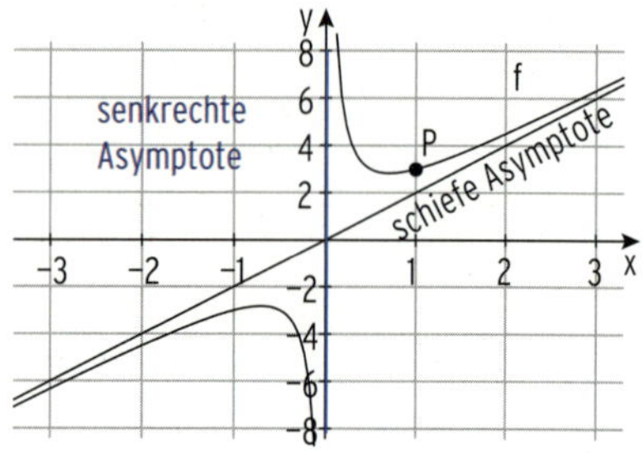

Asymptote für $|x| \to \infty$

$f(x) = \frac{2x^2+1}{x} = 2x + \frac{1}{x}$

Streben die x-Werte gegen ∞ bzw. gegen $-\infty$, spielt der Summand $\frac{1}{x}$ eine immer geringere Rolle, d.h., der Summand 2x bestimmt immer mehr die Größe der Funktionswerte; die Funktionswerte f(x) unterscheiden sich immer weniger von 2x.

Der Graph von f nähert sich immer mehr der Geraden von g mit $y = 2x$ an.

Für $x \to \pm\infty$ gilt: $f(x) - 2x = \frac{1}{x} \to 0$

Die Gerade von g mit $g(x) = 2x$ ist **schiefe Asymptote.**

Hinweis: Zum Skizzieren bestimmt man einen Kurvenpunkt, z.B. P (1|3).

Beachten Sie

Ist der **Zählergrad um 1 größer als der Nennergrad,** hat der Graph von f eine **schiefe Asymptote.**

Beispiel 3

➲ Das Schaubild gehört zu einer Funktion vom Typ $f(x) = ax + \frac{1}{x-b}$.
Bestimmen Sie a und b.

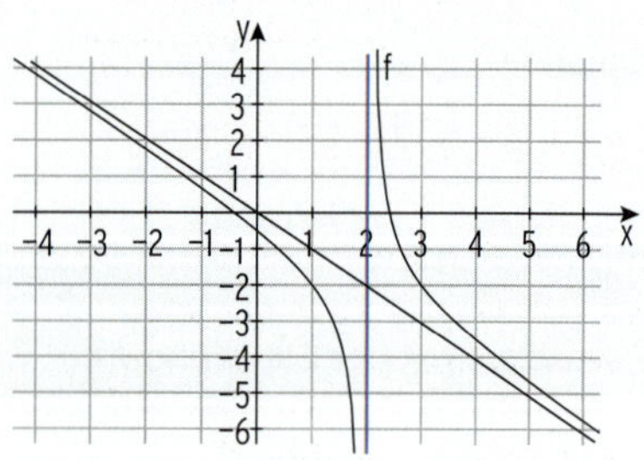

Lösung

$x_1 = 2$ ist eine Polstelle.

Nenner: $x - 2$ — $b = 2$

Schiefe Asymptote: $y = -x$

Vergleich mit $f(x) = ax + \frac{1}{x-b}$ ergibt: — $a = -1$

Weitere Beispiele für typische Kurvenverläufe

a) $f(x) = \frac{1}{(x-1)^2}$

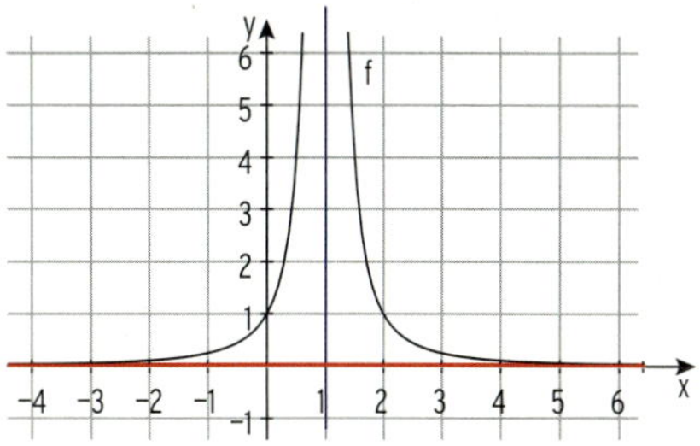

senkrechte Asymptote: $x = 1$

$x_1 = 1$ ist eine Polstelle ohne VZW.

Nennergrad > Zählergrad

waagrechte Asymptote: $y = 0$

b) $f(x) = \frac{2}{x^2-1} = \frac{2}{(x-1)(x+1)}$

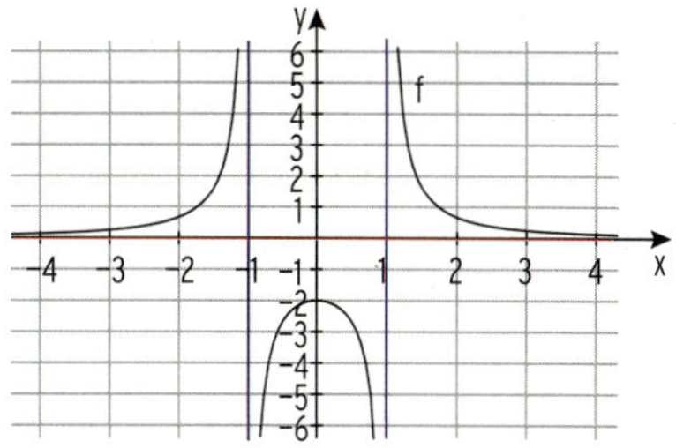

senkrechte Asymptoten: $x = 1$; $x = -1$

$x_1 = 1$ ist eine Polstelle mit VZW.

$x_2 =$ 1 ist eine Polstelle mit VZW.

Nennergrad > Zählergrad

waagrechte Asymptote: $y = 0$

c) $f(x) = \frac{x}{x^2-1} = \frac{x}{(x-1)(x+1)}$

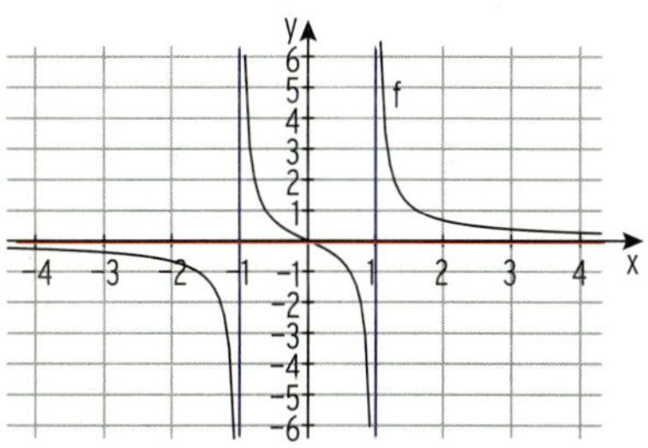

senkrechte Asymptoten: $x = 1$; $x = -1$

$x_1 = 1$ ist eine Polstelle mit VZW.

$x_2 = -1$ ist eine Polstelle mit VZW.

Nennergrad > Zählergrad

waagrechte Asymptote: $y = 0$

d) $f(x) = \frac{x^2}{x^2+1}$

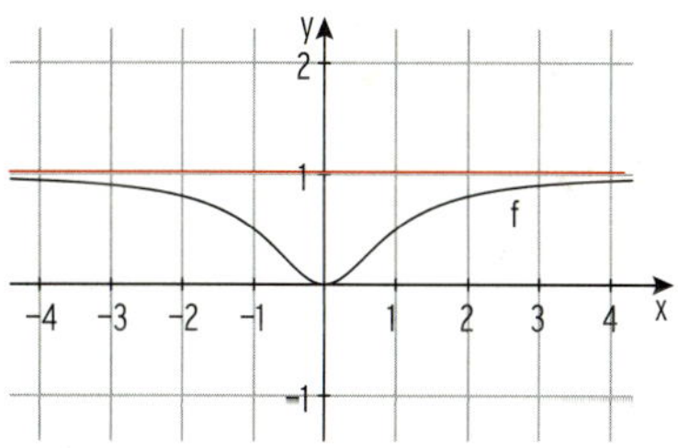

keine senkrechten Asymptoten

Nennergrad = Zählergrad = 2

waagrechte Asymptote: $y = 1$

Was man wissen sollte … über gebrochenrationale Funktionen

Gebrochenrationale Funktion

f mit $f(x) = \frac{Z(x)}{N(x)} = \frac{\text{Zählerpolynom}}{\text{Nennerpolynom}}$

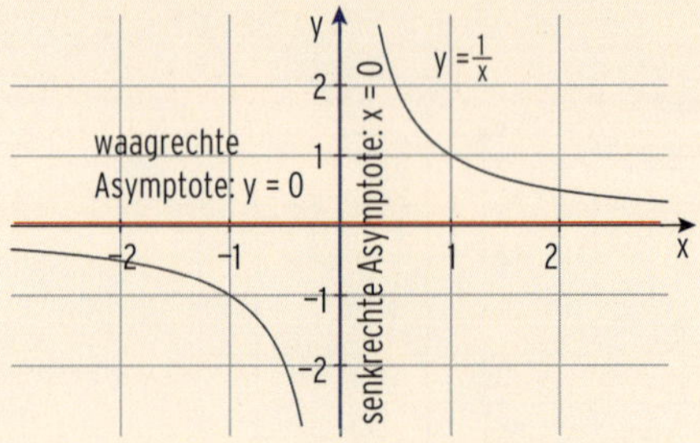

Maximaler **Definitionsbereich**

$D = \mathbb{R} \setminus \{x \mid N(x) = 0\}$

x_1 ist Definitionslücke, wenn $N(x_1) = 0$.

Nullstellen von f

Bed.: $f(x) = 0 \Leftrightarrow Z(x) = 0$ mit $x \in D$

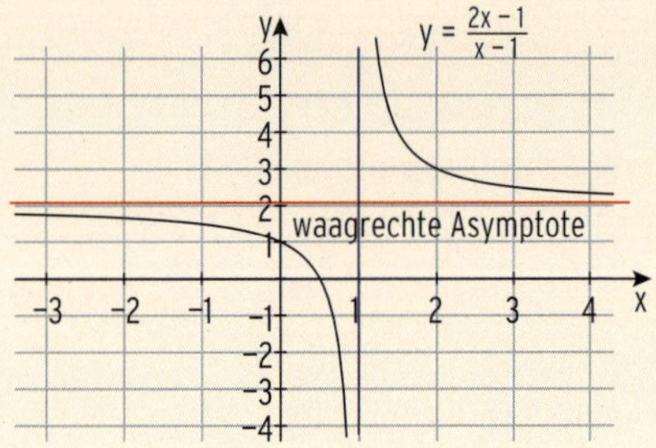

Asymptoten

Waagrechte Asymptote

Zählergrad < Nennergrad:

x-Achse ist waagrechte Asymptote

Zählergrad = Nennergrad:

Parallele zur x-Achse ist waagrechte Asymptote

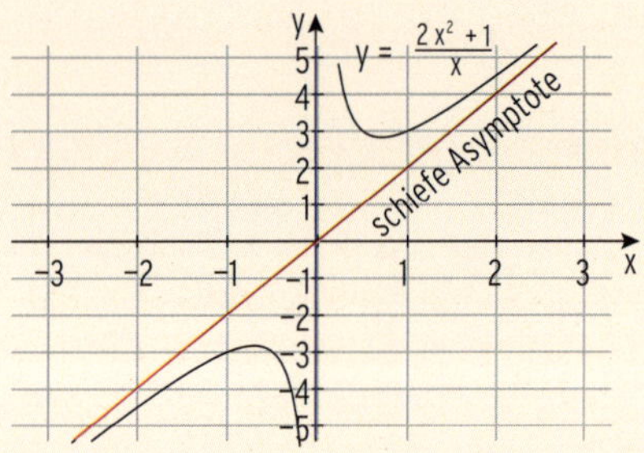

Schiefe Asymptote

Der **Zählergrad ist um 1 größer als der Nennergrad:**

Der Graph von f hat eine schiefe Asymptote.

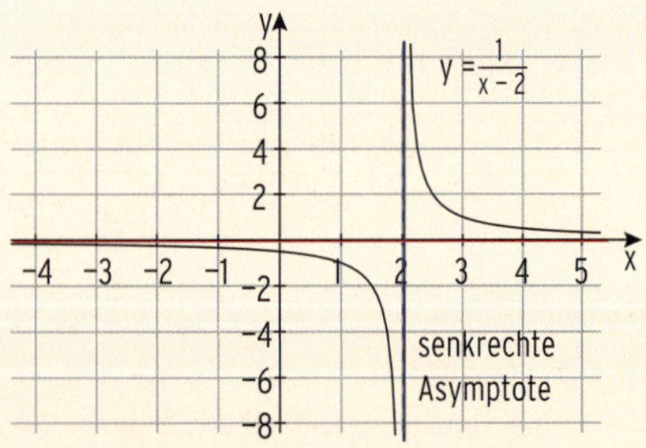

Senkrechte Asymptote

x_1 ist Polstelle.

Gleichung der senkrechten Asymptote: $x = x_1$

$f(x) = \frac{Z(x)}{N(x)}$

Das **Nennerpolynom N(x)** → braucht man zur Bestimmung der Definitionsmenge und der senkrechten Asymptote.

Das **Zählerpolynom Z(x)** → braucht man zur Bestimmung der Schnittpunkte mit der x-Achse.

Aufgaben

b) e)

1 Bestimmen Sie den maximalen Definitionsbereich der gegebenen Funktion f.
Untersuchen Sie den Graphen von f auf Achsenschnittpunkte und Asymptoten.
Skizzieren Sie den Graphen von f in ein Achsenkreuz ein.

a) $f(x) = \frac{5}{x}$ b) $f(x) = \frac{x+2}{x}$

c) $f(x) = \frac{4-2x}{x+1}$ d) $f(x) = \frac{x+2}{3-2x}$

e) $f(x) = 2 - \frac{4}{1+x}$ f) $f(x) = \frac{1}{(x+2)^2}$

a) c)

2 Untersuchen Sie den Graphen von f auf Asymptoten.
Skizzieren Sie den Graphen von f in ein Achsenkreuz ein.

a) $f(x) = \frac{x^2+1}{2x}$ b) $f(x) = x + 1 - \frac{2}{x}$

c) $f(x) = \frac{1}{2}x + 2 + \frac{2}{x-2}$ d) $f(x) = -x - \frac{1}{x+1}$

3 Die Abbildung zeigt das Schaubild von f.

Bestimmen Sie einen möglichen Funktionsterm.

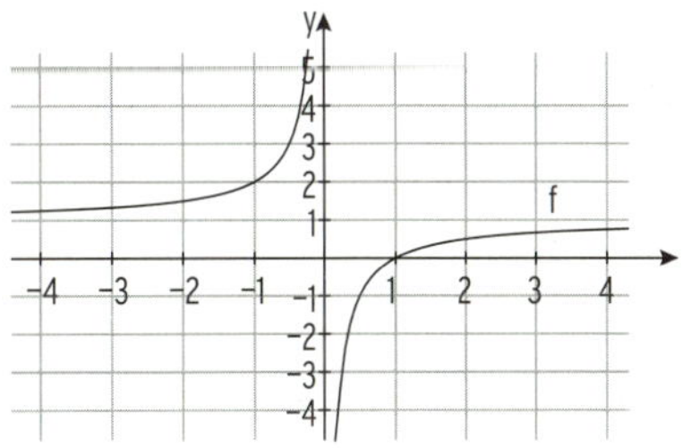

4 Das Schaubild einer Funktion f hat die senkrechte Asymptote mit x = 3, die waagrechte Asymptote mit y = 2 und verläuft durch den Punkt P(4 | 9).
Geben Sie einen möglichen Funktionsterm f(x) an.

5 Gegeben sind die Funktionen f_1, f_2, f_3 und f_4 mit $x \in D$:

$f_1(x) = \frac{x}{x-1}$; $f_2(x) = x - 1 + \frac{1}{x-1}$; $f_3(x) = \frac{3x-1}{x}$; $f_4(x) = -x - \frac{2}{x}$

Ordnen Sie der jeweiligen Funktion ihr Schaubild zu. Begründen Sie Ihre Wahl.

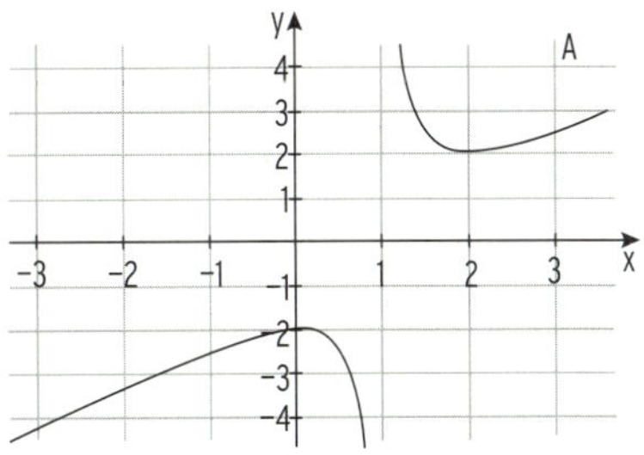

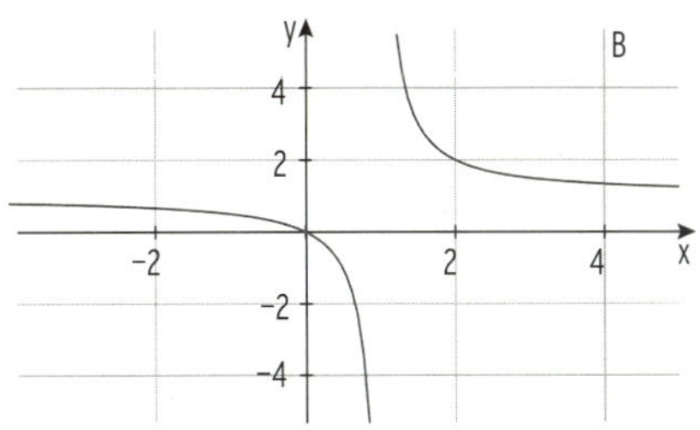

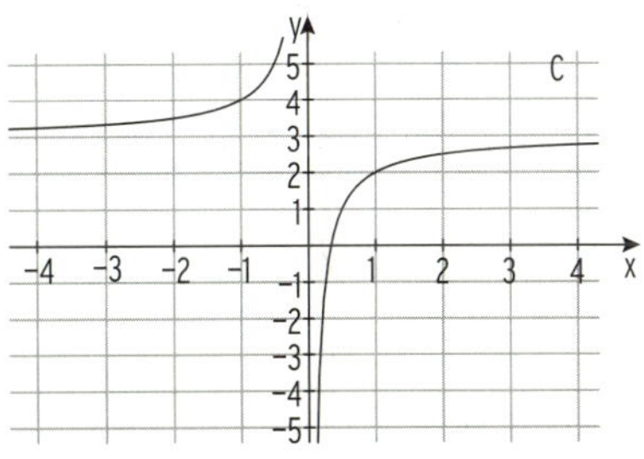

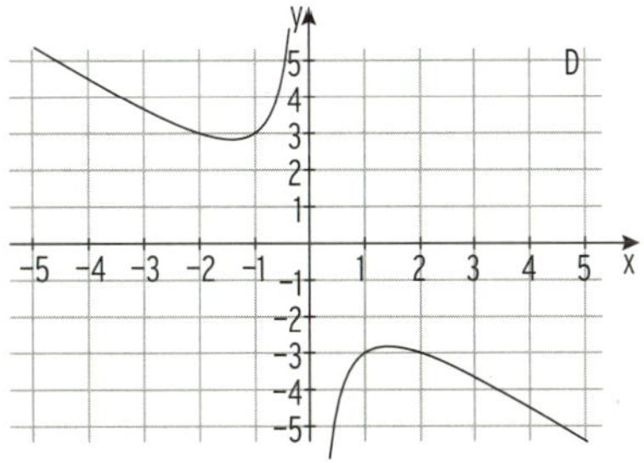

4.4 Hebbare Definitionslücken

Beispiel 1

➲ Gegeben ist die Funktion f mit $f(x) = \frac{x^2 - 1}{x + 1}$; $x \in \mathbb{R}\setminus\{-1\}$.
Zeichnen Sie den Graphen von f. Untersuchen Sie den Graphen bei $x_1 = -1$.

Lösung

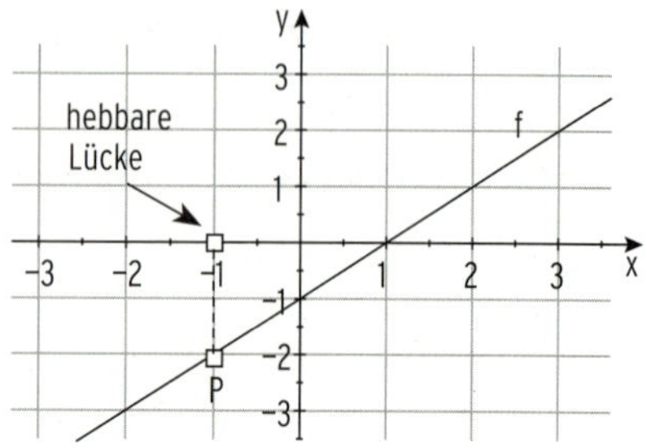

Anhand des Schaubildes erkennt man:
Die Definitionslücke $x_1 = -1$ ist **keine Polstelle.**
Für $x \to -1$ streben die Funktionswerte **nicht** gegen unendlich.

Zur weiteren Untersuchung vereinfacht man den Funktionsterm für $x \in \mathbb{R}\setminus\{-1\}$: $f(x) = \frac{x^2 - 1}{x + 1} = \frac{(x + 1)(x - 1)}{x + 1} = x - 1$

Für $x \neq -1$ liegen die Punkte auf einer Geraden mit $y = x - 1$.

Für $x = -1$ existiert kein Punkt auf dem Graphen von f.

$x_1 = -1$ heißt **hebbare Lücke,** denn es fehlt nur ein Punkt P, um die Lücke im Schaubild zu beheben und die Kurve ohne Absetzen durchzeichnen zu können.

Der Punkt P hat die Koordinaten $(-1 \mid -2)$, da für $x \to -1$ gilt: $f(x) = x - 1 \to -2$

Beispiel 2

➲ Gegeben ist die Funktion f mit $f(x) = \frac{x + 1}{x^2 - 1}$; $x \in \mathbb{R}\setminus\{\pm 1\}$.
Untersuchen Sie f auf Polstellen und hebbare Lücken.

Lösung

Produktdarstellung: $f(x) = \frac{x + 1}{x^2 - 1} = \frac{x + 1}{(x - 1)(x + 1)} = \frac{1}{x - 1}$

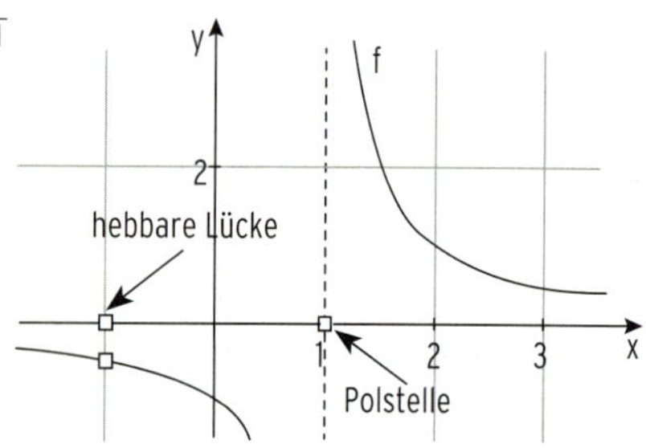

Die weitere Untersuchung erfolgt mit dem (gekürzten) Funktionsterm $f(x) = \frac{1}{x - 1}$.

$x_1 = 1$ ist Polstelle.

Verhalten von f(x) für $x \to -1$: $f(x) \to \frac{1}{-2} = -\frac{1}{2}$

Der Punkt $P(-1 \mid -0{,}5)$ existiert nicht auf dem Graphen von f.

$x_2 = -1$ ist eine hebbare Lücke.

Beachten Sie

Liefert **$N(x) = 0$ und $Z(x) = 0$** die **gleiche Lösung x_1**, kürzt man mit **$(x - x_1)$.**
Dann entscheidet sich, ob die **Definitionslücke x_1 Polstelle oder hebbare Lücke ist.**

Beispiel 3

Gegeben ist die Funktion f mit $f(x) = \frac{(x-1)^2}{x^2-1}$; $x \in \mathbb{R}\setminus\{\pm 1\}$.

Untersuchen Sie den Graphen von f auf Polstellen und hebbare Lücken.

Lösung

Kürzen des Funktionsterms:

$$f(x) = \frac{(x-1)^2}{x^2-1} = \frac{(x-1)^2}{(x-1)(x+1)} = \frac{x-1}{x+1}$$

Anhand des gekürzten Terms kann man ablesen:

Die Definitionslücke $x_1 = -1$ ist eine **Polstelle.**

Definitionslücke $x_2 = 1$:

Verhalten von f(x) für $x \to 1$:

$f(x) = \frac{x-1}{x+1} \to \frac{0}{2} = 0$

Der Punkt P(1 | 0) existiert nicht auf dem Graphen von f.

$x_2 = 1$ ist eine **hebbare Lücke.**

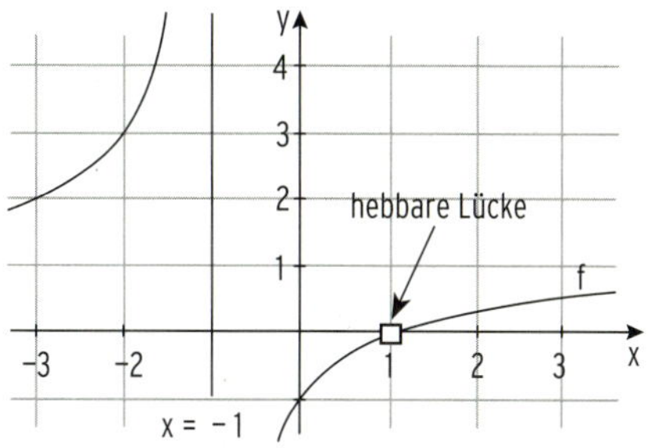

Beachten Sie

Die Funktion f kann an der hebbaren Lücke $x_1 = 1$ durch folgende Festsetzung erweitert werden:

$$h(x) = \begin{cases} f(x) & \text{für } x \in \mathbb{R}\setminus\{\pm 1\} \\ 0 & \text{für } x = 1 \end{cases}$$

Die Funktion h ist an der Stelle $x_1 = 1$ definiert.

Man kann das Schaubild von h an der Stelle $x_1 = 1$ „durchzeichnen".

Die Funktion h ist die **stetige Fortsetzung** von f.

Aufgaben

1 Bestimmen Sie den maximalen Definitionsbereich der gegebenen Funktion f.
Untersuchen Sie f auf Polstellen und hebbare Lücken. Ermitteln Sie die Achsenschnittpunkte und die Asymptoten des Graphen von f.
Skizzieren Sie den Graphen von f in ein Achsenkreuz ein.

a) $f(x) = \frac{x^2-1}{(x+1)^2}$

b) $f(x) = \frac{(x+1)^2}{x^2-1}$

c) $f(x) = \frac{2x-2}{(x+3)(x-1)}$

d) $f(x) = \frac{x^2-x}{x-1}$

e) $f(x) = 3\ \frac{x+4}{(x+3)^2}$

f) $f(x) = 3 + \frac{x-1}{x+2}$

2 Gegeben ist die Funktion f_t durch $f_t(x) = \frac{x^2-3x+2}{x(x-t)}$; $x \in D$.
Bestimmen Sie Werte für t so, dass der Graph von f_t eine hebbare Lücke hat.

4.5 Gebrochenrationale Funktionen in Anwendungen

Stückkosten

Eine weitere Bezugsgröße für die Kostenkalkulation sind die **Stückkosten.**
Die **Stückkosten** (auch **Durchschnittskosten**) bezeichnen die Kosten pro Stück bzw. pro Ausbringungseinheit (ME).
Der Vergleich von Preis (Stückerlös) und Stückkosten bestimmt, ob das Unternehmen mit **Gewinn** produziert oder nicht.
Wir unterscheiden **Stückkosten und variable Stückkosten.**

Beispiel

Die Gesamtkosten sind gegeben durch $K(x) = x^3 - 10x^2 + 35x + 18$.

Bei einer Produktion von 4 ME

- entstehen **Gesamtkosten** von $K(4) = 62$ (GE) und damit **Stückkosten für x = 4:** $k(4) = \frac{62}{4} = 15{,}5$ (GE/ME).
- entstehen **variable Kosten** von $K_v(4) = 44$ (GE) und damit **variable Stückkosten** $k_v(4) = \frac{44}{4} = 11$ (GE/ME).

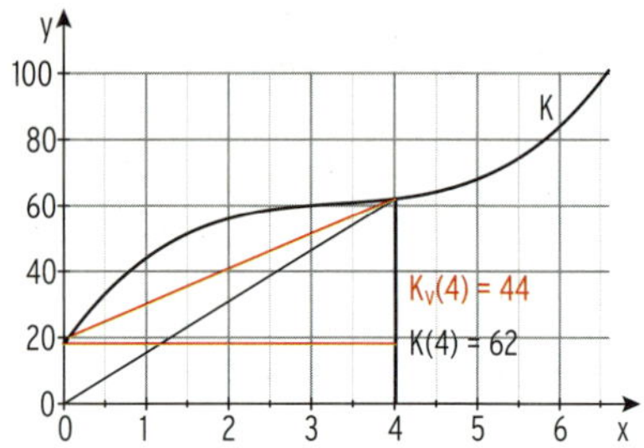

Verkauft der Betrieb eine ME der produzierten Ware für 20 GE (Stückerlös), so erzielt der Betrieb bei einer Produktion von $x = 4$ ME einen **Gewinn**.
Der Preis pro ME (20 GE/ME) ist **höher als die Stückkosten** (15,5 GE/ME).
Verkauft der Betrieb eine ME der produzierten Ware für 13 GE (Stückpreis), so erzielt der Betrieb bei einer Produktion von $x = 4$ ME **keinen Gewinn**.
Der Preis pro ME (13 GE/ME) ist **niedriger als die Stückkosten** (15,5 GE/ME).
Der Stückpreis deckt nur die variablen Stückkosten (11 GE/ME) ab.

Beachten Sie

Stückkosten = Gesamtkosten in GE pro Mengeneinheit $k(x) = \frac{K(x)}{x}$
Variable Stückkosten = Variable Gesamtkosten in GE pro ME $k_v(x) = \frac{K_v(x)}{x}$

Bei einer Produktion von x ME entstehen Gesamtkosten K mit $K(x) = x^3 - 10x^2 + 35x + 18$.
Dann betragen – die **Gesamtkosten pro ME (Stückkosten):** $k(x) = x^2 - 10x + 35 + \frac{18}{x}$
– die **variablen Kosten pro ME:** $k_v(x) = x^2 - 10x + 35$.

Beachten Sie

Ist die Gesamtkostenfunktion K eine ganzrationale Funktion 3. Grades
mit dem Funktionsterm $K(x) = ax^3 + bx^2 + cx + d$,
so gilt für den Funktionsterm der Funktion der **variablen Stückkosten** $k_v(x) = ax^2 + bx + c$
und für den Funktionsterm der **Stückkostenfunktion** $k(x) = ax^2 + bx + c + \frac{d}{x}$.
k ist eine **gebrochenrationale Funktion.**

Lesetagebuch

von ____________________

Klasse ____________________

gestartet am ____________

Bilder zum Buch

Zeichne passende Bilder zu deiner Geschichte.

Personenverzeichnis

Diese Personen/Figuren kommen in deinem Buch vor:

Lese-Planung

Datum	von Seite	bis Seite

Informationen

Zeichne oder schreibe 5 Gegenstände auf, die in der Geschichte vorkommen:

Deine Lieblingsstelle im Buch:

Bewertung

Wie viele Sterne gibst du dem Buch?

Empfiehlst du das Buch weiter? Warum?

Beispiel 1

➲ Die Herstellung von Kleinteilen der Anton Thomalla Motorenbau ist sehr anlagenintensiv. Das Unternehmen ist bestrebt, die Anlage auszulasten und die durchschnittlichen Fixkosten zu senken. Die Fixkosten der Kleinteileproduktion liegen bei 560 € pro Woche. Beschreiben Sie die anteiligen Fixkosten pro ME an Kleinteilen.

Lösung

Für die Fixkosten gilt: $K_f = 560$

Für die Fixkosten pro ME gilt:

$k_f(x) = \frac{K_f}{x} = \frac{560}{x}$

(durchschnittliche Fixkosten)

Die Funktion k_f mit $k_f(x) = \frac{560}{x}$; $x > 0$

ist eine **gebrochenrationale Funktion.**

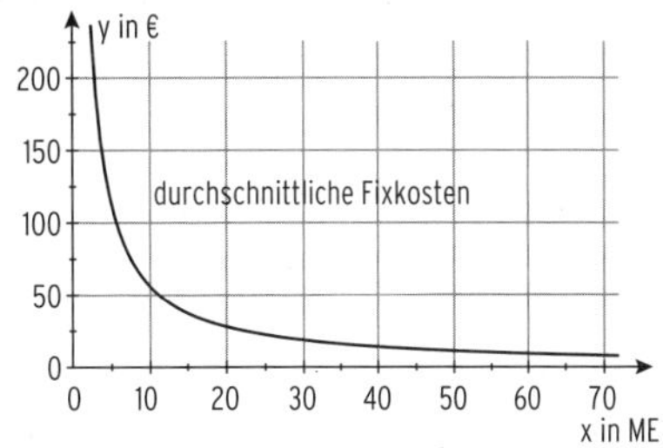

Die Funktion k_f ist ökonomisch sinnvoll nur für $x > 0$.

Verhalten der Funktionswerte für $x \to \infty$: $k_f(x) = \frac{560}{x} \to 0$

für $x \to 0$: $k_f(x) \to \infty$

Ökonomische Bedeutung:

Bei kleinen Stückzahlen fallen die Fixkosten stärker ins Gewicht. Bei großen Stückzahlen fallen die Fixkosten nicht mehr ins Gewicht.

Beispiel 2

➲ Die Gesamtkosten der Herstellung von Kleinteilen bei der Anton Thomalla Motorenbau lassen sich mit $K(x) = 12x + 560$, x in ME; K(x) in €, berechnen.

Stellen Sie die Stückkosten (Gesamtkosten pro ME an Kleinteilen) dar.

Lösung

Gesamtkosten K mit $K(x) = 12x + 560$

Für die Kosten pro ME gilt:

$k(x) = \frac{K(x)}{x} = \frac{12x + 560}{x} = 12 + \frac{560}{x}$; $x > 0$

(Stückkosten)

Verhalten der Funktionswerte für $x \to \infty$: $k(x) \to 12$

für $x \to 0$: $k(x) \to \infty$

Der Graph von k hat eine **waagerechte Asymptote** mit der Gleichung $y = 12$.

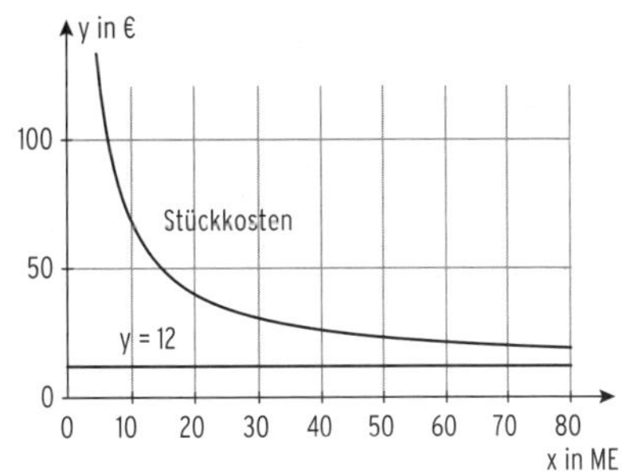

Ökonomische Bedeutung: Bei großen Stückzahlen fallen die Fixkosten nicht mehr ins Gewicht. Die Gesamtkosten pro ME streben gegen die **variablen Stückkosten.**

Bei kleinen Stückzahlen fallen die Fixkosten (Fixkosten pro ME) stärker ins Gewicht.

Hinweis: Variable Gesamtkosten K_v mit $K_v(x) = 12x$

Die **variablen Stückkosten** betragen konstant 12 €/ME.

Beispiel 3

Die Gesamtkosten der Produktion eines Unternehmens werden durch die Funktion K mit $K(x) = \frac{1}{8}x^3 - \frac{7}{4}x^2 + 15x + 36$; $0 \leq x \leq 26$, beschrieben.

a) Bestimmen Sie Funktion der Stückkosten k und der variablen Stückkosten k_v. Zeichnen Sie die Schaubilder in ein geeignetes Koordinatensystem ein

b) Zeigen Sie: Für x = 2 betragen die Stückkosten 30 GE pro ME. Ermitteln Sie die Produktionsmengen so, dass die Stückkosten weniger als 30 GE/ME betragen.

Lösung

a) **Gesamtkostenfunktion:** $K(x) = \frac{1}{8}x^3 - \frac{7}{4}x^2 + 15x + 36$

Stückkostenfunktion k: $k(x) = \frac{K(x)}{x} = \frac{1}{8}x^2 - \frac{7}{4}x + 15 + \frac{36}{x}$

Variable Kosten:

K_v mit $K_v(x) = \frac{1}{8}x^3 - \frac{7}{4}x^2 + 15x$

Variable Stückkosten:

k_v mit $k_v(x) = \frac{K_v(x)}{x} = \frac{1}{8}x^2 - \frac{7}{4}x + 15$

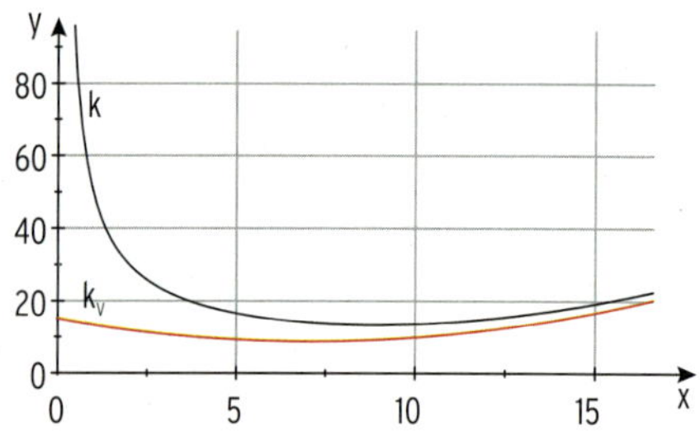

b) $k(2) = \frac{1}{8} \cdot 2^2 - \frac{7}{4} \cdot 2 + 15 + \frac{36}{2} = 30$

Für x = 2 betragen die Stückkosten 30 GE/ME.

Mit Hilfsmittel

Bedingung für die gesuchten x-Werte: $k(x) < 30$

Lösen der Gleichung k(x) = 30: $\frac{1}{8}x^2 - \frac{7}{4}x + 15 + \frac{36}{x} = 30$

Lösungen: $x_1 = 2$; $x_2 \approx 19{,}42$; $x_3 \approx -7{,}42$

Sinnvolle Lösungen: $x_1 = 2$; $x_2 \approx 19{,}42$

Mithilfe einer Skizze des Graphen von k:
Für Produktionsmengen zwischen 2 und 19,4 ME liegen die Stückkosten unterhalb von 30 GE/ME.

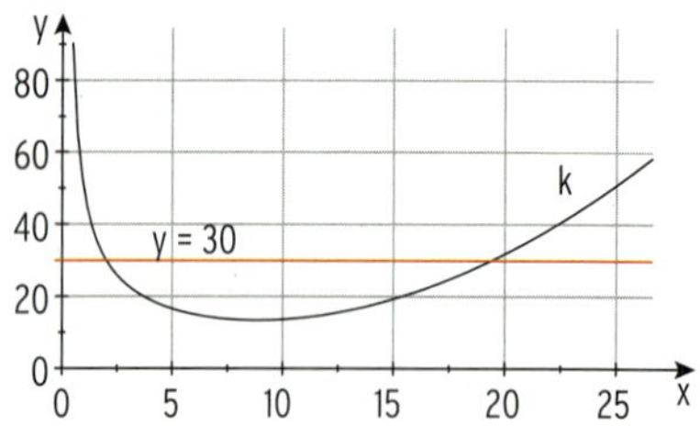

Aufgaben

1 Das Werbehaus Soest stellt auch Werbeplakate her. Die Gesamtkosten für ein Werbeplakat setzen sich zusammen aus 650 € Fixkosten und 185 € variablen Kosten je Stück.

a) Bestimmen Sie die Funktionen der Gesamtkosten, der durchschnittlichen Fixkosten, der variablen Kosten und der Stückkosten.

b) Untersuchen Sie das Verhalten der durchschnittlichen Fixkosten und der Stückkosten für große Stückzahlen.

c) Das Werbehaus Soest erzielt einen Gewinn bei Stückkosten unter 250 €. Machen Sie eine Aussage über den Verkaufspreis und die Verkaufszahlen.

2 Die Gesamtkostenfunktion der Hasso AG ist gegeben durch $K(x) = \frac{1}{8}x^3 - x^2 + \frac{7}{2}x + 20$

a) Bestimmen Sie den konstanten Stückpreis, für den das Produkt verkauft wird, wenn die Gewinnschwelle bei 2 ME liegt. Berechnen Sie Kosten und Erlös an der Gewinngrenze. Bestimmen Sie die Produktionsmenge, wenn der Gewinn 40 GE beträgt.

b) Die Stückkosten stimmen mit den Stückkosten in der Gewinnschwelle überein. Berechnen Sie die zugehörige Produktionsmenge.

c) Ermitteln Sie die Produktionsmengen so, dass die variablen Stückkosten weniger als 10 GE betragen.

3 Die Fixkosten für die Produktion von Schrauben belaufen sich auf 300 GE. Werden 10 Mengeneinheiten (ME) hergestellt, erhöhen sich die Gesamtkosten um 300 GE. Bei 20 ME betragen die Gesamtkosten 900 GE.

a) Prüfen Sie, ob die Gesamtkosten durch die Kostenfunktion K mit $K(x) = \frac{1}{10}x^3 - 3x^2 + 50x + 300$ richtig beschrieben werden.

b) Bestimmen Sie den mittleren Kostenzuwachs auf dem Intervall [5; 10].

c) Der Verkaufspreis pro ME wird auf 60 GE festgelegt. Geben Sie den Bereich an, auf dem dann mit Gewinn produziert wird. Bestimmen Sie die Produktionsmengen, für die ein Gewinn von 200 GE erzielt wird.

4 Für die Gesamtkosten in GE gilt: $K(x) = 0{,}02x^3 - 18x^2 + 6\,000x + 500\,000$; x in ME.

a) Ermitteln Sie den Bereich, auf dem die variablen Stückkosten weniger als 3 000 GE betragen.

b) Bei einer Produktion von 200 ME wird Kostendeckung erzielt. Bestimmen Sie die lineare Erlösfunktion und die Gewinnzone.

c) Zeigen Sie, dass eine Ursprungsgerade Tangente an die Kostenkurve in $x = 500$ ist. Bestimmen Sie den Berührpunkt und die Steigung der Geraden. Interpretieren Sie Ihre Ergebnisse im Sachzusammenhang.

5 Gegeben ist die Gesamtkostenfunktion K mit $K(x) = \frac{1}{3}x^3 - 3x^2 + 10x + 5$. Die Kapazitätsgrenze liegt bei 10 ME. Bestimmen Sie die Funktionen der variablen Gesamtkosten, der variablen Stückkosten und der Stückkosten. Ermitteln Sie alle Kosten für eine Produktion von 4 ME bzw. 10 ME.

6 Die Fertigungskosten für die Serienfertigung eines Flugzeugteils werden näherungsweise beschrieben durch

$k(x) = \frac{20x + 6000}{x + 60}$, k(x) in GE.

Dabei bedeutet x die Anzahl der hergestellten Teile.

Die Abbildung zeigt das Schaubild von k.

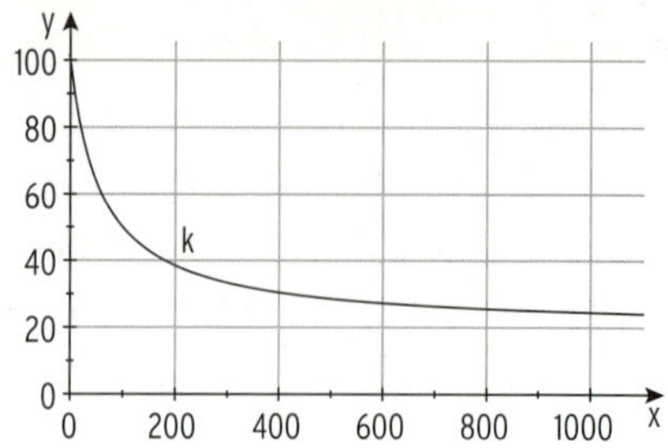

a) Interpretieren Sie den Verlauf von k anwendungsbezogen.

Untersuchen Sie die Fertigungskosten pro Stück für große Stückzahlen.

b) Nach 249 gefertigten Flugzeugteilen steht ein neues Herstellungsverfahren zur Verfügung. Die Produktionskosten für ein nach dem neuen Verfahren hergestelltes Flugzeugteil werden näherungsweise beschrieben durch $k_1(x) = \frac{15x - 1500}{x - 240}$.

Berechnen Sie die Stückzahl, ab der das neue Verfahren zu günstigeren Herstellkosten führt.

Zeichnen Sie die Schaubilder von k und k_1 in ein gemeinsames Achsenkreuz ein.

7 Bei einer Serienproduktion verhalten sich die Stückkosten gemäß der Funktion k mit $k(x) = \frac{4x+5}{3x+1}$, $x > 0$: k(x) in €/ME. Skizzieren Sie das Schaubild von k.

Die Produktion lohnt sich erst, wenn die Stückkosten unter 1,5 €/ME liegen.

Formulieren Sie mithilfe des Verlaufs von k Folgerungen für die Verkaufspreisgestaltung.

8 Die Preis-Absatz-Funktion eines Monopolisten für Medizintechnik ist gegeben durch

$p_N(x) = \frac{120 - 8x}{x + 20}$, x in ME, $p_N(x)$ in GE/ME.

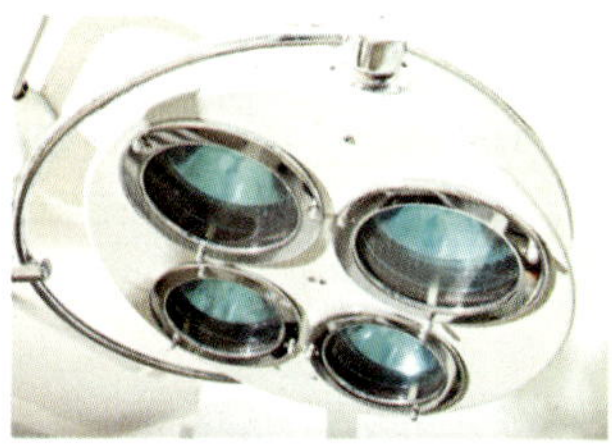

a) Bestimmen Sie die Sättigungsmenge und den Höchstpreis.

b) Die Abbildung zeigt das Schaubild der Erlösfunktion E.

Übertragen Sie das Schaubild in Ihr Heft und zeichnen Sie das Schaubild von p_N ein.

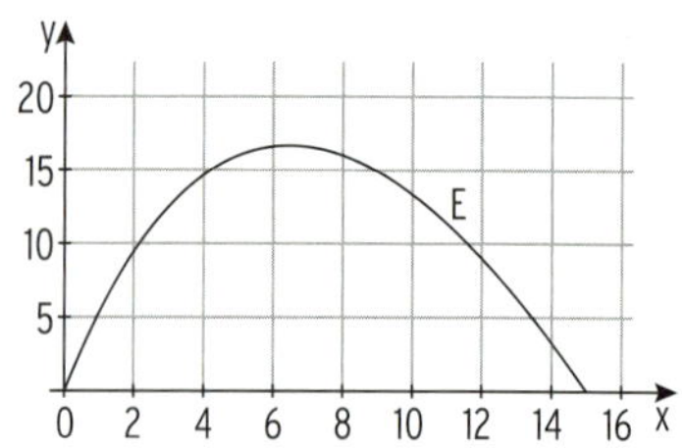

c) Berechnen Sie die produzierte und verkaufte Menge so, dass der Erlös über 15 GE liegt.

Kennzeichnen Sie Ihr Ergebnis in Ihrer Zeichnung.

Marktgleichgewicht

Beispiel

Die Firma Waldner stellt Medizintechnik her.
Die Nachfrage lässt sich beschreiben durch $p_N(x) = \frac{4}{x+1}$, das Angebot durch $p_A(x) = 0{,}25x + 1$; x in ME, $p_N(x)$ und $p_A(x)$ in GE/ME.
Stellen Sie die Situation grafisch dar. Berechnen Sie das Marktgleichgewicht.

Lösung

Gleichsetzen: $p_N(x) = p_A(x)$ $\frac{4}{x+1} = 0{,}25x + 1$

Umformung: $4 = 0{,}25x^2 + 1{,}25x + 1$ bzw. $x^2 + 5x - 12 = 0$

Lösung ($x > 0$): $x = 1{,}77...$

Die Gleichgewichtsmenge beträgt etwa 1,8 ME.

Gleichgewichtspreis $p_A(1{,}77) = 1{,}44$

Marktgleichgewicht MGG(1,77 | 1,44)

Schaubild der Nachfragefunktion p_N und Schaubild der Angebotsfunktion p_A

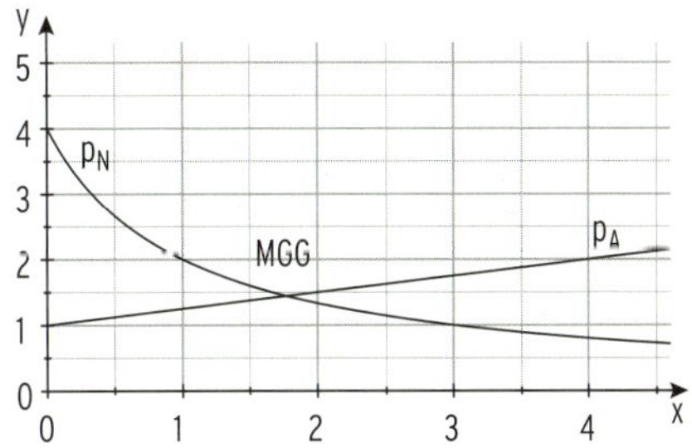

Marktgleichgewicht siehe S. 75

Aufgaben

1 Für ein bestimmtes Gut gilt die Nachfragefunktion p_N mit $p_N(x) = \frac{15900}{x+170} - 60$ sowie die Angebotsfunktion p_A mit $p_A(x) = \frac{3}{20}x + 10$.

a) Ermitteln Sie den maximal ökonomisch sinnvollen Definitionsbereich der Nachfragefunktion. Bestimmen Sie die Sättigungsmenge und den Höchstpreis.

b) Berechnen Sie das Marktgleichgewicht.

2 Ein kleines Unternehmen fertigt hochwertige Medizintechnik. Damit hat das Unternehmen in diesem Marktsegment nahezu die Monopolstellung erreicht. Für die Markteinführung eines neuen Röntgensystems gilt die Preis-Absatz-Funktion
p_N mit $p_N(x) = \frac{100 - 5x}{x + 15}$; x in ME.

a) Bestimmen Sie die Sättigungsmenge und den ökonomisch sinnvollen Definitionsbereich von p_N. Ermitteln Sie die Gleichung der Erlösfunktion E.
Bestimmen Sie diejenigen Ausbringungsmengen, bei denen ein Erlös von mehr als 20 GE erzielt wird.

b) In einer neuen Marktsituation gilt p_N als Nachfragefunktion. Die Angebotsfunktion p_A für das Röntgensystem lautet $p_A(x) = \frac{5(x-1)}{x+14}$; $x \in \mathbb{R}$ und $x \geq 1$.
Bestimmen Sie das Marktgleichgewicht.

Wirtschaftlichkeit

Definition

Die Wirtschaftlichkeit eines Unternehmens ist das Verhältnis von Ertrag und Kosten.
Die Produktion ist **wirtschaftlich,** wenn der Ertrag (Erlös) größer als die Kosten ist.

Wirtschaftlichkeitsfunktion W mit $W(x) = \frac{E(x)}{K(x)}$

Beispiel

Gegeben ist die Gesamtkostenfunktion K mit $K(x) = 0{,}25x + 80$ und die Erlösfunktion E mit $E(x) = 1{,}2x$.

a) Zeichnen Sie den Graphen der Wirtschaftlichkeitsfunktion W mit $W(x) = \frac{E(x)}{K(x)}$ in ein geeignetes Koordinatensystem ein.

b) Lösen Sie die Gleichung $W(x) = 1$. Erläutern Sie die Bedeutung dieser Lösung.

c) Beschreiben Sie den Einfluss einer Preiserhöhung von 10 % auf die Wirtschaftlichkeit des Unternehmens.

Lösung

a) **Graph von W**

mit $W(x) = \frac{1{,}2x}{0{,}25x + 80}$; $x \geq 0$

Hinweis: W ist für $x \geq 0$ definiert, da $K(x) > 0$ und $E(x) \geq 0$ für alle $x \geq 0$ ist.

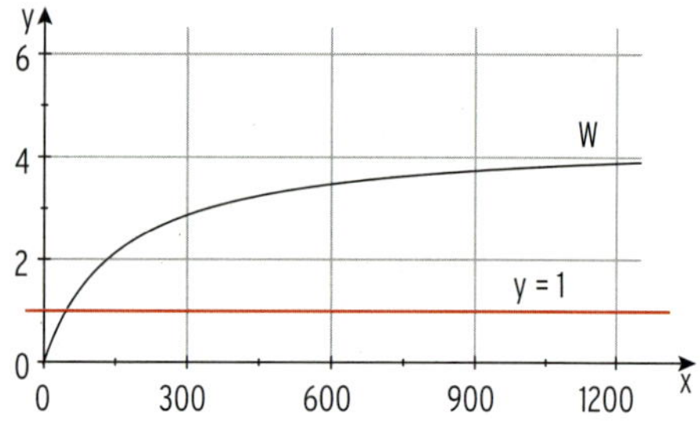

b) Die Bedingung $W(x) = 1$ ergibt:

$$\frac{1{,}2x}{0{,}25x + 80} = 1 \quad | \cdot (0{,}25x + 80)$$

$$1{,}2x = 0{,}25x + 80$$

Lösung der Gleichung führt auf $x_1 \approx 84{,}2$

$W(x) = 1$, d. h., $E(x) = K(x)$ und damit ist $x_1 \approx 84{,}2$ die **Gewinnschwelle.**

$W(x) = \frac{E(x)}{K(x)} > 1 \Rightarrow E(x) > K(x)$

$W(x) > 1$, wenn x in der Gewinnzone liegt.

Das Unternehmen **arbeitet wirtschaftlich,** wenn die Produktion über 84,2 ME liegt.

c) Eine Preiserhöhung von 10 % bewirkt eine Erhöhung der Wirtschaftlichkeit ebenfalls um 10 %.

$E_{neu}(x) = 1{,}1E(x)$: $\quad W_{neu}(x) = \frac{E_{neu}(x)}{K(x)} = \frac{1{,}1E(x)}{K(x)}$

$$W_{neu}(x) = 1{,}1\, W(x)$$

Produktivität

Definition

Die Produktivität eines Unternehmens ist das Verhältnis von Output und Input.

Der Output wird durch die Produktionsfunktion P(x) in Abhängigkleit vom Input x beschrieben.

Produktivität p(x) mit $p(x) = \frac{P(x)}{x}$

Hinweis: Output und Input können verschiedene Einheiten haben.
P(x) beschreibt z. B. die geförderte Menge an Eisenerz in Tonnen in Abhängigkeit von der Anzahl der eingesetzten Maschinen.

$P(2) = 6$ (Tonnen); $p(2) = \frac{6}{2} \left(\frac{\text{Tonnen}}{\text{Maschine}}\right) = 3 \left(\frac{\text{Tonnen}}{\text{Maschine}}\right)$

Beispiel

➲ Gegeben ist die Produktionsfunktion P durch $P(x) = -x^3 + 6x^2 + x$; $0 \leq x \leq 6{,}1$, x in Arbeitsstunden, P(x) in ME.

a) Zeichnen Sie die Graphen der Produktionsfunktion P und der Produktivität p in ein geeignetes Koordinatensystem ein.

b) Ermitteln Sie die maximale Produktivität.
Interpretieren Sie ökonomisch.

Lösung

a) Schaubilder von P und p

$p(x) = \frac{P(x)}{x} = -x^2 + 6x + 1$; $0 < x \leq 6{,}1$

Hinweis: p ist für x = 0 nicht definiert.

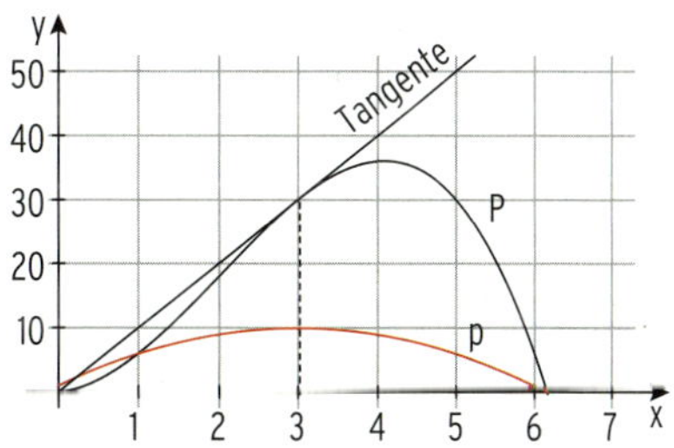

b) Scheitelpunkt des Schaubildes von p

$x_S = -\frac{-6}{2} = 3$

Maximale Produktivität: p(3) = 10

Interpretation:

Nach 3 Arbeitsstunden wird die größte Produktivität erreicht.

Sie beträgt 10 ME/h.

Die größte durchschnittliche Produktion pro Stunde wird bei 3 Stunden erzielt.

Hinweis: Legt man vom Ursprung die Tangente an die Kurve der Produktionsfunktion an, so ist die Steigung dieser Tangente die maximale Produktivität.

Umsatzrentabilität

Definition

Die **Umsatzrentabilität** eines Unternehmens ist das **Verhältnis** von Gewinn und Ertrag (Umsatz). Sie wird in Prozent ausgedrückt.

Umsatzrentabilität $= \frac{\text{Gewinn}}{\text{Umsatz}} \cdot 100\ \%$

Umsatzrentabilitätsfunktion R mit $R(x) = \frac{G(x)}{E(x)}$

Hinweis: Diese Größe gibt den prozentualen Anteil des Gewinns am Umsatz des Unternehmens an und beschreibt dadurch die Profitabilität des Unternehmens.

Beispiel

➲ Gegeben ist die Gesamtkostenfunktion K mit $K(x) = \frac{1}{8}x^2 + \frac{1}{2}x + 200$ und die Erlösfunktion E mit $E(x) = 13x$; x in ME.

a) Zeichnen Sie den Graph der Umsatzrentabilitätsfunktion R für $x > 1$. Berechnen Sie die Nullstellen von R. Interpretieren Sie Ihr Ergebnis.

b) Der Unternehmer strebt eine Umsatzrentabilität von 10 % an. Ermitteln Sie die Ausbringungsmengen so, dass er das Ziel erreichen kann.

Lösung

a) Gewinnfunktion G mit $G(x) = E(x) - K(x)$

$G(x) = -\frac{1}{8}x^2 + \frac{25}{2}x - 200$

Umsatzrentabilitätsfunktion R

$R(x) = \frac{G(x)}{E(x)} = \frac{-\frac{1}{8}x^2 + \frac{25}{2}x - 200}{13x}$

$R(x) = \frac{-x^2 + 100x - 1600}{104x}$

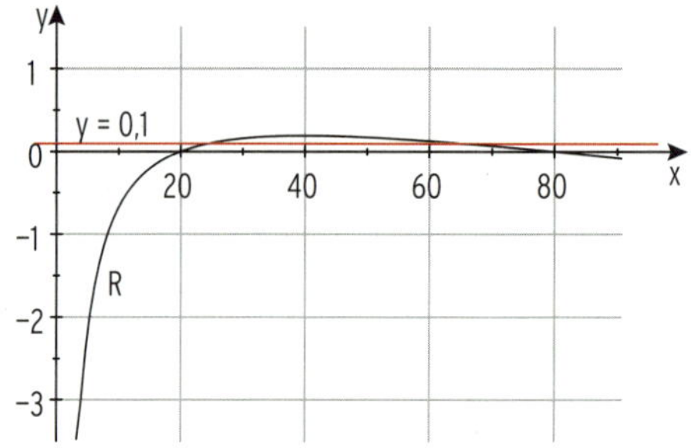

Nullstellen von R

Bedingung: $R(x) = 0 \Leftrightarrow G(x) = 0$ $\quad -\frac{1}{8}x^2 + \frac{25}{2}x - 200 = 0$

Zwei **positive** Lösungen: $x_1 = 20;\ x_2 = 80$

Die Lösungen entsprechen der Gewinnschwelle und der Gewinngrenze.

Bemerkung: In der **Gewinnschwelle** (x-Wert des Break-Even-Punkts) und der **Gewinngrenze** beträgt die Umsatzrentabilität 0 %.

b) **Umsatzrentabilität von 10 %**

Bedingung: $R(x) = 0{,}1$ $\quad 0{,}1 = \frac{-x^2 + 100x - 1600}{104x}$

$-x^2 + 100x - 1600 = 10{,}4x$

Zwei **positive** Lösungen: $x_1 = 24{,}6;\ x_2 = 65{,}0$

Bei einer verkauften Ausbringung von etwa 25 bzw. 65 ME kann er das Ziel erreichen.

Aufgaben

1 Gegeben ist die Gesamtkostenfunktion K mit $K(x) = \frac{1}{40}x^2 + 2x + 160$ und die Erlösfunktion E mit $E(x) = 10{,}5x$; x in ME.

a) Bestimmen Sie die Wirtschaftlichkeitsfunktion W. Lösen Sie $W(x) = 1$. Interpretieren Sie Ihr Ergebnis aus wirtschaftlicher Sicht.

b) Geben Sie den Term der Umsatzrentabilitätsfunktion R für $x > 1$ an. Bestimmen Sie die Nullstellen von R. Interpretieren Sie Ihr Ergebnis.

c) Der Unternehmer strebt eine Umsatzrentabilität von mindestens 20 % an. Geben Sie den Bereich an, auf dem dieses Ziel erreicht wird.

2 Gegeben ist die Gesamtkostenfunktion K mit $K(x) = 0{,}1x^3 - 3x^2 + 50x + 300$ und die Erlösfunktion E mit $E(x) = 60x$.

a) Zeichnen Sie den Graphen der Wirtschaftlichkeitsfunktion W mit $W(x) = \frac{E(x)}{K(x)}$ in ein geeignetes Koordinatensystem ein.
Ermitteln Sie den Bereich, auf dem gilt: $W(x) \geq 1$.

b) Berechnen Sie die Ausbringungsmenge, wenn die Umsatzrentabilität genau 0 % beträgt.

c) Der Unternehmer will eine Umsatzrentabilität von 10 % erzielen. Ermitteln Sie die Produktionsmengen, die er produzieren und verkaufen muss.

3 Die Abbildung zeigt die Kostenkurve und die Erlösgerade für ein Unternehmen.

a) Bestimmen Sie den Funktionsterm von K und E anhand der Zeichnung.

b) Skizzieren Sie den Graph der Wirtschaftlichkeitsfunktion und machen Sie Aussagen über deren Verlauf.
Bestimmen Sie die Wirtschaftlichkeit für große Stückzahlen.

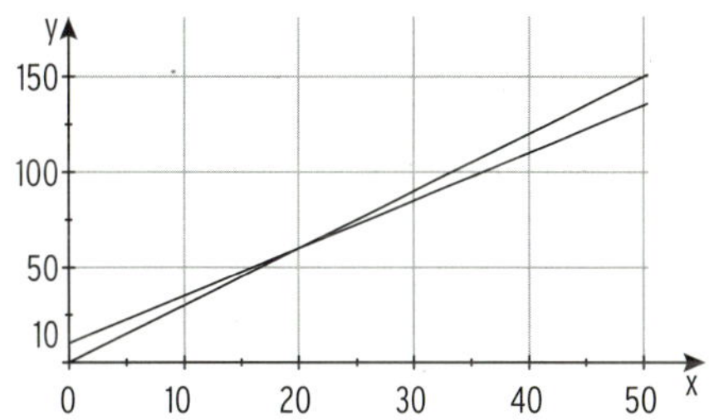

c) Der Unternehmer strebt eine Umsatzrentabilität von 10 % an. Berechnen Sie die Ausbringungsmengen, um dieses Ziel zu erreichen.

d) Zeigen Sie, dass eine Umsatzrentabilität von 20 % nicht möglich ist.

4 K mit $K(x) = 4 + \frac{1}{10}x^2$; $0 \leq x \leq 10$, beschreibt die Kosten bei einer Produktion von x Stück einer Ware.
Ermitteln Sie den Stückpreis p, sodass gilt $W(2) = 1{,}25$.

5 Der landwirtschaftliche Betrieb von Herrn Kempter baut u. a. Weizen an. Um den Ertrag zu erhöhen, setzt Herr Kempter Dünger ein. Die Produktionsfunktion P mit $P(x) = -0{,}1x^3 + 0{,}8x^2 + 0{,}1x$; $0 \leq x \leq 7$ beschreibt näherungsweise den Weizenertrag in Abhängigkeit von der eingesetzten Düngermenge.
Dabei gibt x die Düngermenge in Zentner (50 kg) und P(x) den Weizenertrag in Tonnen an. Ermitteln Sie die maximale Produktivität.

Test zur Überprüfung Ihrer Grundkenntnisse

1 Bestimmen Sie D_{max} und die Asymptoten.
Skizzieren Sie den Graphen der Funktion f.

a) $f(x) = 4 + \frac{1}{x}$ b) $f(x) = \frac{1}{x-5}$ c) $f(x) = \frac{2-4x}{x}$

2 Gegeben sind die Funktionsterme:

$f(x) = x + \frac{1}{x}$

$g(x) = 2x + \frac{1}{x}$

$h(x) = x + \frac{4}{x}$

Ein Funktionsterm gehört zum Schaubild A. Begründen Sie Ihre Antwort.

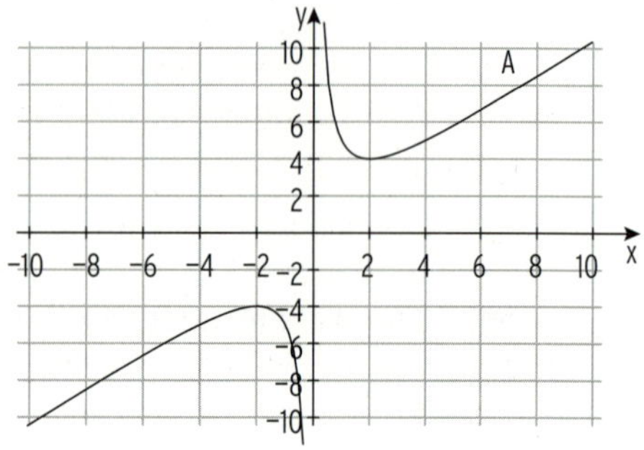

3 Die Funktion f ist gegeben durch $f(x) = \frac{x^2 - 2x}{x - 2}$; $x \in D_{max}$.
Bestimmen Sie den maximalen Definitionbereich D_{max} von f.
Entscheiden Sie: Die Definitionslücke ist eine Polstelle bzw. eine hebbare Lücke.

4 Die Gesamtkosten der Produktion eines Unternehmens werden durch die Kostenfunktion K mit $K(x) = \frac{1}{6}x^3 - 2x^2 + 14x + 12$; $0 \leq x \leq 15$ beschrieben.
Die Funktion der Stückkosten wird mit k, die der variablen Stückkosten mit k_v bezeichnet.

a) Die Abbildung zeigt die Schaubilder von k und k_v.
Ordnen Sie zu.
Begründen Sie Ihre Zuordnung.

b) Bestimmen Sie die Funktionsterme k(x) und $k_v(x)$.

c) Zeigen Sie: Für x = 6 betragen die Stückkosten 10 GE pro ME.
Bestimmen Sie alle Produktionsmengen, bei denen die Stückkosten 10 GE/ME betragen.

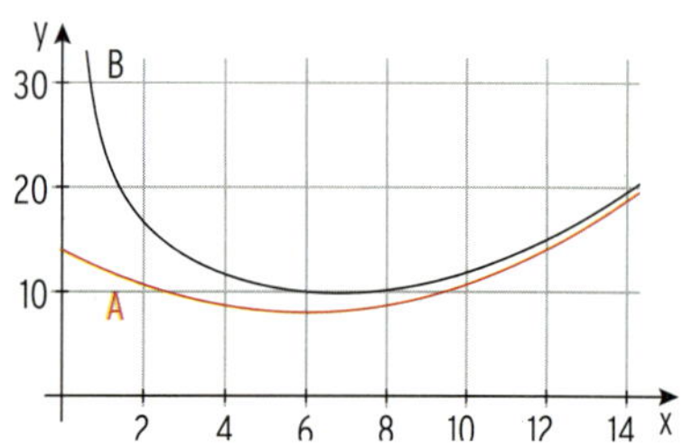

5 Die Firma Stuckenberg stellt Messgeräte für die Medizin her.
Die Angebotsfunktion lässt sich beschreiben durch $p_A(x) = 3x + 1$, die Nachfragefunktion durch $p_N(x) = \frac{50}{x+2}$, x in ME, $p_A(x)$ und $p_N(x)$ in GE/ME.
Berechnen Sie das Marktgleichgewicht.

5 Exponentialfunktionen

Modellierung einer Situation

Das Wachstum eines Süßkirschenbaumes wird über einen Zeitraum von mehreren Jahren untersucht.

1) Für die Wachstumsgeschwindigkeit w dieser Pflanze in Abhängigkeit von der Zeit t liegen folgende Werte vor:

t in Jahren	1	2	3	4	5
w in $\frac{\text{Meter}}{\text{Jahr}}$	0,81	0,54	0,36	0,24	0,16

- Bestimmen Sie mithilfe der Messwerte eine Exponentialfunktion, die die Wachstumsgeschwindigkeit in Abhängigkeit von der Zeit beschreibt.
- Zeichnen Sie das Schaubild der Exponentialfunktion und die Messwerte in ein gemeinsames Koordinatensystem ein.
  Geben Sie die Änderung der Wachstumsgeschwindigkeit pro Jahr in Prozent an.

2) Im Folgenden gilt: $v(t) = 1{,}2\,e^{-0{,}4t};\ t \geq 0$.
Dabei ist t die Zeit in Jahren und v(t) gibt die Wachstumsgeschwindigkeit in $\frac{\text{Meter}}{\text{Jahr}}$ zum Zeitpunkt t an.
- Man betrachtet das Wachstum als beendet, wenn die Wachstumsgeschwindigkeit kleiner als $0{,}01\frac{\text{Meter}}{\text{Jahr}}$ ist. Bestimmen Sie diesen Zeitpunkt.
- Berechnen Sie die mittlere Wachstumsgeschwindigkeit der Pflanze in den ersten 5 Jahren. Zu Beobachtungsbeginn (t = 0) ist der Kirschbaum 1m hoch.
  Berechnen Sie die Höhe des Kirschbaums nach 5 Jahren.

Bearbeiten Sie diese Situation, nachdem Sie die rechts aufgeführten **Qualifikationen und Kompetenzen** erworben haben.

Qualifikationen & Kompetenzen

- Realitätsbezogene Zusammenhänge mit Exponentialfunktionen mathematisch modellieren
- mathematisch argumentieren
- Probleme mathematisch lösen
- Die mathematische Fachsprache verwenden

5.1 Einführungsbeispiele

Beispiel 1

➲ Papa Kurt schenkt seinem Sohn 1000 €.
Er bietet ihm zwei Alternativen an:

- Der Sohn erhält jedes Jahr weitere 50 €.
- Der Betrag 1000 € wird zu 5 % Zinsen angelegt.

Beschreiben Sie die Entwicklung des Kapitals im Laufe von 20 Jahren.
Nennen Sie Argumente für die bessere Alternative.

Lösung

- Nach 10 Jahren: 1500 €
  Nach 20 Jahren: 2000 €
  Kapital nach n Jahren:
  $K_n = 1000 + 0{,}05 \cdot 1000 \cdot n$
  $K_n = 1000 + 50n$
  Konstante jährliche Zunahme um d = 50.
  Das Kapital erhöht sich jedes Jahr um 50 €, also **linear.**

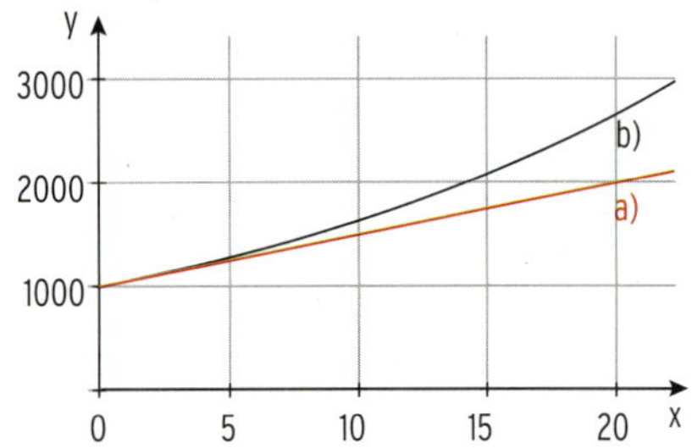

Bemerkung: f mit $f(x) = 1000 + 50x$; $x \in \mathbb{R}$, ist eine **lineare Funktion.**

Beachten Sie

Beim **lineären Wachstum** nimmt die Größe y immer **um den gleichen Summanden d zu,** wenn die Größe x um 1 zunimmt.

- Kapital nach 1 Jahr: $K_1 = 1000 \cdot 1{,}05 = 1050$
  Kapital nach 2 Jahren: $K_2 = 1050 \cdot 1{,}05 = (1000 \cdot 1{,}05) \cdot 1{,}05 = 1000 \cdot 1{,}05^2$
  $K_2 = 1102{,}5$
  Kapital nach 10 Jahren: $K_{10} = 1000 \cdot 1{,}05^{10} = 1628{,}89$
  Kapital nach 20 Jahren: $K_{20} = 1000 \cdot 1{,}05^{20} = 2653{,}30$
  Kapital nach n Jahren: $K_n = 1000 \cdot 1{,}05^n$
  Jedes Jahr wächst das Kapital mit dem **Wachstumsfaktor q = 1,05.**
  Das Kapital erhöht sich **exponentiell.**
  Ergebnis: Alternative b) ist vorteilhafter (s. Abb.).

Bemerkung: f mit $f(x) = 1000 \cdot 1{,}05^x$; $x \in \mathbb{R}$, ist eine **Exponentialfunktion.**

Beachten Sie

Beim **exponentiellen Wachstum** wächst die Größe y immer **mit dem festen Faktor q,** wenn die Größe x um 1 zunimmt.

Beispiel 2

Nimmt man Milch aus dem Kühlschrank, hat sie eine Temperatur von 6 °C, danach erwärmt sie sich.
Die Zimmertemperatur beträgt 20 °C.
Dieser Vorgang lässt sich durch den Funktionsterm beschreiben:
$f(x) = 20 - 14 \cdot 2^{-0{,}144x}$; $x \geq 0$,
x in Minuten, f (x) in °C.
Machen Sie Aussagen zum Temperaturverlauf.

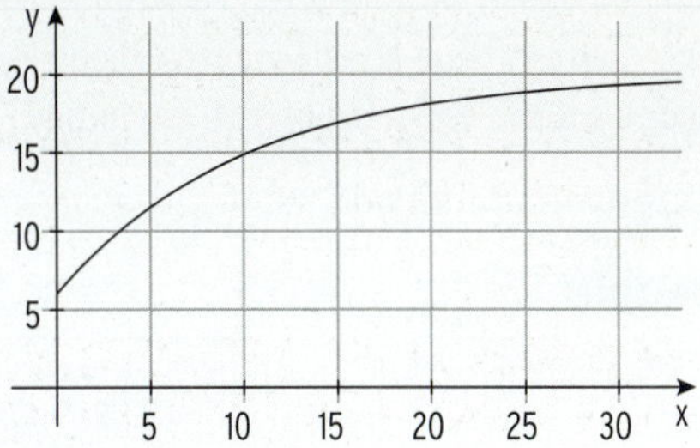

Lösung

Man stellt fest: Die Erwärmung verläuft **nicht linear.**

Wertetabelle

x	0	1	10	20	30
f(x)	6	7,33	14,81	18,10	19,30

Die Erwärmung ist abgeschlossen, wenn die Milch Zimmertemperatur (20 °C) hat.
Für $x \to \infty$ strebt die Temperatur $f(x) \to 20$.
Vergleich von f (1) mit f (0) ergibt: In der 1. Minute erwärmt sich die Milch um 1,33 °C.
Von der 20. bis zur 30. Minute erwärmt sich die Milch um
$\frac{19{,}30\,°C - 18{,}10\,°C}{10\,min} = 0{,}12\,\frac{°C}{min}$.
Die „Erwärmungsgeschwindigkeit“ ist am Anfang am größten.

Beispiel 3

Eine Bakterienkultur vermehrt sich in den ersten fünf Stunden exponentiell.
Die **Exponentialfunktion f** mit
$f(t) = 2200 \cdot 1{,}804^t$ beschreibt die Anzahl der Bakterien nach t Stunden.
Beschreiben Sie, wie sich die Anzahl der Bakterien entwickelt.

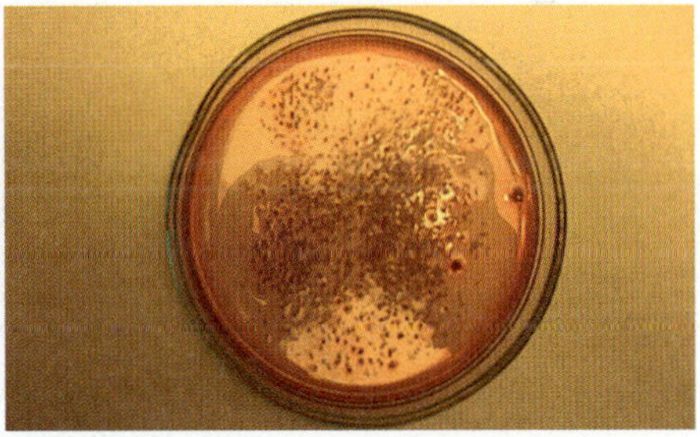

Lösung

f (0) = 2200 Anfangsbestand
Wachstumsfaktor q = 1,804
Stündlich nimmt die Zahl der Bakterien um 80,4 % zu. Nach etwa 4,8 Stunden wird die Zahl 40 000 überschritten.

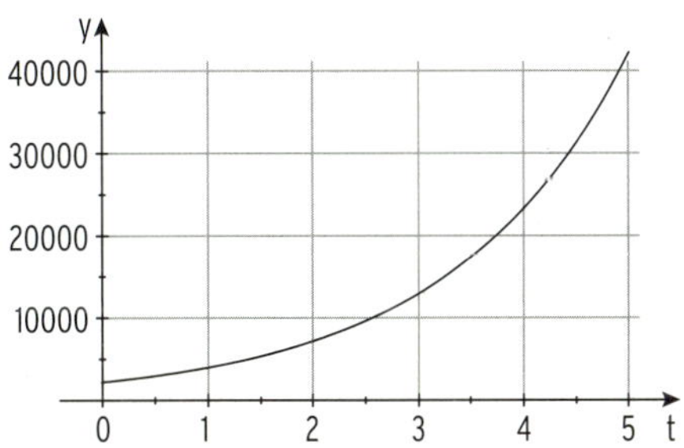

5.2 Definition einer Exponentialfunktion

Bei den bisher betrachteten Funktionen (z. B. f mit $f(x) = x^2$) war die Basis x variabel und die Hochzahl eine konstante natürliche Zahl. Ist die **Hochzahl x variabel** und die Basis eine positive Zahl, dann ergibt sich ein neuer Funktionstyp, die **Exponentialfunktion.**

Exponentialfunktion f mit $f(x) = a^x$; $a > 0$; $a \neq 1$; $x \in \mathbb{R}$

Beispiel

f mit $f(x) = 2^x$; $x \in \mathbb{R}$

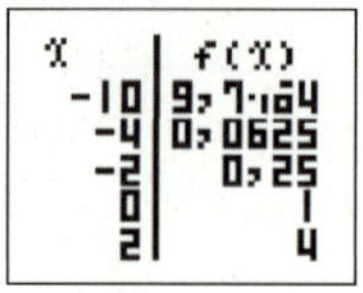

x	f(x)
−10	$9{,}7 \cdot 10^{-4}$
−4	0,0625
−2	0,25
0	1
2	4

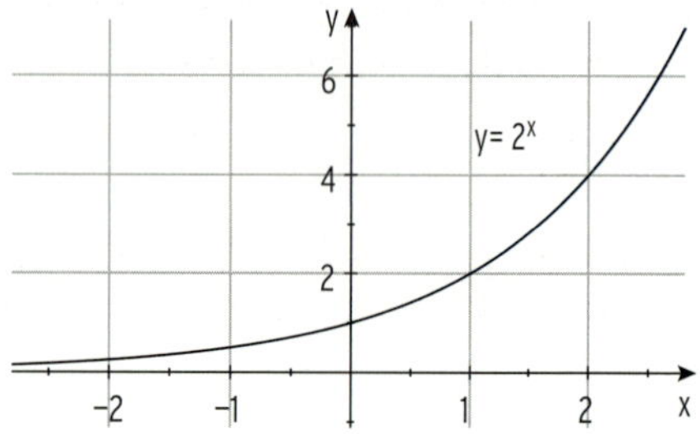

Funktionswerte: $f(0) = 2^0 = 1$; $f(-1) = 2^{-1} = \frac{1}{2}$

$f(-10) = 2^{-10} = \frac{1}{2^{10}} \approx 0{,}00098$

Eigenschaften: Die Funktionswerte f(x) sind (monoton) **wachsend.**
Die Funktionswerte f(x) streben für $x \to -\infty$ gegen null;
der Graph von f nähert sich immer mehr der x-Achse an.
Die x-Achse ist **waagrechte Asymptote (Näherungsgerade).**

Spiegelt man das Schaubild von f **an der y-Achse,** ersetzt man x durch (− x) und man erhält das Schaubild von g mit
$g(x) = 2^{-x}$; $x \in \mathbb{R}$.

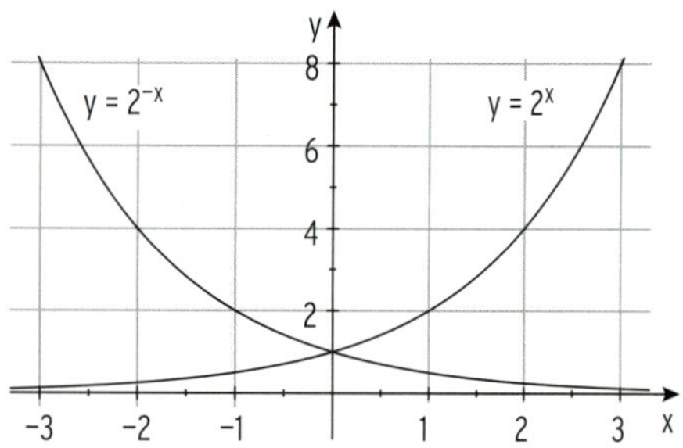

Seite 210

Funktionswerte: $g(0) = 2^0 = 1$; $g(1) = 2^{-1} = \frac{1}{2}$

$g(4) = 2^{-4} = \frac{1}{2^4} = 0{,}0625$

Eigenschaften: Die Funktionswerte g(x) sind (monoton) **fallend.**
g(x) strebt für $x \to \infty$ gegen null.
Die x-Achse ist **waagrechte Asymptote.**

Beachten Sie

Das Schaubild einer Exponentialfunktion f mit $f(x) = a^x$; $x \in \mathbb{R}$; $a > 0$; $a \neq 1$, verläuft durch den Punkt S(0 | 1), denn $a^0 = 1$. Die x-Achse ist **waagrechte Asymptote.**

Aufgaben

1 Bestimmen Sie die Anzahl der Reiskörner auf dem 64. Feld eines Schachbretts, wenn man auf das 1. Feld ein Reiskorn, auf das 2. Feld zwei, auf das 3. Feld vier, auf das 4. Feld acht Reiskörner usw. legt. Vergleichen Sie Ihr Ergebnis mit der Weltjahresproduktion von Reis.

2 Die Abbildung zeigt Ausschnitte aus den Schaubildern der Funktionen f mit $f(x) = 3^{0,5x} - 1$ und g mit $g(x) = 3^{0,5x-1}$; $x \in \mathbb{R}$. Ordnen Sie jedem Schaubild einen Funktionsterm zu und begründen Sie Ihre Entscheidung.

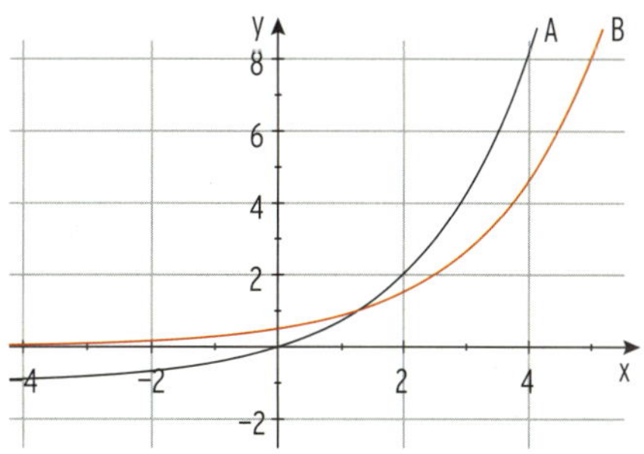

3 Frieder lässt einen Ball aus 2 m Höhe auf einen festen Boden fallen. Der Ball springt nach jedem Aufprall jeweils auf 90 % der Höhe zurück, aus welcher er gefallen ist. Berechnen Sie die Höhe des Balls nach dem 5. bzw. 8. Aufprall. Geben Sie den Funktionsterm f(n) an, der die Höhe nach dem n-ten Aufprall angibt.

4 Für $a > 0$ sind die Funktionen f mit $f(x) = a^x$; $x \in \mathbb{R}$, und g mit $g(x) = \frac{2}{a}x + 1$; $x \in \mathbb{R}$, gegeben. Ermitteln Sie den Wert von a so, dass sich die Graphen von f und g an der Stelle $x_1 = 1$ schneiden.

5 Gegeben ist die Funktion f mit $f(x) = 3^x$; $x \in \mathbb{R}$. Durch Verschiebung des Graphen von f um 1 nach oben entsteht der Graph von g, durch Verschiebung des Graphen von f um 1 nach links entsteht der Graph von h. Skizzieren Sie die Graphen von f, g und h in ein Achsenkreuz. Geben Sie die Funktionsterme von g und h an. Berechnen Sie den Schnittpunkt der Graphen von g und h.

5.3 Die Euler'sche Zahl e

Beispiel

➲ Nehmen wir an, wir hätten 1€ bei einer (sehr großzügigen) Bank zu 100% angelegt. Nach einem bestimmten Zeitabschnitt (z.B. nach einem Monat) wird der Zins dem Konto gutgeschrieben und ab dem nächsten Zeitabschnitt (ab dem nächsten Monat) mitverzinst. Berechnen Sie die Höhe des Kapitals am Ende des Jahres.

Lösung

Die Zinsgutschrift erfolgt	Kapital am Ende des Jahres
jährlich	$K_1 = 1 + \frac{100}{100} = 2$
vierteljährlich	$K_4 = \left(1 + \frac{1}{4}\cdot\frac{100}{100}\right)\left(1 + \frac{1}{4}\cdot\frac{100}{100}\right)\left(1 + \frac{1}{4}\cdot\frac{100}{100}\right)\left(1 + \frac{1}{4}\cdot\frac{100}{100}\right)$
	1. 2. 3. 4. Quartal
Kapital nach dem 4. Quartal:	$K_4 = \left(1 + \frac{1}{4}\right)^4 = 2{,}44$
monatlich	$K_{12} = \left(1 + \frac{1}{12}\cdot\frac{100}{100}\right)\left(1 + \frac{1}{12}\cdot\frac{100}{100}\right)\cdot\ldots\cdot\left(1 + \frac{1}{12}\cdot\frac{100}{100}\right)$
	1. 2. ... 12. Monat
Kapital nach dem 12. Monat:	$K_{12} = \left(1 + \frac{1}{12}\right)^{12} = 2{,}61$
täglich	$K_{360} = \left(1 + \frac{1}{360}\right)^{360} = 2{,}71$
in n gleichen Abschnitten eines Jahres:	$K_n = \left(1 + \frac{1}{n}\right)^n$

Schreibt man die Zinsen in immer kürzeren Abständen (d.h., n geht gegen unendlich) dem Kapital gut, so spricht man von einer **stetigen Verzinsung.**

Das Kapital von 1€ steigt am Ende des Jahres jedoch nicht ins Unendliche, sondern strebt gegen eine feste Zahl, wie man anhand der Tabelle erkennen kann.

n	1	10	100	1000	10 000
$(1+\frac{1}{n})^n$	2	2,5937...	2,7048...	2,7169...	2,7181...

Für $n \to \infty$ wächst das Kapital auf das 2,718...-Fache.

Die (irrationale) Zahl 2,718... heißt **Euler'sche Zahl e.**

Euler'sche Zahl e = 2,718 281 828 459...

Das Kapital nimmt also bei einer Verzinsung von 100% und unendlich häufigem Zinszuschlag in einem Jahr **(stetige Verzinsung)** den Wert **K* = K·e** an.

Beachten Sie

Die Euler'sche Zahl e ist der Grenzwert von $\left(1 + \frac{1}{n}\right)^n$ für $n \to \infty$.

Schreibweise: $e = \lim\limits_{n \to \infty}\left(1 + \frac{1}{n}\right)^n$

5.4 Exponentialfunktionen zur Basis e

In den Naturwissenschaften, in der Technik und in den Wirtschaftswissenschaften sind die **Exponentialfunktionen** von überragender Bedeutung. Dabei spielt die **Basis e** eine besondere Rolle: e = 2,718 281 828 ...

Beachten Sie

Die **Exponentialfunktion zur Basis e** ist die Funktion f mit $\mathbf{f(x) = e^x}$; $x \in \mathbb{R}$.

Viele mathematische Probleme können mit einer **Exponentialfunktion zur Basis e (e-Funktion) beschrieben werden.**

Untersuchung der Exponentialfunktion f mit $f(x) = e^x$ bzw. g mit $g(x) = e^{-x}$; $x \in \mathbb{R}$

Wertetabelle

x	$y = e^x$	$y = e^{-x}$
-2	0.1353	7.389
-1	0.3678	2.7182
0	1	1
1	2.7182	0.3678

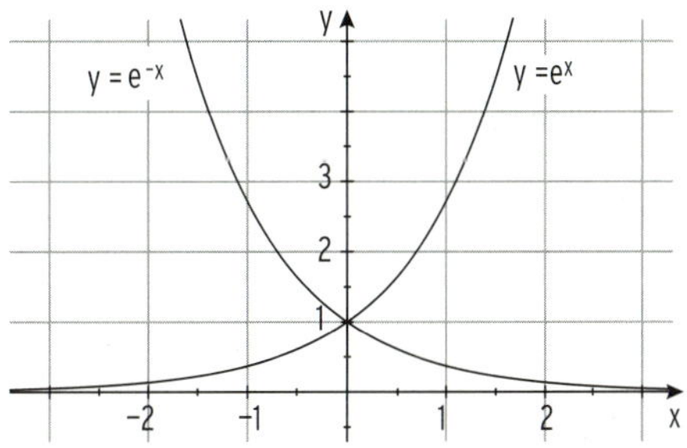

Eigenschaften

1. Das zugehörige Schaubild verläuft **oberhalb** der x-Achse: $e^x > 0$; $e^{-x} > 0$
   Es gibt keine Schnittpunkte mit der x-Achse.
2. Wertetabelle für $y = e^x$

x	$-\infty \leftarrow$	−12	−8	−4
y	$0 \leftarrow$	0,000006	0,0003	0,018

$e^x \to 0$ für $x \to -\infty$

Wertetabelle für $y = e^{-x}$

x	4	8	12	$\to \infty$
y	0,018	0,0003	0,000006	$\to 0$

$e^{-x} \to 0$ für $x \to \infty$

Die x-Achse ist waagrechte Asymptote.

3. S(0|1) liegt auf dem Graph, denn $e^0 = 1$.

Seite 210

Potenzwerte: $e^0 = 1$
$e = e^1 \approx 2{,}718$
$e^{10} \approx 22\,026$
$e^{-10} \approx 4{,}5 \cdot 10^{-5}$
$e^{-1} = \frac{1}{e} \approx 0{,}368$

e^0
1
e^1
2,718281828
e^{-1}
0,3670794412

Aufgaben

1 Zeichnen Sie das Schaubild der Funktion f mithilfe einer Wertetabelle.
Untersuchen Sie das Verhalten der Funktionswerte für $x \to \pm\infty$.

a) $f(x) = e^{1-x}$ b) $f(x) = 0{,}5\,e^{x} - 2$ c) $f(x) = 45\,e^{0{,}0125\,x}$

2 Gegeben ist der Graph der Funktion f mit $f(x) = e^{x}$.
Die beiden Graphen von g und h entstehen aus dem Graphen von f.
Bestimmen Sie die zugehörigen Funktionsterme.

a)

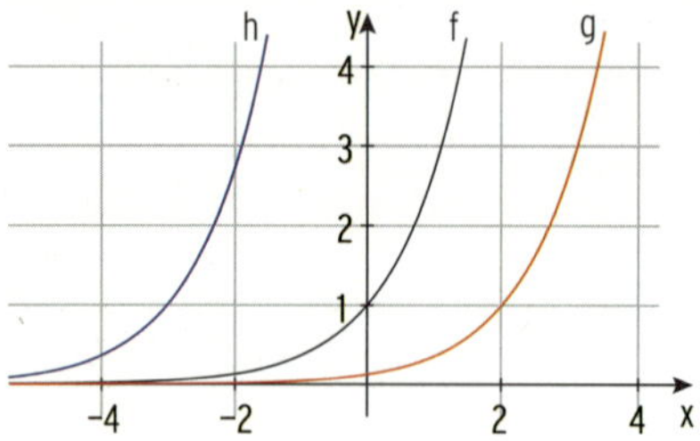

b)

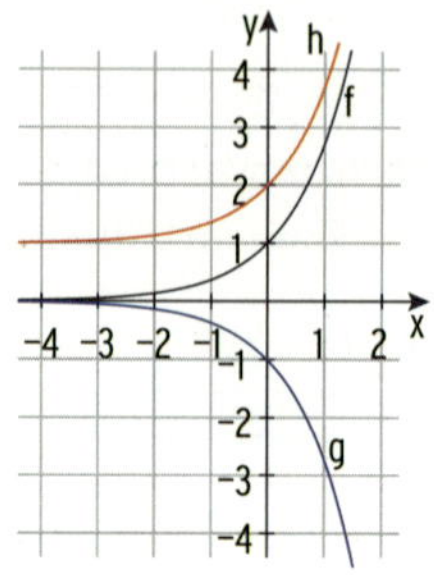

3 Die Funktion f ist gegeben durch $f(x) = e^{-x}$.
Durch Abbildung des Graphen von f entsteht der Graph der Funktion g mit $g(x) = ae^{-x} + b$.
Bestimmen Sie a und b, wenn es sich um eine

a) Verschiebung um 3 nach oben,
b) Spiegelung an der x-Achse,
c) Streckung in y-Richtung mit dem Faktor 0,5 und eine Verschiebung um 6 nach unten,
d) Verschiebung um 2 nach rechts handelt.

Beschreiben Sie eine gemeinsame Eigenschaft aller Kurven.

4 Ein Schaubild in der nebenstehenden Abbildung gehört zu der Funktion f mit $f(x) = e^{1-2x}$.
Begründen Sie Ihre Wahl.

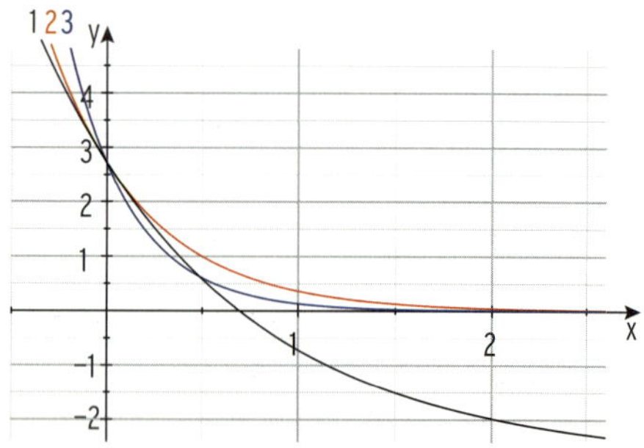

5 Ein Bestand von 2 000 Bakterien vermehrt sich exponentiell innerhalb von 4 Stunden auf 2 600.
Zeigen Sie, dass sich der Bakterienbestand in Abhängigkeit von der Zeit t (in h) durch die Wachstumsfunktion $B(t) = 2\,000 \cdot e^{0{,}06559\,t};\ t \geq 0$, beschreiben lässt.
Nach etwa 25 Stunden sind es 10 000 Bakterien. Überprüfen Sie.

5.5 Schaubilder von Exponentialfunktionen

Beispiel 1

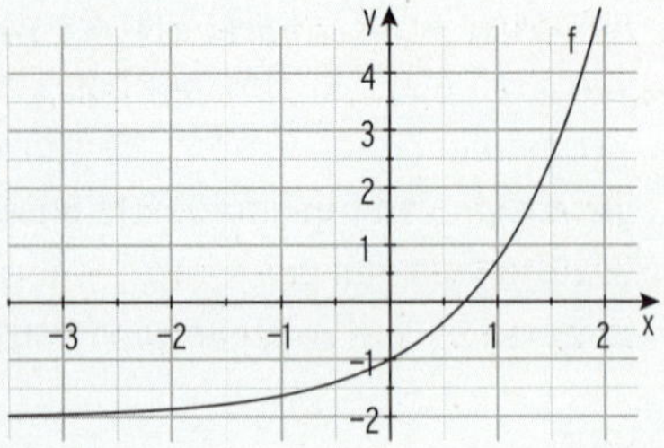

➲ Gegeben ist das Schaubild der Funktion f mit $f(x) = e^x - 2$; $x \in \mathbb{R}$.
Beschreiben Sie den Verlauf des Graphen von f. Kennzeichnen Sie $f(-1)$.
Entscheiden Sie, ob die Nullstelle von f kleiner als 0,7 ist.
Erläutern Sie, wie der Graph von g mit $g(x) = f(x + 1)$ aus dem Graphen von f entsteht.

Lösung

Verlauf des Graphen von f:
Der Graph von f

- verläuft vom 3. in das 1. Feld.
- nähert sich für $x \to -\infty$ der Geraden mit $y = -2$ an **(waagrechte Asymptote).**
- ist steigend, f ist (streng) monoton wachsend.
- $SP_y(0\,|\,-1)$

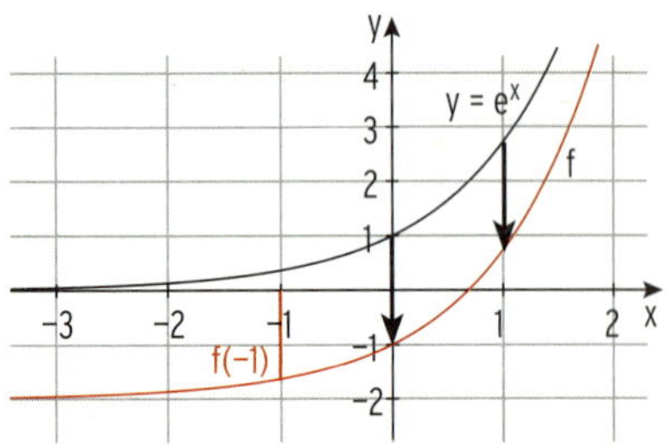

$f(0{,}7) = 0{,}013... > 0$
Die Nullstelle von f ist kleiner als 0,7.

Hinweis: Der Graph von h mit $h(x) = e^x$ (Asymptote: $y = 0$) wird um 2 nach unten **verschoben** und man erhält den Graphen von f (Asymptote: $y = -2$).

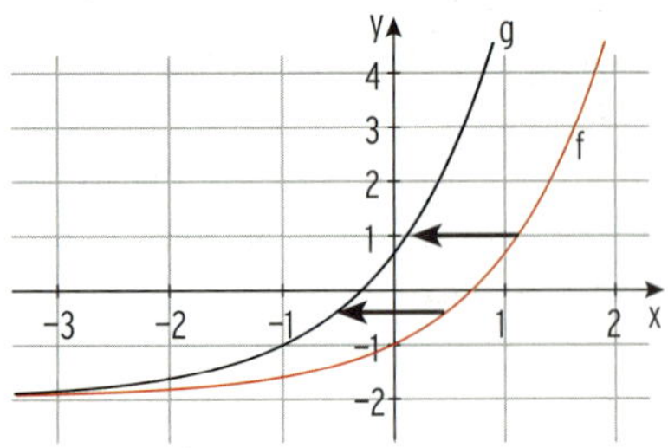

$g(x) = f(x + 1) = e^{x+1} - 2$
Der Graph von f wird um 1 **nach links verschoben.**

Beispiel 2

➲ Gegeben ist die Exponentialfunktion f mit $f(x) = -1{,}2\,e^{-0{,}3x} + 2{,}5$; $x \in \mathbb{R}$.
Skizzieren Sie den Graphen von f und beschreiben Sie den Verlauf.
Berechnen Sie die Schnittpunkte des Graphen von f mit den Koordinatenachsen.

Lösung

Der Graph von f verläuft vom 3. in das 1. Feld, nähert sich für $x \to \infty$ der Geraden mit $y = 2{,}5$ an **(waagrechte Asymptote).**
Der Graph von f ist steigend.
$f(0) = 1{,}3$; $SP_y(0\,|\,1{,}3)$
Nullstelle $x_N \approx -2{,}5$; $SP_x(-2{,}5\,|\,0)$

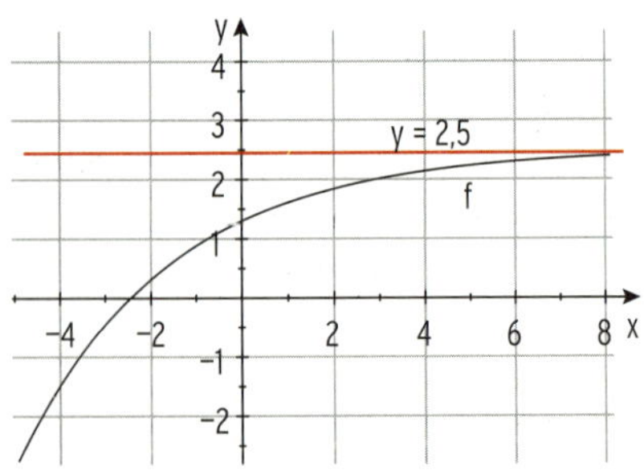

Beispiel 3

➲ Die Abbildung zeigt den Graphen von f mit $f(x) = x - e^{-x}$; $x \in \mathbb{R}$ und die Gerade von g mit $g(x) = x$. Beschreiben Sie den Verlauf des Graphen von f. Begründen Sie: Der Graph von f verläuft stets unterhalb des Graphen von g.

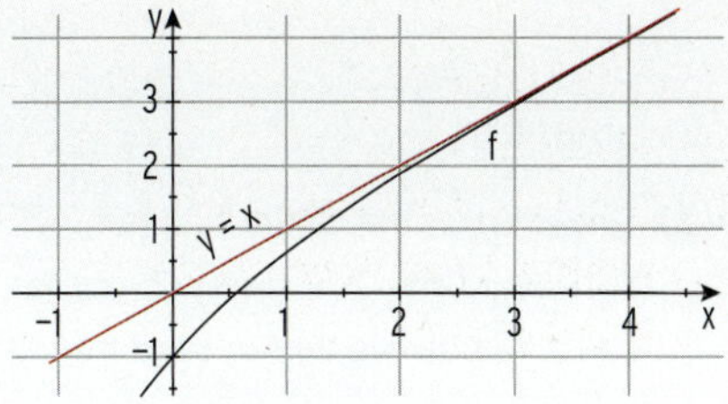

Zeigen Sie: Die Nullstelle von f liegt zwischen 0,56 und 0,57.

Lösung

Verlauf des Graphen von f: • vom 3. in das 1. Feld • monoton steigend • $S_y(0\,|\,-1)$
• nähert sich für $x \to \infty$ der Geraden mit $y = x$ an **(schiefe Asymptote: y = x)**
Der Graph von f verläuft stets **unterhalb der Geraden,** da $e^{-x} > 0$ ist und damit $f(x) < x$ gilt für alle x.
Nullstelle: $f(0{,}56) = -0{,}011...$; $f(0{,}57) = 0{,}0047...$
f(x) wechselt das Vorzeichen zwischen 0,56 und 0,57, also liegt (mindestens) eine Nullstelle auf diesem Bereich.
Aus der Zeichnung: Der Graph von f verläuft **oberhalb der x-Achse** für $x > 0{,}57$.

Beachten Sie

Für $x \to \infty$ strebt $e^{-x} \to 0$
d.h., setzt man in $f(x) = x - e^{-x}$ und $y = x$ immer größere x-Werte ein, unterscheiden sich die errechneten Werte immer weniger, da $e^{-x} \to 0$ strebt: $f(x) \approx x$ für $x \to \infty$.
Die **schiefe Asymptote hat die Gleichung** $y = x$.

x	$y = x - e^{-x}$	y = x
1	0.6321	1
5	4.9932	5
10	9.9999	10
50	50	50

Beispiel 4

➲ Gegeben ist die Funktion f durch $f(x) = (x - 2)e^x$; $x \in \mathbb{R}$.
Beschreiben Sie den Verlauf des Graphen von f.

Lösung

Achsenschnittpunkte: $N(2\,|\,0)$; $S_y(0\,|\,-2)$.
Verhalten von f(x) für x → −∞:
Anhand der Wertetabelle erkennt man, dass das Produkt $(x - 2)e^x$ gegen null strebt.
Hinweis: $-5\,E-4$ bedeutet:
$-5 \cdot 10^{-4} = -0{,}0005$

X	Y1
-40	-2E-16
-30	-3E-12
-20	-5E-8
-10	-5E-4
0	-2
10	176212
20	8.73E9
30	3E14
40	8.9E18
50	2.5E23

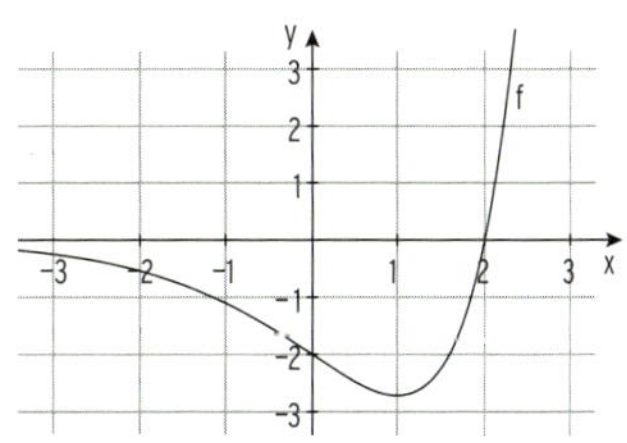

Beachten Sie

Für $x \to -\infty$ strebt e^x „schneller" gegen null als $(x - 2)$ gegen $-\infty$,
damit gilt: $f(x) = (x - 2)e^x \to 0$. Die **waagrechte Asymptote** hat die Gleichung $y = 0$.

Asymptoten bei Schaubildern von Exponentialfunktionen

f mit $f(x) = 0{,}5\,e^x$
$e^x \to 0$ für $x \to -\infty$
Der Graph von f hat eine
waagrechte Asymptote:
$y = 0$ (x-Achse)

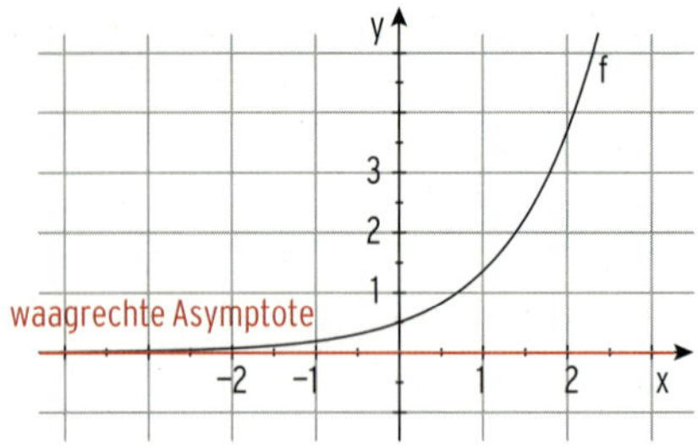

f mit $f(x) = e^{-x} + 1$
$e^{-x} \to 0$ für $x \to \infty$
Der Graph von f hat eine
waagrechte Asymptote:
$y = 1$

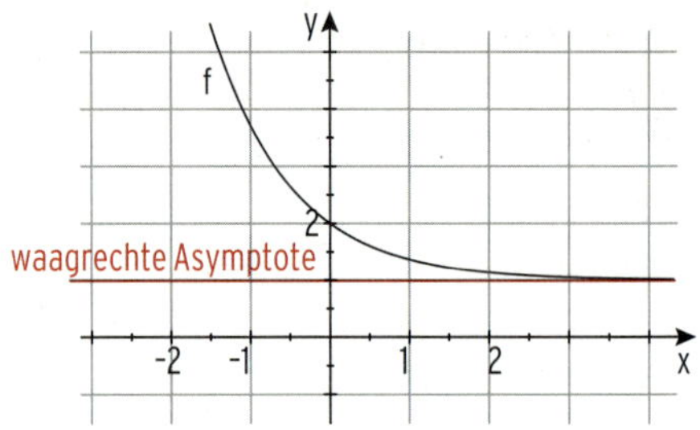

f mit $f(x) = e^{-x} + x$
$e^{-x} \to 0$ für $x \to \infty$
Der Graph von f hat eine
schiefe Asymptote:
$y = x$

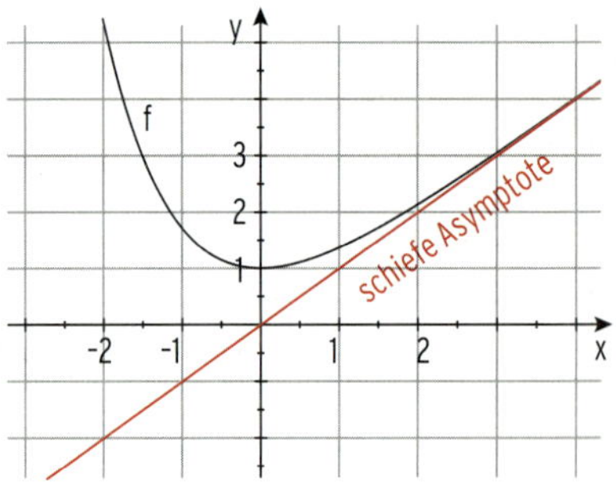

Beachten Sie

Wegen $e^{ax} \to 0;\ a \neq 0,$ für $x \to \infty$ $(a < 0)$ bzw. $x \to -\infty$ $(a > 0)$ hat das Schaubild von f mit $f(x) = e^{ax} + bx + c$ die Asymptote mit der Gleichung $y = bx + c$.
Für $b = 0$: Das Schaubild von f mit $f(x) = e^{ax} + c$ hat die waagrechte Asymptote mit $y = c$.

f mit $f(x) = 3(1 - x)e^{-x}$
Für $x \to \infty$ strebt e^{-x} schneller gegen null als $3(1 - x)$ gegen $-\infty$.
$f(x) = (1 - x)e^{-x} \to 0$ für $x \to \infty$.
Der Graph von f hat eine
waagrechte Asymptote:
$y = 0$ (x-Achse)

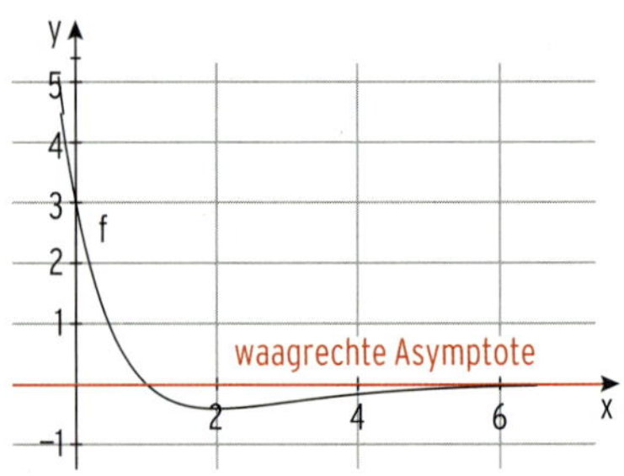

Aufgaben

1 Gegeben ist die Funktion f mit $f(x) = 2e^x$; $x \in \mathbb{R}$.
Skizzieren Sie den Graphen von f und beschreiben Sie seinen Verlauf.
Kennzeichnen Sie $f(-1)$. Berechnen Sie den Schnittpunkt des Graphen von f mit der die y-Achse.
Begründen Sie, warum der Graph von f keine gemeinsamen Punkte mit der x-Achse hat.
Nennen Sie einen Zusammenhang von $f(x)$ und $f(x+1)$.
Beschreiben Sie die Veränderung des Funktionswerts, wenn man x um 1 verkleinert.

2 Gegeben ist die Funktion f mit $f(x) = 2 - e^{-x}$; $x \in \mathbb{R}$.
Beschreiben Sie den Verlauf des Graphen von f.
Zeigen Sie, die Nullstelle von f liegt zwischen $-0{,}69$ und $-0{,}70$.
Erläutern Sie, wie der Graph von f aus dem Graphen von g mit $g(x) = e^{-x}$; $x \in \mathbb{R}$, entsteht.

3 Die Funktion f ist gegeben durch $f(x) = (2x - 1)e^x$; $x \in \mathbb{R}$.
a) Skizzieren Sie den Graphen von f und beschreiben Sie den Verlauf.
b) Für $x < -4{,}50$ haben die zugehörigen Kurvenpunkte einen Abstand von der x-Achse, der kleiner als $\frac{1}{10}$ ist. Überprüfen Sie diese Behauptung.

4 Die Schaubilder gehören zu einer Funktion vom Typ $f(x) = a\,x\,e^{bx}$.
Formulieren Sie Aussagen über a und b.

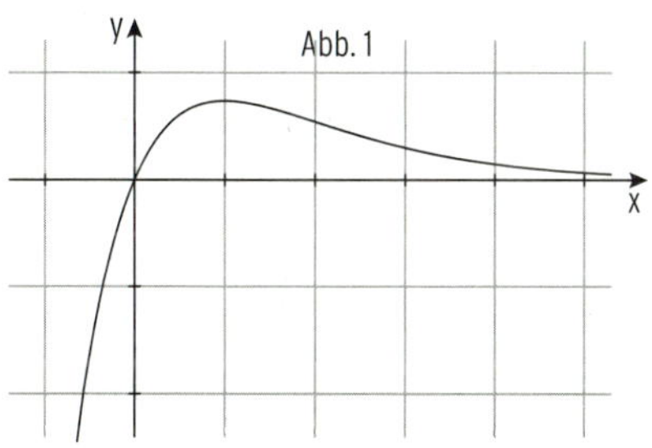

Abb. 1

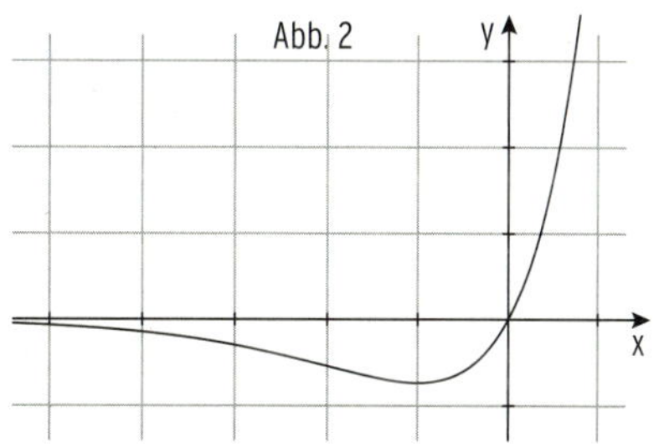

Abb. 2

5 Gegeben sind die Funktionen f mit $f(x) = (1 - 3x)e^{-0{,}5x}$ und $g(x) = 2e^{-x} + 1$; $x \in \mathbb{R}$.
Die Gerade mit der Gleichung $x = 0{,}5$ schneidet den Graphen von f im Punkt P und den Graphen von g im Punkt Q.
Berechnen Sie die Länge der Strecke PQ.

6 Gegeben ist die Funktion f mit $f(x) = 2 - e^{2x}$ und die Funktion g mit $g(x) = e^{-2x}$; $x \in \mathbb{R}$.
a) Zeichnen Sie die Schaubilder der beiden Funktionen.
b) Lösen Sie die Gleichungen $f(x) = 0{,}5$; $g(x) = 4$ und $f(x) = g(x)$ mithilfe Ihrer Zeichnung. Interpretieren Sie Ihr Ergebnis geometrisch.

7 Welches Schaubild gehört zu welcher Funktion? Begründen Sie Ihre Wahl.

$f_1(x) = 0{,}5\,e^x - 2$ $\quad f_2(x) = (x - 1)\,e^x$ $\quad f_3(x) = 0{,}5\,x + e^{-x}$

$f_4(x) = (e^{-x} - 1)^2$ $\quad f_5(x) = e^{-x} + 2$ $\quad f_6(x) = e^x - x - 1$

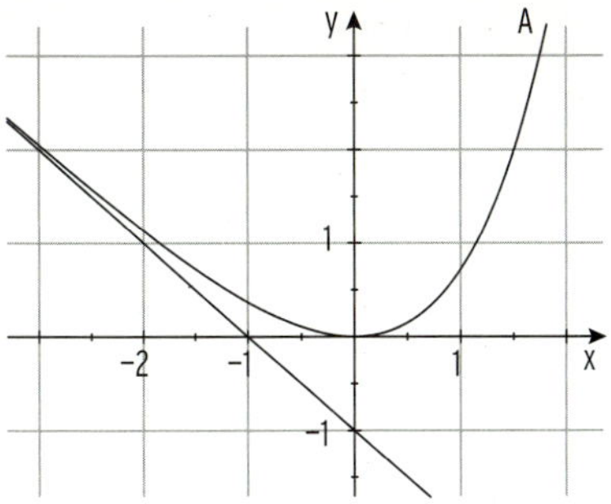

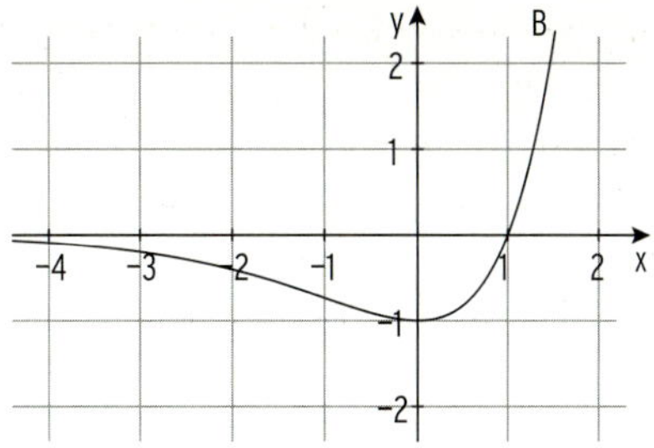

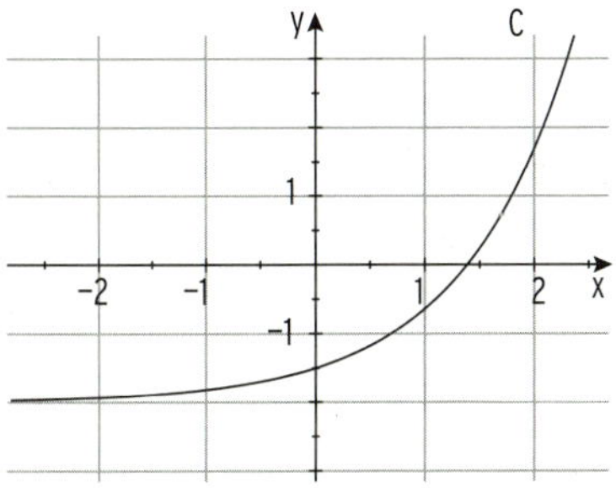

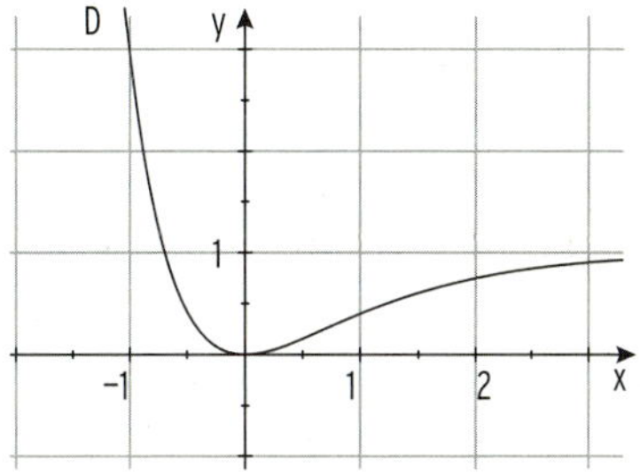

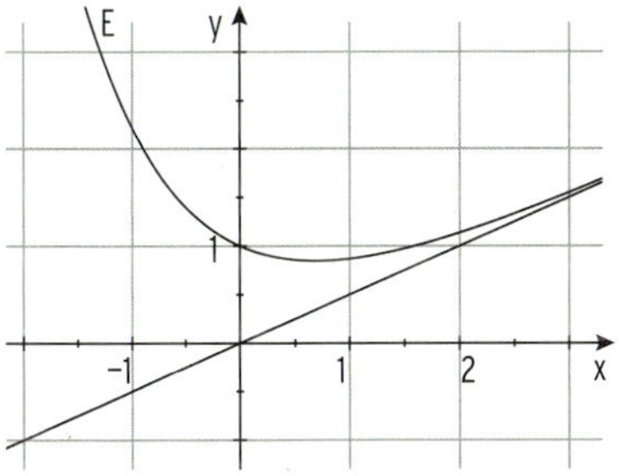

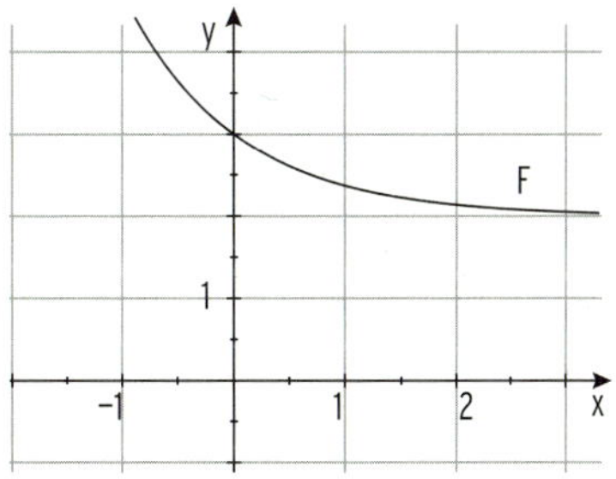

8 Die Schaubilder gehören zu einer Funktion vom Typ $f(x) = a\,e^{-x} + b$.
Bestimmen Sie a und b und begründen Sie Ihre Wahl.

a)

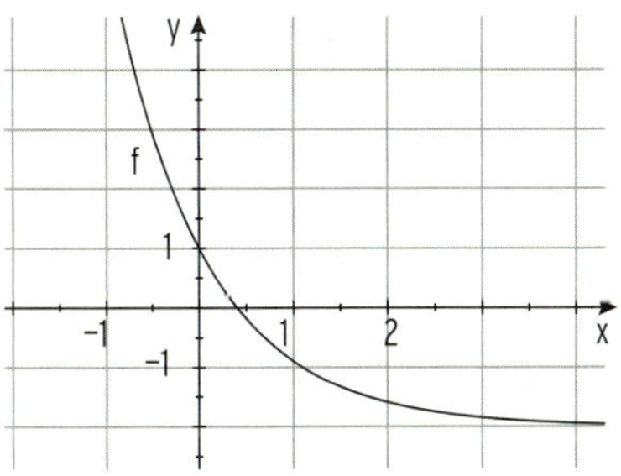

b)

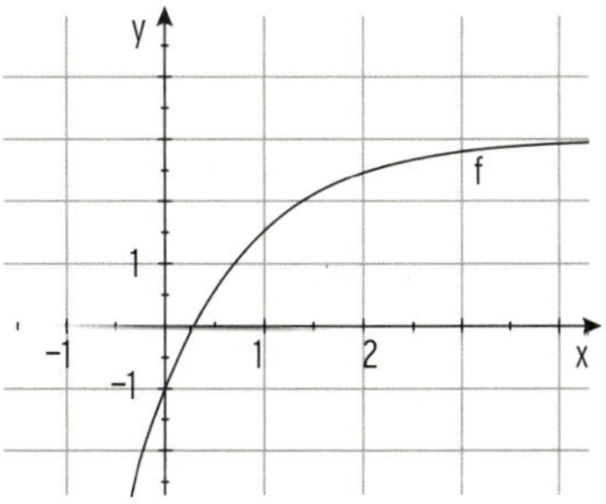

5.6 Exponentialgleichungen und geometrische Interpretation

5.6.1 Der natürliche Logarithmus

In der Gleichung $2^x = 8$ ist die Hochzahl x gesucht.
Die **Exponentialgleichung** $2^x = 8$ hat die Lösung $x = 3$.
Die gesuchte Hochzahl $x = 3$ heißt **Logarithmus von 8 zur Basis 2.**

Schreibweise: $\mathbf{3 = \log_2(8)}$

Exponentialgleichung zur Basis e: $e^x = 4$

Die gesuchte Hochzahl x heißt: $x = \log_e(4) = \ln(4)$ (**Logarithmus** zur Basis e)
$x \approx 1{,}386$, d.h., $e^{1{,}386} \approx 4$

Die **Hochzahl $x = \ln(4)$** heißt der **natürliche Logarithmus von 4.**

Beachten Sie

Logarithmus-Definition: $e^x = b \Leftrightarrow x = \ln(b),\ b > 0$
ln(b) ist die **Hochzahl zur Basis** e, sodass die Potenz den Wert b hat.

Beispiele

$\ln(e^2) = 2$ denn $e^2 = e^2$
$\ln\left(\frac{1}{e}\right) = -1$ denn $e^{-1} = \frac{1}{e}$
$\ln(1) = 0$ denn $e^0 = 1$
$e^{\ln(0{,}5)} = 0{,}5$

Folgerungen

$e^{\ln(5)} = 5$ **allgemein:** $e^{\ln(b)} = b$
$\ln(e^4) = 4$ **allgemein:** $\ln(e^x) = x$
$\ln(1) = 0$
$\ln(e) = 1$

Hinweis: Den **Logarithmus zur Basis e** kann man mithilfe des Taschenrechners (mit der ln-Taste) bestimmen.
Z.B. $\ln(3{,}5) = 1{,}25276...$
$\ln(0{,}5) = -0{,}6931...$
$\ln(-1)$ ist nicht definiert, da $e^x > 0$ für alle $x \in \mathbb{R}$.

```
ln (3.5)
            1.252762968
ln (0.5)
          -0.6931471806
ln (-1)
   Math.-Fehler
```

Aufgaben

1 Bestimmen Sie auf zwei Dezimalen gerundet.

a) $\ln\left(\frac{e}{2}\right)$ b) $\ln(3e)$ c) $\ln(0{,}5)$ d) $\ln(100)$
e) $2\ln(5)$ f) $\frac{\ln(5)}{2}$ g) $3\ln(2) - 1$ h) $\ln(2) - \ln\left(\frac{1}{2}\right)$

2 Berechnen Sie.

a) $\ln(e)$ b) $\ln(e^{-3})$ c) $e^{\ln(2)}$ d) $\frac{1}{2}e^{\ln(1{,}5)}$
e) $6e^{\ln(0{,}5)}$ f) $\ln(e^4)$ g) $(e^{\ln(4)})^2$ h) $1 - 4\ln\left(\frac{1}{e}\right)$

5.6.2 Exponentialgleichungen

Gleichungstyp 1: Lösung durch Anwendung der Logarithmus-Definition

Beispiele

Bestimmen Sie die ungerundeten Lösungen folgender Exponentialgleichungen.

1) $e^x = 5$

Lösung

Anwenden der Definition: $e^x = 5$

Lösung: $x = \ln(5)$

2) $\frac{1}{2}e^{1-x} - 3t = 0;\ t > 0$

Lösung $\frac{1}{2}e^{1-x} = 3t \Rightarrow e^{1-x} = 6t$

Anwenden der Definition: $1 - x = \ln(6t)$

Lösung: $x = 1 - \ln(6t)$

3) $e^{2x} - 2e = 0$

Lösung $e^{2x} - 2e = 0 \Rightarrow e^{2x} = 2e$

Anwenden der Definition: $2x = \ln(2e)$

Lösung: $x = 0{,}5\ln(2e)$

Hinweis: e wird wie eine Zahl behandelt.

4) $e^{-2x} + 3 = 0$

Lösung $e^{-2x} = -3$

Unlösbar wegen: $e^{-2x} > 0$

Bemerkung: **Gleichungen der Form** $a \cdot e^u - b = 0$ (u ist ein Term in x.) werden **vereinfacht** zu $e^u = \frac{b}{a} \Leftrightarrow u = \ln\left(\frac{b}{a}\right)$

Auflösen von u nach x ergibt für $\frac{b}{a} > 0$ die Lösung.

Aufgaben

1 Lösen Sie folgende Exponentialgleichungen.

a) $e^x = 30$ b) $e^{3x} = 12$ c) $e^{1-x} = 1000$

d) $\frac{e^{-x}}{2} - 3 = 0$ e) $-e^{x-1} - 2 = 0$ f) $-3e^{-3x} + 6e = 0$

g) $5 - e^{0{,}25x} = 0$ h) $e^{-\frac{1}{2}x+3} = 4$ i) $-2e^{-\frac{1}{8}x} + 13 = 0$

j) $0{,}2e^{0{,}2x} = 10$ k) $2e^{-0{,}1tx} = 1{,}5;\ t \neq 0$ l) $6e^{\ln(3)\cdot x} - 18t = 0;\ t > 0$

2 Bestimmen Sie die Werte von a so, dass die Gleichung $e^x - \frac{a}{2} = 0$ eine Lösung hat. Geben Sie die Lösung in Abhängigkeit von a an.

Gleichungstyp 2: Lösung durch Ausklammern und Anwendung des Satzes vom Nullprodukt

Beispiele

Lösen Sie die folgenden Exponentialgleichungen.

1) $e^x - e^{2x} = 0$

Lösung

Ausklammern:	$e^x(1 - e^x) = 0$
Satz vom **Nullprodukt:**	$e^x = 0 \vee 1 - e^x = 0$
Einzige Lösung wegen $e^x \neq 0$:	$x = \ln(1) = 0$

2) $4e^{-x} - 2e^x = 0$

Lösung

Ausklammern:	$e^{-x}(4 - 2e^{2x}) = 0$
Satz vom **Nullprodukt:**	$e^{-x} = 0 \vee 4 - 2e^{2x} = 0$
Wegen $e^{-x} \neq 0$:	$4 - 2e^{2x} = 0$
	$e^{2x} = 2 \Rightarrow 2x = \ln(2)$
Lösung:	$x = 0{,}5\ln(2)$
Alternative:	
Beide Seiten mit e^x multiplizieren:	$4e^{-x} - 2e^x = 0 \quad \vert\cdot e^x$
	$4e^{-x}\cdot e^x - 2e^x\cdot e^x = 0$
	$4 - 2e^{2x} = 0 \Leftrightarrow x = 0{,}5\ln(2)$

Seite 210

Beachten Sie

$e^x\cdot e^x = e^{x+x} = e^{2x}$ $\qquad$ $e^x\cdot e^{-x} = e^{x-x} = e^0 = 1$

$e^{2x}\cdot e^{-x} = e^{2x-x} = e^x$ $\qquad$ $e^x\cdot e^y = e^{x+y}$

3) $3e^x - xe^x = 0$

Lösung

Ausklammern:	$e^x(3 - x) = 0$
Satz vom **Nullprodukt:**	$e^x = 0 \vee 3 - x = 0$
Wegen $e^x \neq 0$:	$3 - x = 0$
Einzige Lösung:	$x = 3$

Aufgaben

1 Lösen Sie folgende Exponentialgleichung.

a) $2e^{2x} - 3e^x = 0$ $\qquad$ b) $0{,}5e^{-x} - 5e^x = 0$ $\qquad$ c) $-\frac{1}{2}e^{-x} + 2e^x = 0$

d) $\frac{e^x}{2} - \frac{e^{-x}}{4} = 0$ $\qquad$ e) $-4e^{2x} + 2te^{-2x} = 0;\ t > 0$ $\qquad$ f) $e^{-x} = \frac{4}{3}e^{2x}$

g) $2xe^x - 3te^x = 0$ $\qquad$ h) $\frac{x}{2}e^{t-x} = 2x$ $\qquad$ i) $-x^2e^{-x} + 2e^{-x} = 0$

2 Ermitteln Sie alle Werte von a so, dass die Gleichung $ae^{2x} - e^x = 0$ keine bzw. eine Lösung hat.

Gleichungstyp 3: Lösung durch Substitution

Beispiele

Lösen Sie die folgenden Exponentialgleichungen.

1) $e^{2x} - 5e^x + 6 = 0$

Lösung

Gleichung:	$e^{2x} - 5e^x + 6 = 0$
Substitution	
Man setzt $u = e^x$ und erhält:	$u^2 = (e^x)^2 = e^{2x}$
Quadratische Gleichung in u:	$u^2 - 5u + 6 = 0$
Auflösung nach u:	$u_1 = 3;\ u_2 = 2$
Auflösung nach x (Rücksubstitution):	$u_1 = e^x = 3 \Rightarrow x_1 = \ln(3)$
	$u_2 = e^x = 2 \Rightarrow x_2 = \ln(2)$
Lösungen:	$x_1 = \ln(3);\ x_2 = \ln(2)$

2) $e^x - 20e^{-x} = -1$

Lösung

Gleichung:	$e^x - 20e^{-x} = -1$
Nullform:	$e^x - 20e^{-x} + 1 = 0 \quad \vert \cdot e^x$
Form:	$e^{2x} + e^x - 20 = 0$
Substitution:	$u = e^x;\ u^2 = e^{2x}$
Quadratische Gleichung in u:	$u^2 + u - 20 = 0$
Auflösung nach u:	$u_1 = 4;\ u_2 = -5$
Auflösung nach x (Rücksubstitution):	$u_1 = e^x = 4 \Rightarrow x_1 = \ln(4)$
	$u_2 = e^x = -5$ unlösbar, wegen $e^x > 0$
Lösung	$x_1 = \ln(4)$

Seite 210

Beachten Sie

$e^{-x} = \frac{1}{e^x}$ $\qquad (e^x)^2 = e^{2x}$ $\qquad (e^{-x})^2 = e^{-2x}$

Aufgaben

1 Lösen Sie folgende Exponentialgleichung.

a) $e^{2x} - \frac{17}{2}e^x + 4 = 0$
b) $e^{2x} - 8e^x + 16 = 0$
c) $-\frac{1}{5}e^x - 1 + 10e^{-x} = 0$
d) $e^x - 4 - 5e^{-x} = 0$
e) $e^{-2x} = 3e^{-x} + 4$
f) $e^{2x} - 4e^x + 3 = 0$
g) $9e^{-x} + 9e^x - 82 = 0$
h) $5e^x + 25e^{-x} - 126 = 0$
i) $e^{4x} - 3e^{2x} - 4 = 0$

2 Zeigen Sie: $e^{2x} + te^x - 1 = 0$ hat für $t > 0$ genau eine Lösung.

Beachten Sie

Lösung von Exponentialgleichungen durch

- **Anwendung der Definition** — Beispiel: $e^{-2x} = 4$
- **Ausklammern** — $2e^{-2x} - e^{x} = 0$
- **Substitution** — $e^{2x} - 5e^{x} + 2 = 0$

Aufgaben

Lösen Sie die Gleichungen der Aufgaben 1 bis 4.

1 a) $2e^{-2x} - e^{x} = 0$ b) $-\frac{1}{3}e^{-x} + \frac{1}{6}e^{x} = 0$ c) $e^{-2x} = 4e^{-x}$
d) $e^{-0{,}5x} + 2 = 2(1 + e^{x})$ e) $e^{2x-3} = e^{-x}$ f) $e^{3x-2} - e = 0$

2 a) $-e^{-x} + 4 = 0$ b) $4t\,e^{0{,}4x+2} - 6 = 0;\ t > 0$ c) $2e^{x} - 0{,}5e^{3x} = 0$
d) $\frac{1}{4}(6 - e^{-tx}) = 0;\ t \neq 0$ e) $(x-5)e^{x} = 0$ f) $e^{x}(e^{x} - 2) = 0$

3 a) $e - 2e^{0{,}5x} = 0$ b) $\frac{2}{3}e^{-x} - 2 = 0$ c) $e^{2x} - 5x\,e^{2x} = 0$
d) $e^{2-x} = 1$ e) $e^{0{,}2x+1} - 1 = 0$ f) $3 - 0{,}5e^{0{,}25x} = 0$
g) $(3 + 2x)e^{x-1} = 0$ h) $8 - e^{x} = 7e^{-x}$ i) $2e^{0{,}5x} = e^{x}$

4 a) $3e^{2x} - e^{x} - 2 = 0$ b) $2e^{x} - \frac{4}{e^{x}} = 0$ c) $\frac{e}{2} - e^{-2x} = 0$
d) $2t - t\,e^{4x} = 0;\ t \neq 0$ e) $\frac{e}{2} - e^{tx} = 0;\ t \neq 0$ f) $(x - t)e^{x+t} = 0$
g) $(2 - e^{x})^2 = (e^{x} - 3)^2$ h) $\frac{1}{2}e^{x} - 8e^{-x} = 3$ i) $\frac{2x}{e^{x}+1} = 0$

5 Bestimmen Sie die Lösung auf zwei Dezimalen gerundet.
a) $200e^{0{,}0125x} = 450$ b) $300e^{0{,}75t} = 450$

6 Ermitteln Sie alle Werte von a so, dass die Gleichung $a e^{-0{,}14x} + 1 = 0$ keine Lösung hat.

7 Bestimmen Sie a so, dass $x = \ln(3)$ Lösung der Gleichung $a e^{x} - 9 = 0$ ist.

8 Gegeben ist die Gleichung $e^{x} - e + a = 0$.
a) Berechnen Sie die Werte von a so , dass die Gleichung eine Lösung hat.
b) Bestimmen Sie a so, dass $x = \ln(2)$ Lösung der Gleichung ist.

9 Zeigen Sie:
a) Die Gleichung $e^{x} + e^{-x} = 0$ hat keine Lösung.
b) Für alle $x \in \mathbb{R}$ gilt $e^{x} + e^{-x} \geq 1$.

10 Lösen Sie die Gleichung.
a) $e^{x} = 3x$
b) $1 + 3e^{2x} = e^{-0{,}5x}$

Exponentialgleichungen mit der Basis $a > 0$

Beispiel 1

➲ Ein Kapital wird zu einem Zinssatz von 5 % angelegt.
Berechnen Sie die Zeit, nach der sich das Kapital verdoppelt hat.

Lösung

Ansatz: $K_0 \cdot 1{,}05^x = 2K_0 \quad | : K_0$

Exponentialgleichung: $1{,}05^x = 2$

Zum Lösen solcher Gleichungen verwendet man das 3. Logarithmengesetz.

Beide Seiten **logarithmieren:** $\ln(1{,}05^x) = \ln(2)$

Mit $\ln(1{,}05^x) = x \cdot \ln(1{,}05)$ erhält man: $x \cdot \ln(1{,}05) = \ln(2)$

Nach x auflösen: $x = \frac{\ln(2)}{\ln(1{,}05)} \approx 14{,}2$

Nach ca. 14 Jahren hat sich das Kapital verdoppelt.

Beachten Sie

Logarithmengesetze: Für $u, v > 0$ gilt:

1. $\ln(u \cdot v) = \ln(u) + \ln(v)$
2. $\ln\left(\frac{u}{v}\right) = \ln(u) - \ln(v)$
3. $\ln(u^r) = r \cdot \ln(u)$

Beispiel 2

➲ Berechnen Sie $x \in \mathbb{R}$ so, dass gilt: $1{,}5^x = 10$.

Lösung

Exponentialgleichung: $1{,}5^x = 10$

Logarithmieren: $\ln(1{,}5^x) = \ln(10)$

Mit $\ln(1{,}5^x) = x \cdot \ln(1{,}5)$ erhält man: $x \cdot \ln(1{,}5) = \ln(10)$

Nach x auflösen: $x = \frac{\ln(10)}{\ln(1{,}5)} \approx 5{,}68$

Aufgaben

1 Lösen Sie folgende Exponentialgleichung.

a) $1{,}075^x = 2$ b) $2500 \cdot 0{,}855^x = 1000$ c) $60 \cdot 10^{-0{,}025x} = 20$

2 Ein Kapital wird zu einem Zinssatz von 4 % angelegt.
Bestimmen Sie die Anzahl der Jahre, nach denen sich das Kapital verdreifacht hat.

3 Geben Sie mögliche Werte für a und b an, sodass die Gleichung $a^x = b$ die Lösung $x = 2$, $x = 0$ bzw. keine Lösung hat.
Begründen Sie: $2^x = b$ hat höchstens eine Lösung.

5.6.3 Bestimmung von gemeinsamen Punkten

Beispiel 1

Gegeben ist die Funktion f durch $f(x) = e^{\frac{1}{2}x} - 2e;\ x \in \mathbb{R}$.

a) Beschreiben Sie den Verlauf des Graphen von f im Koordinatensystem und skizzieren Sie den Graphen.
Ermitteln Sie den Bereich, auf dem der Graph von f unterhalb der x-Achse verläuft.

b) Der Graph von f wird in y-Richtung verschoben, sodass der verschobene Graph die x-Achse in 2 schneidet. Bestimmen Sie einen möglichen Funktionsterm.

Lösung

a) **Verlauf des Graphen von f**

- Vom 3. in das 1. Feld,
- nähert sich für $x \to -\infty$ der Geraden mit $y = -2e$ an **(waagrechte Asymptote),**
- monoton steigend,
- Der Graph hat einen SP mit der x-Achse.
- $S_y(0|1-2e)$
  gerundet $S_y(0|-4{,}44)$

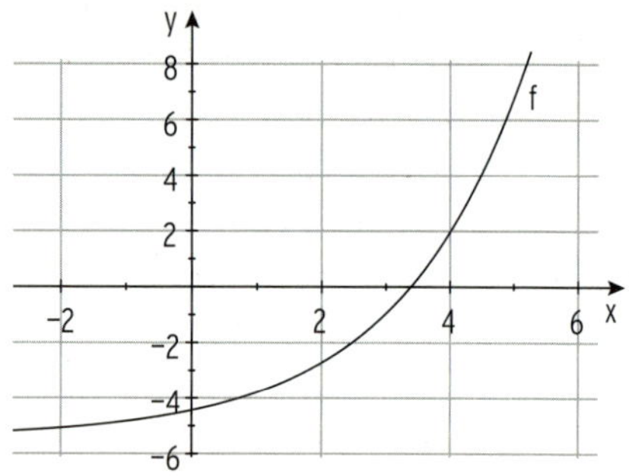

Schnittpunkt mit der x-Achse:

Bedingung: $f(x) = 0$ $\quad e^{\frac{1}{2}x} - 2e = 0$

$e^{\frac{1}{2}x} = 2e \Rightarrow \frac{1}{2}x = \ln(2e)$

Nullstelle: $x = 2\ln(2e)$

gerundet $x = 3{,}39$

SP mit der x-Achse: $N(2\ln(2e)|0)$

Für $x < 2\ln(2e)$ gilt $f(x) < 0$.

Der Graph von f verläuft unterhalb der x-Achse für $x < 2\ln(2e)$.

b) Punkt auf dem Graphen von f mit der x-Koordinate 2: $\quad f(2) = e^1 - 2e = -e$

P(2|−e) wird nach P*(2|0) verschoben.

Der Graph von f muss also um e nach oben verschoben werden.

Funktionsterm: $g(x) = e^{\frac{1}{2}x} - e$

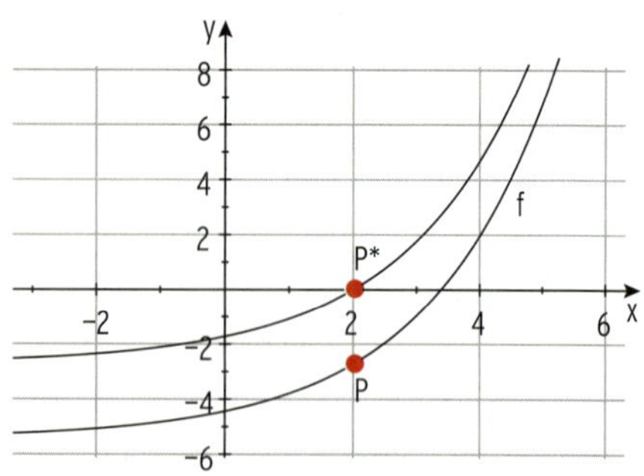

Beispiel 2

➲ Gegeben ist die Exponentialfunktion f durch $f(x) = e^{2x} - 3e^{x}$; $x \in \mathbb{R}$.

a) Zeigen Sie, dass der Graph von f nur einen gemeinsamen Punkt mit der x-Achse hat.

b) Lösen Sie die Ungleichung $f(x) > 0$. Interpretieren Sie Ihr Ergebnis.

c) Die Funktion g ist gegeben durch $g(x) = 2 - 3e^{x}$; $x \in \mathbb{R}$.
Zeigen Sie: Die Graphen von f und g schneiden sich in $x = 0{,}5\ln(2)$.

Lösung

a) **Schnittpunkt mit der x-Achse:**

Bedingung: $f(x) = 0$ $\quad e^{2x} - 3e^{x} = 0$

Ausklammern: $\quad e^{x}(e^{x} - 3) = 0$

Satz vom Nullprodukt ($e^{x} \neq 0$): $\quad e^{x} - 3 = 0 \Leftrightarrow e^{x} = 3$

Logarithmieren: $\quad x = \ln(3)$

Wegen $e^{x} \neq 0$ ($e^{x} > 0$) ist $x = \ln(3)$ die **einzige** Nullstelle von f.

Ergebnis: Der Graph von f hat nur einen gemeinsamen Punkt mit der x-Achse.

b) **Lösung der Ungleichung $f(x) > 0$**

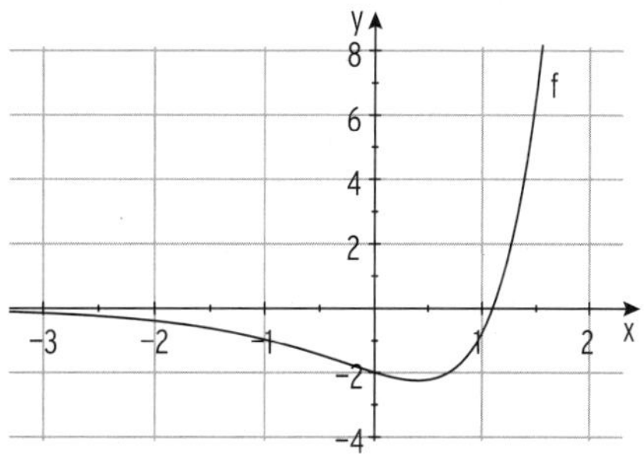

Aus Teilaufgabe a): $f(x) = 0$ für $x = \ln(3)$

Ablesen aus dem Schaubild:

Für $x > \ln(3)$ gilt: $f(x) > 0$

Interpretation

Für $x < 0$ existiert keine Nullstelle von f (vgl. a)).

Für $x \to \infty$ strebt $f(x) \to \infty$.

Der Graph von f verläuft für $x > \ln(3)$ oberhalb der x-Achse.

c) **Schnittstelle der Graphen von f und g**

Gleichsetzen: $f(x) = g(x)$ $\quad e^{2x} - 3e^{x} = 2 - 3e^{x}$

Zusammenfassen: $\quad e^{2x} = 2$

Logarithmieren: $\quad 2x = \ln(2)$

Schnittstelle: $\quad x = 0{,}5\ln(2)$

Ergebnis:

Die Graphen schneiden sich in $x = 0{,}5\ln(2)$.

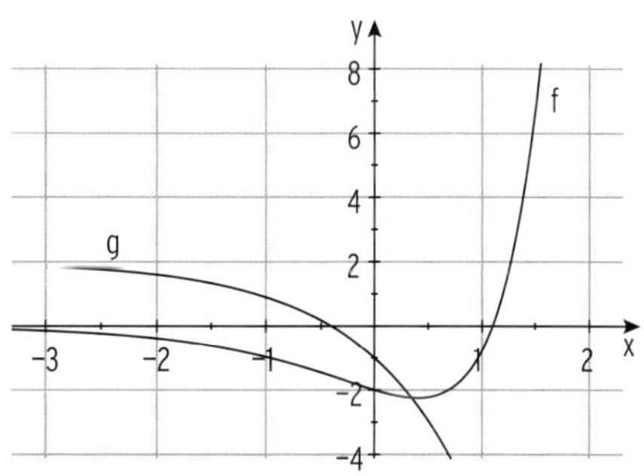

Alternative:

Einsetzen von $x = 0{,}5\ln(2)$ in $f(x)$ und $g(x)$:

$f(0{,}5\ln 2) = e^{2 \cdot 0{,}5\ln(2)} - 3e^{0{,}5\ln(2)}$

$\qquad = 2 - 3e^{0{,}5\ln(2)}$ $\quad (e^{\ln(2)} = 2)$

$g(0{,}5\ln(2)) = 2 - 3e^{0{,}5\ln(2)}$

Die Funktionswerte stimmen überein.

Die Graphen schneiden sich in $x = 0{,}5\ln(2)$.

Beispiel 3

➲ Die monatliche Nachfrage nach und das monatliche Angebot von Ventilen werden durch folgende Funktionen modelliert:

$p_N(x) = -6\,e^{0,2x} + 300$; $p_A(x) = 0,5e^{0,4x} + 220$; x in ME; $p_N(x)$, $p_A(x)$ in GE/ME.

Stellen Sie die Marktsituation grafisch dar.

Berechnen Sie die Gleichgewichtsmenge und den Gleichgewichtspreis.

Lösung

Schnittpunkt von Nachfrage- und Angebotskurve

Gleichsetzen: $p_N(x) = p_A(x)$ $\qquad -6e^{0,2x} + 300 = 0,5\,e^{0,4x} + 220$

Nullform: $\qquad 0,5\,e^{0,4x} + 6\,e^{0,2x} - 80 = 0$

Substitution: $u = e^{0,2x}$; $u^2 = e^{0,4x}$: $\qquad 0,5\,u^2 + 6\,u - 80 = 0$

Lösung der quadratischen Gleichung: $\qquad u_1 = -20 < 0$; $u_2 = 8$

Mit $u = e^{0,2x} = 8$ folgt $x = 5\ln(8)$

Gleichgewichtsmenge: $x_G = 5\ln(8)$

Gleichgewichtspreis:

$p_N(5\ln(8)) = -6 \cdot 8 + 300 = 252$

Nachfrage- und Angebotskurve schneiden sich im Marktgleichgewicht MGG (5 ln(8) | 252).

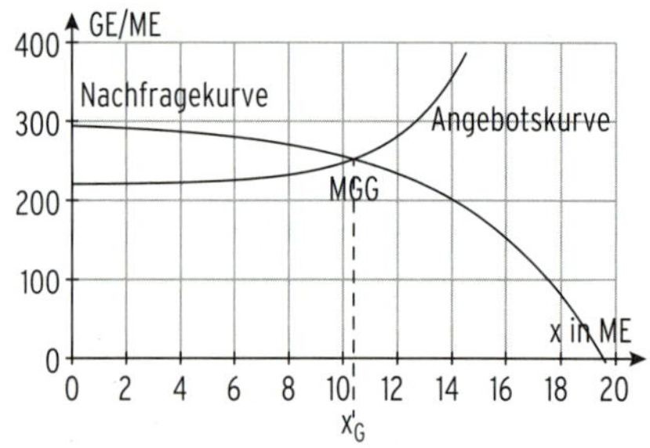

Aufgaben

1 Untersuchen Sie den Graphen der gegebenen Funktion f mit $x \in \mathbb{R}$ auf Achsenschnittpunkte und auf Asymptoten. Skizzieren Sie den Graphen von f.

a) $f(x) = e^{-0,4x} - 3$ $\qquad$ b) $f(x) = e^{2x} - 2\,e^x$ $\qquad$ c) $f(x) = 10\,(x-3)\,e^{-0,5x}$

2 Gegeben sind die Funktionen f und g durch $f(x) = 0,5\,e^x - 2$ und $g(x) = 2 - e^x$; $x \in \mathbb{R}$.
Zeigen Sie: Die Nullstelle von f ist doppelt so groß wie die Nullstelle von g.
Zeichnen Sie die Graphen von f und g in ein Koordinatensystem ein.
Berechnen Sie die Koordinaten des Schnittpunktes S der Graphen von f und g.
P und Q sind die Schnittpunkte der Graphen von f und g mit der y-Achse.
Berechnen Sie den Inhalt des Dreiecks PSQ.

3 Wenn der Behälter vollständig gefüllt ist, wird die Abflussrate näherungsweise durch die Funktion w beschrieben mit $w(t) = 60\,e^{-0,0625\,t}$; $t \geq 0$; t in s; w(t) in Liter pro s.
Berechnen Sie die Zeit, nach der weniger als ein halber Liter pro Sekunde herausfließt.

4 Nachfrage und Angebot eines Gutes werden beschrieben durch $f(x) = \frac{1}{2}x + 1$ und $g(x) = 4 - 0,5\,e^{2x}$; x in ME. Ordnen Sie zu. Stellen Sie die Marktsituation grafisch dar.
Berechnen Sie die Gleichgewichtsmenge und den Gleichgewichtspreis.

5.7 Modellierung und anwendungsorientierte Aufgaben

Exponentielles Wachstum

Beispiel 1

➲ Auf einem Konto sind 1 000,00 € fest angelegt.
Der jährliche Zinssatz beträgt 8 %.

a) Geben Sie das Kapital in Abhängigkeit von der Zeit t in Jahren an.

b) Berechnen Sie die Zeit, nach der sich das Kapital auf 1 400,00 € erhöht hat.

c) Ermitteln Sie die Anzahl der Jahre, nach denen sich das Kapital verdoppelt hat.

Lösung

a) Kapital nach t Jahren (mit Zins und Zinseszins) $y = 1\,000 \cdot 1{,}08^t$
Dieses **exponentielle Wachstum** wird mit der **Exponentialfunktion** f mit
$f(t) = 1\,000 \cdot 1{,}08^t$; t in Jahren, beschrieben.
In der Praxis wählt man als **Basis die Zahl e.**
Mit $1{,}08 = e^{\ln 1{,}08}$ erhält man: $f(t) = 1\,000 \cdot 1{,}08^t = 1\,000\,(e^{\ln 1{,}08})^t = 1\,000\,e^{0{,}0770\,t}$
Zum Zeitpunkt t = 0 ergibt sich für das Kapital: $f(0) = 1\,000$ **(Anfangsbestand).**
Festlegung: $k = \ln(1{,}08) \approx 0{,}0770 > 0$ ist die **Wachstumskonstante.**
Hinweis: Das Kapital vermehrt sich mit dem **Wachstumsfaktor** 1,08.
$y = 1\,000\,e^{0{,}0770\,t}$ bezeichnet man als **Wachstumsgleichung.**

> **Beachten Sie**
>
> Prozesse **exponentiellen Wachstums** können mit einer Exponentialfunktion beschrieben werden: $f(t) = a\,e^{kt}$; $t \geq 0$
> $k > 0$ ist die Wachstumskonstante; $a = f(0)$ ist der Anfangsbestand.

b) Bedingung für t: $f(t) = 1\,400$ $\qquad 1\,000\,e^{0{,}0770\,t} = 1\,400 \Leftrightarrow e^{0{,}0770\,t} = 1{,}4$
Gesuchter t-Wert $\qquad 0{,}0770\,t = \ln(1{,}4)$
$\qquad t \approx 4{,}4$
Ergebnis: Nach ungefähr 4,4 Jahren hat man 1 400,00 € auf dem Konto.

c) Bed. für die **Verdoppelungszeit:** $f(t) = 2 \cdot f(0)$
$\qquad 2\,000 = 1\,000\,e^{0{,}0770\,t} \Leftrightarrow e^{0{,}0770\,t} = 2$
Logarithmieren ergibt: $\qquad t = \frac{\ln(2)}{0{,}0770} \approx 9{,}0 \ \left(t_V = \frac{\ln(2)}{k}\right)$
Die **Verdoppelungszeit** wird mit t_V bezeichnet und beträgt 9 Jahre.

> **Beachten Sie**
>
> Die **Verdoppelungszeit t_V** ist die Zeit, in der sich der Bestand **verdoppelt.**
> t_V ist unabhängig vom Anfangswert: $t_V = \frac{\ln(2)}{k}$.

Beispiel 2

Die Anzahl der Bakterien einer Kultur wurde im Laufe von 5 Wochen gemessen:

t (in Wochen)	0	1	2	3	4	5
Bestand f (t)	825	968	1 135	1 333	1 564	1 836

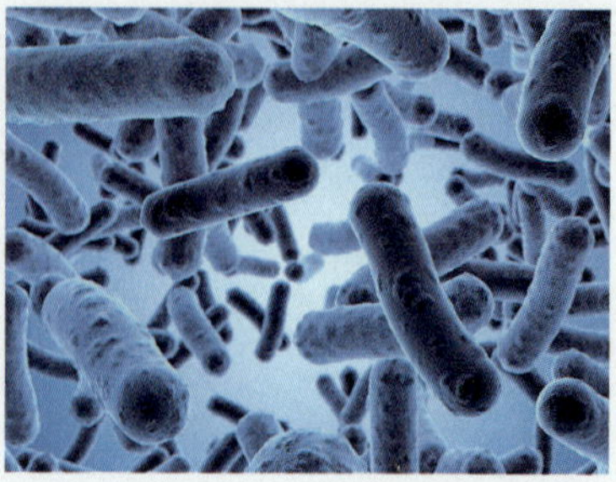

a) Begründen Sie die Annahme, dass f (t) ungefähr exponentiell zunimmt.
Bestimmen Sie das Wachstumsgesetz.

b) Berechnen Sie den voraussichtlichen Bestand nach den ersten 10 Wochen.
Ermitteln Sie die Verdoppelungszeit.

Lösung

a) **Exponentielles Wachstum** liegt vor, wenn die Anzahl der Individuen in einer Woche stets mit dem gleichen Faktor wächst.

$\frac{f(1)}{f(0)} \approx 1{,}173$; $\frac{f(2)}{f(1)} \approx 1{,}173$; $\frac{f(3)}{f(2)} \approx 1{,}174 \Rightarrow \frac{f(t+1)}{f(t)} \approx 1{,}174$

Der **Wachstumsfaktor** beträgt also etwa 1,174.

Die Anzahl der Individuen nimmt in einer Woche um 17,4 % des letzten Bestandes zu (Bestand zu Wochenbeginn).

Wachstumsgesetz $f(t) = 825 \cdot 1{,}174^t$

Mit $1{,}174 = e^{\ln 1{,}174} = e^{0{,}16}$ erhält man f (t) in e-Basis: $f(t) = 825 \cdot e^{0{,}16t}$

Beachten Sie

Exponentielles Wachstum bedeutet: $\frac{f(t+1)}{f(t)} = e^k$

Wachstum um den gleichen Faktor in der gleichen Zeiteinheit.

Hinweis: Hier bietet sich der **Einsatz eines elektronischen Hilfsmittels** an.
Stichwort: **Exponentielle Regression.**

b) **Bestand nach 10 Wochen:**

$f(10) = 825\, e^{0{,}16 \cdot 10} \approx 4\,086{,}3$

Nach 10 Wochen sind etwa 4 086 Individuen vorhanden.

Verdoppelungszeit:

Bedingung: $f(t) = 2 \cdot f(0)$ $e^{0{,}16t} = 2$

Logarithmieren: $t = \frac{\ln(2)}{0{,}16} \approx 4{,}33$

Die **Verdoppelungszeit** t_V beträgt etwa 4,3 Wochen.

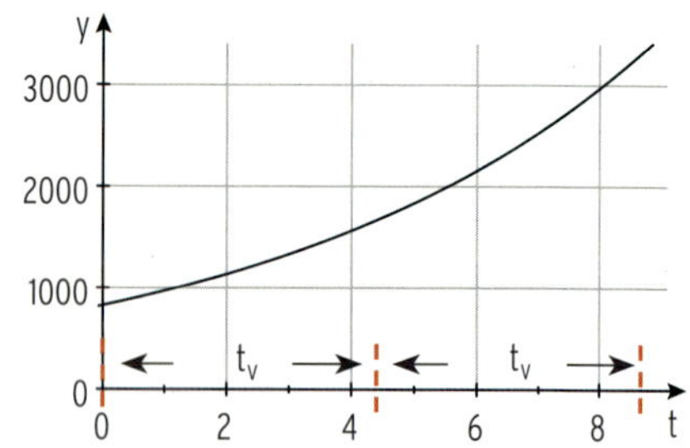

Beispiel 3

➲ Ein Zerfallsprozess eines radioaktiven Präparats lässt sich beschreiben durch $f(t) = a \cdot e^{kt}$; t in Tagen.

a) Berechnen Sie a und k, wenn nach 5 Tagen noch 12 g, nach 10 Tagen noch 4,3 g vorhanden sind.

b) Ermitteln Sie die Anzahl der Tage, nach denen 90 % der ursprünglichen Masse des Präparats zerfallen sind.

c) Berechnen Sie die Halbwertszeit.

Lösung

a) Bestimmung von a und k: $f(5) = 12$: $a \cdot e^{k \cdot 5} = 12$ (1)

$f(10) = 4{,}3$: $a \cdot e^{k \cdot 10} = 4{,}3$ (2)

Aus (1): $a = 12\,e^{-5k}$; einsetzen in (2): $12\,e^{-5k} \cdot e^{k \cdot 10} = 12\,e^{5k} = 4{,}3$

Logarithmieren: $k \approx -0{,}2053$

Aus $a \cdot e^{-0{,}2053 \cdot 5} = 12$ folgt: $a \approx 33{,}5$

Zerfallsgleichung: $f(t) = 33{,}5 \cdot e^{-0{,}2053 \cdot t}$

Bemerkung: $k \approx -0{,}2053 < 0$ ist die **Zerfallskonstante**,
$f(0) = a \approx 33{,}5$ ist der **Anfangsbestand.**

b) 90 % der ursprünglichen Masse des Präparats sind zerfallen, d. h., 10 % sind noch vorhanden.

Bedingung für t: $f(t) = 0{,}1 \cdot 33{,}5$ $33{,}5\,e^{-0{,}2053t} = 3{,}35 \Leftrightarrow e^{-0{,}2053t} = 0{,}1$

Logarithmieren ergibt: $t \approx 11{,}2$

Ergebnis: Nach etwa 11,2 Tagen sind 90 % der ursprünglichen Masse zerfallen.

c) **Halbwertszeit** ist die Zeit, in der sich die Masse einer radioaktiven Substanz auf die Hälfte des Anfangswertes vermindert.

Bedingung für die Halbwertszeit: $f(t) = 0{,}5 \cdot 33{,}5$

$33{,}5\,e^{-0{,}2053t} = 0{,}5 \cdot 33{,}5 \Leftrightarrow e^{-0{,}2053t} = 0{,}5$

Logarithmieren ergibt: $t = \frac{\ln(0{,}5)}{-0{,}2053}$

$t = t_H \approx 3{,}4 \left(t_H = \frac{\ln(0{,}5)}{k} = -\frac{\ln(2)}{k}\right)$

Die **Halbwertszeit wird mit** t_H bezeichnet und beträgt etwa 3,4 Tage.

Beachten Sie

Prozesse **exponentiellen Wachstums** und **Zerfalls** können mithilfe einer Exponentialfunktion beschrieben werden: $f(t) = f(0) \cdot e^{kt}$; $t \geq 0$

Dabei gilt: f(0) ist der **Anfangsbestand**, e^k ist der **Wachstumsfaktor** (Zerfallsfaktor).

Für $k > 0$ ist k die **Wachstumskonstante,** für $k < 0$ ist k die **Zerfallskonstante.**

f(t) gibt den vorhandenen Bestand zum Zeitpunkt t an.

Halbwertszeit und **Verdoppelungszeit** sind unabhängig vom Anfangswert: $t_H = -\frac{\ln(2)}{k}$ bzw. $t_V = \frac{\ln(2)}{k}$.

Degressive Abschreibung

Beispiel

➲ Eine Anlage zum Anschaffungswert von 60000 € soll mit einem Prozentsatz von 20 % degressiv abgeschrieben werden.

a) Berechnen Sie den Restbuchwert und den Abschreibungsbetrag nach n Jahren.

b) Der Unternehmer wechselt zur linearen Abschreibung.
Berechnen Sie diesen Zeitpunkt, wenn die Nutzungsdauer 10 Jahre beträgt.

Lösung

a) Der Abschreibungssatz von 20 % bezieht sich auf den Buchwert $B_0 = 60000$ €.

Der **Buchwert nach 1 Jahr** beträgt: $B_1 = 60000 \cdot 0{,}8 = 48000$

Der **Buchwert nach 2 Jahren** beträgt: $B_2 = 48000 \cdot 0{,}8 = 38400$

Der Prozentsatz wird stets vom verbliebenen Restbuchwert abgeschrieben.

Der **Buchwert nach n Jahren** beträgt: $B_n = 60000 \cdot 0{,}8^n$

Der **Abschreibungsbetrag a_n** ist jeweils 20 % des jeweiligen **Buchwertes.**

Damit gilt: $a_1 = 0{,}2 \cdot B_0 = 12000$

Abschreibungsbetrag nach 2 Jahren: $a_2 = 0{,}2 \cdot B_1 = 0{,}2 \cdot 0{,}8 \cdot B_0$

Abschreibungsbetrag a_n nach n Jahren:

$a_n = 0{,}2 \cdot B_{n-1}$

$= 0{,}2 \cdot 0{,}8^{n-1} \cdot B_0$

$a_n = 0{,}8^{n-1} \cdot a_1 = 0{,}8^{n-1} \cdot 12000$

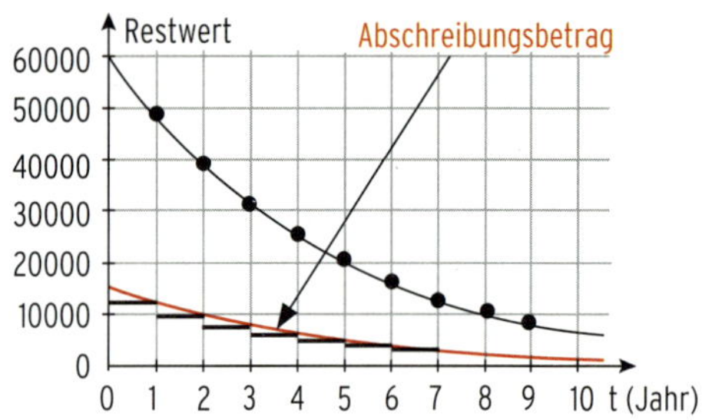

b) Abschreibungsbetrag im Jahr n: a_n

Abschreibungsbetrag verteilt auf die Restlaufzeit: $\frac{\text{Buchwert nach (n − 1) Jahren}}{\text{restliche Nutzungsdauer}}$

m: gesamte Nutzungsdauer $= \frac{B_{n-1}}{m-(n-1)}$

Bedingung für den Wechselzeitpunkt: $a_n = \frac{B_{n-1}}{m-(n-1)}$

Nutzungsdauer 10 Jahre, also m = 10. $0{,}2 \cdot 0{,}8^{n-1} \cdot B_0 = \frac{0{,}8^{n-1} \cdot B_0}{10-(n-1)}$

Vereinfachung: $0{,}2 = \frac{1}{11-n} \Leftrightarrow n = 6$

Der 6. Abschreibungsbetrag ist nach der degressiven Methode genau so hoch wie $\frac{1}{5}$ des Restbuchwertes Der Unternehmer wechselt zur linearen Abschreibung.

Damit kann er in den verbleibenden 5 Jahren seine Anlage vollständig abschreiben.

Für n = 6: **Buchwert nach 5 Jahren:** $B_5 = 60000 \cdot 0{,}8^5 = 19660{,}8$

Abschreibungsbetrag a_n nach 6 Jahren: $a_6 = 0{,}8^5 \cdot 12000 = 3932{,}16$

Linearer Abschreibungsbetrag nach 6 Jahren: $\frac{19660{,}8}{5} = 3932{,}16$

Der **Buchwert** von 19660,80 € wird in 5 Beträgen zu je 3932,16 € abgeschrieben.

Beachten Sie

Degressive Abschreibung eines Wirtschaftsgutes mit den Anschaffungskosten B_0 und einem Abschreibungssatz von p %

Buchwert nach n Jahren beträgt: $B_n = B_0 \cdot (1 - \frac{p}{100})^n$

Abschreibungsbetrag a_n nach n Jahren: $a_n = \frac{p}{100} \cdot (1 - \frac{p}{100})^{n-1} \cdot B_0$

Wechselzeitpunkt nach n Jahren von der degressiven zur linearen Abschreibung bei einer Nutzungsdauer von m Jahren. $n = m + 1 - \frac{100}{p}$

Aufgaben

1 Der jährliche Zinssatz beträgt 4,6 %.
Berechnen Sie den Prozentsatz, um den ein eingesetztes Kapital in 8 Jahren zunimmt.

2 Eine radioaktive Substanz zerfällt nach dem Gesetz $g(t) = g(0)e^{-0{,}0122t}$.
Dabei gibt g(t) die Masse des Präparates in Gramm zum Zeitpunkt t (t in Tagen) nach Beginn der Messung an.

a) Berechnen Sie die Masse zu Beginn der Messung (t = 0), wenn nach 20 Tagen noch 24 g übrig sind. Geben Sie das Zerfallsgesetz an.
Kontrollergebnis: $g(t) = 30{,}6e^{-0{,}0122t}$

b) Bestimmen Sie den Zeitpunkt, ab dem nur noch 1 % der ursprünglichen Masse vorhanden ist.

c) Berechnen Sie die tägliche Zerfallsrate in Prozent und die Halbwertszeit der radioaktiven Substanz.

3 Die Wasserrose vermehrt sich auf einem See mit 8 ha Größe.
Die bedeckte Fläche nimmt wöchentlich um 30 % zu.
Anfangs sind 150 m^2 der Oberfläche bedeckt.
Beschreiben Sie die Situation.

4 Ein Auto verliert pro Jahr 20 % an Wert.

a) Ermitteln Sie den Zeitraum, indem der Wert auf die Hälfte des Neuwagenpreises sinkt.

b) Nach sechs Jahren hat das Auto noch einen Wert von 30 % des Neuwertes.
Überprüfen Sie diese Behauptung.

c) Berechnen Sie den jährlichen Wertverlust der ersten drei Jahre, jeweils bezogen auf den Neuwert.

5 Der Tabelle kann man die Bevölkerungsentwicklung eines Landes für den Zeitraum von 30 Jahren entnehmen (Angabe in Millionen).

Zeit t in Jahren	0	10	20	30
Anzahl N in Millionen	3,9	5,3	7,2	9,78

Bei einer Bevölkerungszahl von über 13 Millionen droht Wasserknappheit.
Beschreiben Sie die Bevölkerungsentwicklung.
Beurteilen Sie Ihr Modell.

6 Ein Wetterballon misst während seines Aufstieges den Luftdruck p in hPa (Hektopascal).
Die Tabelle zeigt den Zusammenhang zwischen der Höhe h (über NN) und dem Luftdruck p.

h in m	0	500	1000	2000
p in hPa	1016	953	895	787

a) Begründen Sie die Annahme, dass p ungefähr exponentiell abnimmt. Bestimmen Sie das Abnahmegesetz.

b) Berechnen Sie die beim Luftdruck 500 hPa erreichte Höhe.

7 Zur Untersuchung eines Organs werden dem Patienten 59 mg eines Farbstoffes gespritzt.
Der gesunde Körper baut pro Minute 4 % des Momentanbestandes ab.
Ein Patient hat nach 20 Minuten noch 30 mg Farbstoff im Blut.
Überprüfen Sie, ob dieser Patient gesund ist.

8 Die Lanz GmbH schafft zum 1. Januar eine Produktionsmaschine im Wert von netto (d.h. ohne Umsatzsteuer) 100 000 € (Anschaffungskosten als Abschreibungsbasis).
Die Nutzungsdauer der Maschine beträgt 5 Jahre.
Die Maschine soll mit einem Prozentsatz von 25 % degressiv abgeschrieben werden.

a) Berechnen Sie den Restbuchwert und den Abschreibungsbetrag für die ersten 5 Jahre.

b) Die Unternehmung wechselt zur linearen Abschreibung. Berechnen Sie diesen Zeitpunkt.

9 Das Unternehmen kauft eine Maschine für 21 000 € (netto, ohne USt). Berechnen Sie den Restbuchwert nach 7 Jahren bei einem Abschreibungssatz von $\frac{2}{7}$ bei degressiver Abschreibung.

10 Eine Anlage zum Anschaffungswert von 150 000 € soll mit einem Prozentsatz von 20 % degressiv abgeschrieben werden. Der Gesetzgeber erlaubt einen Wechsel zur linearen Abschreibung. Bernhard behauptet, nach sieben Jahren ist dieser Wechsel bei einer Nutzungsdauer von 10 Jahren sinnvoll. Überprüfen Sie diese Behauptung.

11 Lena ist Läuferin beim SV Falken. Zum Laufen benötigt Sie Energie.
Die anaerobe Energiegewinnung in $\frac{kJ}{s}$ wird zwischen der 10. und 100. Sekunde durch die Funktion f mit $f(t) = 0{,}2614te^{-0{,}0385t}$ dargestellt. Dabei gibt t die Zeit in Sekunden an.
Ein erstrebenswerter Energiegewinnungswert ist $2{,}4\,\frac{kJ}{s}$.
Ermitteln Sie die Zeit, nach der sie diesen Wert erreicht hat.

Test zur Überprüfung Ihrer Grundkenntnisse

1 Lösen Sie folgende Gleichungen.

a) $e^{x-4} = 2$ b) $e^x = 2e^{-x}$ c) $\left(2 + \frac{3}{2}x\right)e^{x+1} = 0$

2

a) Der Graph von g mit $g(x) = a\,e^{-x} + b$ verläuft durch die Punkte A (0 | 4) und B (1 | 2). Bestimmen Sie a und b.

b) Die Abbildung zeigt das Schaubild einer Funktion, die zum Typ $f(x) = a\,e^{kx} + b$ gehört. Machen Sie Aussagen über a, b und k.

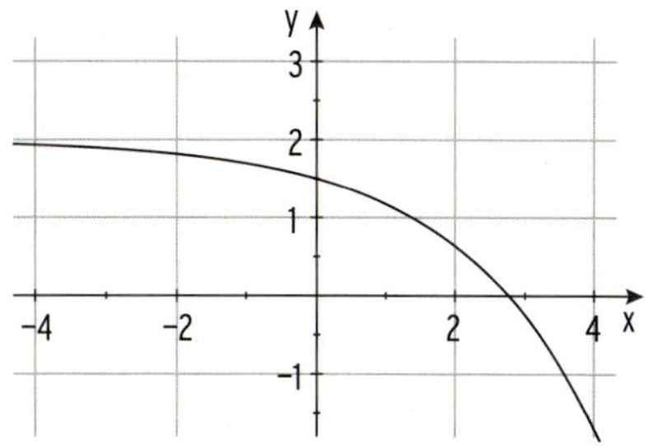

3 Gegeben sind die Funktionen f und g durch $f(x) = -2e^{-x} + 4$ und $g(x) = 2e^x$; $x \in \mathbb{R}$.
Untersuchen Sie die gegenseitige Lage der Graphen von f und g.
Begründen Sie Ihr Ergebnis durch eine Rechnung.

4 Die Funktion f ist gegeben durch $f(x) = (3 - x)e^x$; $x \in \mathbb{R}$.
Der Graph von f wird um 2 nach rechts verschoben und mit dem Faktor 2 in y-Richtung gestreckt.
Dadurch entsteht der Graph von g.
Bestimmen Sie den Schnittpunkt des Graphen von g mit der x-Achse.

5 Gegeben ist die Exponentialfunktion f mit $f(x) = -\frac{1}{2}e^x + 3$; $x \in \mathbb{R}$.

a) Beschreiben Sie den Verlauf des Graphen von f.
Ermitteln Sie den Bereich, auf dem der Graph von f unterhalb der x-Achse verläuft.

b) Der Graph von f wird in y-Richtung verschoben, sodass der verschobene Graph die x-Achse in 2 schneidet. Bestimmen Sie einen möglichen Funktionsterm.

6 Am 01.01.2009 lebten etwa 6,8 Milliarden Menschen auf der Erde.
Bestimmen Sie das Jahr, in dem die Erdbevölkerung die 10-Milliarden-Grenze überschreitet, wenn ein jährliches Wachstum von 1,8 % unterstellt wird.
Nach Berechnungen der Vereinten Nationen sollen bis 2050 etwa 9,1 Milliarden auf der Erde leben. Vergleichen Sie.

II Von der mittleren zur lokalen Änderungsrate

Modellierung einer Situation

Die Fertigungsleitung der Anton Thomalla Motorenbau in Soest stellt der Firmenleitung folgende Daten zur Herstellung von Kleinteilen, die in der Motorenfertigung benötigt werden, zur Verfügung.
Dabei werden 100 Stück zu einer Mengeneinheit (ME) und 100 € zu einer Geldeinheit (GE) zusammengefasst.
Die Fixkosten liegen bei 8250 €. Werden 2 ME produziert, so führt bereits eine Produktionssteigerung um eine sehr geringe Stückzahl zu einer Gesamtkostensteigerung von 1 GE/ME. Kostenzuwächse für weitere Produktionsmengen sind in folgender Tabelle aufgeführt:

Produktionsmenge	1	4
Kostenänderung in GE/ME	2,75	2

Der Erlöszuwachs liegt bei konstant 22,625 GE/ME.
Die Controllingabteilung stellt fest, dass sich die Gesamtkosten durch
$K(x) = 0{,}25\,x^3 - 2\,x^2 + 6\,x + 82{,}5$ berechnen lassen.
Ein Großauftrag erfordert die Verdoppelung der derzeitigen Produktionsmenge von 6 ME.

Die Geschäftsleitung möchte wissen, ob die Berechnung von K (x) stimmt.
Die Geschäftsleitung möchte von der Controllingabteilung Empfehlungen über
- die bestmögliche Produktionsmenge bei Betrachtung der variablen Stückkosten,
- die Annahme oder Ablehnung des Großauftrages.

Bearbeiten Sie diese Situation, nachdem Sie die rechts aufgeführten **Qualifikationen und Kompetenzen** erworben haben.

Qualifikationen & Kompetenzen

- Mittlere und lokale Änderungsrate berechnen
- Ableitungsregeln anwenden
- Grenzprozesse mathematisch beschreiben und interpretieren
- Ableitung grafisch veranschaulichen und interpretieren

1 Änderungsrate

Bei Wachstumsvorgängen ändert sich im Allgemeinen der Bestand in Abhängigkeit von der Zeit, z. B. die Bevölkerungszahl in Deutschland, der Durchmesser eines Baumes, die Gesamtkosten einer Produktion, die Geschwindigkeit eines Autos, der Zufluss in ein Gefäß usw.
Bei einem Wachstumsvorgang kommt es jedoch nicht nur auf den Bestand an, sondern auch darauf, wie schnell sich der Bestand ändert.
Diese „Schnelligkeit" versucht man mathematisch zu beschreiben.

Beispiel 1

➲ Während eines Dauerregens wird die Wassermenge (Volumen in Liter) in einer Regentonne in Abhängigkeit von der Zeit (in Minuten) gemessen.

Zeit x in min	0	1	3	5
Volumen y in ℓ	25	29,2	37,6	58

Berechnen Sie die Volumenänderung pro Minute.
Übertragen Sie die Messdaten in ein Koordinatensystem.

Lösung

Volumenänderung pro Minute

auf dem Intervall [0; 1] : $\frac{\Delta y}{\Delta x} = \frac{29{,}2 - 25}{1 - 0} = 4{,}2$

auf dem Intervall [1; 3] : $\frac{\Delta y}{\Delta x} = \frac{37{,}6 - 29{,}2}{3 - 1} = \frac{8{,}4}{2} = 4{,}2$

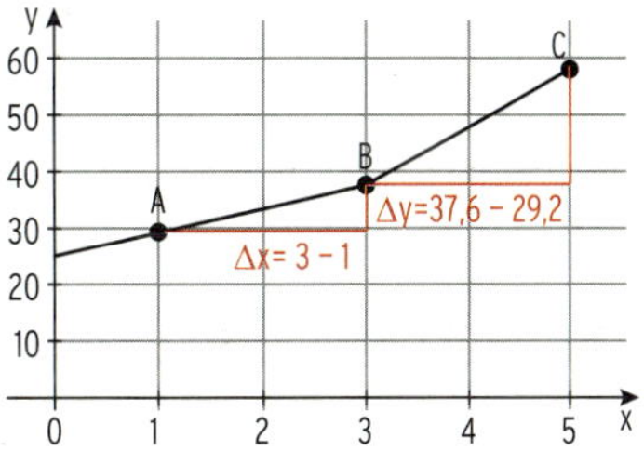

Zeitintervall	[0; 1]	[1; 3]	[3; 5]
Dauer in min (Δx)	1	2	2
Volumenänderung Δy in l	4,2	8,4	20,4
Änderungsrate in $\frac{\ell}{min}$	4,2	4,2	10,2

$\frac{\Delta y}{\Delta x} = \frac{y_2 - y_1}{x_2 - x_1}$

Das Volumen ändert sich pro Minute auf dem Intervall [0; 1] bzw. [1; 3] um 4,2 ℓ, d. h.: $\frac{\Delta y}{\Delta x} = 4{,}2$.

Mit anderen Worten: $4{,}2\,\frac{\ell}{min}$ ist die **mittlere Änderungsrate des Volumens.**

Auf dem Intervall [3; 5] ist die **mittlere Änderungsrate** des Volumens $10{,}2\,\frac{\ell}{min}$.

Die mittlere Änderungsrate $\frac{\Delta y}{\Delta x}$ entspricht der Steigung der Strecke AB bzw. BC.

Festlegung

Die **(mittlere) Änderungsrate** einer Funktion im **Intervall [a; b]** ist der **Differenzenquotient** $\frac{\Delta y}{\Delta x}$.

Mit dem Differenzenquotient kann z. B. beschrieben werden:

- die mittlere Steigung
- die mittlere Kostenzunahme
- die mittlere Wegänderung

Beispiel 2

Bei der Produktion eines Artikels werden die Gesamtkosten in € pro Tag, in Abhängigkeit von der Ausbringungsmenge x (in Stück), festgelegt durch:
$K(x) = x^2 + 3x + 100;\ x \geq 0$
Von $x = 5$ soll die Produktionsmenge um 10 Stück erhöht werden.
Bestimmen Sie den mittleren Kostenzuwachs.
Berechnen Sie den momentanen Kostenzuwachs für $x = 5$.

Lösung

x	5	15
K(x)	140	370

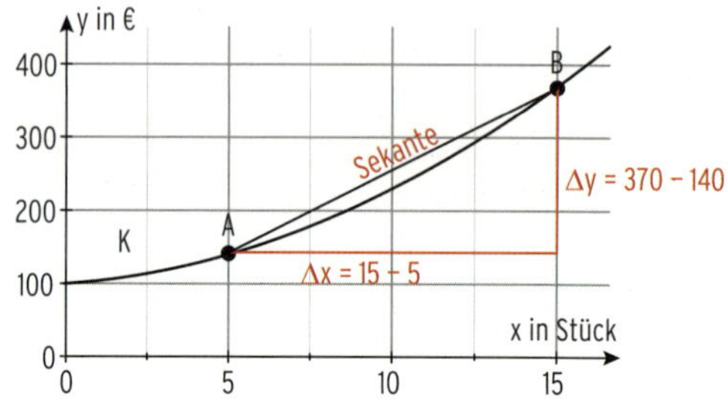

Mittlere Änderungsrate von K auf [5; 15]

$\frac{\Delta y}{\Delta x} = \frac{K(x_2) - K(x_1)}{x_2 - x_1}$

$\frac{\Delta y}{\Delta x} = \frac{K(15) - K(5)}{15 - 5} = \frac{370 - 140}{10}$

$\frac{\Delta y}{\Delta x} = 23$

Erhöht man die Produktion von 5 Stück auf 15 Stück, so erhöhen sich die Kosten durchschnittlich um 23 €/Stück.

Bedeutung der (mittleren) Änderungsrate

Die Änderungsrate ist die Steigung m der Sekante (AB), d. h. $m = \frac{\Delta y}{\Delta x}$.

Dies entspricht der mittleren Kostenzunahme.

Da sich die Kurve und die Strecke AB auf dem Intervall [5; 15] unterscheiden, ist 23 nur ein Näherungswert und nicht die tatsächliche Kostenzunahme (**Grenzkosten**) bei der Produktion von 5 Stück.

Diesen Näherungswert kann man verbessern, indem man die Abstände Δx verkleinert, d. h. den Punkt B näher an den Punkt A „wandern" lässt.

Welche momentane Kostenzunahme liegt nun tatsächlich nach 5 Stück vor?

Dazu berechnet man die Änderungsraten für $\Delta x \to 0$.

Intervall $[5; x_2]$	[5; 10]	[5; 6]	[5; 5,1]	[5; 5,01]	
$\Delta x = x_2 - 5$	10 − 5 = 5	6 − 5 = 1	5,1 − 5 = 0,1	5,01 − 5 = 0,01	→ 0
$\Delta y = K(x_2) - K(5)$	230 − 140 = 90	154 − 140 = 14	141,31 − 140 = 1,31	140,1301 − 140 = 0,1301	
$\frac{\Delta y}{\Delta x} = \frac{K(x_2) - K(5)}{x_2 - 5}$	$\frac{90}{5} = 18$	$\frac{14}{1} = 14$	$\frac{1,31}{0,1} = 13,1$	$\frac{0,1301}{0,01} = 13,01$	→ 13

Die **momentane (lokale) Änderungsrate (Grenzkosten)** bei 5 Stück beträgt $13 \frac{€}{\text{Stück}}$.

Hinweis: Mittlere Änderungsrate von K im Intervall $[5; x_2]$: $\frac{\Delta y}{\Delta x} = \frac{K(x_2) - K(5)}{x_2 - 5}$

Für $\Delta x = x_2 - 5 \to 0$ erhält man die momentane (lokale) Änderungsrate von K an der Stelle $x = 5$.

Beispiel 3

➲ Gegeben ist die Funktion f mit $f(x) = -\frac{1}{2}x^2 + 3x;\ x \in \mathbb{R}$.

a) Berechnen Sie die mittlere Änderungsrate im Intervall [1; 3].

b) Ermitteln Sie die momentane Änderungsrate an der Stelle x = 1 bzw. an der Stelle x = 4.

Lösung

a) Mittlere Änderungsrate auf [1; 3]: $\frac{\Delta y}{\Delta x} = \frac{f(3) - f(1)}{3 - 1} = \frac{4{,}5 - 2{,}5}{2} = 1$

Die Steigung der Sekante durch (1|2,5) und (3|4,5) ist 1.

b) Mittlere Änderungsrate auf $[x_1; x_2]$: $\frac{f(x_2) - f(x_1)}{x_2 - x_1}$

Für $x_1 = 1$: $\frac{f(x_2) - f(1)}{x_2 - 1}$

Untersuchung für $\Delta x = x_2 - 1 \to 0$

Tabelle

Intervall $[1; x_2]$	[1; 1,1]	[1; 1,01]	[1; 1,001]	[1; 1,0001]
$\Delta x = x_2 - 1$	0,1	0,01	0,001	0,0001
$\frac{f(x_2) - f(1)}{x_2 - 1}$	1,95	1,995	1,9995	1,99995

Die mittlere Änderungsrate stebt gegen 2. Die momentane Änderungsrate in x = 1 ist 2.

Untersuchung für $x_1 = 4$: $\frac{f(x_2) - f(4)}{x_2 - 4}$ und $\Delta x = x_2 - 4 \to 0$

Tabelle

Intervall $[4; x_2]$	[4; 4,1]	[4; 4,01]	[4; 4,001]
$\Delta x = x_2 - 4$	0,1	0,01	0,001
$\frac{f(x_2) - f(4)}{x_2 - 4}$	− 1,05	− 1,005	− 1,0005

Die mittlere Änderungsrate stebt gegen − 1. Die momentane Änderungsrate in x = 4 ist − 1.

Grafische Interpretation:

Die Tangente an der Stelle x = 1 hat die Steigung 2.

Die Tangente an der Stelle x = 4 hat die Steigung − 1.

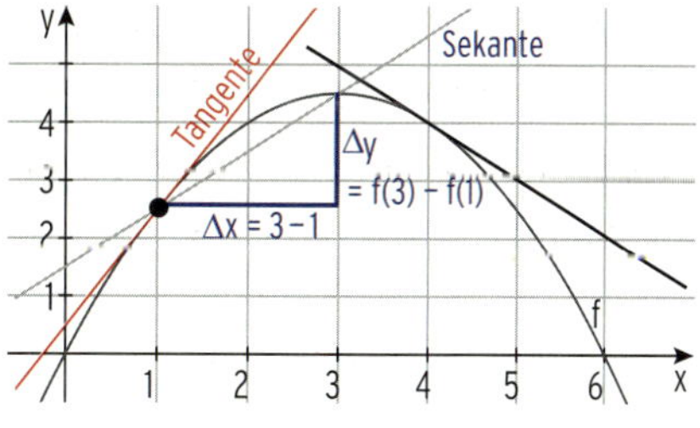

Hinweis: Die momentane Änderungsrate entspricht der Steigung der Tangente.

Beachten Sie

Die **mittlere Änderungsrate** von f auf $[x_1; x_2]$: $\frac{f(x_2) - f(x_1)}{x_2 - x_1}$ strebt für $x_2 \to x_1$ gegen die **momentane (lokale) Änderungsrate von f** an der Stelle x_1.
(Grenzwert der mittleren Änderungsrate).

Aufgaben

1 Berechnen Sie die mittleren Änderungsraten von f mit $f(x) = x^2 - x + 1$ auf den Intervallen [0; 3], [1; 1,5] und [−4; −2,5].

2 Gegeben ist die Erlösfunktion E mit $E(x) = -\frac{3}{4}x^2 + 3x$.

a) Berechnen Sie die mittlere Änderungsrate des Erlöses, wenn die verkaufte Menge von 0 ME auf 2 ME gesteigert wird.

b) Bestimmen Sie die Gleichung der Geraden durch $P(2\,|\,E(2))$ und $Q(3\,|\,E(3))$. Zeichnen Sie das Schaubild von E und die Gerade in ein Koordinatensystem.

c) Berechnen Sie die momentane Änderungsrate von E an der Stelle $x = 2$. Interpretieren Sie Ihr Ergebnis grafisch und ökonomisch.

3 Gegeben ist eine Kostenfunktion. Bestimmen Sie mithilfe der Abbildung:
- die Durchschnittskosten pro Einheit auf $[0; x_0]$.
- die Grenzkosten für die Produktionsmenge x_0.

a)

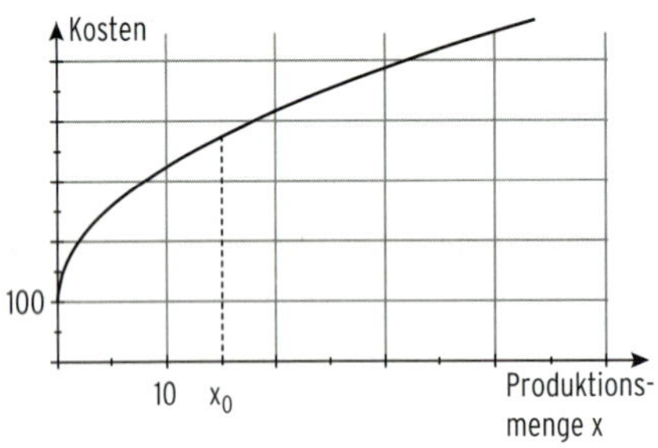

b)

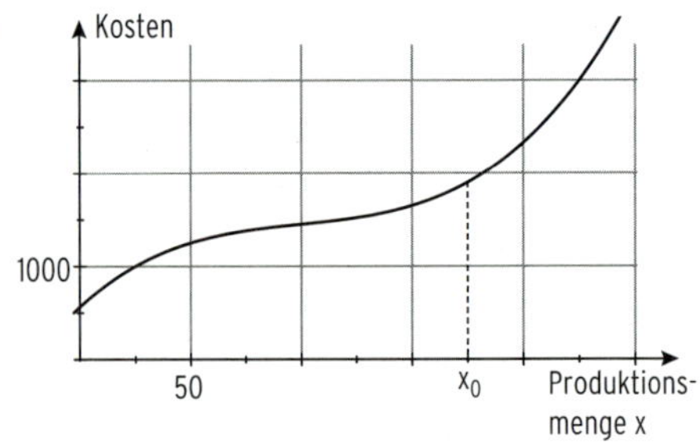

4 Eine Glasvase kühlt nach der Herstellung ab (siehe Abbildung).

a) Interpretieren Sie die Grafik.

b) Ermitteln Sie den Zeitpunkt der größten „Abkühlgeschwindigkeit". Begründen Sie Ihre Antwort.

c) Bestimmen Sie die durchschnittliche Temperaturänderung für die ersten 10 Minuten.

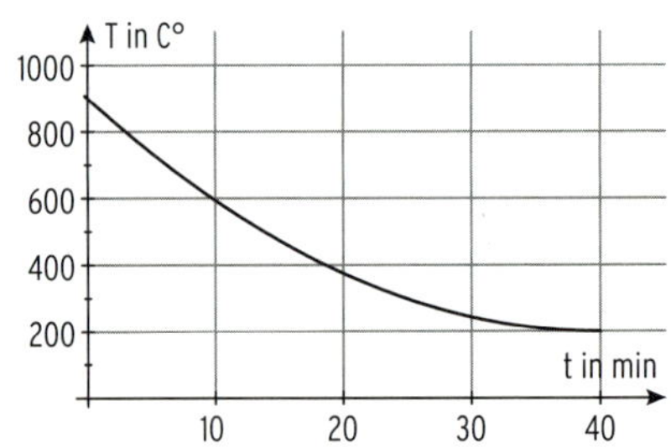

5 Die Abbildung zeigt das Schaubild einer Gewinnfunktion G auf [0; 8]. Bestimmen Sie mithilfe der Abbildung:

a) $G(2)$; $G(6)$; $\frac{G(6) - G(2)}{6 - 2}$

b) Die momentane Gewinnänderung in $x = 4$ bzw. in $x = 5$.

c) Die Ausbringungsmenge, für die $G(x)$ am größten ist.

d) Die Ausbringungsmenge, für die die momentane Gewinnänderung am größten ist.

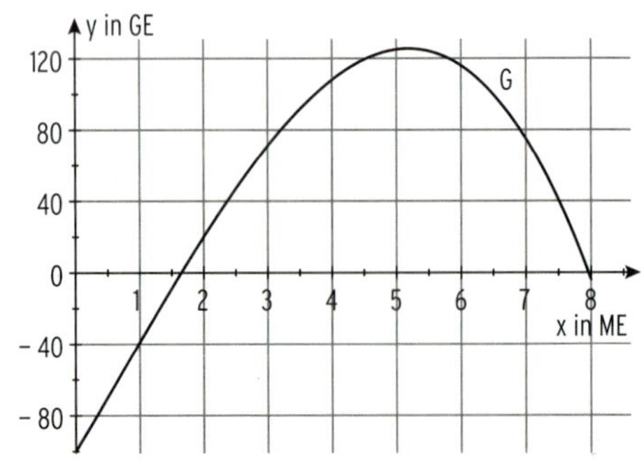

2 Ableitung

2.1 Definition der Ableitung

Die Berechnung der momentanen Änderungsrate kann mühsam sein. Deshalb leitet man Regeln her, die es gestatten, die momentane Änderungsrate anzugeben. Diese Regeln ersetzen eine allgemeine Methode zur Berechnung der momentanen Änderungsrate.

Berechnung der Tangentensteigung

Gegeben ist die Funktion f mit $f(x) = x^2$.

a) Zunächst wollen wir die Steigung der Tangente an die Normalparabel im Punkt P(1|1) berechnen. Wie bei der Herleitung der momentanen Änderungsrate geht man von einer Sekante aus und lässt den Punkt Q auf den Punkt P zuwandern, sodass die **Tangente** als **Grenzlage der Sekanten** entsteht.

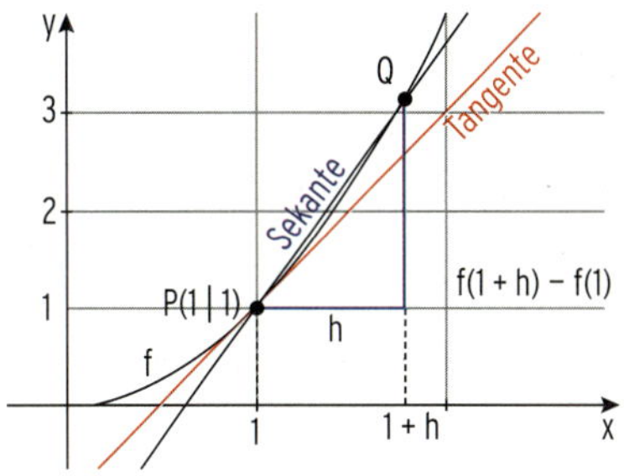

Berechnung der Sekantensteigung m_s

Es gilt: $m_s = \frac{f(x_2) - f(x_1)}{x_2 - x_1}$

Mit $x_1 = 1$ und $x_2 = 1 + h$: $m_s = \frac{f(1+h) - f(1)}{1 + h - 1} = \frac{(1+h)^2 - 1}{h}$

$$m_s = \frac{2h + h^2}{h} = \frac{h(2+h)}{h}$$

$$m_s = 2 + h$$

Für $h \to 0$ strebt $(2 + h) \to 2$. Man erhält die Steigung m_t der Tangente: $m_t = 2$.
Man bezeichnet die momentane Änderungsrate bzw. die Steigung der Tangente an die Kurve im Punkt P(1|1) als **Ableitung** von **f** an der Stelle 1.

Es gilt: $m_t = 2 = f'(1)$ Lesen Sie: f „Strich" von 1

Festlegung

Die Steigung m_t der Tangente an das Schaubild von f im Punkt P ist die **Steigung des Schaubildes** im Punkt P.
f′(1) ist die Steigung des Schaubildes von f im Kurvenpunkt P(1|f(1)).

Beachten Sie

Die Ableitung bzw. die momentane Änderungsrate kann verschiedene Bedeutungen haben, z. B.:

- Momentane Änderungsrate des Weges (Momentangeschwindigkeit)
- Momentane Zunahme der Wassermenge pro Zeiteinheit (Zuflussgeschwindigkeit)
- Grenzkosten einer Produktion
- Grenzerlös
- Abkühlgeschwindigkeit (einer Glasvase)
- Geburtenrate einer Bevölkerung

13 Bohner, Ott, Deusch - ISBN 978-3-8120-0665-1

b) Berechnung der Steigung der Normalparabel im (beliebigen) Punkt $P(u\,|\,f(u))$

Steigung m_S der **Sekante** (PQ): $m_S = \frac{f(x_2) - f(x_1)}{x_2 - x_1}$

Mit $x_1 = u$ und $x_2 = u + h$ erhält man:

$$m_S = \frac{f(u+h) - f(u)}{u + h - u} = \frac{f(u+h) - f(u)}{h}$$

$$= \frac{(u+h)^2 - u^2}{h} = \frac{2hu + h^2}{h} = \frac{h(2u+h)}{h} = 2u + h$$

Für $h \to 0$ strebt $(2u + h) \to 2u$.

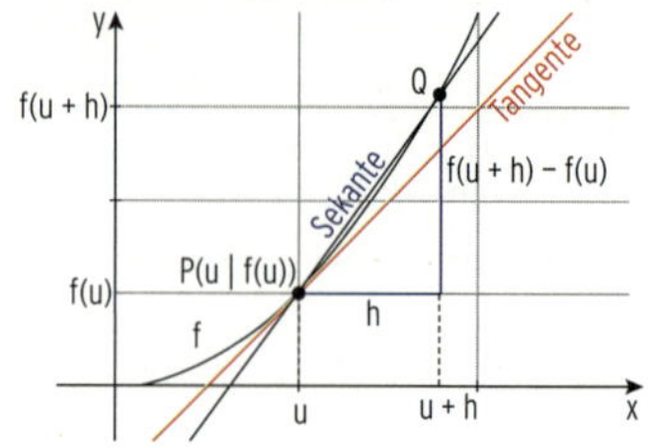

Die Steigung $f'(u)$ der Tangente an die Normalparabel im Punkt $P(u\,|\,f(u))$ ist $2u$: $f'(u) = 2u$

Ersetzt man den beliebigen u-Wert durch x, so gilt für alle $x \in \mathbb{R}$: $f(x) = x^2 \Rightarrow f'(x) = 2x$.

f′(x) ist die Ableitung von f an der Stelle x.

In der folgenden Tabelle sind für einige x-Werte die Steigungen $f'(x)$ im zugehörigen Parabelpunkt $P(x\,|\,f(x))$ berechnet.
Mit $f(x) = x^2$ und $f'(x) = 2x$ erhält man folgende Tabelle:

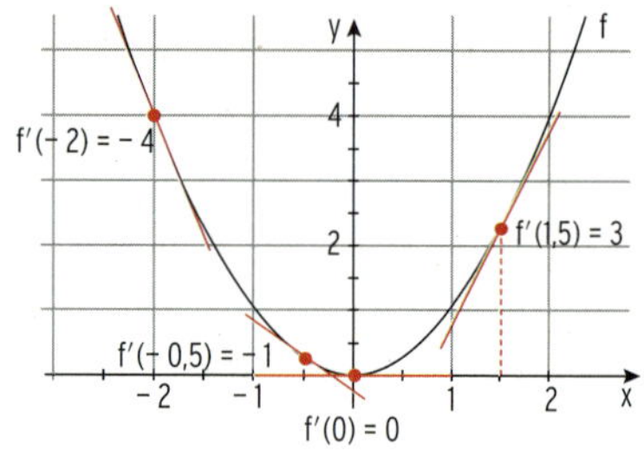

x	−2	−0,5	0	1,5
f′(x)	−4	−1	0	3

Beachten Sie

Der Quotient $\frac{\Delta y}{\Delta x} = \frac{f(x_2) - f(x_1)}{x_2 - x_1}$ heißt **Differenzenquotient.**

Mit $x_1 = x$ und $x_2 = x + h$ erhält man: $\frac{\Delta y}{\Delta x} = \frac{f(x+h) - f(x)}{h}$

Der Grenzwert des Differenzenquotienten heißt **Differenzialquotient.**

$\frac{\Delta y}{\Delta x}$ strebt für $\Delta x \to 0$ (bzw. $h \to 0$) gegen $\frac{dy}{dx} = f'(x)$ (**Ableitung** von f an der Stelle x).

Schreibweise: $f'(x) = \lim\limits_{h \to 0} \frac{f(x+h) - f(x)}{h} = \frac{dy}{dx}$

$f'(x)$ gibt für jede Stelle x die **Steigung des Schaubildes von f** an.

Hinweis: Eine Funktion f heißt differenzierbar, wenn an jeder Stelle aus dem Definitionsbereich der **Differenzialquotient** existiert. Differenzieren heißt Ableiten.

Aufgaben

1 Die Abbildung zeigt das Schaubild von f.
Bestimmen Sie $f'(0)$, $f'(2)$, $f'(3)$ mithilfe der Abbildung.

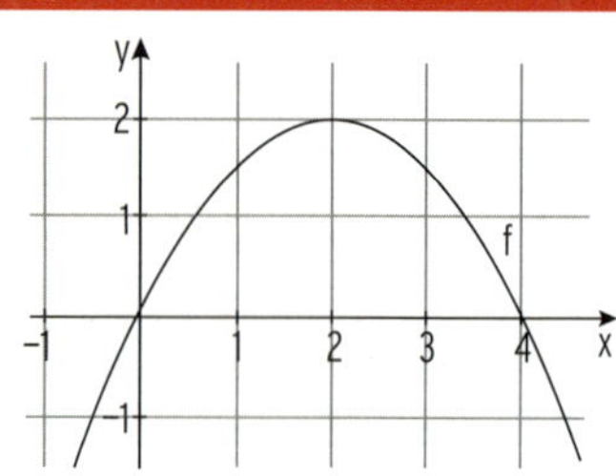

2 Berechnen Sie die Ableitung von f an der Stelle $x = 2$ mithilfe des Differenzenquotienten $\frac{f(2+h) - f(2)}{h}$.

a) $f(x) = x^2 + 3$ b) $f(x) = x^2 + 4x$ c) $f(x) = 4x - 1$

2.2 Ableitungsregeln

Potenzregel

Beispiel

➲ Bestimmen Sie die Ableitung der Funktion f mit $f(x) = x^3$.

Lösung

Ableitung an der festen Stelle u:

Mittlere Änderungsrate (Steigung der Sekante): $m_S = \frac{f(x_2) - f(x_1)}{x_2 - x_1}$

Mit $x_1 = u$ und $x_2 = u + h$ erhält man: $m_S = \frac{f(u+h) - f(u)}{u + h - u} = \frac{f(u+h) - f(u)}{h}$

$$m_S = \frac{(u+h)^3 - u^3}{h} = \frac{h(3u^2 + 3uh + h^2)}{h}$$

$$m_S = 3u^2 + 3uh + h^2$$

Für $h \to 0$ strebt $(3u^2 + 3uh + h^2)$ gegen $3u^2$.

Die Ableitung von f an der festen Stelle u lautet $f'(u) = 3u^2$.

Die Ableitung von f mit $f(x) = x^3$ lautet $f'(x) = 3x^2$.

Beachten Sie

Die Ableitung von f mit $f(x) = x^3$ ist $f'(x) = 3x^2$.

Vorgehensweise beim Ableiten einer **Potenzfunktion:**

$f(x) = x \quad \Rightarrow \quad f'(x) = 1 = 1 \cdot x^{1-1}$

$f(x) = x^2 \quad \Rightarrow \quad f'(x) = 2x = 2 \cdot x^{2-1}$

$f(x) = x^3 \quad \Rightarrow \quad f'(x) = 3x^2 = 3 \cdot x^{3-1}$

Merkregel

„Alte" Hochzahl als Faktor vor x setzen, „neue Hochzahl" = „alte" Hochzahl minus 1.

$f(x) = x^4 \quad \Rightarrow \quad f'(x) = 4 \cdot x^{4-1} = 4x^3$

$f(x) = x^5 \quad \Rightarrow \quad f'(x) = 5 \cdot x^{5-1} = 5 \cdot x^4$

$f(x) = x^{-1} \quad \Rightarrow \quad f'(x) = -1 \cdot x^{-1-1} = -1 \cdot x^{-2} = -\frac{1}{x^2}$

$\frac{1}{x} = x^{-1}$

$f(x) = x^{-2} \quad \Rightarrow \quad f'(x) = -2 \cdot x^{-2-1} = -2 \cdot x^{-3} = -\frac{2}{x^3}$

$f(x) = x^n \quad \Rightarrow \quad f'(x) = n\,x^{n-1}$

Potenzregel der Ableitung

Die Ableitung von f mit $\mathbf{f(x) = x^n}$ ist $\mathbf{f'(x) = n \cdot x^{n-1}}$; $n \in \mathbb{Z}$.

Faktor- und Summenregel

Beispiel 1

➲ Ermitteln Sie die Ableitung der quadratischen Funktion f mit $f(x) = ax^2$; $a \neq 0$.

Lösung

Ableitung an der festen Stelle u: $m_S = \frac{f(x_2) - f(x_1)}{x_2 - x_1}$

Mit $x_1 = u$ und $x_2 = u + h$ erhält man: $m_S = \frac{f(u+h) - f(u)}{h} = \frac{a(u+h)^2 - au^2}{h}$

$$m_S = \frac{a(u^2 + 2uh + h^2) - au^2}{h} = \frac{ah(2u+h)}{h}$$

$$m_S = a(2u + h)$$

Für $h \to 0$ strebt $a(2u + h)$ gegen $2au$.

Ergebnis: $f'(u) = 2au$

Die Ableitung von f mit $f(x) = ax^2$ lautet $f'(x) = 2ax$.

Beachten Sie Die Ableitung von f mit $f(x) = ax^2$ ist $f'(x) = 2ax$.

Beispiele

$f(x) = \frac{1}{3}x^2 \Rightarrow f'(x) = \frac{1}{3} \cdot 2x = \frac{2}{3}x$ $\qquad f(x) = -4x^2 \Rightarrow f'(x) = -4 \cdot 2x = -8x$

Faktorregel: Konstante Faktoren bleiben beim Ableiten erhalten.

$f(x) = 7x^3 \Rightarrow f'(x) = 7 \cdot 3x^2 = 21x^2$

$f(x) = 3x^2 \Rightarrow f'(x) = 3 \cdot 2x = 6x$

Beispiel 2

➲ Geben Sie die Ableitung der quadratischen Funktion f mit $f(x) = ax^2 + c$; $a \neq 0$ an.

Lösung

Verschiebt man eine Parabel in y-Richtung, so ändert sich die Form der Parabel nicht, damit kann sich auch die Steigung an einer festen Stelle u **nicht** ändern.

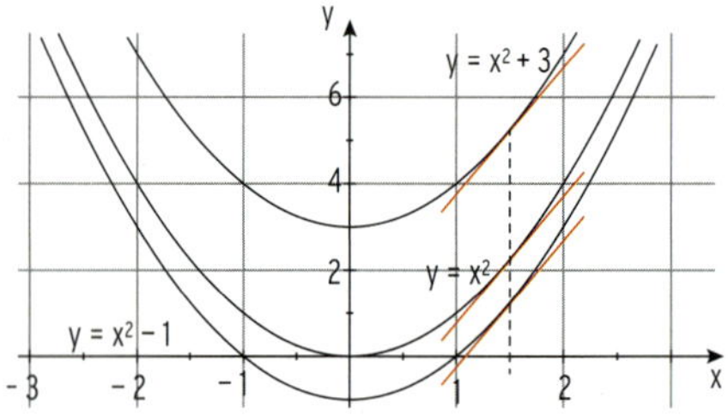

$g(x) = x^2$	$\uparrow 3$	$f(x) = x^2 + 3$	Ableitung $f'(x) = g'(x) = 2x$
$g(x) = 2x^2$	$\downarrow 1$	$f(x) = 2x^2 - 1$	Ableitung $f'(x) = g'(x) = 4x$
$g(x) = ax^2$	$\uparrow c$	$f(x) = ax^2 + c$	Ableitung $f'(x) = g'(x) = 2ax$

Beachten Sie Die Ableitung von f mit $f(x) = ax^2 + c$ ist $f'(x) = 2ax$.

Hinweis: Beim Ableiten wird ein **konstanter Summand** zu null.

Beispiele

$f(x) = 3x^2 + 4 \Rightarrow f'(x) = 6x$

$f(x) = -x^2 + 2x + c \Rightarrow f'(x) = -2x + 2$

$f(x) = -5x^3 - 12x + 2 \Rightarrow f'(x) = -15x^2 - 12$

$f(x) = 7 \Rightarrow f'(x) = 0$

Summenregel

Die **Ableitung einer Summe** ist die **Summe der Ableitungen** der Summanden.

Beispiele

$f(x) = x^2 - 4x + 3 \Rightarrow f'(x) = 2x - 4$

$f(x) = -\frac{3}{2}x^2 + \frac{3}{4}x \Rightarrow f'(x) = -3x + \frac{3}{4}$

$f(x) = x^3 - 5x^2 + 3x + 1 \Rightarrow f'(x) = 3x^2 - 10x + 3$

$f(x) = 4(x + x^4) \Rightarrow f'(x) = 4(1 + 4x^3) = 4 + 16x^3$

$f(x) = x + \frac{7}{x} + 2 = x + 7x^{-1} + 2 \Rightarrow f'(x) = 1 - 7x^{-2} = 1 - \frac{7}{x^2}$

$f(x) = -\frac{1}{8}(x^2 - 4x) \Rightarrow f'(x) = -\frac{1}{8}(2x - 4) = -\frac{1}{4}x + \frac{1}{2}$

$f(x) = ax^2 + bx + c \Rightarrow f'(x) = 2ax + b$

$f_t(x) = t^2x + 4x + 2 \Rightarrow f_t'(x) = t^2 + 4$

Ableitungsregeln

Faktorregel: **Konstante Faktoren** bleiben beim Ableiten erhalten.
$f(x) = a \cdot g(x) \Rightarrow f'(x) = a \cdot g'(x)$

Summenregel: Die **Ableitung einer Summe** ist die **Summe der Ableitungen** der Summanden.
$f(x) = g(x) + h(x) \Rightarrow f'(x) = g'(x) + h'(x)$

Potenzregel: $f(x) = x^n \Rightarrow f'(x) = n \cdot x^{n-1};\ n \in \mathbb{Z}$

Aufgaben

1 Leiten Sie ab.

a) $f(x) = -2x^4 + 3x^2 - 4x + 2$

b) $f(x) = 0{,}5x^4 - x^3 + 2{,}5x^2$

c) $f(x) = \frac{1}{4}x^4 + \frac{3}{8}x^3 - \frac{4}{5}x^2$

d) $f(x) = \frac{1}{32}x^3 + \frac{3}{7}x - \frac{4}{x}$

e) $f(x) = -x^4 - 6x^2 - 2{,}25$

f) $f(x) = -\frac{5}{6}x^2 + \frac{2}{3}x + \frac{5}{2}$

g) $f(x) = -x^3 + 6x^2 - 2x + 20$

h) $f(x) = 0{,}5x^2 - 2x - \frac{8}{x}$

i) $f(x) = -\frac{x^3}{4} + \frac{x^2}{3} - \frac{2}{x}$

j) $f(x) = -2 + 3x - 2x^3$

k) $f(x) = \frac{1}{16}(x^5 + x^3 - 1)$

l) $f(x) = x(x^2 - 1{,}5x - 4)$

m) $f(x) = 0{,}125x^4 - 1{,}5x^2 - 3$

n) $f(x) = \frac{1}{8}(x^3 - 12x^2 + 16)$

2 Bestimmen Sie die erste Ableitung.

a) $f(x) = ax^2 + bx + c + \frac{d}{x}$

b) $K(x) = ax^3 + bx^2 + cx + d$

c) $f_t(x) = \frac{1}{3}tx^2 + 5t^2x$

d) $f_t(x) = t(x^3 + 4x^2)$

Funktionen und deren Ableitungen in der Betriebswirtschaft

	Beispiel
Gesamtkostenfunktion K	$K(x) = x^3 - 28x^2 + 300x + 500$
Grenzkostenfunktion K′ (Differenzialkostenfunktion)	$K'(x) = 3x^2 - 56x + 300$
Variable Grenzkostenfunktion K_v'	$K_v'(x) = 3x^2 - 56x + 300$
Stückkostenfunktion k	$k(x) = x^2 - 28x + 300 + \frac{500}{x}$
Grenzstückkostenfunktion k′	$k'(x) = 2x - 28 - \frac{500}{x^2}$
Erlösfunktion E	$E(x) = -10x^2 + 400x$ oder $E(x) = 25x$
Grenzerlösfunktion E′	$E'(x) = -20x + 400$ $E'(x) = 25$
Gewinnfunktion G	$G(x) = -0{,}5x^3 - 0{,}5x^2 + 17x - 16$
Grenzgewinnfunktion G′	$G'(x) = -1{,}5x^2 - x + 17$

$K'(x) = K_v'(x)$

Höhere Ableitungen

Beispiel

➲ Leiten Sie die Funktion f mit $f(x) = -\frac{1}{8}x^3 - \frac{3}{4}x^2 + 5;\ x \in \mathbb{R}$ dreimal ab.

Lösung

Ableitung von f:	$f'(x) = -\frac{3}{8}x^2 - \frac{3}{2}x$	1. Ableitung von f
Ableitung von f′:	$(f'(x))' = f''(x) = -\frac{3}{4}x - \frac{3}{2}$	2. Ableitung von f
Ableitung von f″:	$(f''(x))' = f'''(x) = -\frac{3}{4}$	3. Ableitung von f

Bemerkung: f″ (2. Ableitung von f) ist die **Ableitungsfunktion** von f′.
Einsetzen der x-Werte in f″(x) liefert die Steigungswerte des Graphen von f′.

Aufgaben

1 Leiten Sie die Funktion zweimal ab.

a) $f(x) = -x^3 - 2x^2 + 5x$

b) $f(x) = 2x^4 - x^3 + 3x^2 - 4x - 8$

c) $E(x) = \frac{1}{2}x^2 - \frac{1}{16}x^3$

d) $f(x) = -1{,}5x^4 + 5x^2$

e) $f(x) = \frac{3}{8}x^3 - x^2 + \frac{3}{x}$

f) $K(x) = \frac{1}{50}(x^3 - 30x^2 + 1800x + 1000)$

2 Gegeben ist die Gesamtkostenfunktion K mit $K(x) = x^3 - 6x^2 + 14x + 18$ und die Erlösfunktion E mit $E(x) = 13{,}2x$.

a) Bestimmen Sie die Grenzkostenfunktion, die Grenzstückkostenfunktion, die Funktion der variablen Grenzstückkosten, die Grenzerlösfunktion und die Grenzgewinnfunktion.

b) Zeigen Sie: $K''(2) = 0$

3 Die Stückkosten für die Herstellung eines Produktes lassen sich beschreiben durch $k(x) = 0{,}5x^2 - 3x + 8 + \frac{8}{x}$ für $x > 0$.
Berechnen Sie $k'(4)$ und $k''(4)$. Zeigen Sie: $k''(x) > 0$ für $x > 0$.

2.3 Ableitung und Steigung

Beispiel 1

➲ Gegeben ist die Funktion f mit $f(x) = x^3 - 3x^2$; $x \in \mathbb{R}$.

a) Bestimmen Sie für $x \in \{-1; 0; 2; 3\}$ die y-Werte der zugehörigen Kurvenpunkte. Bestimmen Sie die Steigungen im jeweiligen Kurvenpunkt.

b) Erläutern Sie die Bedeutung von $f'(-1)$ und $f'(2)$ für das Schaubild von f. Vergleichen Sie $f(-1)$ mit $f'(-1)$.

Lösung

a) y-Werte: $f(x) = x^3 - 3x^2$

Ableitung: $f'(x) = 3x^2 - 6x$

x	−1	0	2	3
f(x)	−4	0	−4	0
f′(x)	9	0	0	9

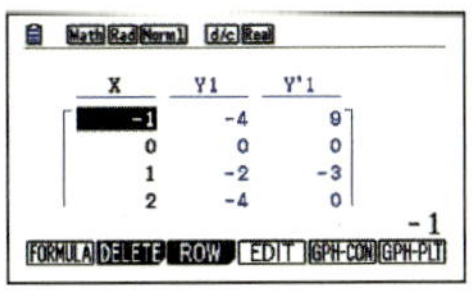

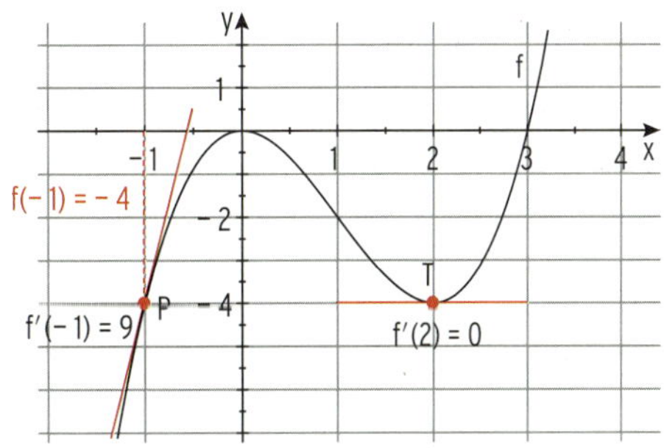

b) **f′(−1) = 9** bedeutet: Die **Kurve** hat an der Stelle $x = -1$ die **Steigung** 9.

f′(2) = 0 bedeutet: Die Kurve hat an der Stelle $x = 2$ die Steigung 0, die Tangente an die Kurve in $x = 2$ verläuft **waagrecht** (parallel zur x-Achse).

f(−1) = −4 ist der **y-Wert des Kurvenpunktes** $P(-1|-4)$.

f′(−1) = 9 ist die Steigung der **Tangente** an die Kurve im Punkt $P(-1|f(-1))$.

Beachten Sie

Einsetzen des x-Wertes **in f(x)** ergibt den **Funktionswert**, d. h. die y-Koordinate des zugehörigen Kurvenpunktes.
$P(-1|f(-1))$ bedeutet: Der Punkt P liegt auf dem Graphen der Funktion f.

Einsetzen des x-Wertes **in f′(x)** ergibt die **Steigung** der Kurve (der Tangente) im zugehörigen Kurvenpunkt.

Bemerkung: Gilt für eine Stelle u die Bedingung $f(u) > 0$, so bedeutet dies: Der zugehörige Kurvenpunkt liegt **oberhalb** der x-Achse.
Gilt für eine Stelle u die Bedingung $f'(u) > 0$, so bedeutet dies: Das Schaubild von f ist an der Stelle u **steigend**.

Beispiel 2

➲ Gegeben ist das Schaubild der Gewinnfunktion G.

a) Beschreiben Sie den Graphen von G.

b) Bestimmen Sie $G'(4)$ nach Augenmaß.
Erläutern Sie die Bedeutung dieses Wertes.

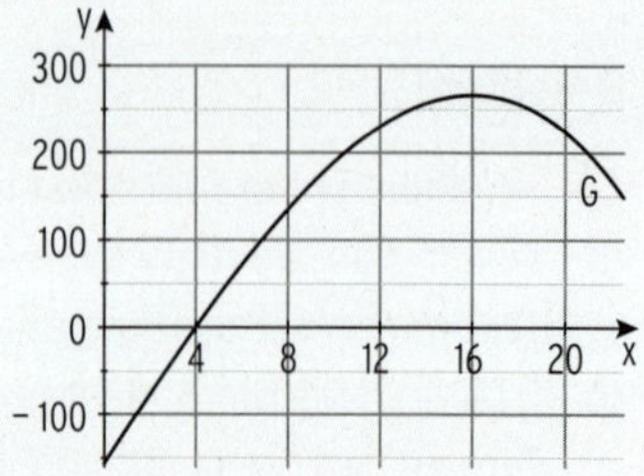

Lösung

a) Wir lesen ab: $G(16) \approx 265$; $G'(16) = 0$:
In $H(16\,|\,265)$ hat der Graph eine **waagrechte Tangente.**
Für $x < 16$ gilt: $G'(x) > 0$, d. h., der Gewinn ist zunehmend (**steigende** Kurve).
Für $x > 16$ gilt: $G'(x) < 0$, d. h., der Graph ist abnehmend (**fallende** Kurve).

b) Tangente in $x = 4$ einzeichnen und die Steigung der Tangente ablesen: $G'(4) = \frac{150}{4} = 37{,}5$.
Der Grenzgewinn in der Gewinnschwelle beträgt 37,5 GE/ME, d. h. bei Produktionssteigerung um eine kleine Einheit nimmt der Gewinn um 37,5 GE/ME zu.

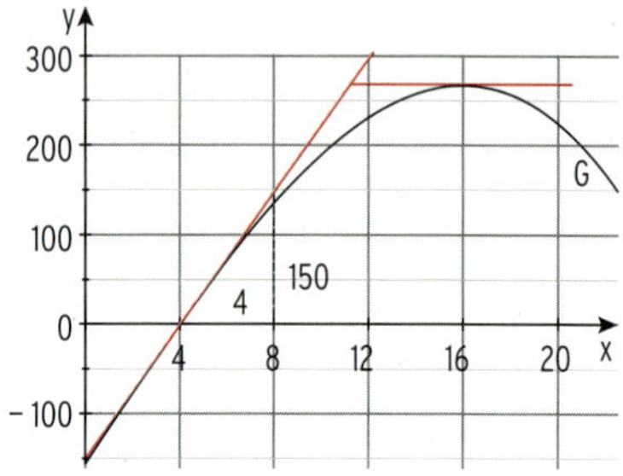

Beachten Sie

Besitzt der Graph von f im Kurvenpunkt $P(u\,|\,f(u))$ eine **waagrechte Tangente**, so ist die Steigung in P **null** und es gilt: $f'(u) = 0$.

Aufgaben

1 Die Abbildung zeigt den Graph einer Funktion f.
Bestimmen Sie nach Augenmaß: $f'(0)$ und $f'(3)$.
Folgende Aussagen sind wahr oder falsch:
$f'(1) > f'(2)$; $f'(4) < 0$; $f'(x) > 0$ für $1 \le x \le 6$.
Entscheiden Sie.

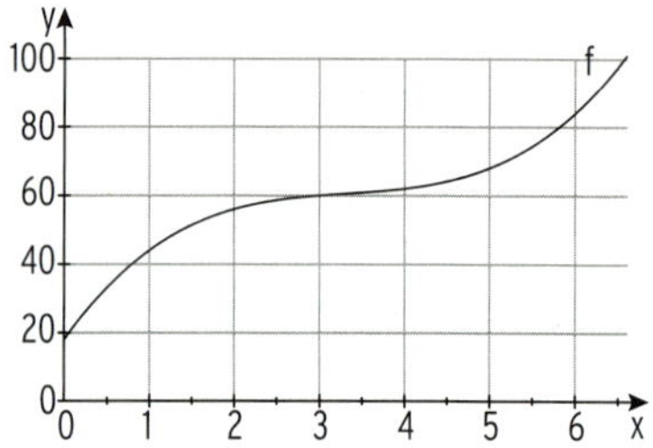

2 Die Funktion f ist gegeben durch $f(x) = 3x^3 - 5x^2$.
Bestimmen Sie die Steigung des Graphen von f an der Stelle $x = -1$ und in den Schnittpunkten des Graphen mit der x-Achse.
Ermitteln Sie die Punkte auf dem Graphen von f mit waagrechter Tangente.

3 Gegeben ist die Funktion f mit $f(x) = x^3 - 12x$; $x \in \mathbb{R}$.
Berechnen Sie: $f'(-2)$; $f'(0)$ und $f'(3)$.
Interpretieren Sie Ihre Ergebnisse geometrisch.

Tangente

Beispiel

➲ Die Gesamtkosten eines Unternehmens werden beschrieben durch die Funktion K mit $K(x) = x^3 - 7x^2 + 20x + 40;\ 0 \leq x \leq 10$.
Der Marktpreis für eine ME beträgt 25 GE.

a) Bestimmen Sie die Gleichung der Tangente an die Kostenkurve im Punkt P(1|...) und im Punkt Q(4|...). Vergleichen Sie.

b) Untersuchen Sie, ob die Gerade mit der Gleichung $y = 25x - 35$ Tangente an die Gesamtkostenkurve ist.

c) Entscheiden Sie, ob es eine Tangente an die Gesamtkostenkurve mit der Steigung 2 gibt.
Interpretieren Sie Ihre Ergebnisse aus a), b) und c) ökonomisch.

Lösung

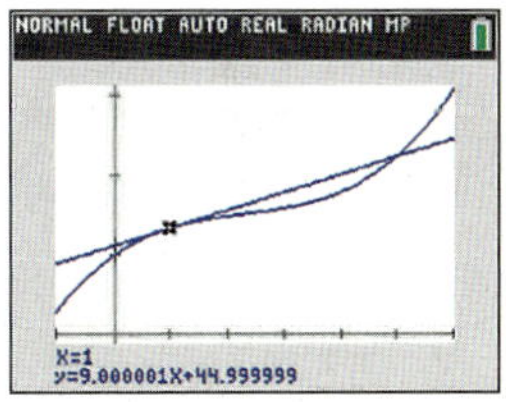

a) Ableitung: $K'(x) = 3x^2 - 14x + 20$
Die Ableitung der Gesamtkostenfunktion ist die **Grenzkostenfunktion.**

Tangente in P(1|...):
In P(1|...) berühren sich Tangente und Kurve.
Steigung in $x = 1$: $K'(1) = 9$
Koordinaten von P und Steigung in die Hauptform $y = mx + b$ einsetzen ergibt mit
$x = 1;\ m = K'(1) = 9;\ y = K(1) = 54$: $54 = 9 + b$
$b = 45$
Tangentengleichung: $y = 9x + 45$

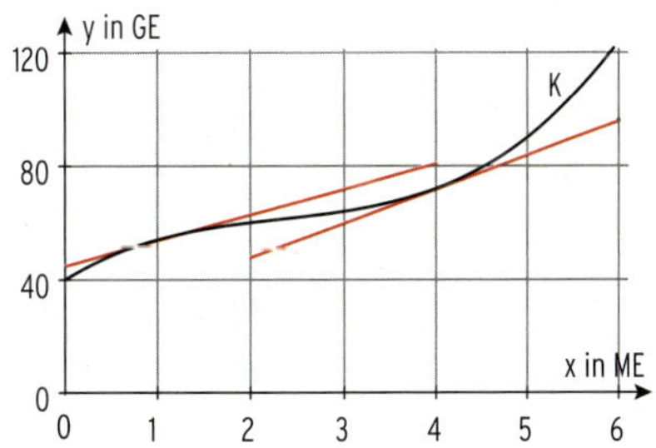

Tangente in $x = 4$:
Steigung in $x = 4$: $K'(4) = 12$
mit $K(4) = 72$ erhält man den Berührpunkt Q(4 | 72)
Einsetzen in $y = mx + b$: $72 = 12 \cdot 4 + b$
$b = 24$
Tangentengleichung: $y = 12x + 24$

Ökonomische Bedeutung:
Produziert man 1 ME und erhöht die Produktion um eine kleine Einheit, so erhöhen sich die Gesamtkosten um 9 GE/ME. Produziert man 4 ME und erhöht die Produktion um eine kleine Einheit, so erhöhen sich die Gesamtkosten um 12 GE/ME.
Die Gesamtkosten steigen für $x = 4$ **stärker** als für $x = 1$: $K'(4) > K'(1)$

Beachten Sie

Die Tangente an das Schaubild von f ist eine Gerade durch den Kurvenpunkt $P(u\,|\,f(u))$ mit der Steigung $f'(u)$. Einsetzen in die Hauptform $y = mx + b$ liefert die Tangentengleichung.

b) Ableitung: $K'(x) = 3x^2 - 14x + 20$

Bedingung für die Berührstelle: $K'(x) = 25 \Leftrightarrow 3x^2 - 14x + 20 = 25$

$$3x^2 - 14x - 5 = 0$$

Hinweis: Gegeben ist ein **Steigungswert,** gesucht wird ein **x-Wert.**

Lösung der Gleichung $x^2 - \frac{14}{3}x - \frac{5}{3} = 0$

ergibt: $x_1 = 5;\ x_2 = -\frac{1}{3}$

$x_1 = 5$ ist einzige positive Lösung.

In $x_1 = 5$ hat K eine Stelle mit Steigung 25.

Ist die **Gerade Tangente,** so berührt sie den Graphen von K in $x = 5$.

$B(5\,|\,K(5)) = B(5\,|\,90)$ ist der mögliche Berührpunkt.

Entscheidung durch **Punktprobe.**

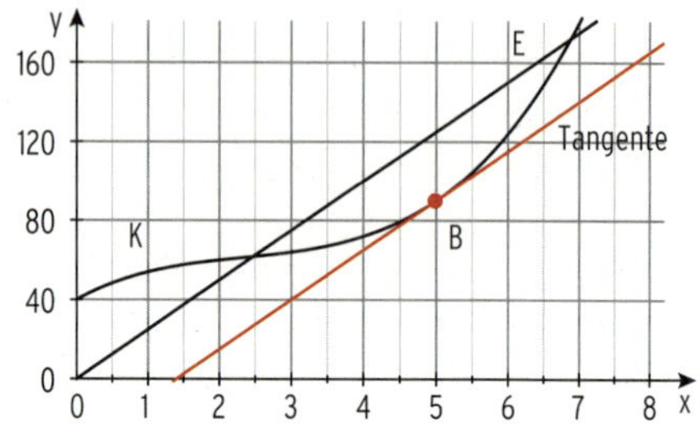

Einsetzen von $B(5\,|\,90)$ in die Geradengleichung $y = 25x - 35$ ergibt: $90 = 25 \cdot 5 - 35$ w. A.

Die Gerade ist Tangente an den Graphen von K.

Interpretation: Die Tangente verläuft parallel zur Erlösgeraden mit $y = 25x$.
Der Abstand der beiden Geraden in y-Richtung ist der **maximal mögliche Gewinn.**

c) **Bedingung** für die Berührstelle: $K'(x) = 2$ $\quad 3x^2 - 14x + 20 = 2$

$$3x^2 - 14x + 18 = 0$$

$$x^2 - \frac{14}{3}x + 6 = 0$$

Die quadratische Gleichung hat wegen $D = -\frac{5}{9} < 0$ keine Lösung.

Es gibt also **keine Tangente** an den Graphen von K mit Steigung 2.

Interpretation: Die Gesamtkostenkurve hat auf $D_{ök}$ eine Steigung größer als 2.
Die **Grenzkosten** sind stets größer als 2 GE/ME.

Beachten Sie

Eine **Tangente** an den Graphen einer **ertragsgesetzlichen Kostenfunktion K** hat eine **positive Steigung.**
Für die Grenzkosten (Differenzialkosten) K′ gilt: $K'(x) \geq 0$. Unter den **Grenzkosten an der Stelle x** versteht man die **Kostenänderung** bei einer Änderung der Ausbringungsmenge um eine beliebig kleine Einheit.

Aufgaben

1 Gegeben ist die Funktion f mit $f(x) = \frac{1}{2}x^2 - 3x;\ x \in \mathbb{R}$.

a) Bestimmen Sie die Steigung des Graphen von f an den Stellen $x = 0$ bzw. $x = 4$.

b) Berechnen Sie die Steigung der Tangente an den Graphen von f im Punkt $P(-1\,|\,f(-1))$.

2 Gegeben ist die Funktion f mit $f(x) = -\frac{1}{4}x^3 + \frac{3}{2}x^2;\ x \in \mathbb{R}$.
Bestimmen Sie die Gleichungen der Tangenten in den Kurvenpunkten $A(0|f(0))$, $B(1|f(1))$ und $C(-1|f(-1))$.

3 Die Funktion f ist gegeben durch $f(x) = \frac{1}{2}x^2 - 2x - 1;\ x \in \mathbb{R}$.

a) Die Gerade von g mit $g(x) = -0{,}5x - 2$ ist Tangente an den Graphen von f.
Entscheiden Sie, ob die Aussage wahr oder falsch ist.

b) Geben Sie den Bereich an, auf dem die Tangenten an den Graphen von f einen Anstieg größer als 10 haben.

c) Eine Gerade hat die Gleichung $y = a;\ a \in \mathbb{R}$.
Ermitteln Sie die Werte von a so, dass diese Gerade keinen, einen bzw. zwei gemeinsame Punkte mit dem Graphen von f hat.

4 Die Abbildung zeigt den Graphen einer Gesamtkostenfunktion K.

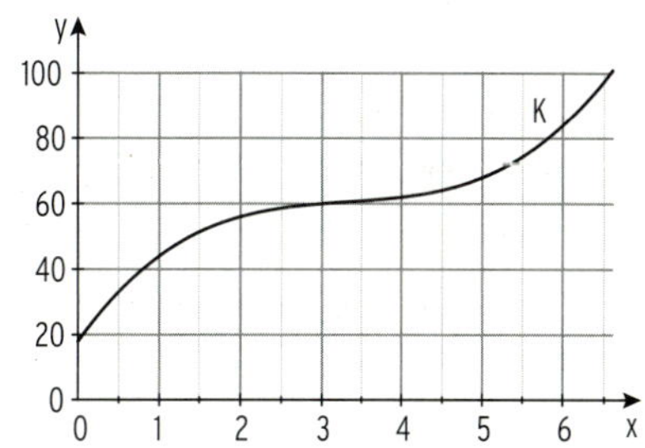

a) Bestimmen Sie den Bereich, auf dem die Tangenten an den Graphen von K einen Anstieg größer als 10 haben. Begründen Sie Ihr Ergebnis.

b) Bestimmen Sie nach Augenmaß $K'(0)$ und $K'(3)$.
Interpretieren Sie ökonomisch.

c) Folgende Aussagen sind wahr oder falsch.
Entscheiden Sie.
- $K'(1) > K'(2)$
- $K'(4) < 0$
- $K'(x) > 0$ für alle $x > 0$

5 Die Wertetabelle gehört zu einer Gewinnfunktion 3. Grades.

x	0	1	2	3	4	5	6
G(x)	− 5	− 1,3	2,3	4	1,7	− 6,7	− 23
G′(x)	3	4	3	0	− 5	− 12	− 21

Bestimmen Sie mithilfe der Wertetabelle.

a) die Gewinnzone näherungsweise

b) die gewinnmaximale Produktionsmenge und den maximalen Gewinn

c) die Gleichung der Tangente an die Gewinnkurve in $x = 0$

d) die Gleichung der Tangente an die Gewinnkurve in $x = 6$

6 Die Gesamtkosten eines Unternehmens werden beschrieben durch die Funktion K mit
$K(x) = 0{,}02x^3 - 1{,}9x^2 + 62x + 250;\ 0 \le x \le 90$.
Der Marktpreis für eine ME beträgt 49,5 GE.

a) Derzeit werden 50 ME produziert. Bestimmen Sie die zugehörigen Grenzkosten.

b) Bestimmen Sie die Gleichung der Tangente an die Kostenkurve für $x = 50$.

c) Zeigen Sie: Die Grenzkosten sind stets positiv.

d) Zeigen Sie die wirtschaftliche Bedeutung ihrer Ergebnisse aus a) bis c) auf.

e) Erläutern Sie die Lösungen der Gleichung $K'(x) = E'(x)$ geometrisch und ökonomisch.

7 Die Stückkosten für die Herstellung eines Produktes lassen sich beschreiben durch $k(x) = x^2 - 6x + 16 + \frac{16}{x}$ für $x > 0$.
Ermitteln Sie die Stelle, an der der Graph der Stückkostenfunktion eine waagrechte Tangente hat. Interpretieren Sie Ihr Ergebnis.

Test zur Überprüfung Ihrer Grundkenntnisse

1 Leiten Sie ab.

a) $f(x) = 5x^3 - \frac{3}{2}x^2 + 2x + 1$

b) $f(x) = \frac{1}{8}(x^3 - 3x^2)$

c) $f(x) = ax^3 + bx^2 + c$

d) $f(x) = \frac{x}{4} + \frac{5}{x}$

2 Gegeben ist die Funktion f mit $f(x) = x^3 - 2x^2$; $x \in \mathbb{R}$.

a) Berechnen Sie $f'(-1)$.

b) Ermitteln Sie die x-Werte, für die gilt: $f'(x) = -1$.

c) Bestimmen Sie die Gleichung der Tangente an das Schaubild von f im Punkt $P(2\,|\,f(2))$.

d) Eine Parallele zur x-Achse berührt das Schaubild von f.
Geben Sie die Gleichung dieser Parallelen an.

3 Gegeben ist die Kostenfunktion K durch $K(x) = 0{,}25x^3 - 0{,}5x^2 + 2x + 9$.

a) Bestimmen Sie $K'(x)$, $K_v'(x)$, $k'(x)$, $k_v'(x)$.

b) Zeigen Sie: Die Grenzkosten sind stets positiv.

c) Geben Sie die Gleichung der Tangente an die Kostenkurve in $x_1 = 3$ an.
Interpretieren Sie ökonomisch.

d) Zeigen Sie: Die Gerade mit der Gleichung $y = 3x + 7$ ist Tangente an die Kostenkurve.
Berechnen Sie den Berührpunkt.

4 Der Gewinn der Firma Hirter für ein Produkt lässt sich berechnen durch
$G(x) = -0{,}5x^3 - 0{,}5x^2 + 17x - 16$; $x \geq 0$.

a) Bestimmen Sie die mittlere Gewinnänderung auf dem Bereich von 1 ME bis 3 ME.
Entscheiden Sie, ob es eine Produktionsmenge gibt, für die die momentane Gewinnänderung mit dieser mittleren Gewinnänderung übereinstimmt.
Wenn ja, ermitteln Sie diese Produktionsmenge.

b) Bestimmen Sie die Gleichung der waagrechten Tangente an die Gewinnkurve.

5 Zeigen Sie: Für jede Gesamtkostenfunktion K gilt $K'(x) = K_v'(x)$.

6 Die Gesamtkosten in GE für ein Produkt der Lanz KG werden durch die Funktion K mit $K(x) = 2x^3 - 20x^2 + 74x + 204$, $x \in [0; 11]$; x in ME, bestimmt.

a) Ermitteln Sie den konstanten Verkaufspreis p so, dass die Gewinnschwelle bei 3 ME liegt.

b) Der Verkaufspreis beträgt nun 100 GE/ME.
Bestimmen Sie die Ausbringungsmenge, für die gilt: $K'(x) = E'(x)$.
Interpretieren Sie Ihr Ergebnis mit Hilfe einer Skizze.

III Grundwissen

1 Intervalle als Teilmengen der reellen Zahlen

Beispiele

$[0; 5] = \{x \in \mathbb{R} \mid 0 \leq x \leq 5\}$	alle reellen Zahlen von 0 bis 5, einschließlich 0 und 5
$(-2; 2] = \{x \in \mathbb{R} \mid -2 < x \leq 2\}$	alle reellen Zahlen zwischen −2 bis 2, ausschließlich −2 und einschließlich 2
$(1; 6) = \{x \in \mathbb{R} \mid 1 < x < 6\}$	alle reellen Zahlen größer als 1 und kleiner als 6
$[1; \infty) = \{x \in \mathbb{R} \mid x \geq 1\}$	alle reellen Zahlen größer oder gleich 1

Geschlossenes Intervall: $[a; b] = \{x \in \mathbb{R} \mid a \leq x \leq b\}$

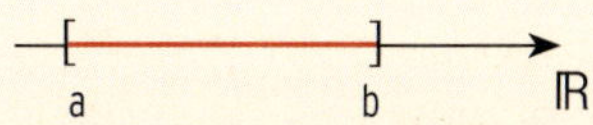

Offenes Intervall: $(a; b) = \{x \in \mathbb{R} \mid a < x < b\}$

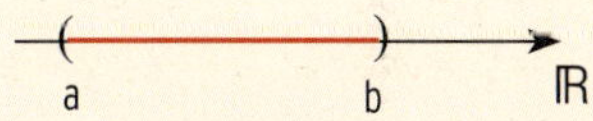

Halboffenes Intervall: $[a; b) = \{x \in \mathbb{R} \mid a \leq x < b\}$

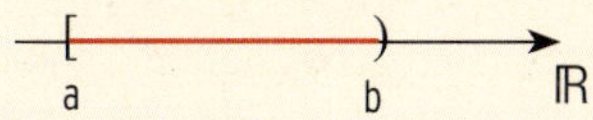

Aufgaben

1 Schreiben Sie als Intervall.

a) $\{x \in \mathbb{R} \mid 0 \leq x \leq 4\}$ b) $\{x \in \mathbb{R} \mid x \leq 2{,}5\}$ c) $\{x \in \mathbb{R} \mid -2 < x < 1\}$ d) $\{x \in \mathbb{R} \mid 1 \leq x < 7\}$

2 Stellen Sie das Intervall in Mengenschreibweise dar.

a) $[-2; 3]$ b) $(-5; 1]$ c) $(-\infty; 3]$ d) $(1; 10)$

3 Beschreiben Sie die markierten Mengen.

a) 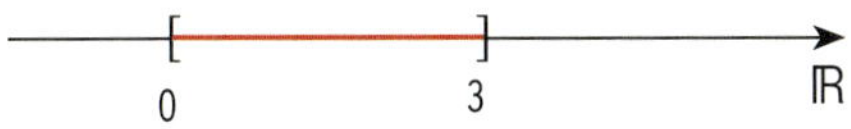

b) 

c) 

d) 

2 Algebraische Begriffe und Vorübungen

2.1 Begriffe

Summanden

$$\underbrace{a + b}_{\text{Summe}}$$

$$\underbrace{a - b}_{\text{Differenz von a und b}}$$

Variable ↓

$3 \cdot x$

↑ Koeffizient

$$\underbrace{x + x + x}_{\text{Summe}} = \underbrace{3 \cdot x}_{\text{Produkt}}$$

Faktoren

$$\underbrace{x \cdot x \cdot x}_{\text{Produkt}} = \underbrace{x^3}_{\text{Potenz}}$$

Zähler → $\frac{a}{b}$ ← Nenner: Quotient (Bruch), $b \neq 0$

$\frac{1}{a}$; $a \neq 0$

Kehrwert von a

2.2 Rechnen mit Summen und Differenzen

Beispiele

$7 + (-5) = 7 - 5 = 2$

$5a + (-6a) = 5a - 6a = -1a = -a$

$5a - 3(-4a) = 5a + 12a = 17a$

$12a + 4b - (-3a - 5b) = 12a + 4b + 3a + 5b = 12a + 3a + 4b + 5b = 15a + 9b$

Minuszeichen vor der Klammer beachten.

Aufgaben

1 Lösen Sie die Klammern auf und fassen Sie zusammen.

a) $5a - 5b - (8a + 2b) + (6a - 7b)$

b) $(6x - 4) - (-8x + 12) + 20x$

c) $(12x + 6y) + (-3x - 4y) - (-2x - 4y)$

d) $15x + 7y + (-4x - 12y) - (9x - 7y)$

2 Fassen Sie zusammen.

a) $-3 \cdot (-3) \cdot a + 2a$

b) $2ab - 5ab$

c) $-18x - 7x \cdot (-2)$

d) $-(3x \cdot (-2) - (-x + 5))$

e) $20a - (7a - (2a + 3))$

f) $3ax - (5x - 2ax) + 9x$

Multiplikation von Summen

Beispiele

$5 \cdot (2a - 4b) \quad = 5 \cdot 2a - 5 \cdot 4b = 10a - 20b$

$(4x + 3) \cdot 2x \quad = 4x \cdot 2x + 3 \cdot 2x = 8x^2 + 6x$

$(x - 2)(x - 5) \quad = x^2 - 2x - 5x + 10 = x^2 - 7x + 10$

> **Ausmultiplizieren** heißt, jeden Summanden der einen Summe mit jedem Summanden der anderen Summe multiplizieren.

Sonderfall Binom

$(x - 4)(x - 4) = x^2 - 4x - 4x + 16 = x^2 - 8x + 16 \qquad (x - 4)^2 = x^2 - 8x + 16$

$(x + 3)(x + 3) = x^2 + 3x + 3x + 9 = x^2 + 6x + 9 \qquad (x + 3)^2 = x^2 + 6x + 9$

$(x + 5)(x - 5) = x^2 + 5x - 5x - 25 = x^2 - 25 \qquad (x + 5)(x - 5) = x^2 - 25$

Diese drei **Sonderfälle** treten in vielen Umformungen auf. Deshalb ist es sinnvoll, diese drei Sonderfälle zu verallgemeinern.

> **Binomische Formeln:** $(a + b)^2 = a^2 + 2ab + b^2$
> $(a - b)^2 = a^2 - 2ab + b^2$
> $(a - b)(a + b) = a^2 - b^2$

Aufgaben

1 Multiplizieren Sie aus und fassen Sie gegebenenfalls zusammen.

a) $-3(5 - 2a)$
b) $(4x - 2y)(-5)$
c) $2b(-4 - 5b)$
d) $(7a - 2)(-a)$
e) $-5a(-a + 3b)$
f) $-3a(5a - 6) - 17a$
g) $4(2a - 3b) - 2(-3a + 5b)$
h) $6(3u - 5v) + (-2u - 7v)$

2 Füllen Sie die Lücken aus.

a) $(2x - 4) \cdot \square = 3x - 6$
b) $\square \cdot (4 - 0{,}5x) = \square - 1{,}5x$
c) $(\square - 6) \cdot 2a = 8a^2 + \square$
d) $\square \cdot (7b - 2) = 10 - 35b$

3 Multiplizieren Sie aus und fassen Sie wenn möglich zusammen.

a) $\frac{3}{2}(x + 4)(x + 4)$
b) $(x - 8)\left(\frac{1}{4}x + 1\right)$
c) $(x + 3)^2 + 2(x + 3)$
d) $4x(x - 4) + x$
e) $3 - (3 - 2x)(-2x + 3)$
f) $4(x - 4)(x + 1) - 2(x - 4)$

4 Schreiben Sie in Produktform.

a) $x^2 + 14x + 49$
b) $x^2 - 10x + 25$
c) $x^2 - 1$
d) $-x^2 - 2x - 1$

2.3 Rechnen mit Brüchen

Beispiele

a) $\frac{3}{5} + \frac{4}{5} = \frac{3+4}{5} = \frac{7}{5}$

b) $\frac{x}{3} - \frac{2x}{3} = \frac{x-2x}{3} = -\frac{x}{3}$

Gleichnamige Brüche addieren, heißt Zähler addieren und Nenner beibehalten.

a) $\frac{1}{2} + \frac{3}{5} = \frac{5}{10} + \frac{6}{10} = \frac{11}{10}$

b) $\frac{x}{4} + \frac{3x}{2} = \frac{x}{4} + \frac{6x}{4} = \frac{7x}{4} = \frac{7}{4}x$

Ungleichnamige Brüche werden gleichnamig gemacht und dann addiert.

a) $\frac{5}{8} \cdot \frac{3}{4} = \frac{5 \cdot 3}{8 \cdot 4} = \frac{15}{32}$

b) $\frac{3}{4} \cdot \frac{x}{5} = \frac{3 \cdot x}{4 \cdot 5} = \frac{3}{20}x = \frac{3x}{20}$

Brüche werden multipliziert, indem man Zähler mit Zähler und Nenner mit Nenner multipliziert.

a) $\frac{\frac{3}{8}}{\frac{9}{4}} = \frac{3}{8} \cdot \frac{4}{9} = \frac{1}{2} \cdot \frac{1}{3} = \frac{1}{6}$

b) $\frac{\frac{3a}{8b}}{\frac{9c}{2b}} = \frac{3a}{8b} \cdot \frac{2b}{9c} = \frac{a}{4 \cdot 3c} = \frac{a}{12c}$

Man dividiert durch einen Bruch, indem man mit dessen Kehrwert multipliziert.

Beachten Sie **$\frac{0}{4} = 0$, aber $\frac{4}{0}$ ist nicht definiert.**

Mind Map zur Bruchrechnung

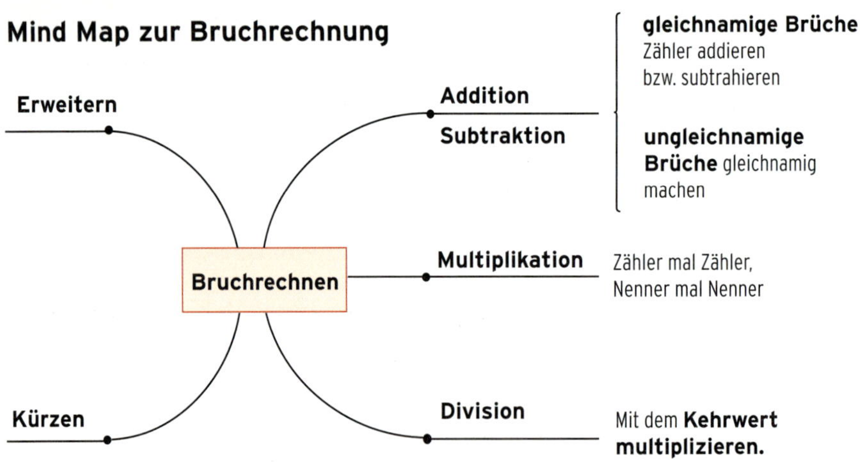

Aufgaben

1 Fassen Sie zusammen und vereinfachen Sie soweit wie möglich (ohne Hilfsmittel).

a) $2 - 2 \cdot \left(-\frac{3}{5}\right)^2$ b) $\frac{4}{9}\left(-\frac{27}{8}\right) + \frac{4}{9}$ c) $4 - \frac{4}{5-5^2}$ d) $\frac{a}{5} + \frac{a}{5}$ e) $\frac{x}{\frac{3}{5}}$ f) $\frac{3}{2} \cdot \frac{7}{2} \cdot \frac{x}{2}$

2 Vereinfachen Sie.

a) $\frac{a}{8} : \frac{a}{4}$ b) $-\frac{x}{7} - \frac{9x}{7}$ c) $\frac{x}{2} + \frac{x}{3} - 3x$ d) $\frac{1}{2}(x-1) + \frac{x-3}{4}$ e) $3 \cdot \frac{x}{4} + \frac{x}{-2} - \frac{1}{2}x$

2.4 Vereinfachung durch Ausklammern

Beispiele

$27x - 9 = 9 \cdot 3x - 9 \cdot 1 = 9(3x - 1)$

$7x^2 + 42x = 7x \cdot x + 7 \cdot 6x$

$= 7x(x + 6)$

$-10a - 12b = -2(5a + 6b)$

$-\frac{3}{5} + x - \frac{8}{5}y = -\frac{3}{5} + \frac{5}{5}x - \frac{8}{5}y$

$= -\frac{1}{5}(3 - 5x + 8y)$

$\frac{3x + 6}{6} = \frac{3(x + 2)}{6} = \frac{x + 2}{2} = \frac{1}{2}(x + 2)$

Gemeinsamen Faktor ausklammern.
Probe durch Ausmultiplizieren.

Die Zeichen + und − in der Klammer beachten.

Nur Faktoren kürzen.

Aufgaben

1 Klammern Sie einen gemeinsamen Faktor aus.

a) $8a + 16$ b) $2a - 6$ c) $9x + 9$
d) $16a - 12b$ e) $21r - 7s$ f) $24n - 8m$
g) $\frac{4}{5} - \frac{6}{5}x$ h) $\frac{x^2}{2} + \frac{x}{2} + \frac{5}{2}$ i) $3x^2 + x$

2 Vereinfachen Sie.

a) $\frac{5}{2}(x + 4) - 3(x + 4)$ b) $\frac{4 - 2x}{2}$ c) $\frac{3x - 12y + 9}{3}$
d) $3x(x + 2) - 3x$ e) $-x^2 - 2x(x + 1)$ f) $-\frac{5}{2}(x + 1) - \frac{3}{2}(x + 2)$
g) $1 - x - \frac{5}{3}(4x - 3)$ h) $x - \frac{10x - 5}{5}$ i) $2 - 3 \cdot \frac{2x - 5}{6}$

3 Klammern Sie den Faktor (−1) aus.

a) $-6 + a$ b) $-4a - 5$ c) $-x^2 + 2x + 1$
d) $-7 - 5a$ e) $-x^2 - 3x + 7$ f) $4 - 9a + b$

4 Bestimmen Sie den Klammerinhalt.

a) $a^2 - 5a = a(\square)$ b) $8x^2 - 8xy = 8x(\square)$ c) $24(\square) = 24x - 24y$
d) $-(\square) = 4 - 3x$ e) $3a^2 + 6a = 3a(\square)$ f) $6a^2b + ab = ab(\square)$

5 Welche Terme sind gleichwertig?

a) $5x(x + 2)$
b) $12a - 8a$
c) $4a(3 - 2a)$
d) $12a - 8a^2$
e) $(2 - a)7$
f) $2 - 7a$
g) $10x + 5x^2$
h) $5x^2 + 2$
i) $12a - 2a^2$
j) $14 - 7a$
k) $5x^2 + 10$

2.5 Rechnen mit Potenzen

Potenz zur Basis a mit Hochzahl x: a^x

a: Grundzahl oder Basis

x: Hochzahl oder Exponent

Potenzgesetze

• Potenzen mit **gleicher Basis:**	$a^n \cdot a^m = a^{n+m}$	Hochzahlen addieren
	$a^n : a^m = a^{n-m}$	Hochzahlen subtrahieren
• Potenzen mit **gleichem Exponent:**	$a^n \cdot b^n = (a\,b)^n$	Grundzahlen multiplizieren
	$a^n : b^n = \left(\frac{a}{b}\right)^n$	Grundzahlen dividieren
• **Potenzieren**	$(a^n)^m = a^{n \cdot m}$	Hochzahlen multiplizieren

Beispiele für Exponenten aus ℕ

1) $3^4 \cdot 3^7 = 3^{4+7} = 3^{11}$
2) $x^4 \cdot x = x^4 \cdot x^1 = x^{4+1} = x^5$
3) $2^x \cdot 2 = 2^x \cdot 2^1 = 2^{x+1}$
4) $2^7 : 2^x = 2^{7-x}$
5) $2^4 \cdot 5^4 = (2 \cdot 5)^4 = 10^4$
6) $\left(\frac{x}{3}\right)^3 = \frac{x^3}{3^3} = \frac{x^3}{27}$
7) $(-3^2)^2 = (-3^2) \cdot (-3^2) = 3^4$ oder $(-3^2)^2 = 3^{2 \cdot 2} = 3^4$
8) $(3^x)^2 = 3^x \cdot 3^x = 3^{2x}$ oder $(3^x)^2 = 3^{2 \cdot x} = 3^{2x}$

$x^2 \cdot x = x^3$

$x^2 \cdot x^2 = x^4$

$x^3 \cdot x = x^4$

Beispiele für weitere Exponenten

1) $2^5 : 2^5 = 2^{5-5} = 2^0 = 1$
2) $2^2 : 2^3 = 2^{2-3} = 2^{-1}$ $\qquad \frac{2^2}{2^3} = \frac{1}{2^1} = \frac{1}{2}$
3) $3^2 \cdot 3^{-4} = 3^{2-4} = 3^{-2}$ $\qquad \frac{3^2}{3^4} = \frac{1}{3^2} = 3^{-2}$
4) $(5^{0,5})^2 = 5^{0,5 \cdot 2} = 5^1 = 5$ $\qquad (\sqrt{5})^2 = 5$
5) $\left(6^{\frac{1}{3}}\right)^3 = 6^{\frac{1}{3} \cdot 3} = 6^1 = 6$ $\qquad (\sqrt[3]{6})^3 = 6$
6) $\left(9^{\frac{1}{4}}\right)^4 = 9^{\frac{1}{4} \cdot 4} = 9^1 = 9$ $\qquad (\sqrt[4]{9})^4 = 9$

$2^0 = 1$

$2^{-1} = \frac{1}{2}$

$3^{-2} = \frac{1}{3^2} = \frac{1}{9}$

$\sqrt{5} = 5^{0,5}$

$\sqrt[3]{6} = 6^{\frac{1}{3}}$

$\sqrt[4]{9} = 9^{\frac{1}{4}}$

Beachten Sie

$\mathbf{a^0 = 1}$ $\qquad \mathbf{a^{-1} = \frac{1}{a}}$ $(a \neq 0)$ $\qquad \mathbf{a^{-2} = \frac{1}{a^2}}$ $(a \neq 0)$

$\mathbf{\sqrt{a} = a^{\frac{1}{2}}}$ $(a \geq 0)$ $\qquad \mathbf{\sqrt[3]{a} = a^{\frac{1}{3}}}$ $\qquad \mathbf{\sqrt[4]{a} = a^{\frac{1}{4}}}$ $(a \geq 0)$

Aufgaben

1 Vereinfachen Sie.

a) $7^2 \cdot 7^2$
b) $4x^2 \cdot x$
c) $\frac{x^3 \cdot x^2}{4}$
d) $3^{2x} \cdot 3^x$
e) $5e^x \cdot e^x$
f) $3^{-x} \cdot 3^x$
g) $3 \cdot 4^{2x} \cdot 4^{-x}$
h) $1{,}5 \cdot 2^x \cdot 2^{-3x}$
i) $\left(-\frac{2}{3}\right)^2$
j) $\left(\frac{x}{3}\right)^2$
k) $\frac{10^6}{2^6}$
l) $(3^{-x})^2$

2 Wenden sie ein geeignetes Potenzgesetz an.

a) $(x^2)^2 + 2x^4$
b) $(5x)^2 \cdot x$
c) $8^{-2x} \cdot 8^{-2x}$
d) $(0{,}5x^2)^2$
e) $-0{,}5(x^2)^2$
f) $\frac{x^5}{3x^2}$
g) $(2^x)^2 : 2^6$
h) $e^{-x} \cdot e^{2x}$
i) $(6 \cdot 2^x)^2$
j) $\left(\frac{2^{-2x}}{4}\right)^2$
k) $(3^{-0{,}5x})^2 \cdot 3$
l) $(2^{-1})^3$

3 Berichtigen Sie die Rechnung.

a) $x^2 \cdot (x+1) = x^3 + 1$
b) $7e^{2x} \cdot e^{-x} = 8e^{2x-1}$

4 Schreiben Sie als Potenz mit negativer Hochzahl.

a) $\frac{1}{2}$
b) $\frac{1}{2^3}$
c) $\frac{4}{4^3}$

5 Schreiben Sie mit einer positiven Hochzahl.

a) 3^{-2}
b) 5^{-3}
c) e^{-1}

6 Schreiben Sie mit einem Wurzelzeichen.

a) $7^{0{,}5}$
b) $2^{\frac{1}{5}}$
c) $5 \cdot 4^{\frac{1}{3}}$

7 Schreiben Sie ohne Hochzahl.

a) 10^4
b) $5 \cdot 10^{-2}$
c) $\frac{1}{2} \cdot 10^{-4}$
d) $3{,}2 \cdot 10^6$

8 Vereinfachen Sie.

a) $(3^{-1})^3$
b) $(2^x)^3 + 5 \cdot 2^{3x}$
c) $(2^{-x})^2 \cdot 2^{2x}$
d) $2^{-x} \cdot 2^x - 2$
e) $2^x \cdot 5^x$
f) $3^{2x} \cdot 3^{-2}$
g) $(4 \cdot 5)^{0{,}5}$
h) $\frac{3}{2^3}$
i) $3^{2x} : 3^{-2x}$

9 Schreibt man die Zahl $(10^5)^2$ aus, so folgen auf die Eins eine Anzahl von Nullen. Ein Drucker gibt 100 Zeichen pro Sekunde aus. Wie lange braucht er, um die ausgeschriebene Zahl zu drucken? Schätzen Sie zuerst.

10 Gegeben ist der Term f(x). Berechnen Sie f(x) für den gegebenen x-Wert.

a) $f(x) = \frac{1}{2}x^4 - x^2 + 1;\ x = -1;\ x = \sqrt{2}$
b) $f(x) = x^3 - 3x;\ x = -2;\ x = \sqrt{5}$

3 Gleichungen und Gleichungssysteme

3.1 Lineare Gleichungen

Beispiel 1

➲ Gegeben ist die Gleichung $4x - 2 = 8$.
Bestimmen Sie die Lösungsmenge für $x \in \mathbb{R}$.

Lösung

Umformung der Gleichung zur Bestimmung der Lösungsmenge L.

Auf beiden Seiten 2 addieren	$4x - 2 = 8$	$\mid +2$
	$4x - 2 + 2 = 8 + 2$	
Beide Seiten durch 4 teilen	$4x = 10$	$\mid :4$
	$\frac{4x}{4} = \frac{10}{4}$	
Lösung:	$x = 2{,}5$	
Lösungsmenge:	$L = \{2{,}5\}$	
Probe: $x = 2{,}5$ einsetzen ergibt	$4 \cdot 2{,}5 - 2 = 8$	
	$8 = 8$ wahre Aussage	

Alle Elemente, die zu einer **wahren Aussage** führen, gehören zur Lösungsmenge L.

Eine Gleichung (äquivalent) umformen heißt,
– beide Seiten der Gleichung mit der gleichen Zahl ($\neq 0$) multiplizieren,
– beide Seiten durch die gleiche Zahl ($\neq 0$) dividieren,
– auf beiden Seiten die gleiche Zahl addieren oder subtrahieren.

Beispiel 2

➲ Bestimmen Sie die Lösung der Gleichung: $\frac{1}{2}x - \frac{3}{2}(x + 1) = 2x - 5$ $(x \in \mathbb{R})$

Lösung

Beide Seiten mit 2 multiplizieren: (Brüche eliminieren)	$\frac{1}{2}x - \frac{3}{2}(x + 1) = 2x - 5$	$\mid \cdot 2$
Klammer ausmultiplizieren:	$x - 3(x + 1) = 4x - 10$	
	$x - 3x - 3 = 4x - 10$	
Auf beiden Seiten (4x) subtrahieren:	$-2x - 3 = 4x - 10$	$\mid -4x$
Auf beiden Seiten 3 addieren:	$-6x - 3 = -10$	$\mid +3$
Beide Seiten durch (−6) teilen:	$-6x = -7$	$\mid :(-6)$
Lösung:	$x = \frac{7}{6}$	

Aufgaben

1 Prüfen Sie, ob der gegebene x-Wert eine Lösung der Gleichung ist.

a) $6x - 5 = x;\ x = -1; 0; 1$

b) $-2(x-2) = x + 2;\ x = \frac{2}{3}; 2$

2 Lösen Sie die Gleichung.

a) $2x - 7 = 1$

b) $4(2 - 2x) = 0$

c) $6x + 5 = -3$

d) $\frac{3}{2}x + \frac{4}{5} = 0$

e) $-\frac{2}{13}(x - 9) = 0$

f) $\frac{15}{2} - 4x = 0$

3 Bestimmen Sie die Lösung.

a) $2 - 3x = 5x + 4$

b) $3 - \frac{1}{2}x = x + 1$

c) $-\frac{1}{3}(x + 5) - 3 = 5$

d) $2(1 - x) = 5(x + 1)$

e) $-2(x - 1) = 0{,}5x - 3$

f) $1 - 4x = \frac{5}{2}x + 1$

4 Bestimmen Sie die Lösungsmenge ($x \in \mathbb{R}$).

a) $20x - 3(5x + 7) = -2(3 - x)$

b) $5x - (8 + 9x) = 12$

c) $6(x - 4) - 2(x - 4) = 0$

d) $3(6x - 14) = 12x + 6(x - 3)$

e) $\frac{1}{2}x - \frac{3}{2} = 4x - 1$

f) $\frac{1}{4}x + \frac{3}{4} = x + 4$

g) $\frac{4}{5}x + 1 = \frac{2}{5}(x + 1)$

h) $-(2x + 3) - \frac{1}{2}x = \frac{7}{2}$

i) $\frac{1}{2}x - \frac{3}{4} = \frac{1}{4}x + \frac{2}{3}$

j) $\frac{2}{3}x + 2 = \frac{7}{6} - \frac{1}{6}x$

k) $\frac{3x - 1}{6} = 6 - \frac{x - 1}{3}$

l) $\frac{2x - 5}{2} = 3 + \frac{2 - x}{3}$

m) $3x - 2(5x - 8) = 9 - 4(7 + 3x)$

n) $-x - (3 + 4x) = 3 - 3\left(\frac{16}{3} - 2x\right)$

o) $\frac{x}{3} - 5 = \frac{x}{5} - 3$

p) $\frac{x}{16} - \frac{5}{2} = \frac{3x + 5}{8} - 6$

5 Vereinfachen Sie und bestimmen Sie die Lösung.

a) $16x - 9 - (13 - 9x) + 17 = 15x - 22 - (7 - 4x)$

b) $2x - 3 - (5x - 3) - (4x - 1)(x - 3) = -(2x - 3)(2x + 5)$

c) $(x + 3)^2 - (x - 4)^2 = -(x - 1)^2 + (x + 2)^2$

6 Untersuchen Sie die Gleichung auf Lösbarkeit. Geben Sie, wenn möglich, eine Lösung an.

a) $\frac{1}{4}x - 3 = \frac{1}{2}(x + 2)$

b) $3x + 2 - 3(x + 1) = 0$

c) $5x + 2 = 2(x + 1) + 3x$

3.2 Lineare Gleichungssysteme

Beispiel 1

➲ Lösen Sie das lineare Gleichungssystem (LGS).

a) $y = -2x - 4$
$y = -x + 1$

b) $y = -8x - 6$
$3x + y = 4$

c) $3x - 2y = 14$
$x + y = -2$

a) Lösung mit dem Gleichsetzungsverfahren

Gleichsetzen:	$-2x - 4 = -x + 1$	$\mid +4$
	$-2x = -x + 5$	$\mid +x$
x auf eine Seite bringen:	$-x = 5$	$\mid \cdot(-1)$
x-Wert:	$x = -5$	
Einsetzen von $x = -5$ in z.B. $y = -x + 1$:	$y = -(-5) + 1$	
ergibt	$y = 6$	
Lösung des LGS:	$x = -5;\ y = 6$	

Hinweis: Das LGS hat genau eine Lösung.

b) Lösung mit dem Einsetzungsverfahren

Den y-Wert der Gleichung $\mathbf{y} = -8x - 6$

setzt man in die Gleichung $3x + \mathbf{y} = 4$ **ein**: $3x + (-8x - 6) = 4$

Dadurch erhält man eine Gleichung mit der Unbekannten x.

Klammer auflösen:	$3x - 8x - 6 = 4$	
	$-5x - 6 = 4$	$\mid +6$
	$-5x = 10$	$\mid :(-5)$
x-Wert:	$x = -2$	
Einsetzen von $x = -2$ z.B. in $y = -8x - 6$:	$y = -8\cdot(-2) - 6$	
ergibt	$y = 10$	
Lösung des LGS:	$x = -2;\ y = 10$	

Hinweis: Das LGS hat genau eine Lösung.

c) Lösung mit dem Additionsverfahren

	$3x - 2y = 14$	
Gleichung mit 2 multiplizieren	$x + y = -2$	$\mid \cdot 2$
	$3x - 2y = 14$	+
Addition	$2x + 2y = -4$	
ergibt **eine Gleichung** mit der Unbekannten x:	$5x = 10$	$\mid :5$
Nach x auflösen:	$x = 2$	
Einsetzen von $x = 2$ in z. B. $x + y = -2$, ergibt:	$2 + y = -2 \quad \mid -2$	
Nach y auflösen:	$y = -4$	
Lösung des LGS:	$x = 2;\ y = -4$	

Hinweis: Das LGS hat genau eine Lösung.

Beispiel 2

➲ Lösen Sie folgendes Gleichungssystem: $3x - 6y = 12$
$4x + 5y = 3.$

Lösung **mit dem Additionsverfahren**

Gleichung mit 4 multiplizieren:	$3x - 6y = 12$	$\mid \cdot 4$
Gleichung mit (−3) multiplizieren:	$4x + 5y = 3$	$\mid \cdot(-3)$
	$12x - 24y = 48$	+
Addition	$-12x - 15y = -9$	
ergibt eine Gleichung mit der Unbekannten y:	$-39y = 39$	$\mid :(-39)$
Nach y auflösen:	$y = -1$	
Einsetzen von $y = -1$ in z. B. $4x + 5y = 3$ ergibt:	$4x + 5(-1) = 3$	$\mid +5$
	$4x = 8$	$\mid :4$
Nach x auflösen:	$x = 2$	
Lösung des LGS:	$x = 2;\ y = -1$	

Die drei Verfahren zur Lösung von linearen Gleichungssystemen im Überblick:

Beispiele

$y = -2x - 4$	$y = -2x - 4$	$3x - 2y = 14$
$y = -0{,}5x + 0{,}5$	$x + 2y = 1$	$x + y = -2$
Lösung mit dem **Gleichsetzungsverfahren**	Lösung mit dem **Einsetzungsverfahren**	Lösung mit dem **Additionsverfahren**

Hinweis: Grundsätzlich kann das Lösungsverfahren frei gewählt werden.

Aufgaben

1 Lösen Sie das folgende lineare Gleichungssystem.

a) $x + y = 6$; $x - y = 4$
b) $3x - 2y = 8$; $x + 2y = 4$
c) $7x + 3y = 8$; $-7x + 2y = 2$
d) $-4y - 5x = 8$; $4y + 6x = 7$
e) $5x - 3y = 13$; $x + 2y = 13$
f) $9x + 2y = -15$; $-5x + 4y = -7$
g) $3x + 3y = 0$; $-4x + 2y = 1$
h) $2x - 3y = 0$; $-5x - 4y = 0$
i) $-a + 3b = 3$; $-7a - 3b = 1$

2 Bestimmen Sie die Lösung des Gleichungssystems.

a) $\frac{x}{2} + y = 2$; $\frac{x}{4} - \frac{y}{2} = 3$
b) $\frac{x}{3} - \frac{y}{2} = 1$; $\frac{2x}{3} + \frac{y}{4} = 7$
c) $\frac{x}{4} + \frac{y}{3} = 5$; $\frac{x}{8} + \frac{y}{4} = 3$

3 Wählen Sie ein geeignetes Lösungsverfahren. Bestimmen Sie die Lösung.

a) $y = -2x - 3$; $y = 3x + 7$
b) $y + x = -7$; $x = 2y - 1$
c) $7x + y = 22$; $7x - y = 34$

3.3 Quadratische Gleichungen

Lösung durch Wurzelziehen

Beispiel 1

➲ Lösen Sie die Gleichungen. a) $x^2 - 16 = 0$ b) $-\frac{1}{4}x^2 + \frac{3}{2} = 0$

Lösung

a) $x^2 - 16 = 0 \quad | +16$

$x^2 = 16 \quad | \sqrt{\ }$

$x_{1|2} = \pm\sqrt{16} = \pm 4$

b) $-\frac{1}{4}x^2 + \frac{3}{2} = 0 \quad | \cdot(-4)$

$x^2 - 6 = 0 \quad | +6$

$x^2 = 6 \quad | \sqrt{\ }$

$x_{1|2} = \pm\sqrt{6}$

Die Gleichungen haben jeweils **zwei Lösungen.**

Bemerkung: $\sqrt{6}$ ist die reelle Zahl, die mit sich selbst multipliziert, 6 ergibt: $(\sqrt{6})^2 = 6$.
$\sqrt{6}$ ist die **Quadratwurzel** aus 6.
Es gilt: $\sqrt{a}$ ist für $a \geq 0$ die **positive Zahl** mit $(\sqrt{a})^2 = a$.

Beispiel 2

➲ Lösen Sie die Gleichungen. a) $3x^2 = 0$ b) $x^2 + 4 = 0$

Lösung

a) $3x^2 = 0$

$x^2 = 0$

$x_{1|2} = 0$

Die Gleichung hat **eine (doppelte) Lösung.**

b) $x^2 + 4 = 0$

$x^2 = -4$

Da $x^2 \geq 0$ für alle $x \in \mathbb{R}$ ist, hat die Gleichung **keine** Lösung.

Beachten Sie

Die Gleichung $x^2 = d$ hat für $d > 0$ **zwei** Lösungen: $x_{1|2} = \pm\sqrt{d}$
für $d = 0$ **eine** Lösung: $x_{1|2} = 0$
für $d < 0$ **keine** Lösung.

Aufgaben

1 Lösen Sie die quadratischen Gleichungen.

a) $\frac{1}{2}x^2 - 9 = 0$ b) $4 - 4x^2 = 0$ c) $\frac{4}{5}x^2 = x^2$

d) $6x^2 = 0$ e) $3x^2 + 5 = -x^2 + 1$ f) $7(x - 8)^2 = 0$

2 Bestimmen Sie a $(a \in \mathbb{R})$ so, dass die Gleichung $x^2 + a = 0$ zwei Lösungen besitzt.

Lösung mit der pq-Formel

Beachten Sie

Lösung der Gleichung $x^2 + px + q = 0$

mithilfe der **pq-Lösungsformel:** $x_{1|2} = -\frac{p}{2} \pm \sqrt{\left(\frac{p}{2}\right)^2 - q}$

$D = \left(\frac{p}{2}\right)^2 - q$ **heißt Diskriminante.**

Die Anzahl der Lösungen hängt von der **Diskriminante D** ab.

Beispiel

➲ Lösen Sie die Gleichungen.

a) $x^2 + 4x - 12 = 0$ b) $-0{,}5x^2 + 5x - 12{,}5 = 0$ c) $\frac{3}{2}x^2 - 3x + 6 = 0$

Lösung

a) Für die Formel $p = 4,\ q = -12$: $x_{1|2} = -2 \pm \sqrt{2^2 + 12} = 2 \pm \sqrt{16}$

D = 16 > 0 $x_{1|2} = -2 \pm 4$

zwei Lösungen: $x_1 = -2 + 4 = 2;\ x_2 = -2 - 4 = -6$

Die quadratische Gleichung hat zwei Lösungen $x_1 = 2$ und $x_2 = -6$.

b) Mit (−2) multiplizieren: $-0{,}5x^2 + 5x - 12{,}5 = 0 \quad |\cdot(-2)$

$x^2 - 10x + 25 = 0$

Für die Formel $p = -10,\ q = 25$: $x_{1|2} = 5 \pm \sqrt{(-5)^2 - 25} = 5 \pm \sqrt{0}$

D = 0 $x_{1|2} = 5$

Die quadratische Gleichung hat **eine** (doppelte) Lösung: $x_{1|2} = 5$

c) Mit $\frac{2}{3}$ multiplizieren: $\frac{3}{2}x^2 - 3x + 6 = 0 \quad |\cdot\frac{2}{3}$

$x^2 - 2x + 4 = 0$

Für die Formel $p = -2,\ q = 4$: $x_{1|2} = 1 \pm \sqrt{(-1)^2 - 4} = 1 \pm \sqrt{-3}$

D = −3 < 0

Die Gleichung hat **keine** Lösung, da die Wurzel aus einer negativen Zahl nicht gezogen werden kann.

Beachten Sie

Lösung der Gleichung $ax^2 + bx + c = 0;\ a \neq 0$

mithilfe der **abc-Lösungsformel:** $x_{1|2} = \frac{-b \pm \sqrt{b^2 - 4ac}}{2a}$

Aufgaben

1 Lösen Sie die quadratischen Gleichungen.

a) $x^2 + x - 12 = 0$ b) $\frac{1}{2}x^2 - 4x + 8 = 0$ c) $3 - 2x + \frac{1}{3}x^2 = 0$

2 Ermitteln Sie alle Lösungen.

a) $x^2 + 2x + 6 = -2x + 1$ b) $2x^2 = -x + 5$ c) $-x^2 - 1{,}5x = 1{,}25$

d) $(x - 3)^2 - 4 = 0$ e) $0{,}5x^2 + x = 1{,}5x(x + 2) - 3$ f) $\frac{1}{2}(x^2 - 5) = 0$

Lösung durch Ausklammern und Anwendung des Satzes vom Nullprodukt.

Beispiel 1

➲ Lösen Sie die Gleichung. **a)** $x^2 + 3x = 0$ **b)** $2x^2 = 3x$

Lösung

a) Quadratische Gleichung: $x^2 + 3x = 0$
Ausklammern: $x(x + 3) = 0$
Satz vom Nullprodukt: $x = 0 \quad x + 3 = 0$
Lösungen der Gleichung: $x_1 = 0;\ x_2 = -3$

b) Quadratische Gleichung: $2x^2 = 3x \quad | -3x$
Gleichung in Nullform: $2x^2 - 3x = 0$
Ausklammern: $x(2x - 3) = 0$
Satz vom Nullprodukt: $x = 0$ oder $2x - 3 = 0$
Lösungen der Gleichung: $x_1 = 0;\ x_2 = 1{,}5$

Beachten Sie

Bei quadratischen Gleichungen der Form $ax^2 + bx = 0$ $(a, b \neq 0)$ erhält man die Lösungen **durch Ausklammern** von x:

$$x(ax + b) = 0$$

Man setzt jeden einzelnen Faktor null **(Satz vom Nullprodukt).**

$$x = 0 \quad \text{oder} \quad x(ax + b) = 0$$

Daraus ergeben sich **zwei Lösungen:** 1. Lösung: $x_1 = 0$
aus $ax + b = 0$: 2. Lösung: $x_2 = -\frac{b}{a}$

Satz vom Nullprodukt: Ein Produkt ist null, wenn mindestens ein Faktor null ist:

$$u \cdot v = 0 \Leftrightarrow u = 0 \quad \text{oder} \quad v = 0$$

Beispiel 2

➲ Lösen Sie die Gleichung. **a)** $(x + 3)(x - 2) = 0$ **b)** $\frac{1}{4}(2x - 3)(5 - x) = 0$

Lösung

a) **Die Gleichung ist in Faktorform gegeben:** $(x + 3)(x - 2) = 0$
Satz vom Nullprodukt anwenden: $x + 3 = 0$ oder $x - 2 = 0$
Lösungen: $x_1 = -3;\ x_2 = 2$

b) Gleichung **in Faktorform:** $\frac{1}{4}(2x - 3)(5 - x) = 0$
Satz vom Nullprodukt anwenden: $2x - 3 = 0$ oder $5 - x = 0$
Lösungen: $x_1 = 1{,}5;\ x_2 = 5$

Hinweis: $(x + 3)$, $(x - 2)$, $(2x - 3)$, $(5 - x)$ sind **Linearfaktoren.**

Lösung durch Anwendung einer binomischen Formel

Beispiel

Lösen Sie die Gleichung. a) $x^2 + 6x + 9 = 0$ b) $x^2 - 8x + 16 = 0$

Lösung

	a)	b)
Man erkennt eine **binomische Formel:**	$(x+3)^2 = 0$	$(x-4)^2 = 0$
Satz vom Nullprodukt:	$(x+3)(x+3) = 0$	$(x-4)(x-4) = 0$
Die Gleichung hat **eine** doppelte Lösung:	$x_{1\|2} = -3$	$x_{1\|2} = 4$

Beachten Sie

$a^2 \pm 2ab + b^2 = (a \pm b)^2$ $x^2 \pm 2ax + a^2 = (x \pm a)^2$

Aufgaben

1 Lösen Sie die quadratische Gleichung.

a) $8x^2 + 3x = 0$ b) $x^2 = x$ c) $1{,}5x - 0{,}5x^2 = 0$
d) $-\frac{1}{5}x - \frac{1}{2}x^2 = 0$ e) $x^2 + 7x = -2x^2 + \frac{3}{2}x$ f) $x(2x-3) = \frac{x^2 - 5x}{2}$
g) $-6x + 4x^2 = 0$ h) $3x(x-6) = 0$ i) $x(x+1) = x$

2 Lösen Sie mithilfe einer binomischen Formel.

a) $x^2 - 4x + 4 = 0$ b) $x^2 = -2x - 1$ c) $x^2 - 12x + 36 = 0$

3 Geben Sie zwei verschiedene Gleichungen mit den Lösungen 0 und −8 an.

4 Lösen Sie ohne Lösungsformel.

a) $2x^2 - 5x = 0$ b) $x^2 = -2x$ c) $x^2 - 2x + 1 = 0$
d) $x^2 + 8x + 16 = 0$ e) $x^2 - 24x + 144 = 0$ f) $\frac{1}{4}x^2 - 3x = 2x$
g) $\frac{1}{7}(x+4)(x-5) = 0$ h) $(1-3x)^2 = 0$ i) $(2x+7)(x-a) = 0$

5 Lösen Sie mit der Lösungsformel.

a) $2x^2 - 5x + 1 = 0$ b) $-2x + 6 - x^2 = 0$ c) $7x^2 - x - 2 = 0$

6 Lösen Sie folgende quadratische Gleichungen auf zwei verschiedene Arten und vergleichen Sie die Verfahrensweise.

a) $5x^2 + 5 = 10x$ b) $3x = x^2$ c) $-3x(3x-8) = 0$

7 Bestimmen Sie a so, dass $x^2 - ax = 0$

a) genau eine Lösung hat, b) die Lösung $x = 4{,}5$ hat.

8 Zeigen Sie, die quadratische Gleichung hat keine Lösung.

a) $x^2 + 4 = 0$ b) $x^2 - x + 3 = 0$ c) $\frac{1}{4}x^2 - x = x - 6$

Anhang

1 Fachbegriffe aus der Wirtschaft

Bezeichnung	Symbol; Formel	Hinweise und Schaubilder
Ausbringungsmenge Ökonomisch sinnvoller Definitionsbereich	x $D_{ök}$	Stückzahl, Herstellungsmenge
Gesamtkosten K Gesamtkostenkurve	$K(x) = K_f + K_v(x)$ $K(x) = a x^3 + b x^2 + c x + d$; $x \geq 0$; $a \neq 0$	Gesamte fixe und variable Kosten S-förmig, ertragsgesetzlich 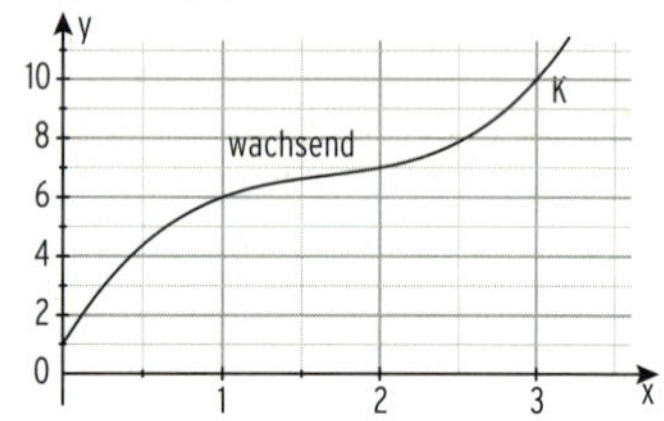
K degressiv wachsend K progressiv wachsend	$K'(x) > 0 \wedge K''(x) < 0$ $K'(x) > 0 \wedge K''(x) > 0$	steigend und Rechtskurve steigend und Linkskurve 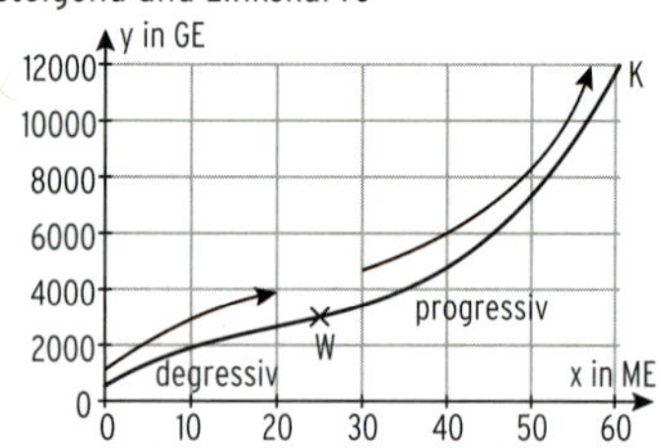
Grenzkosten K′	$K'(x)$	Kostenzuwachs pro ME, Differentialkosten 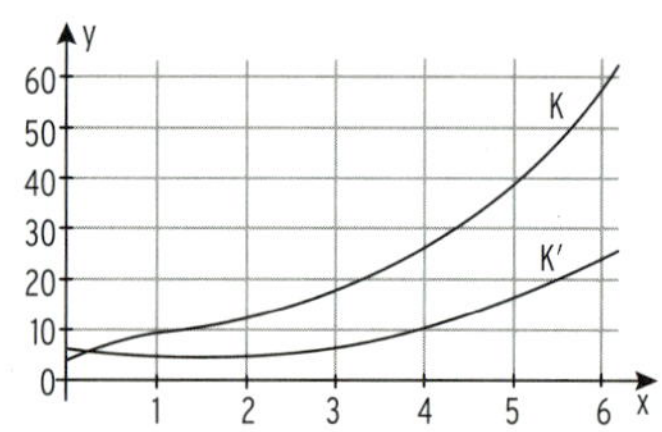
Variable Stückkosten k_v Betriebsminimum x_{BM} ($k_v''(x) > 0$ gilt stets) Minimale variable Stückkosten	$k_v(x) = \frac{K_v(x)}{x}$; $x > 0$ Bed.: $k_v'(x) = 0$ $k_v(x_{BM})$	Variable Gesamtkosten $K_v(x) = K(x) - K_f$ Ausbringung, bei der die variablen Stückkosten minimal sind. kurzfristige Preisuntergrenze 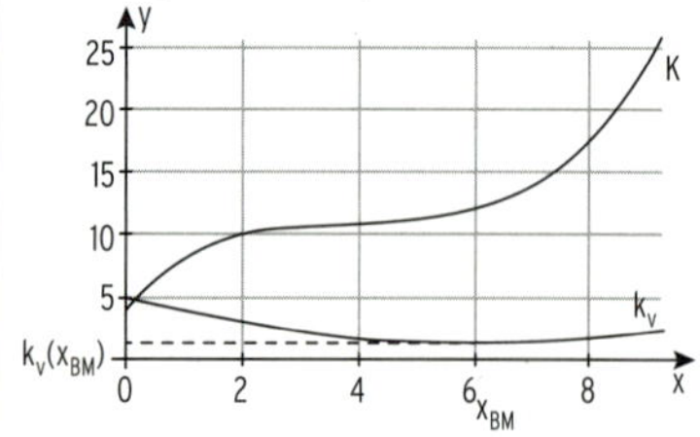

Bezeichnung	Symbol; Formel	Hinweise und Schaubilder
Stückkosten k	$k(x) = \frac{K(x)}{x};\ x > 0$	Gesamtkosten pro ME
Betriebsoptimum x_{BO} ($k''(x) > 0$ gilt stets) Minimale Stückkosten	Bed.: $k'(x) = 0$ $k(x_{BO})$	Ausbringung, bei der die Stückkosten minimal sind. langfristige Preisuntergrenze 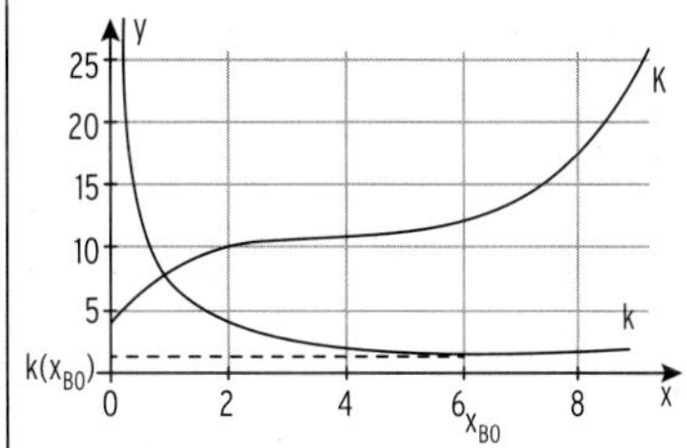
Stückpreis Erlösfunktion E	p $E(x) = p \cdot x$ Erlösgerade	konstanter Stückpreis (Stückerlös) bei vollständiger Konkurrenz 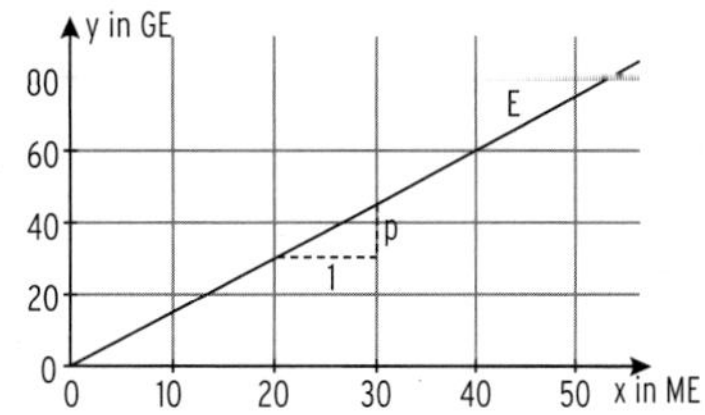
Preis-Absatz-Funktion Erlösfunktion E	$p_N(x) = -ax + b;\ a > 0$ $E(x) = p_N(x) \cdot x$	stückzahlabhängiger Stückpreis Erlösparabel, bei Monopol 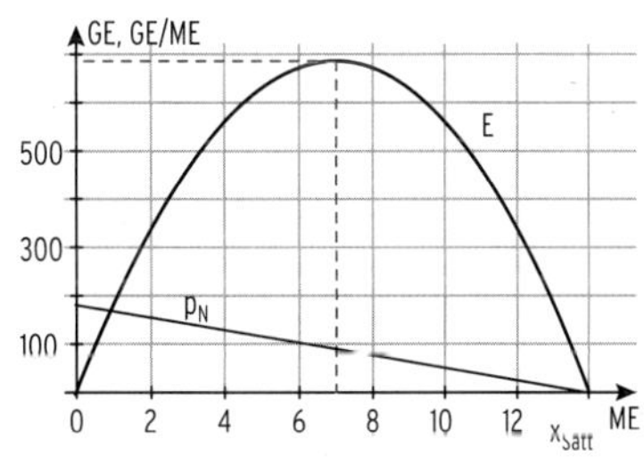

Bezeichnung	Symbol; Formel	Hinweise und Schaubilder
Gewinnfunktion G	$G(x) = E(x) - K(x)$	Schaubild: Gewinnkurve
Gewinnschwelle x_{GS}	$G(x) = 0$	kleinere positive Nullstelle von G
Gewinngrenze x_{GG}	$G(x) = 0$	größere positive Nullstelle von G
Gewinnzone	$x_{GS} < x < x_{GG}$	Bereich, in dem Gewinn erzielt wird
Gewinnmaximum	$G'(x) = 0 \wedge G''(x) < 0$	gewinnmaximale Stückzahl x_{max}
Maximaler Gewinn	$G(x_{max})$	Gewinnmaximum 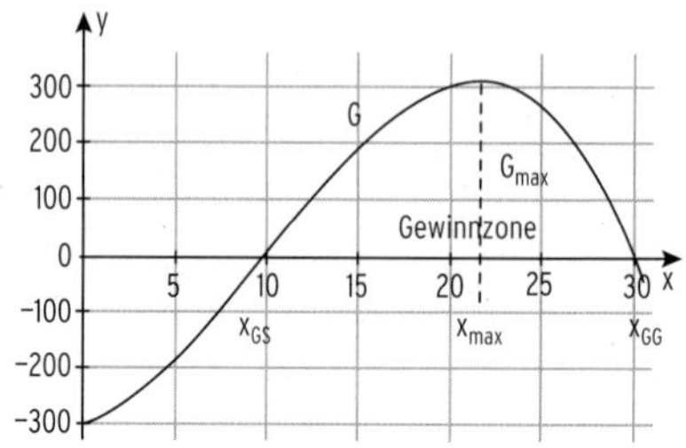
Cournot'scher Punkt	$C(x_{max} \mid p_N(x_{max}))$	x_{max} gewinnmaximale Menge $p_N(x_{max})$ gewinnmaximaler Preis bei Monopol 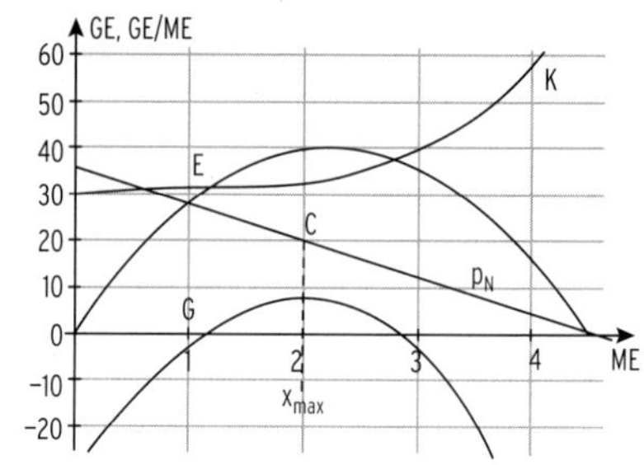
Nachfragefunktion p_N	$p_N(x)$	
Sättigungsmenge $x_{Sätt}$	$p_N(x) = 0$	Nullstelle von p_N
Höchstpreis	$p_N(0)$	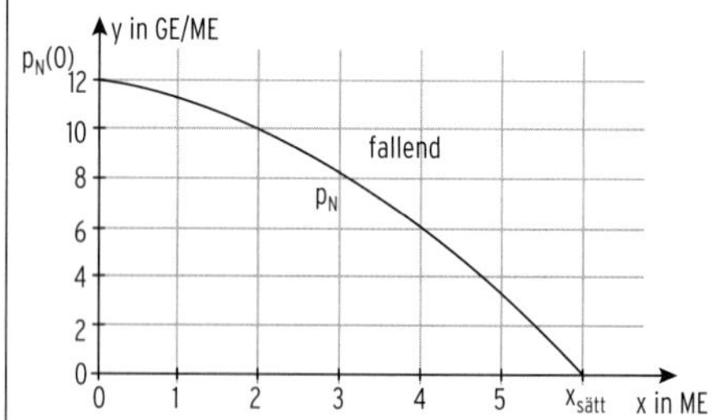

Bezeichnung	Symbol; Formel	Hinweise
Angebotsfunktion p_A Mindestangebotspreis	$p_A(x)$ $p_A(0)$	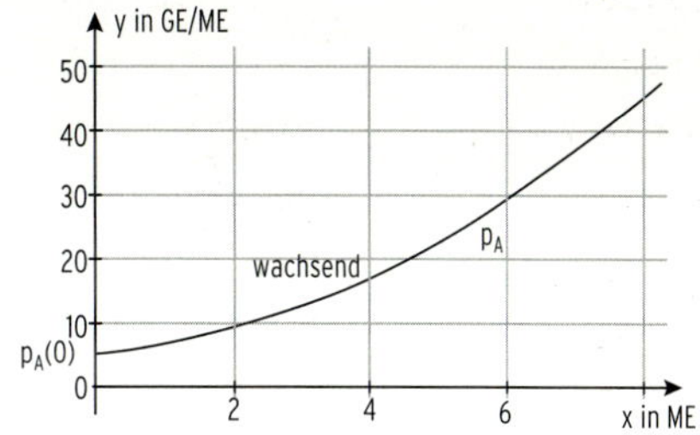
Gleichgewichtsmenge Gleichgewichtspreis Marktgleichgewicht	x_G $p_G = p_N(x_G) = p_A(x_G)$ $MGG(x_G \mid p_G)$	Schnittstelle von p_N und p_A 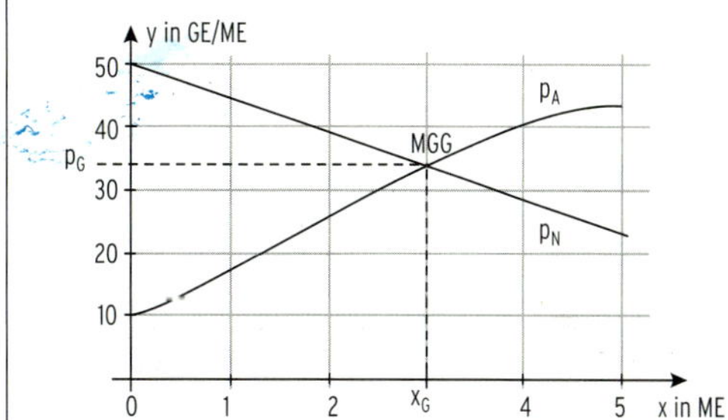
Angebotsüberschuss	$x_A - x_N$	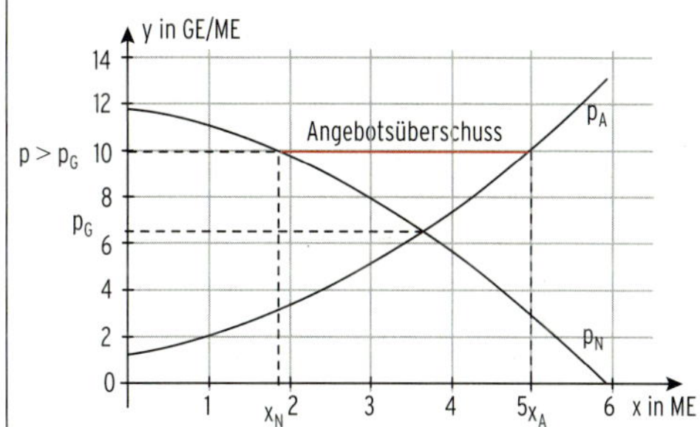
Nachfrageüberschuss	$x_N - x_A$	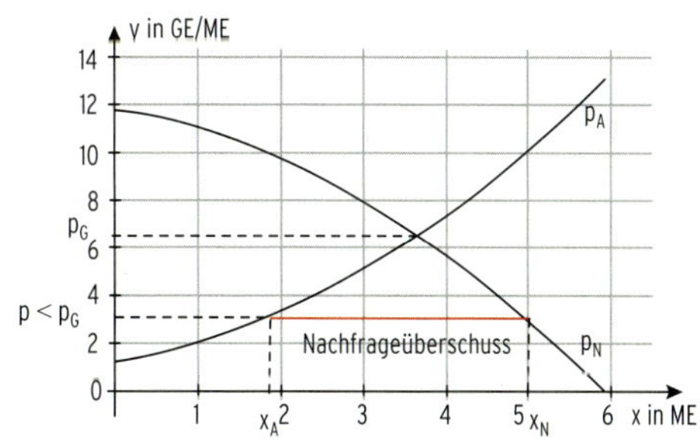

2 Lösungen der Modellierungen und Tests

Modellierung einer Situation
Lehrbuch S. 9

1. Umsatz- und Personalentwicklung

   Tabelle zum Umsatz
   und zur Mitarbeiterentwicklung

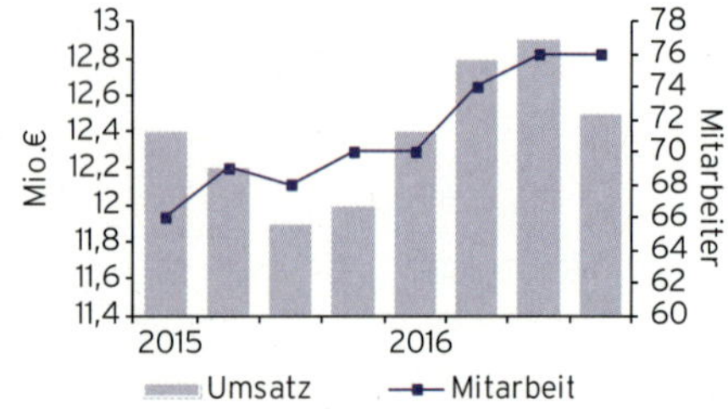

   Die Quartalsumsätze sind ab dem 3. Quartal 2015 bis zum 3. Quartal 2016 wachsend. Das 4. Quartal 2016 zeigt einen kleinen Einbruch. Die Mitarbeiterzahl ist bis auf das 3. Quartal 2015 und das 4. Quartal 2016 stetig gewachsen.

   Kreisdiagramme zur Mitarbeiterentwicklung

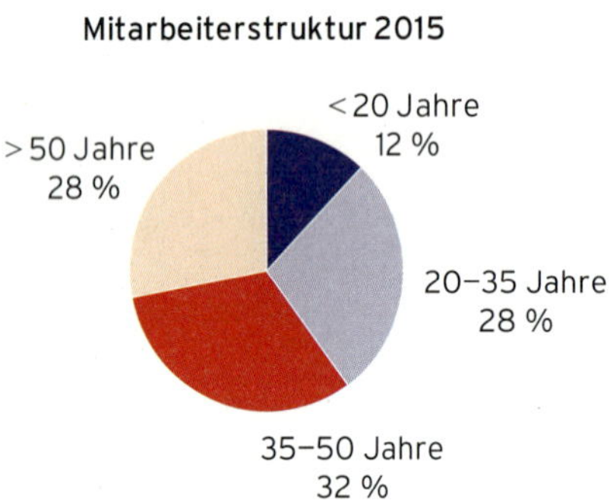

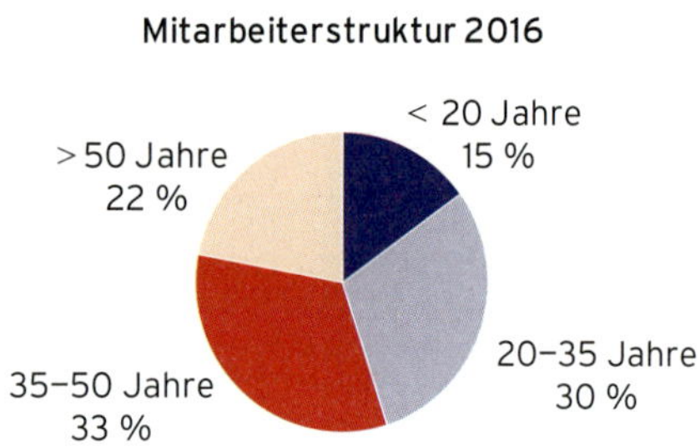

   Die Mitarbeiter unter 50 Jahren nehmen in allen Altersgruppen zu, nur die Mitarbeiter über 50 Jahren nehmen ab. Es ist zu überlegen, ob die Einstellungspraxis geändert wird, um auch erfahrene Mitarbeiter zu gewinnen.

2. Kapazitätsabbau in der Fertigung

   Maschine A: $\bar{x} = 100{,}09$; $\sigma = 0{,}879$

   Maschine B: $\bar{x} = 100{,}09$; $\sigma = 0{,}873$

   Beide Maschinen fertigen Schrauben in gleicher Qualität. Mittelwert und Streuung sind identisch. Eine der beiden Maschinen kann stillgelegt werden.

Test zur Überprüfung Ihrer Grundkenntnisse
Lehrbuch S. 36

1

a) $\overline{x} = 12{,}47°$

b) $x_{Med} = 12$ Die Behauptung ist falsch.

2 Häufigkeitstabelle

x_i	0	1	2	3	4	6
n_i	16	26	20	12	4	2

$\overline{x} = 1{,}625$ Varianz $\sigma^2 = 1{,}73$ Standardabweichung $\sigma \approx 1{,}32$

3

a) Stadt A: $\overline{x} = 8{,}5$ Stadt B: $\overline{x} = 9{,}5$

b) Stadt A: Varianz $\sigma^2 = 15{,}25$ Standardabweichung $\sigma \approx 3{,}91$
Stadt B: Varianz $\sigma^2 = 31{,}25$ Standardabweichung $\sigma \approx 5{,}59$

c) Stadt A: gemäßigtes Klima
Stadt B: zwei Jahreszeiten; Sommer mit wenig Regen; Winter mit viel Regen

4

$\overline{x} = \frac{1}{3000}(199 \cdot 159 + 200 \cdot 1020 + 201 \cdot 1393 + 202 \cdot 396 + 203 \cdot 32) \approx 200{,}71$

und der rel. Häufigkeiten: $\frac{159}{3000}$; ...

Mittelwert in mm: $\overline{x} \approx 200{,}7$

Standardabweichung in mm: $\sigma \approx 0{,}80$

Die Standardabweichung von $\sigma = 0{,}45$ mm nach der Neueinstellung der Maschine zeigt, dass im neuen Produktionsabschnitt eine geringere Streuung der Kantenlänge auftritt. Dies deutet darauf hin, dass die Neueinstellung erfolgreich war.

5 Tabelle

Jahreseinkommen in €	Klassenmitte	n_i	$x_i - \overline{x}$	$(x_i - \overline{x})^2 \cdot n_i$
0 bis unter 5000	2500	11	-16138	2864785484
5000 bis unter 10000	7500	28	-11138	3473541232
10000 bis unter 20000	15000	45	-3638	595576980
20000 bis unter 30000	25000	20	6362	809500880
30000 bis unter 50000	40000	15	21362	6845025660
50000 bis unter 90000	70000	4	51362	10552220180
Insgesamt		123		25140650416

a) Durchschnittseinkommen: $\overline{x} = \frac{2292500}{123} \approx 18638$

b) Varianz: $\sigma^2 = \frac{1}{123} \cdot 25140650416 = 204395531{,}8$

Standardabweichung: $\sigma \approx 14297$

Modellierung einer Situation
Lehrbuch S. 42

Das **Schaubild B** beschreibt für $0 \leq t \leq 42{,}5$ einen linearen Zusammenhang zwischen der Zeit und der Wasserhöhe. Dieser Zusammenhang ist bei konstantem Wasserzufluss nur gegeben, wenn die Querschnittsfläche des Gefäßes unabhängig von der Höhe ist. Das gilt nur für den **Eimer.**
Nach 42,5 Sekunden steigt die Wasserhöhe nicht mehr an (das Wasser läuft über), die dann erreichte Wasserhöhe ist auch die Innenhöhe des Eimers.
Der Eimer ist also innen 60 cm hoch.

Die **Tabelle gehört zum Kolben,** da für die Höhenzunahme von 5 cm immer weniger Zeit benötigt wird.

Somit muss das **Schaubild A die Wasserhöhe der Kugel** beschreiben. Die Kugel ist bereits nach 35 Sekunden voll, der Eimer nach 42,5 Sekunden und der Kolben erst nach über 50 Sekunden. Da alle Behälter gleichmäßig mit 1 ℓ/s gefüllt werden, ist die Kugel der Behälter mit dem kleinsten Volumen.

Modellierung einer Situation
Lehrbuch S. 55

Stahlhandel Gruber: $y = 25x$; x in 100 kg

Blime Stahl: $K(x) = \begin{cases} 27x + 80; & 0 \leq x \leq 10 \\ 20x + 150; & x > 10 \end{cases}$

Metall und Eisen GmbH:

$$K(x) = \begin{cases} 27{,}5x; & 0 \leq x \leq 20 \\ 17x + 210; & x > 20 \end{cases}$$

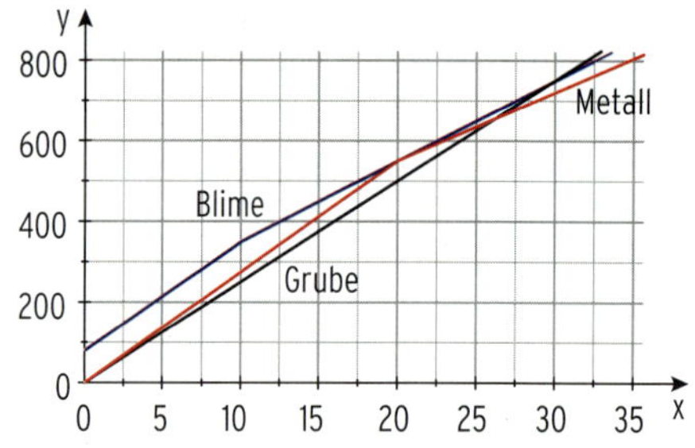

Einkaufsempfehlung:
Bis 2 650 kg bei Stahlhandel Gruber, über 2 650 kg bei Metall und Eisen GmbH.
Blime Stahl ist der teuerste Lieferant bis 30 000 kg.

Test zur Überprüfung Ihrer Grundkenntnisse Lehrbuch S. 80

1

a) $\frac{1}{8}(x + 3) = \frac{3}{2}x - 4 \quad | \cdot 8$

$x + 3 = 12x - 32$

$x = \frac{35}{11}$

b) $4x - 9 = t - 3x$

$7x = t + 9$

$x = \frac{t + 9}{7}$

2 Der Graph von g durch $(0|-1)$ und $(4|2)$: $y = \frac{3}{4}x - 1$

Der Graph von h durch $(0|4)$ und $(6|2)$: $y = -\frac{1}{3}x + 4$

3

a) $f(x) = 0$ $\qquad \frac{2}{3}x + 1 = 0$ für $x = -\frac{3}{2}$

Nullstelle $x = -\frac{3}{2}$

b) $f(x) = g(x)$

$\frac{2}{3}x + 1 = -x - 1$

$x = -\frac{6}{5}$

Schnittstelle $x = -\frac{6}{5}$

Mithilfe der Zeichnung

$f(x) < g(x)$ für $x < -\frac{6}{5}$

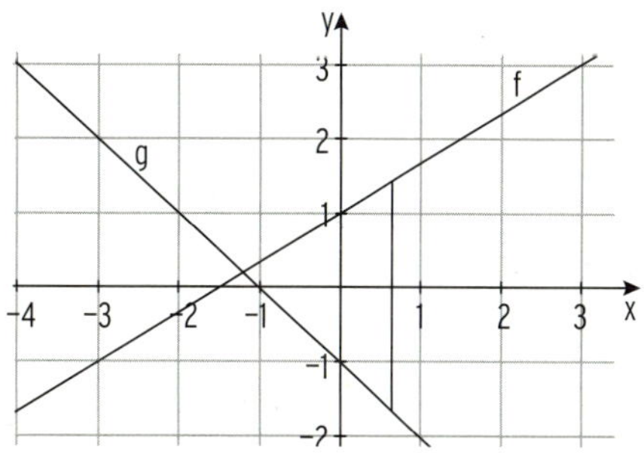

c) $f(u) - g(u) = 3$ für $u = \frac{3}{5}$

Die Schnittpunkte der Parallelen zur y-Achse und den Geraden von f und g haben einen Abstand von 3.

4

a) $p_N(0) = 88$; $p_N(x) = -4x + 88$

$p_N(x) = 0$ für $x = 22$; $D_{ök} = [0; 22]$

$p_A(2) = 15$; $p_A(3) = 17{,}5$

$p_A(x) = 2{,}5x + 10$

b) MGG $(12|40)$

5

a) $K(x) = 12x + 850$

Fixkosten: 850 GE

variable Stückkosten: 12 GE/ME

b) $E(x) = 20x$; $x_{GS} = 106{,}25$

c) $G(x) = 1000$ für $x = 231{,}25$

Modellierung einer Situation
Lehrbuch S. 81

- Herstellkosten $K(x) = 0{,}1x^2 + 0{,}25x + 8$; $K(x)$ in 1000 €; $E(x) = 2{,}425x$
  Gewinnzone [4; 20]; $G_{max} = G(12) = 5{,}4$
  $E^*(x) = 1{,}825x$; neues $G_{max} = G(9) = 0{,}1$
  Der Preis von 1825 € deckt gerade die Kosten. Selbst bei einer Produktion von 9 Geräten kann kein Gewinn erzielt werden.
  Die Firma Waldner startet eine Qualitätsoffensive, versucht ihre Kosten zu senken.
  Den Preis von 1825 € kann sie nicht halten.
- Schildfläche $A(x) = x \cdot y = x\left(-\frac{5}{4}x + 5\right)$; $0 \le x \le 4$
  $A_{max} = A(2) = 5$; $5 \cdot 900\,€ = 4500\,€$,
  d.h. der Betrag reicht nicht aus für die größte Fläche.

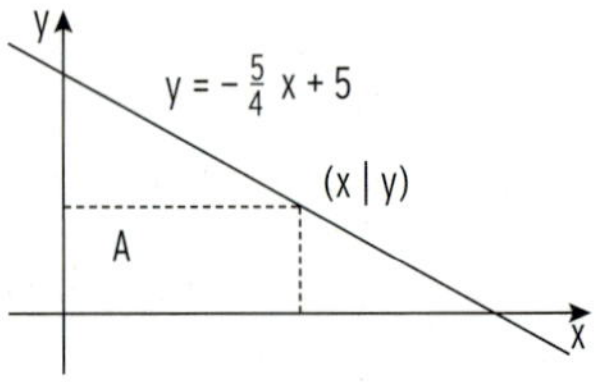

Test zur Überprüfung Ihrer Grundkenntnisse
Lehrbuch S. 105

1

a) $x_1 = 3$; $x_2 = -5$

b) $x_{1|2} = \frac{3}{2} \pm \sqrt{\left(-\frac{3}{2}\right)^2 + t^2} = \frac{3}{2} \pm \sqrt{\frac{9}{4} + t^2}$

2

a) [5; 20]; $x_S = x_{max} = \frac{5 + 20}{2} = 12{,}5$; $G(12{,}5) = 11{,}25$

b) Berührpunkt $B(10\,|\,70)$; langfristige Preisuntergrenze 7 GE

3

a) Höchstpreis: $p_N(0) = 20$; $p_N(x) = 0$ für $x = 5$ $(x > 0)$ Sättigungsmenge

b) $p_N(x) = p_A(x)$ für $x = 3$; $p_N(3) = 9{,}2$ Gleichgewichtspreis 9,2 GE/ME

4

a) Abb. 1 zeigt eine Kostenkurve, da die Kurve steigend ist und oberhalb der x-Achse verläuft.

b) Variable Kosten K_v:
Graph durch Verschiebung um 2 nach unten
Variable Stückkosten k_v
Schnittpunkt der Graphen von K_v und k_v in $x = 1$.
Der Graph von k_v verläuft durch die Punkte
z.B. $\left(2\,\middle|\,\frac{2{,}5}{2}\right)$; $\left(3\,\middle|\,\frac{4{,}2}{3}\right)$; $\left(4\,\middle|\,\frac{6}{4}\right)$.

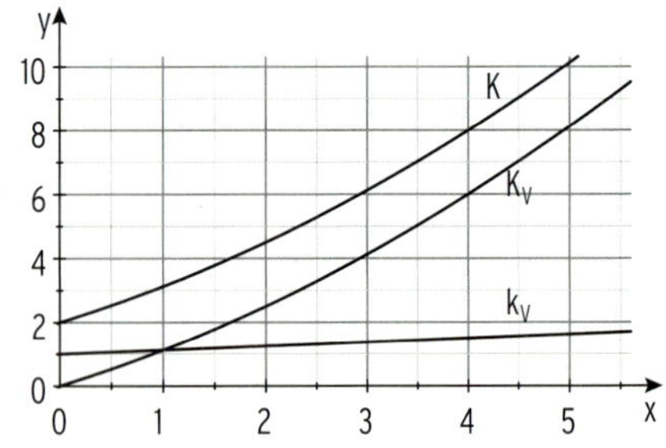

5 $E(0) = 0$; $E(8) = 320$; $E(16) = 0$
$E(x) = -5x^2 + 80x$

6 $f(x) = -1{,}5x(x - 4)$; $f(1{,}5) = 2{,}625 > 2{,}20$; ja

7 Die Parabel von f_t ist das Schaubild einer Gesamtkostenkurve, wenn sie nach oben geöffnet ist und der Scheitelpunkt im 2. Feld (oder auf der positiven y-Achse) liegt.
Die trifft zu für $t > 0$.

Modellierung einer Situation
Lehrbuch S. 106

$K(x) = x^3 - 5x^2 + 10x + 5$; $E(x) = 11x$; K(x) und E(x) in 1000 €
Gewinnzone [1; 5]; $G(6) = -35$
$K(6) = 101$; $E^*(6) = 101 = 6 \cdot 0{,}65 \cdot p \Rightarrow p = 25{,}897$ entspricht 25 897 €
Maßnahme: Den Mindestverkaufspreis, wenn 35 % Rabatt eingeräumt wird,
auf 25 897 € festlegen, um bei 6 verkauften Maschinen keinen Verlust zu erzielen.
Folgerung: Produktionsmenge verringern
Variable Stückkosten: $k_v(x) = x^2 - 5x + 10$; Minimal in $x_S = 2{,}5$ und $k_v(2{,}5) = 3{,}75$
$0{,}65 \cdot 11 = 7{,}15 > 3{,}75$
Die variablen Stückkosten werden bei einem Preis von 11 000 € gedeckt.

Test zur Überprüfung Ihrer Grundkenntnisse
Lehrbuch S. 134

1

a) $0; \pm\sqrt{24}$; b) $-0{,}5; 0; 1$ c) $\pm 1; 3$

2

a) [2; 5] b) k_v minimal in $x = 3$ mit $k_v(3) = 4{,}5$; stimmt
c) Berührpunkt B(3 | 18,5); kurzfristige Preisuntergrenze 4,5 GE

3 $G(4) = 0$; $G(5) = 61$; $a = -2$; $d = -204$

4

a) ja, der Kostenverlauf wechselt von degressiv zu progressiv
b) Zeichnung
E durch 0; (1 | 6) und (3 | 10);
$E(x) = -\frac{4}{3}x^2 + \frac{22}{3}x$

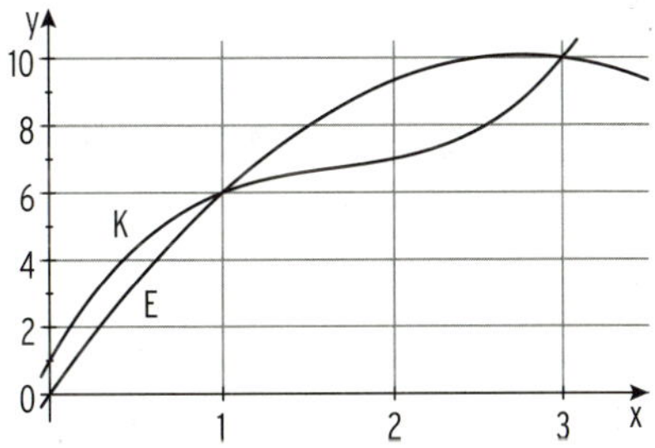

5

a) Schaubilder von K und E:

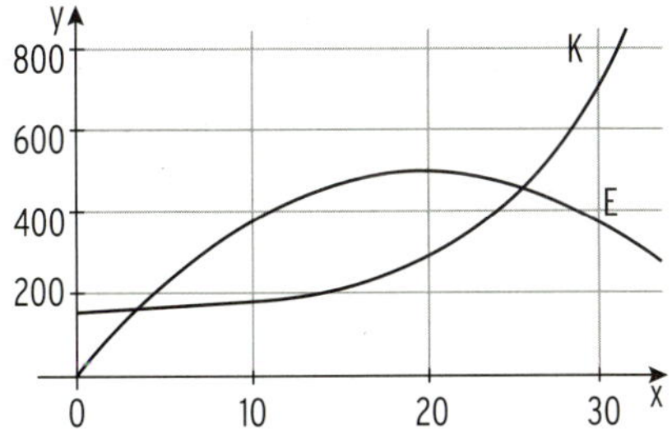

b) Bedingung: $K(x) = E(x)$
$0{,}05x^3 - 1{,}2x^2 + 10x + 156 = -1{,}25x^2 + 50x$
Nullform $0{,}05x^3 + 0{,}05x^2 - 40x + 156 = 0$
Polynomdivision mit $(x - 4)$ ergibt
$0{,}05x^2 + 0{,}25x - 39 = 0$
weitere Lösungen: $x_2 = 25{,}54$; $x_3 = -30{,}54 < 0$
Gewinngrenze
$x_{GG} = 25{,}54$ (auf 2 Dezimalen gerundet)
c) $x_1 = 0$; $x_2 = 40$; $x_{max} = 20$ Maximalstelle

6 $a = 10$; $b = -2$; $c = -1$

Modellierung einer Situation
Lehrbuch S. 135

$k(x) = \frac{10x + 300}{x + 20}$

x	2	10	100
k(x)	14,55	13,33	10,83

langfristig, d. h. bei wachsender Stückzahl: $x \to \infty$ dann $k(x) \to 10$

Die Stückkosten streben bei wachsender Stückzahl gegen 10 GE/ME.

Marktgleichgewicht

$p_A(x) = p_N(x)$: $1{,}5x + 6 = \frac{105}{x+1} \quad | \cdot (x+1)$

$(1{,}5x + 6)(x + 1) = 105$

Gleichgewichtsmenge: $x = 6$

Gleichgewichtspreis: $p_A(6) = p_N(6) = 15$

Erlös: $E(6) = 15 \cdot 6 = 90$

Kosten: $K(6) = k(6) \cdot 6 = 13{,}85 \cdot 6 = 83{,}10$

Gewinn: $G(6) = E(6) - K(6) = 6{,}90$

Die ZFW macht einen Gewinn von 6,90 GE.

Test zur Überprüfung Ihrer Grundkenntnisse
Lehrbuch S. 158

1

a) $f(x) = 4 + \frac{1}{x}$

$D_{max} = \mathbb{R}\backslash\{0\}$

waagrechte Asymptote: $y = 4$

senkrechte Asymptote: $x = 0$

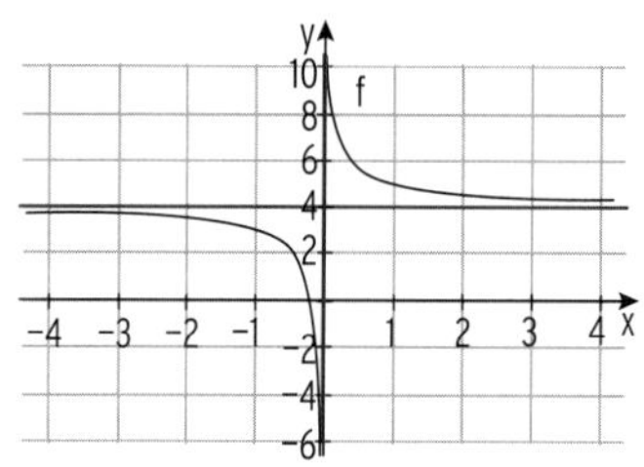

b) $f(x) = \frac{1}{x - 5}$

$D_{max} = \mathbb{R}\backslash\{5\}$

waagrechte Asymptote: $y = 0$

senkrechte Asymptote: $x = 5$

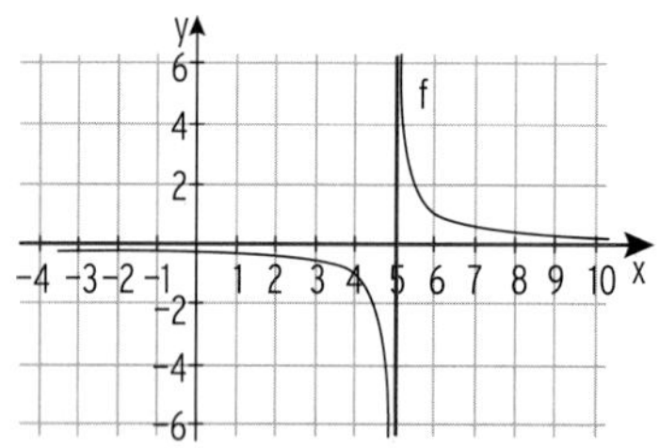

c) $f(x) = \frac{2 - 4x}{x} = \frac{2}{x} - 4$

$D_{max} = \mathbb{R}\backslash\{0\}$

waagrechte Asymptote: $y = -4$

senkrechte Asymptote: $x = 0$

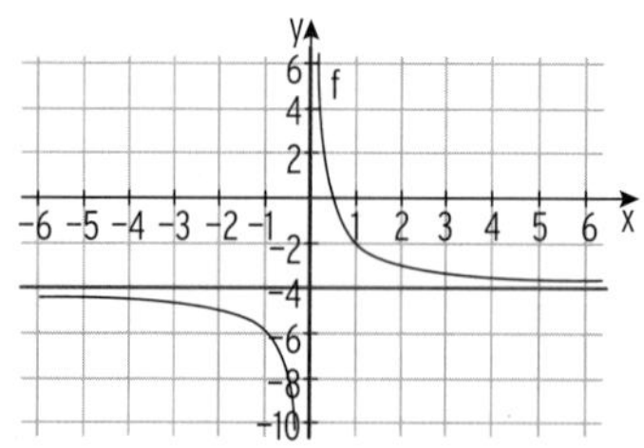

2 Das Schaubild A verläuft durch den Punkt P(2 | 4) und hat die schiefe Asymptote mit der Gleichung y = x. Das Schaubild der Funktion h hat diese Eigenschaften.

3 $f(x) = \frac{x^2 - 2x}{x - 2}$

$D_{max} = \mathbb{R}\setminus\{2\}$

Kürzen des Funktionsterms: $f(x) = \frac{x^2 - 2x}{x - 2} = \frac{x(x - 2)}{x - 2} = x$

Die Definitionslücke $x_1 = 2$ ist eine hebbare Lücke.

4 $K(x) = \frac{1}{6}x^3 - 2x^2 + 14x + 12$

a) $k \rightarrow B$; $k_v \rightarrow A$

k hat die Polstelle $x_1 = 0$.

Das Schaubild von k hat die y-Achse als senkrechte Asymptote.

Das Schaubild von k_v ist eine Parabel.

b) $k(x) = \frac{1}{6}x^2 - 2x + 14 + \frac{12}{x}$ $\quad k_v(x) = \frac{1}{6}x^2 - 2x + 14$

c) $k(6) = \frac{1}{6} \cdot 6^2 - 2 \cdot 6 + 14 + \frac{12}{6} = 10$

k(x) = 10: $\frac{1}{6}x^2 - 2x + 14 + \frac{12}{x} = 10 \quad | \cdot 6x$

$x^3 - 12x^2 + 84x + 72 = 60x$

Gleichung 3. Grades: $x^3 - 12x^2 + 24x + 72 = 0$

Erste Lösung: $x_1 = 6$

Polynomdivision mit (x − 6): $(x^3 - 12x^2 + 24x + 72) : (x - 6) = x^2 - 6x - 12$

$x^2 - 6x - 12 = 0$ für $x_2 \approx 7{,}58$ $(x_3 \approx -1{,}58)$

Bei den Produktionsmengen 6 ME und 7,58 ME betragen die Stückkosten 10 GE/ME.

5 Marktgleichgewicht

$p_A(x) = p_N(x)$: $3x + 1 = \frac{50}{x + 2} \quad | \cdot (x + 2)$

$(3x + 1)(x + 2) = 50$

Quadratische Gleichung: $3x^2 + 7x - 48 = 0$

Gleichgewichtsmenge: $x_1 = 3$ $(x_2 \approx -5{,}33)$

Gleichgewichtspreis: $p_A(3) = p_N(3) = 10$

Marktgleichgewicht: MGG(3 | 10)

Modellierung einer Situation
Lehrbuch S. 159

1) Exponentialfunktion durch exponentielle Regression: $w(t) = 1{,}215\,e^{-0{,}405t}$ oder mit dem Ansatz: $w(t) = a \cdot b^t$

Den Wachstumsfaktor b erhält man aus: $\frac{w(t+1)}{w(t)} = \text{konstant}$

$\frac{0{,}54}{0{,}81} = \frac{2}{3}$; $\frac{0{,}36}{0{,}54} = \frac{2}{3}$; $\frac{0{,}24}{0{,}36} = \frac{2}{3} = \frac{0{,}16}{0{,}24}$

Punktprobe mit z. B. (1 | 0,81) ergibt: $a \cdot \frac{2}{3} = 0{,}81$

$a = 1{,}215$

- Wachstumsgeschwindigkeit in Abhängigkeit von der Zeit: $w(t) = 1{,}215 \cdot 0{,}67^t$
  und mit $\frac{2}{3} = e^{\ln\left(\frac{2}{3}\right)} = e^{-0{,}405}$
  $w(t) = 1{,}215\,e^{-0{,}405t}$

- Schaubild der Exponentialfunktion Messwerte
  $e^{-0{,}405} \approx 0{,}667$ (Zerfallsfaktor), also ändert sich die Wachstumsgeschwindigkeit jedes Jahr um etwa 33 %.

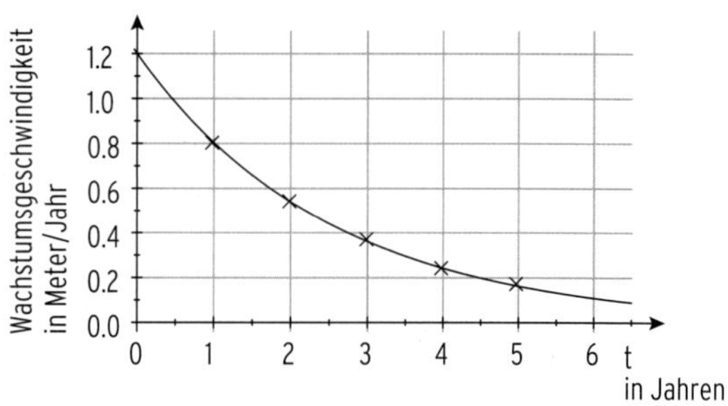

2) - Bedingung: $v(t) < 0{,}01$

  $v(t) = 0{,}01$: $1{,}2\,e^{-0{,}4t} = 0{,}01$

  $e^{-0{,}4t} = 0{,}00833$

  $-0{,}4t = \ln(0{,}00833)$

  $t \approx 11{,}97$

  Nach ca. 12 Jahren ist die Pflanze ausgewachsen.

- Mittlere Wachstumsgeschwindigkeit in den ersten 5 Jahren:
  Annahme: Die Wachstumsgeschwindigkeit ist über das Jahr konstant
  Näherung: $\frac{1{,}2 + 0{,}80 + 0{,}54 + 036 + 0{,}24}{5} = 0{,}628$
  Die mittlere Wachstumsgeschwindigkeit beträgt 0,628 m/Jahr.
  Der Kirschbaum ist nach 5 Jahren etwa $1 + 5 \cdot 0{,}628\,\text{m} = 4{,}14\,\text{m}$ hoch.

Test zur Überprüfung Ihrer Grundkenntnisse Lehrbuch S. 187

1

a) $e^{x-4} = 2 \Leftrightarrow x - 4 = \ln(2) \Leftrightarrow x = 4 + \ln(2)$

b) $e^x = 2e^{-x} \quad |\cdot e^x$

$e^{2x} = 2 \Leftrightarrow 2x = \ln(2) \Leftrightarrow x = \frac{1}{2}\ln(2)$

c) $\left(2 + \frac{3}{2}x\right)e^{x+1} = 0 \Leftrightarrow 2 + \frac{3}{2}x = 0 \Leftrightarrow x = -\frac{4}{3}$

2

a) $g(x) = a e^{-x} + b$

Punktprobe mit $A(0|4)$: $a + b = 4$

Punktprobe mit $B(1|2)$: $a e^{-1} + b = 2$

Additionsverfahren:

$$\begin{array}{l} a + b = 4 \\ a e^{-1} + b = 2 \quad \text{(Zeile 1} \cdot (-1)\text{, +)} \\ \hline a - a e^{-1} = 2 \end{array}$$

Ausklammern: $a(1 - e^{-1}) = 2$

$a = \frac{2}{1 - e^{-1}} \approx 3{,}16$

Einsetzen in $a + b = 4$ ergibt: $b = 0{,}84$.

b) $f(x) = a e^{kx} + b$; Asymptote: $y = 2$, also $b = 2$; für $x \to -\infty$; damit $k > 0$

Punktprobe mit $A(0|1{,}5)$: $a + 2 = 1{,}5$

$a = -0{,}5$

3

Gleichsetzen: $f(x) = g(x)$

$-2e^{-x} + 4 = 2e^x \quad |\cdot e^x$

$-2 + 4e^x - 2e^{2x} = 0 \quad |:(-2)$

$1 - 2e^x + e^{2x} = 0$ (Lösung mit Substitution)

oder als binomische Formel $(1 - e^x)^2 = 0$

$1 - e^x = 0$ für $x = 0$ (doppelte Schnittstelle)

K_f und K_g berühren sich.

4

K_f: $f(x) = (3 - x)e^x$ schneidet die x-Achse in 3.

K_f wird um 2 nach rechts verschoben und mit Faktor 2 in y-Richtung gestreckt, also schneidet K_g die x-Achse in 5.

Eine Streckung in y-Richtung verändert die Nullstelle nicht.

5 C: $f(x) = -\frac{1}{2}e^x + 3$

a) C hat eine waagrechte Asymptote
mit $y = 3$ für $x \to -\infty$
$S_y(0|2{,}5)$

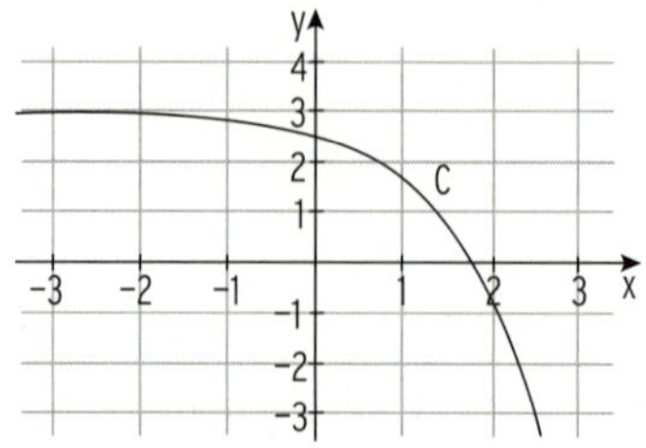

C verläuft unterhalb der x-Achse:
Nullstelle von f
Bedingung: $f(x) = 0$ $\quad -\frac{1}{2}e^x + 3 = 0 \quad |\cdot(-2)$

$e^x - 6 = 0$

$e^x = 6$

Logarithmieren: $\quad x = \ln(6)$

C verläuft unterhalb der x-Achse für $x > \ln(6)$.

Intervallgrenzen: $\quad \ln(6); \infty$

Intervall: $\quad]\ln(6); \infty[$

b) $f(2) = -\frac{1}{2}e^2 + 3 \approx -0{,}69$

C muss um $-\left(-\frac{1}{2}e^2 + 3\right) \approx 0{,}69$ in y-Richtung verschoben werden.

Funktionsterm: $g(x) = -\frac{1}{2}e^x + \frac{1}{2}e^2$

6 Wachstumsgleichung $f(t) = 6{,}8 \cdot 1{,}018^t = 6{,}8\,e^{0{,}0178\,t}$
$t = 0$ entspricht 01.01.2009; f(t) in Milliarden
$f(t) = 10$ für $t = 21{,}666$
Etwa im August 2030 überschreitet die Erdbevölkerung die 10-Milliarden-Grenze.
Die Vereinten Nationen gehen von einem geringeren Wachstum als 1,8 % aus.

Modellierung einer Situation
Lehrbuch S. 188

$K(0) = 82{,}50$; $K'(2) = 1$; $K'(1) = 2{,}75$; $K'(4) = 2$ führt auf $K(x) = 0{,}25\,x^3 - 2\,x^2 + 6\,x + 82{,}5$
Alternative: Prüfen durch Einsetzen.
$E(x) = 22{,}625\,x$; $G(x) = -0{,}25\,x^3 + 2\,x^2 + 16{,}625\,x - 82{,}5$
Gewinnbereich [4; 11]; $G(12) < 0$; der Großauftrag sollte abgelehnt werden.
$k_v(x) = 0{,}25\,x^2 - 2\,x + 6$ wird minimal in $x = 4$ mit $k_v(4) = 2$
Bestmögliche Produktionsmenge 4 ME.

Test zur Überprüfung Ihrer Grundkenntnisse
Lehrbuch S. 204

1

a) $f'(x) = 15x^2 - 3x + 2$

b) $f'(x) = \frac{1}{8}(3x^2 - 6x)$

c) $f'(x) = 3a\,x^2 + 2bx$

d) $f'(x) = \frac{1}{4} - \frac{5}{x^2}$

2 $f(x) = x^3 - 2x^2;\ x \in \mathbb{R}$ mit Schaubild K; $f'(x) = 3x^2 - 4x$

a) $f'(-1) = 7$

b) $f'(x) = -1$ für $x = \frac{1}{3}$ oder $x = 1$

c) Tangente an K im Punkt $P(2\,|\,f(2))$: $y = 4x - 8$

d) $f'(x) = 0$ für $x = \frac{4}{3}$
g: $y = -\frac{32}{27}$ berührt K.

3

a) $K'(x) = 0{,}75x^2 - x + 2 = K_v'(x)$; $k'(x) = 0{,}5x - 0{,}5 - \frac{9}{x^2}$; $k_v'(x) = 0{,}5x - 0{,}5$

b) $K'(x) = 0$ hat keine Lösung
$K'(0) = 2 > 0$

c) $y = 5{,}75x$
langfristige Preisuntergrenze 5,75 GE/ME

d) $K'(x) = 3$ für $\left(x = -\frac{2}{3}\text{ oder}\right)$ $x = 2$
Berührpunkt B (2 | 13)

4 $G(x) = -0{,}5x^3 - 0{,}5x^2 + 17x - 16$

a) Mittlere Gewinnänderung: $\frac{G(3) - G(1)}{2} = \frac{17}{2}$
Ja, es gibt eine zur Sekante parallele Tangente mit $G'(x) = \frac{17}{2}$ für $x \approx 2{,}1$

b) $G'(x) = 0$ für $x = 3{,}05$ $(x > 0)$
$y = 17{,}0$ Gleichung der waagrechten Tangente

5 $K(x) = K_v(x) + K_{fix}$ mit K_{fix} = konstant, fällt beim Ableiten weg

6

a) Lösung: $E(3) = K(3)$ $3p = 300 \Rightarrow p = 100$
konstanter Verkaufspreis: p = 100 GE/ME

b) $K'(x) = E'(x) = 100$
für $x \approx 7{,}263$ oder $x \approx -0{,}597$
Interpretation:
$x = -0{,}597$ ist ökonomisch nicht sinnvoll.
Der Gewinn wird am größten für etwa 7,263 ME.

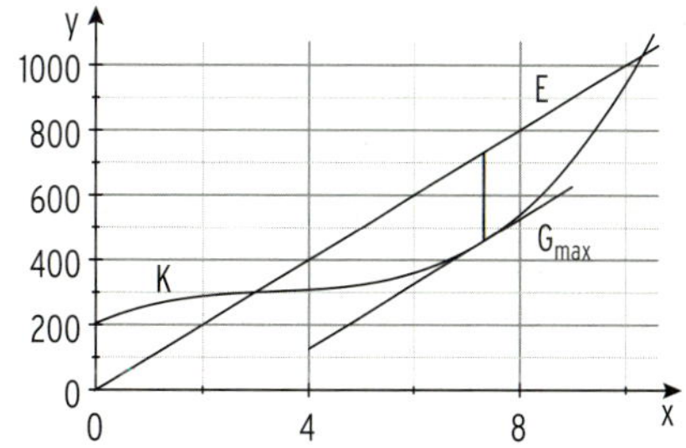

3 Lösungen der Aufgaben im Kapitel Grundwissen

Lehrbuch Seite 205

1 a) $[0; 4]$ b) $(-\infty; 2{,}5]$ c) $(-2; 1)$ d) $[1; 7)$

2 a) $\{x \in \mathbb{R} \mid -2 \leq x \leq 3\}$ b) $\{-5 < x \leq 1\}$ c) $\{x \leq 3\}$ d) $\{1 < x < 10\}$

3 a) $\{x \in \mathbb{R} \mid 0 \leq x \leq 3\}$ b) $\{1 \leq x < 6\}$ c) $\{x \leq 5\}$ d) $\{-2 < x < 6\}$

Lehrbuch Seite 206

1 a) $3a - 14b$ b) $34x - 16$ c) $11x + 6y$ d) $2x + 2y$

2 a) $11a$ b) $-3ab$ c) $-4x$ d) $5x + 5$ e) $15a + 3$ f) $5ax + 4x$

Lehrbuch Seite 207

1 a) $-15 + 6a$ b) $-20x + 10y$ c) $-8b - 10b^2$ d) $-7a^2 + 2a$
e) $5a^2 - 15ab$ f) $-15a^2 + a$ g) $14a - 22b$ h) $16u - 37v$

2 a) $(2x - 4) \cdot 1{,}5 = 3x - 6$ b) $3 \cdot (4 - 0{,}5x) = 12 - 1{,}5x$
c) $(4a - 6) \cdot 2a = 8a^2 - 12a$ d) $-5 \cdot (7b - 2) = 10 - 35b$

3 a) $\frac{3}{2}x^2 + 12x + 24$ b) $\frac{1}{4}x^2 - x - 8$ c) $x^2 + 8x + 15$
d) $4x^2 - 15x$ e) $-4x^2 + 12x - 6$ f) $4x^2 - 14x - 8$

4 a) $(x + 7)^2$ b) $(x - 5)^2$ c) $(x - 1)(x + 1)$ d) $-(x + 1)^2$

Lehrbuch Seite 208

1 a) $\frac{32}{25}$ b) $-\frac{19}{18}$ c) $\frac{21}{5}$ d) $\frac{2a}{5}$ e) $\frac{5x}{3}$ f) $\frac{21}{8} \cdot x$

2 a) $\frac{1}{2}$ b) $-\frac{10x}{7}$ c) $-\frac{13}{6}x$ d) $\frac{3}{4}x - \frac{5}{4}$ e) $-\frac{x}{4}$

Lehrbuch Seite 209

1 a) $8(a + 2)$ b) $2(a - 3)$ c) $9(x + 1)$ d) $4(4a - 3b)$ e) $7(3r - s)$
f) $8(3n - m)$ g) $\frac{2}{5}(2 - 3x)$ h) $\frac{1}{2}(x^2 + x + 5)$ i) $x(3x + 1)$

2 a) $-\frac{1}{2}(x + 4)$ b) $2 - x$ c) $x - 4y + 3$ d) $3x^2 + 3x$ e) $-3x^2 - 2x$
f) $-4x - \frac{11}{2}$ g) $6 - \frac{23}{3}x$ h) $-x + 1$ i) $-x + \frac{9}{2}$

3 a) $-(6 - a)$ b) $-(4a + 5)$ c) $-(x^2 - 2x - 1)$
d) $-(7 + 5a)$ e) $-(x^2 + 3x - 7)$ f) $-(-4 + 9a - b)$

4 a) $a(a - 5)$ b) $8x(x - y)$ c) $24(x - y)$ d) $-(3x - 4)$ e) $3a(a + 2)$ f) $ab(6a + 1)$

5 gleichwertige Terme: a) und g); c) und d); e) und j)

Lehrbuch Seite 211

1 a) 7^4 b) $4x^3$ c) $\frac{x^5}{4}$ d) 3^{3x} e) $5e^{2x}$ f) 1
g) $3 \cdot 4^x$ h) $1{,}5 \cdot 2^{-2x}$ i) $\frac{4}{9}$ j) $\frac{x^2}{9}$ k) 5^6 l) 3^{-2x}

2 a) $3x^4$ b) $25x^3$ c) 8^{-4x} d) $0{,}25x^4$ e) $-0{,}5x^4$ f) $\frac{x^3}{3}$
g) 2^{2x-6} h) e^x i) $36 \cdot 2^{2x}$ j) $\frac{2^{-4x}}{16}$ k) 3^{-x+1} l) 2^{-3}

3 a) $x^2 \cdot (x+1) = x^3 + x^2$ b) $7e^{2x} \cdot e^{-x} = 7e^x$

4 a) 2^{-1} b) 2^{-3} c) 4^{-2}

5 a) $\frac{1}{3^2} = \left(\frac{1}{3}\right)^2$ b) $\frac{1}{5^3} = \left(\frac{1}{5}\right)^3$ c) $\frac{1}{e}$

6 a) $\sqrt{7}$ b) $\sqrt[5]{2}$ c) $5 \cdot \sqrt[3]{4}$

7 a) 10000 b) $\frac{5}{100}$ c) $\frac{1}{20\,000}$ d) 3200000

8 a) 3^{-3} b) $6 \cdot 2^{3x}$ c) 1 d) -1 e) 10^x
f) 3^{2x-2} g) $\sqrt{20}$ h) $\frac{3}{8}$ i) 3^{4x}

9 $(10^5)^2 = 10^{10}$; $10^{10} : 100 = 10^8$ Sekunden $\triangleq$ 3,21 Jahre (1 Jahr $\triangleq$ 360 Tage)

10 a) $f(-1) = \frac{1}{2}$; $f(\sqrt{2}) = 1$ b) $f(-2) = -2$; $f(\sqrt{5}) = 5\sqrt{5} - 3\sqrt{5} = 2\sqrt{5}$

Lehrbuch Seite 213

1 a) 1 b) $\frac{2}{3}$

2 a) 4 b) 1 c) $-\frac{4}{3}$ d) $-\frac{8}{15}$ e) 9 f) $\frac{15}{8}$

3 a) $-\frac{1}{4}$ b) $\frac{4}{3}$ c) -29 d) $-\frac{3}{7}$ e) 2 f) 0

4 a) 5; $L = \{5\}$ b) -5 c) 4 d) k.L. e) $-\frac{1}{7}$ f) $-\frac{13}{3}$
g) $-\frac{3}{2}$ h) $-\frac{13}{5}$ i) $\frac{17}{3}$ j) -1 k) $\frac{39}{5}$ l) $\frac{37}{8}$
m) -7 n) $\frac{10}{11}$ o) 15 p) $\frac{46}{5}$

5 a) -4 b) $\frac{9}{7}$ c) $\frac{5}{4}$

6 a) $x = -16$ Die Gleichung ist eindeutig lösbar.
b) Umformung ergibt z. B. $-1 = 0$, falsche Aussage. Die Gleichung ist unlösbar.
c) Umformung ergibt z. B. $0 = 0$, wahre Aussage für alle $x \in \mathbb{R}$. Jede reelle Zahl ist Lösung, z. B. $x = 7$.

Lehrbuch Seite 215

1 a) $x = 5;\ y = 1\ (5; 1)$ b) $\left(3; \frac{1}{2}\right)$ c) $\left(\frac{2}{7}; 2\right)$ d) $\left(15; -\frac{83}{4}\right)$
e) $(5; 4)$ f) $(-1; -3)$ g) $\left(-\frac{1}{6}; \frac{1}{6}\right)$ h) $(0; 0)$ i) $\left(-\frac{1}{2}; \frac{5}{6}\right)$

2 a) $(8; -2)$ b) $(9; 4)$ c) $(12; 6)$

3 a) $(-2; 1)$ b) $(-5; -2)$ c) $(4; -6)$

Lehrbuch Seite 216

1 a) $\pm\sqrt{18}$ b) ± 1 c) 0 d) 0 e) k.L. f) 8

2 $a < 0$

Lehrbuch Seite 217

1 a) $3; -4$ b) 4 c) 3

2 a) k.L. b) $-\frac{1}{4} \pm \sqrt{\frac{41}{16}}$ c) k.L. d) $1; 5$ e) $-3; 1$ f) $\pm\sqrt{5}$

Lehrbuch Seite 219

1 a) $0; -\frac{3}{8}$ b) $0; 1$ c) $0; 3$ d) $0; -0{,}4$ e) $0; -\frac{11}{6}$
f) $0; \frac{1}{3}$ g) $\frac{3}{2}; 0$ h) $0; 6$ i) 0

2 a) $(x-2)^2 = 0;\ x = 2$ b) -1 c) 6

3 $x(x+8) = 0;\ -8x = x^2;\ x^2 + 6x + 1 = 1 - 2x$

4 a) $0; 2{,}5$ b) $0; -2$ c) 1 d) -4 e) 12
f) $0; 20$ g) $5; -4$ h) $\frac{1}{3}$ i) $-3{,}5; a$

5 a) $\frac{5}{4} \pm \sqrt{\frac{17}{16}}$ b) $-1 \pm \sqrt{7}$ c) $\frac{1}{14} \pm \sqrt{\frac{57}{196}}$

6 a) $5(x-1)^2 = 0$ oder mit der Formel; 1
b) $x(x-3) = 0$ oder mit der Formel; 0; 3
c) Mit dem Satz vom Nullprodukt oder mit der Formel; $0; \frac{8}{3}$

7 $x(x-a) = 0;\ x_1 = 0;\ x_2 = a$ a) für $a = 0$ b) für $a = 4{,}5$

8 a) $x^2 = -4 < 0$ unlösbar b) $D < 0$ c) $x^2 - 8x + 24 = 0$; $D < 0$

4 TI-84 Plus CE–T Kurzanleitung

Einsatz graphikfähiger Taschenrechner im Mathematikunterricht des

Beruflichen Gymnasiums

Zugelassen für die zentralen Arbeiten sind der grafikfähige Taschenrechner (GTR) als Mindeststandard und darüber hinaus der Computeralgebra fähige Taschenrechner (CAS-Rechner).
Die Fähigkeiten, die ein GTR oder ein CAS-Rechner haben sollte, sind vom MK zusammengestellt worden.

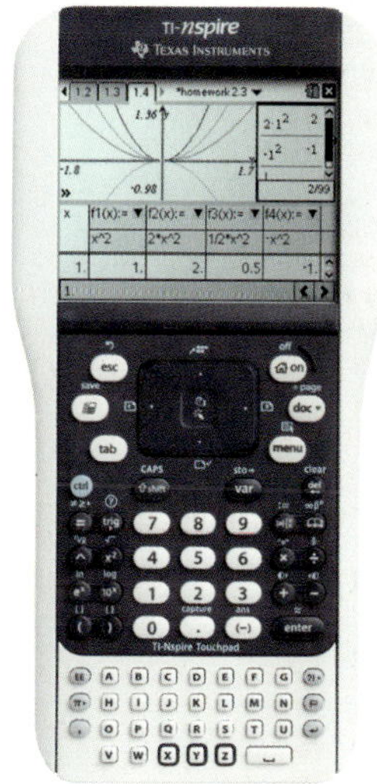

Im Anschluss wird eine Kurzanleitung für den grafikfähigen Taschenrechner TI 84 Plus CE-T beispielhaft für den GTR behandelt.

TI-84 Plus CE-T

Reset

Die Tastenfolge [2ND] [+] (MEM) [7] : Reset [ENTER] [1] : ALL RAM [ENTER] [2] : Reset [ENTER] setzt den GTR auf die Standardeinstellungen zurück.

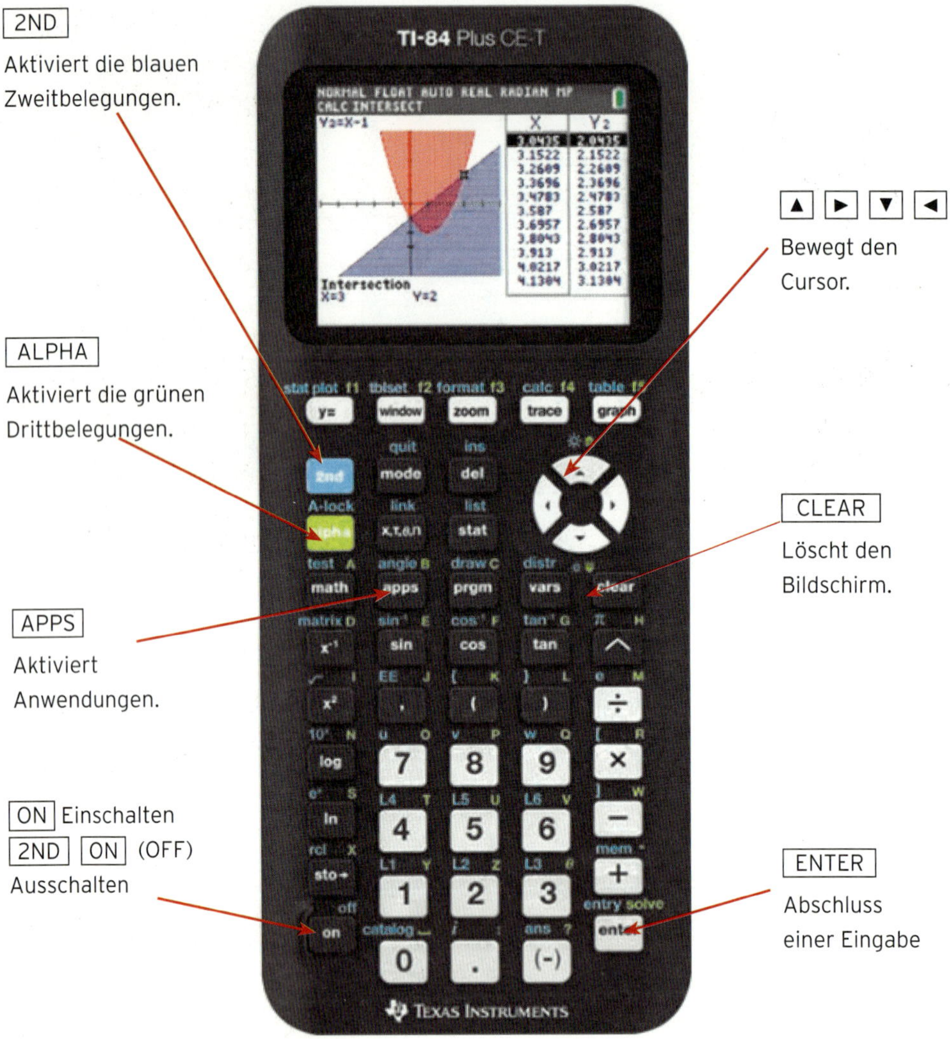

Eingabe von Termen

Beachten Sie: Die **Ergebnisse** aus dem GTR sind i. Allg. **Näherungswerte.**

Eingabe →
Ergebnis →

Tastenfolge

für $\sqrt{5}$: [2ND] [x²] 5 [ENTER]

für -2^4: [(−)] 2 [∧] 4 [ENTER]

für $(-2)^4$: [(] [(−)] 2 [)] [∧] 4 [ENTER]

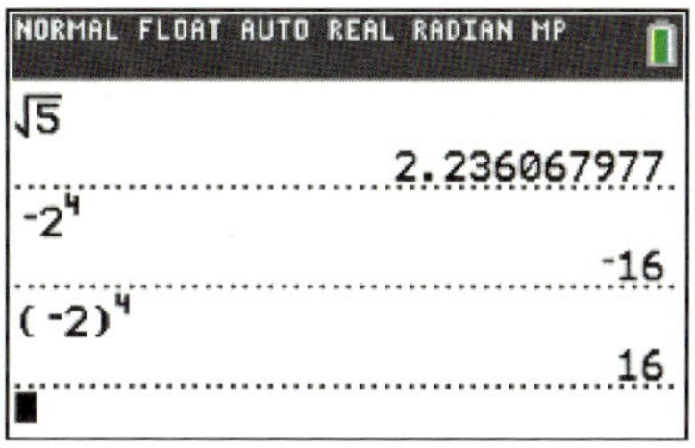

Abschluss eines Ausdrucks mit [ENTER]

Tastenfolge

für $\frac{1}{16}$: 1 [÷] 16 [ENTER]

für 4,5 − 3,6: 4 [•] 5 [−] 3 [•] 6 [÷] 4 [ENTER]

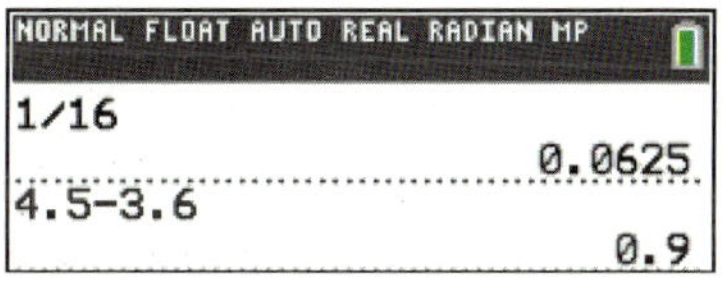

Ergebnis als Bruch:

[MATH] 1:FRAC [ENTER] [ENTER]

für $-3-\sqrt{2}$: [(−)] 3 [−] [2ND] [x²] 2 [ENTER]

Beachten Sie den Unterschied:

[−] **Subtraktionszeichen**

[(−)] **Vorzeichen-Minus**

Ergebnis in Exponentialdarstellung:

$\frac{1}{10000} = 0{,}0001 = 1 \cdot 10^{-4}$

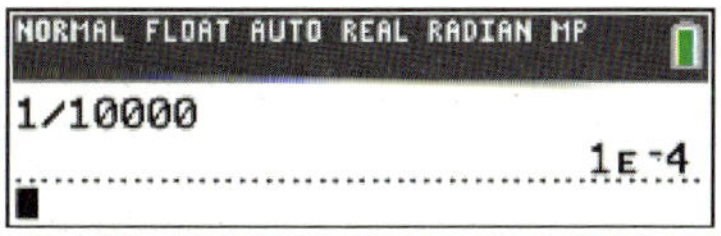

$80\,000 \cdot 500\,000 = 40\,000\,000\,000$

$= 4 \cdot 10^{10}$

[DEL] **löscht** das Zeichen an der **Cursorposition** (z. B. bei Tippfehlern).

Mit [2ND] [DEL] lassen sich Zeichen **einfügen** (Insert).

[CLEAR] **löscht** eine ganze Zeile oder den Home-Bildschirm.

16 Bohner, Ott, Deusch - ISBN 978-3-8120-0665-1

Eingabe eines Funktionsterms

Eingabe des Funktionsterms im [Y =]**-Editor**

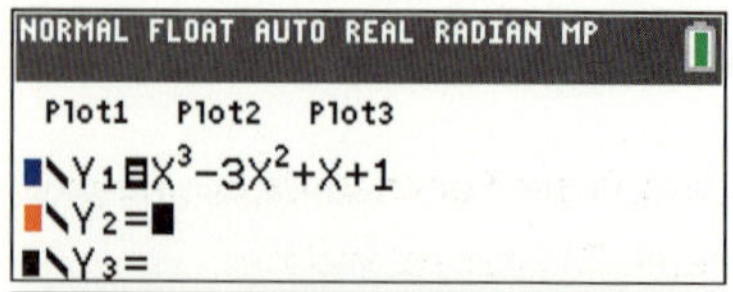

[X, T, Θ, n] ermöglicht die **Eingabe von x.**

Visualisierung

[GRAPH]

Das **Schaubild** wird gezeichnet.

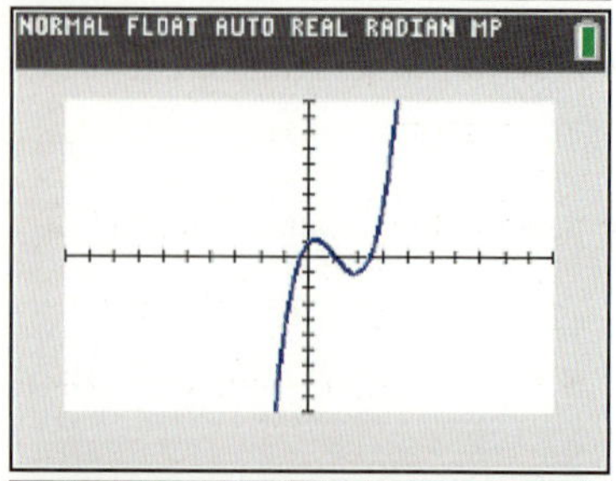

[WINDOW]

Standardzeichenbereich

(x-Werte von − 10 bis 10)

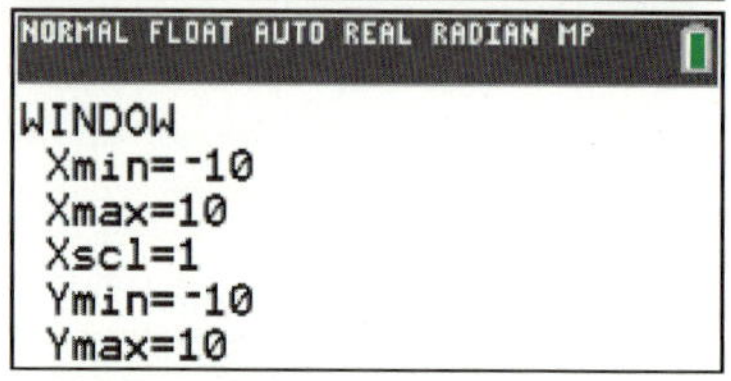

Zeichenbereich und Skalierung einstellen

in [WINDOW]

Drücken Sie [▼], um nach unten zu scrollen.

Jede Eingabe mit [ENTER] bestätigen.

[GRAPH]

Das **Schaubild** wird auf dem gewählten

Bereich gezeichnet.

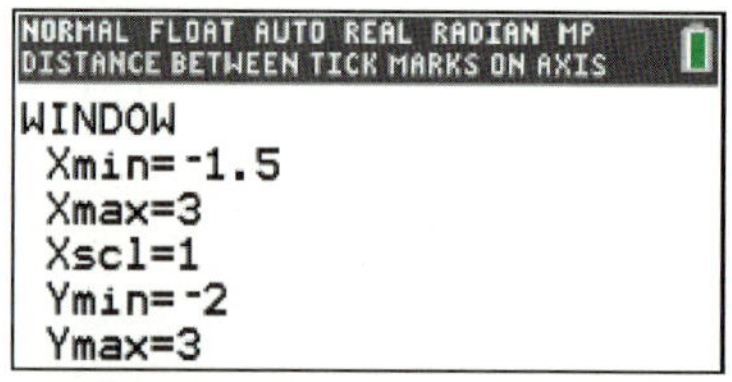

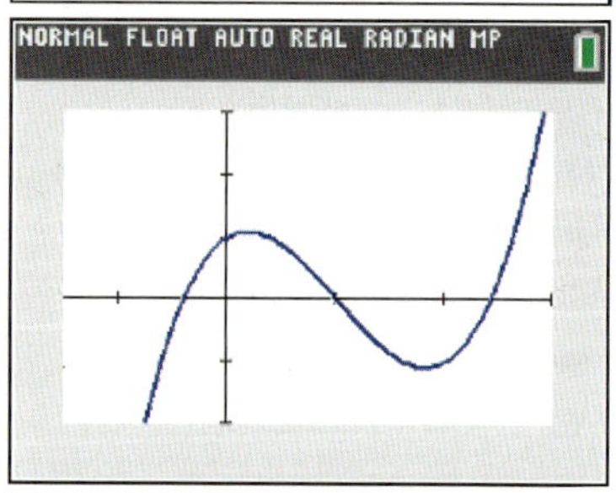

Wertetabelle

Befehlsfolge: [2ND] [WINDOW] **(TBLSET)**

Startwert: **TblStart**

Schrittweite: **Δ Tbl**

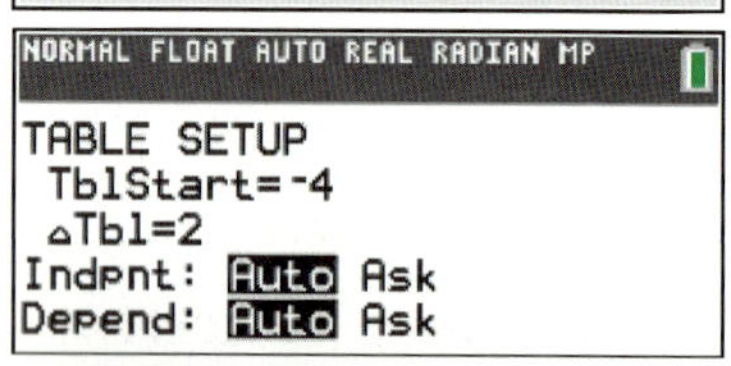

Wertetabelle:

Befehlsfolge: [2ND] [GRAPH] (TABLE)

Mit dem **Cursor** kann man die

Tabelle durchwandern.

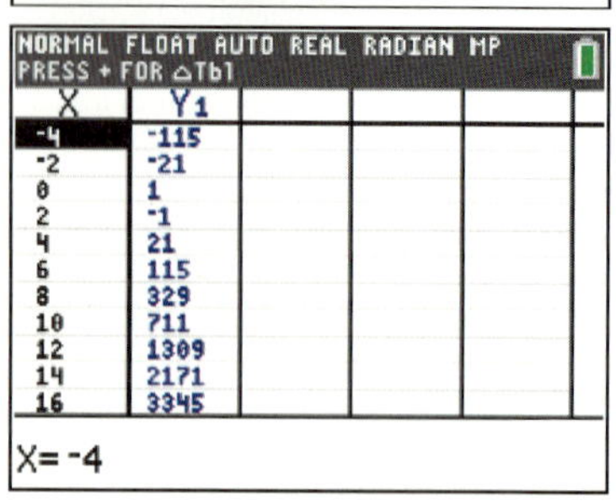

Berechnung von Funktionswerten

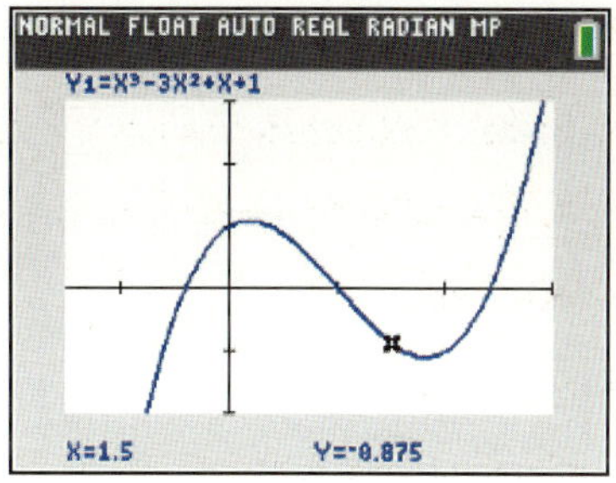

Der Graph der Funktion ist in einem geeigneten Fenster gezeichnet.

Man kann das Schaubild abtasten mit dem Befehl [TRACE].

Man bewegt den Grafik-Cursor mit [►] bzw. [◄] auf dem Schaubild und die Koordinaten werden unten angegeben.

Menü: [2ND] [TRACE] **(CALC)**

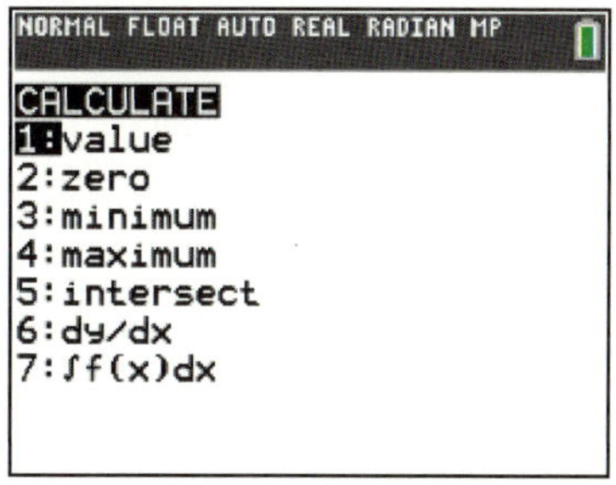

Funktionswert (y-Wert)

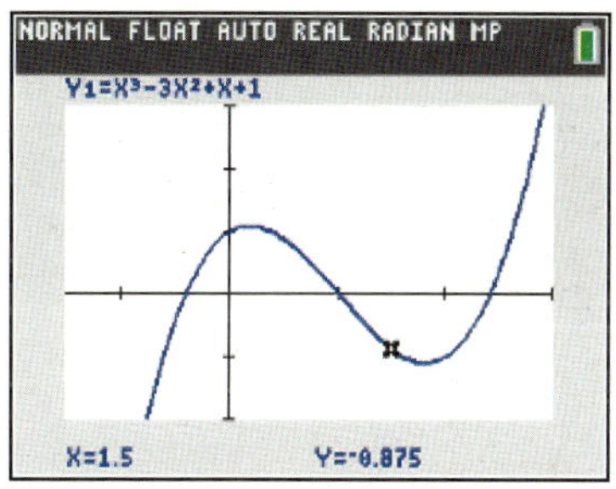

Berechnung von f(1,5)

1: value

1,5 [ENTER]

Der Grafik-Cursor zeigt den Punkt auf dem Schaubild und die Koordinaten.

Berechnung von Nullstellen

Menü: [2ND] [TRACE] **(CALC) 2: Zero**

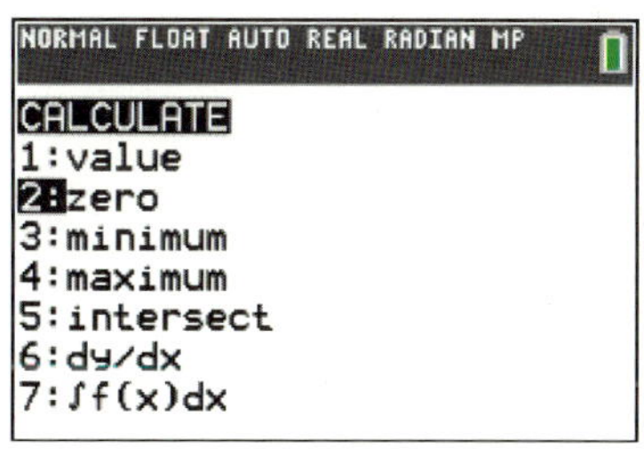

Eingabe von linker Grenze
(Left Bound?),

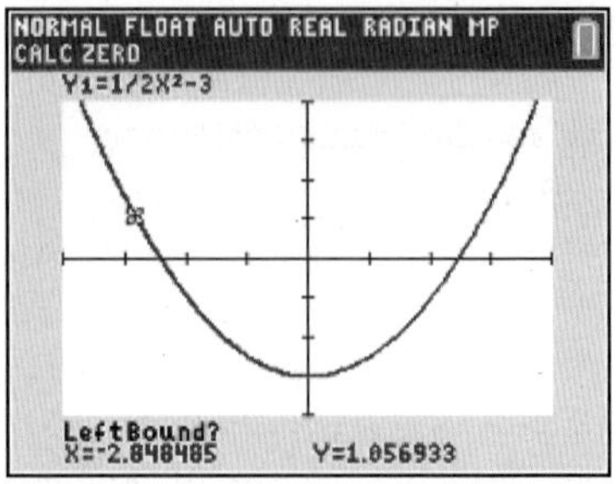

Eingabe von rechter Grenze
(Right Bound?)
des Intervalls, in dem
die **Nullstelle** liegt.

Jeweils mit ENTER
bestätigen.

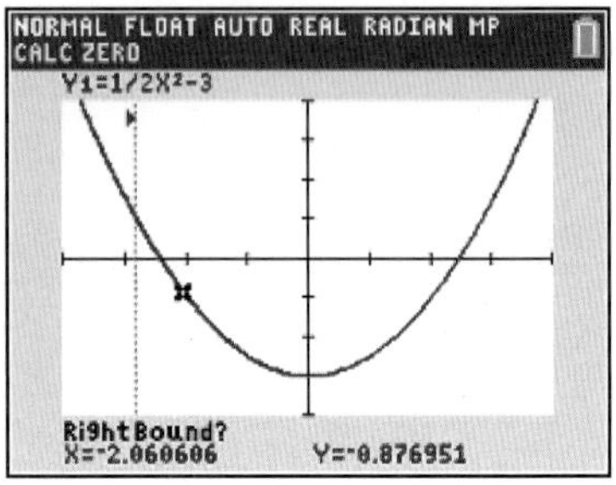

Guess?
(Kann im Allgemeinen
ignoriert werden.)

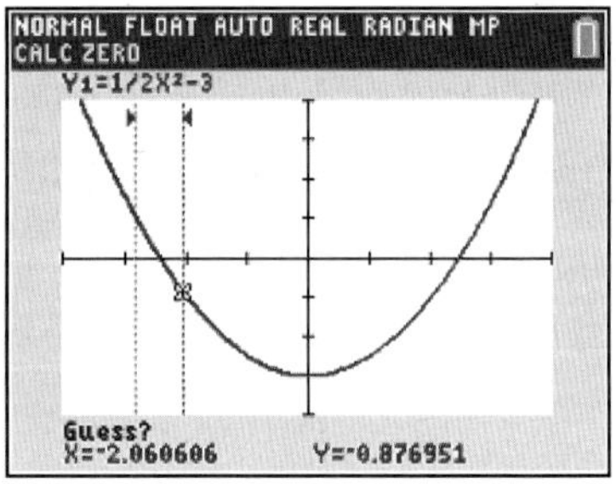

Die Nullstelle und der Schnittpunkt
mit der x-Achse werden angezeigt.

Vorgang für die zweite Nullstelle
wiederholen.

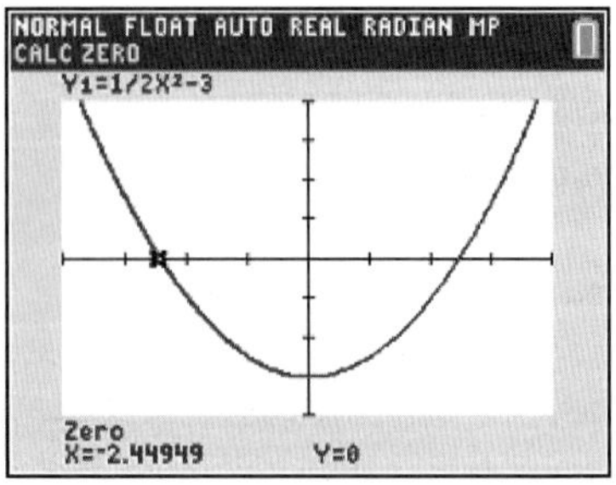

Berechnung von Schnittpunkten

Eingabe von zwei Funktionstermen
im [Y =]-Editor

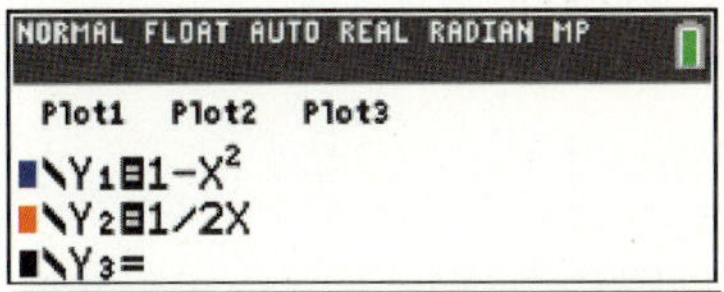

Die Graphen von zwei Funktionen sind
in einem geeigneten Fenster gezeichnet.

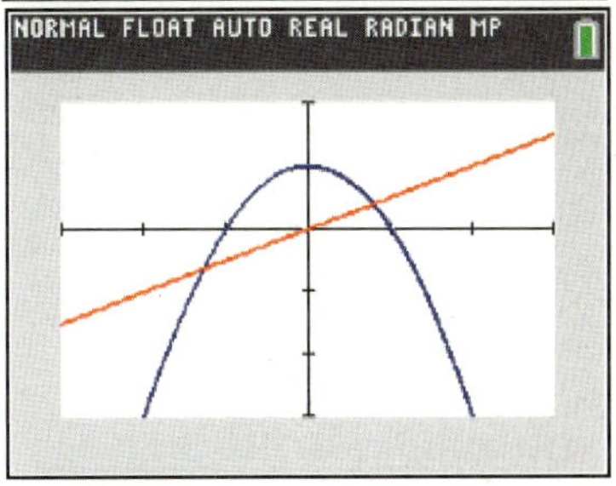

Menü: [2ND] [TRACE] **(CALC)**

Schnittpunkt von zwei Kurven
mit 5: **intersect**

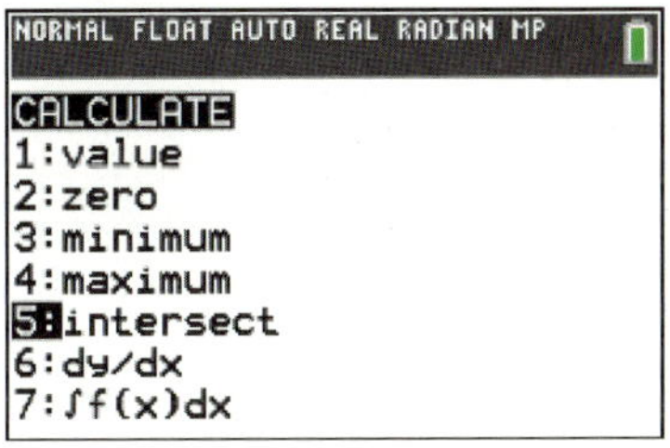

Für den ersten Schnittpunkt:

Die Fragen **First Curve?** und **Second Curve?**
mit [ENTER] bestätigen.
Die Frage **Guess?** kann man im Allgemeinen ignorieren (mit [ENTER] bestätigen).

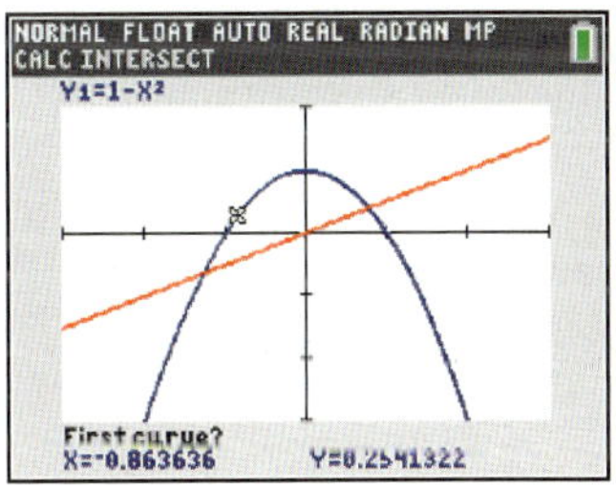

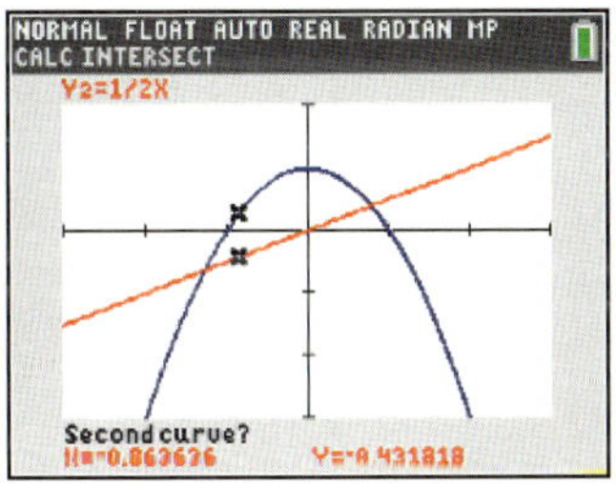

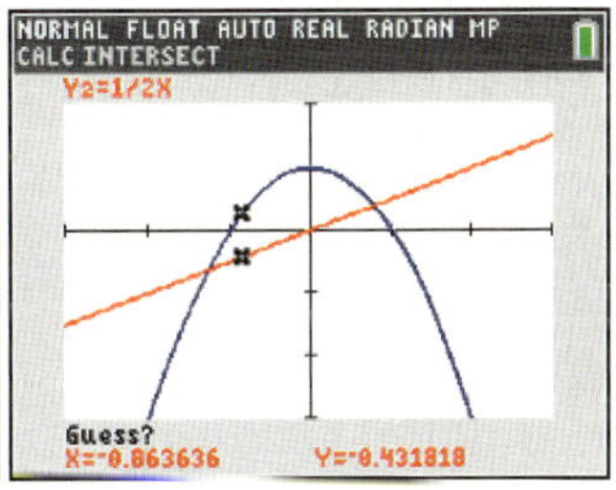

Die erste Schnittstelle und der erste
Schnittpunkt der
beiden Kurven wird angezeigt.

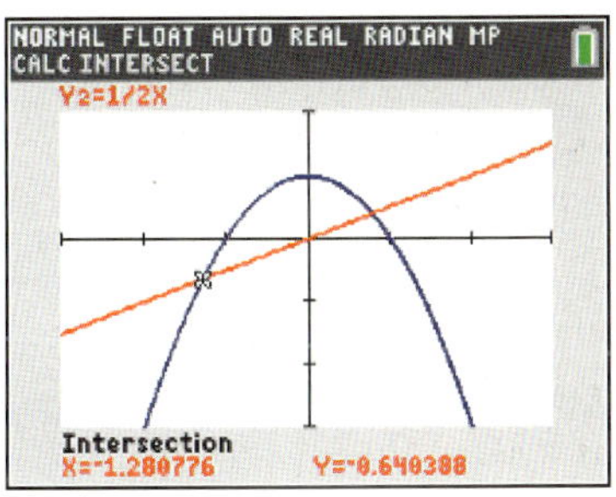

Für den zweiten Schnittpunkt:
Der Vorgang wird wiederholt, dabei muss eine
Näherung für die 2. Schnittstelle **(First Curve?)**
mit dem Cursor eingegeben werden. Danach
Second Curve? und **Guess?** mit [ENTER]
bestätigen.

Grafische Lösung von Gleichungen

1. Typ: Gleichung in Nullform

Beispiel: $0{,}5 \cdot 3^x - 2x = 0$

y_1: $f(x) = 0{,}5 \cdot 3^x - 2x$

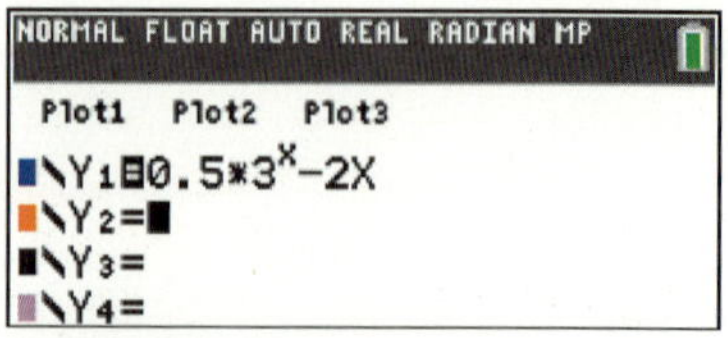

Berechnung der Nullstellen von f mit **Zero:**

$x_1 \approx 0{,}38$; $x_2 \approx 1{,}79$

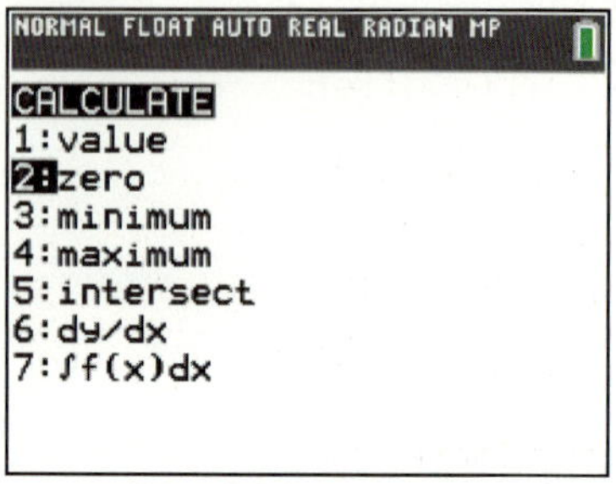

1. Lösung: $x_1 \approx 0{,}38$

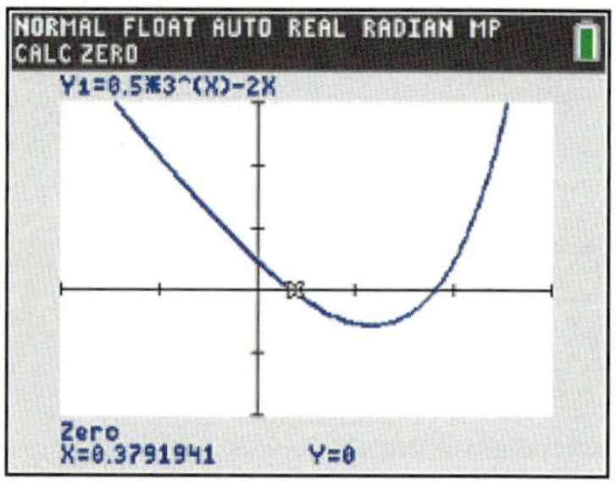

Vorgang für zweite Schnittstelle (Lösung) wiederholen.

2. Lösung: $x_2 \approx 1{,}79$

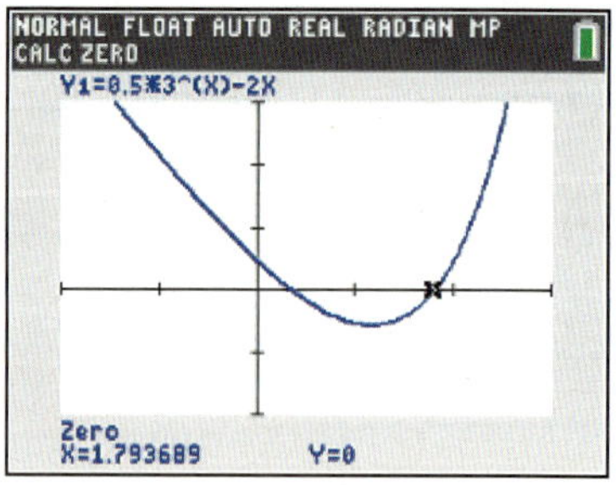

2. Typ: Gleichung nicht in Nullform

Beispiel: $0{,}5 \cdot 3^x - 2x = x^2 - 2x$

y_1: $f(x) = 0{,}5 \cdot 3^x - 2x$

y_2: $g(x) = x^2 - 2x$

Berechnung der Lösungen (= Schnittstellen) mit **Intersect:** $x_1 \approx -0{,}53$

Hinweis: Lösung von $f(x) = g(x) \Leftrightarrow f(x) - g(x) = 0$ mit Zero.

Lösung eines linearen Gleichungssystems

Gleichungssystem für a, b, c:

$$0a + 0b + c = 3$$
$$a + b + c = -1$$
$$4a - 2b + c = 17$$

2ND | x^{-1} | **(Matrix)**

ENTER

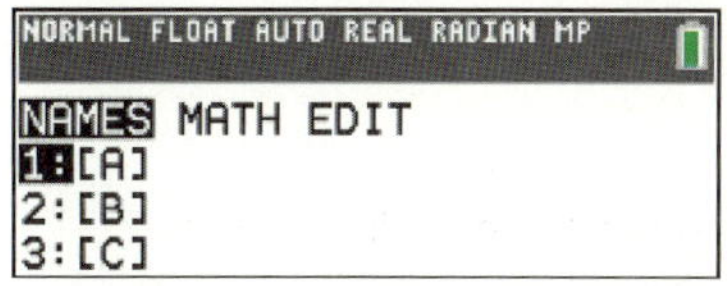

Auswahl der Matrix **[A]**

► | ► | ENTER | **(EDIT)**

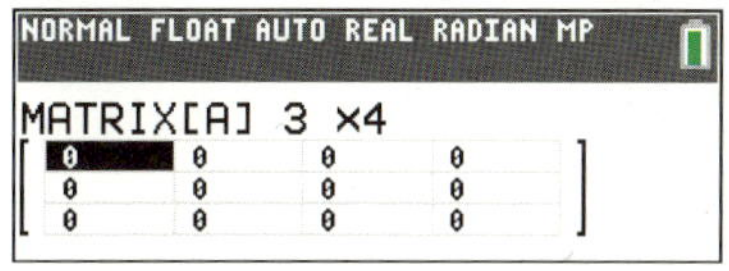

Matrixdimension festlegen:

3 ENTER 4 ENTER

Matrixelemente eingeben:
Nach jedem Element mit ENTER bestätigen.

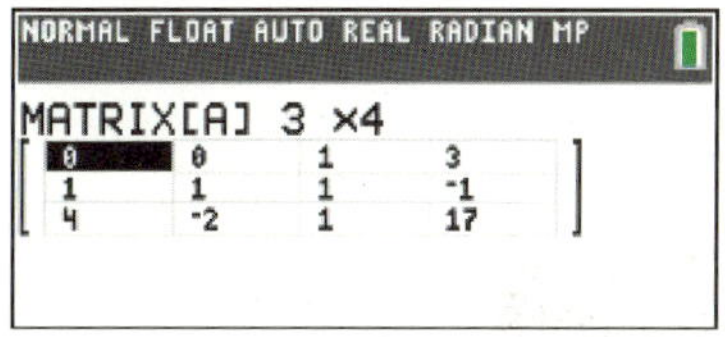

Rückkehr in den Home-Bildschirm

2ND | MODE | **(Quit)**

2ND | x^{-1} | ►

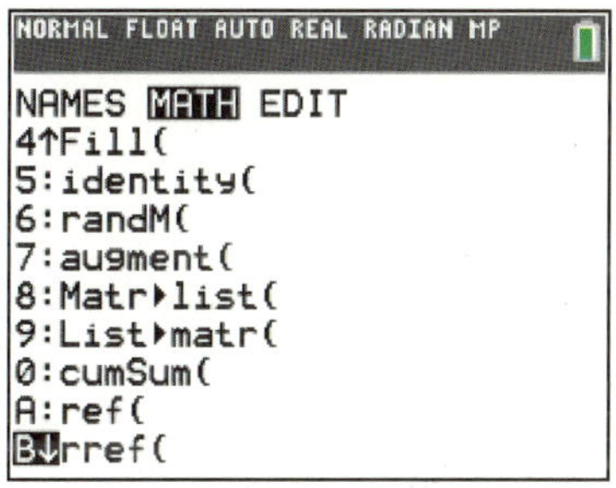

▼ B: rref ENTER

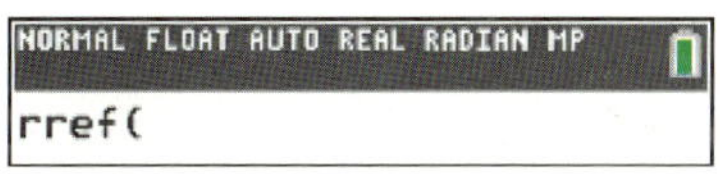

Matrix **[A]** auswählen:

2ND | x^{-1} | 1: [A] | ENTER

ENTER

Aus der Diagonalform der Matrix

ist die Lösung abzulesen.

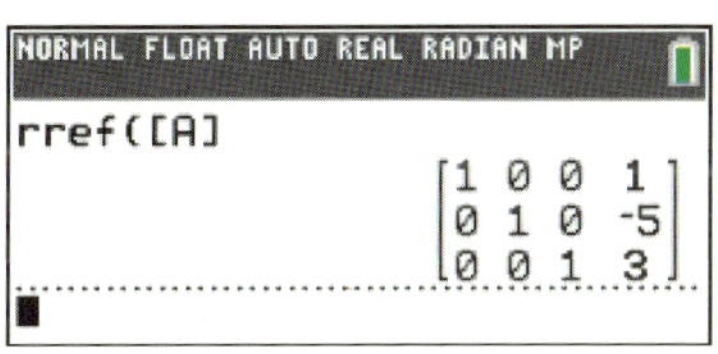

Ergebnis: a = 1; b = − 5; c = 3

Aufstellen von Funktionstermen mit Regression

Beispiel:

Aus gegebenen Punkten soll eine ganzrationale Funktion 3. Grades bestimmt werden.

x	0	1	2	3
f(x)	2	10	16	23

Home-Bildschirm

[2ND] [MODE] **(Quit)**

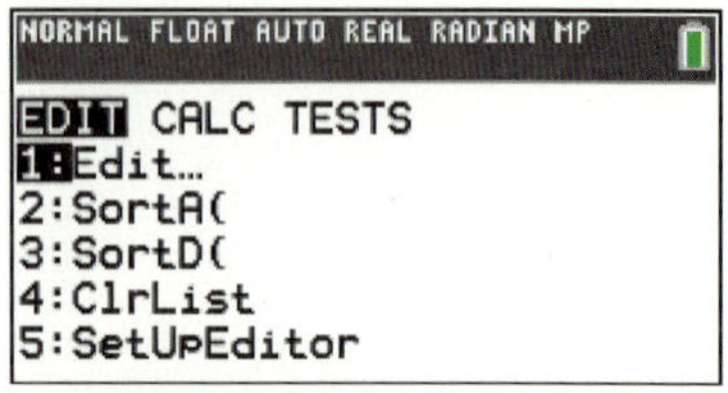

Eingabe der Werte in Listen im Stat-Listen-Editor

[STAT] 1: Edit [ENTER]

In Liste 1: x-Werte; in Liste 2: y-Werte

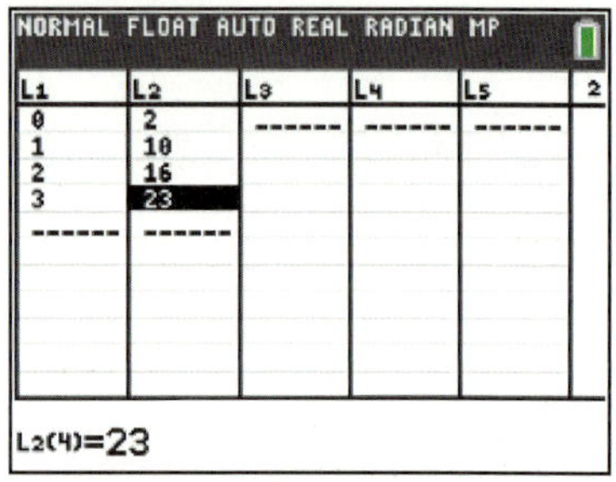

Aktivierung der Funktionsanpassung

[STAT] [►] CALC [▼] 6: CubicReg

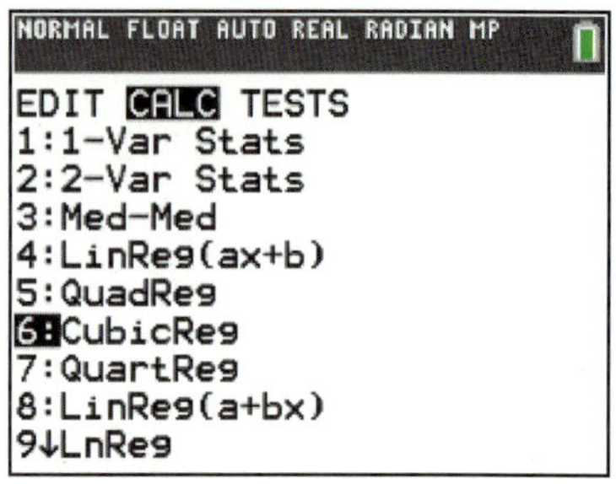

Eingabe, welche Werte (Listen 1 und 2) **verwendet werden sollen.**

[2ND] 1 [,] [2ND] 2 [,]

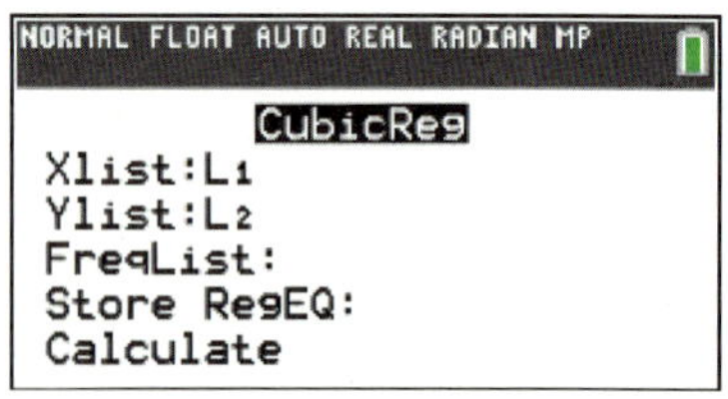

Ergebnis: a = 0,5; b = −2,5; c =10; d = 2

und damit $f(x) = \frac{1}{2}x^3 - 2{,}5\,x^2 + 10x + 2$

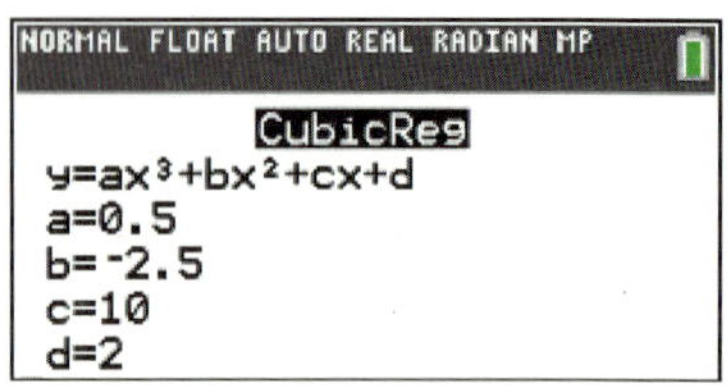

Berechnung von Ableitungswerten

Eingabe des Funktionsterms im [Y =]-Editor

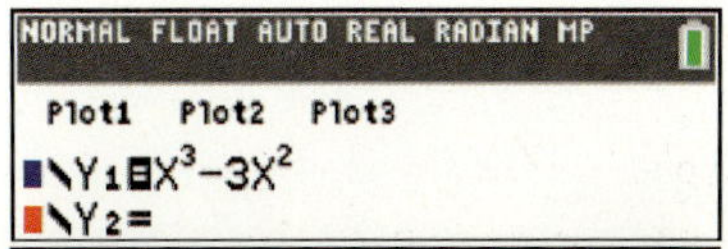

Der Graph der Funktion ist in einem geeigneten Fenster gezeichnet.

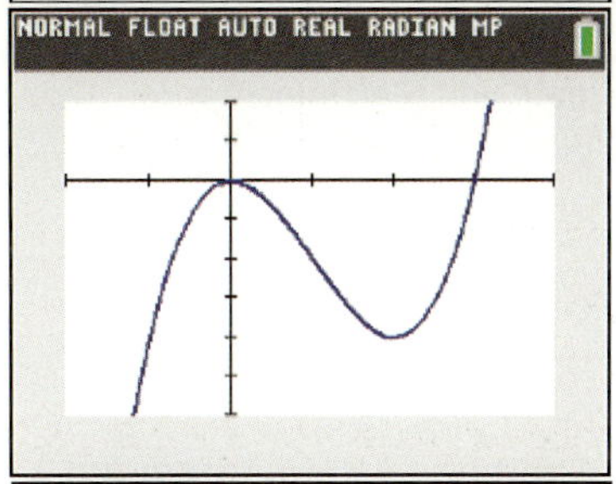

Menü: [2ND] [TRACE] **(CALC)**

6:dy/dx (Ableitung)
[ENTER]

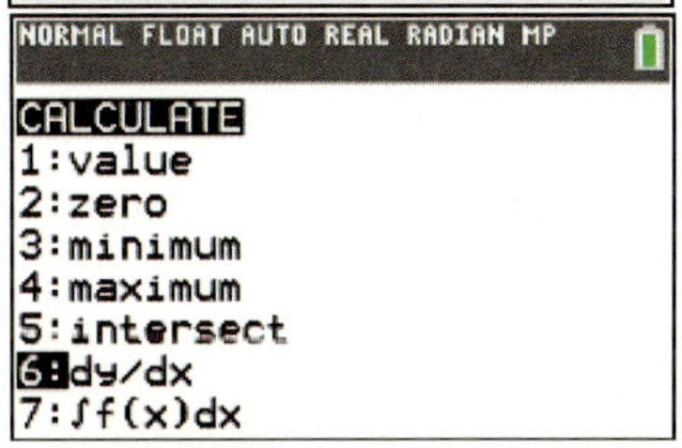

Man berechnet die **Steigung von f** in x = – 1.

– 1 [ENTER]

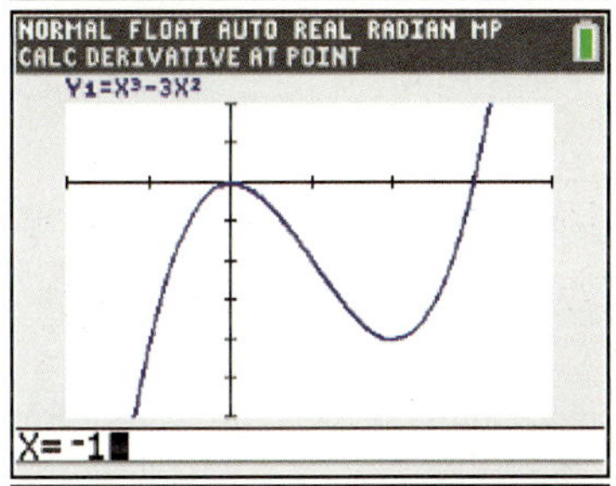

Ableitungswert: f' (– 1) = 9

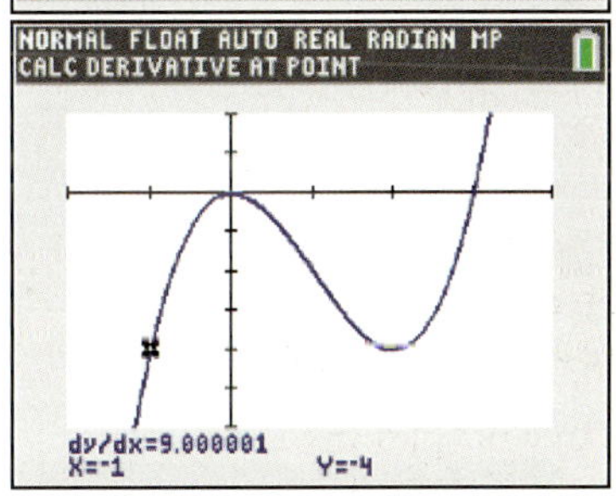

Tangente

aufstellen und zeichnen

[2ND] [PRGM] (Draw) 5:Tangent(

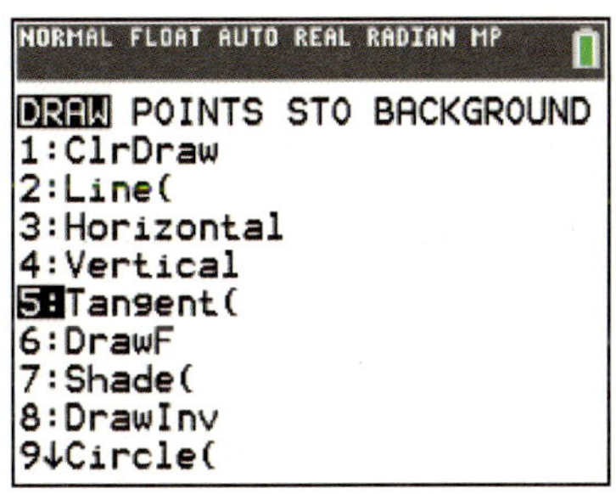

Stelle x = – 1 eingeben: – 1 [ENTER]

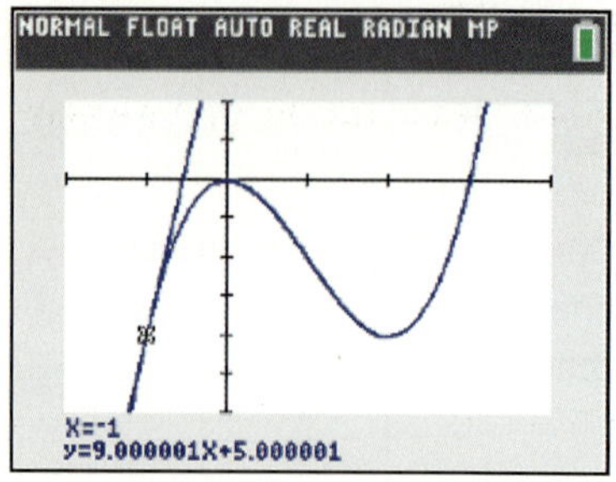

Tangente und Gleichung werden angezeigt.

Berechnung von Minimum und Maximum (Tief- und Hochpunkt)

Menü: [2ND] [TRACE] **(CALC)**

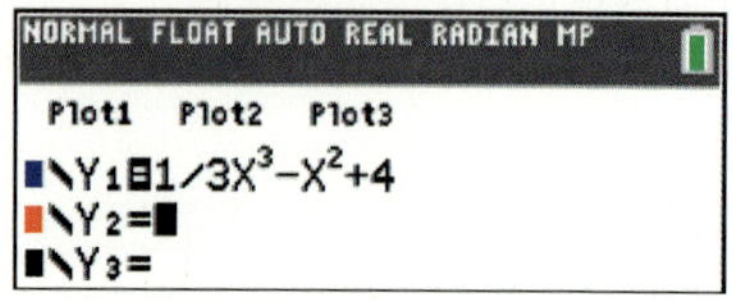

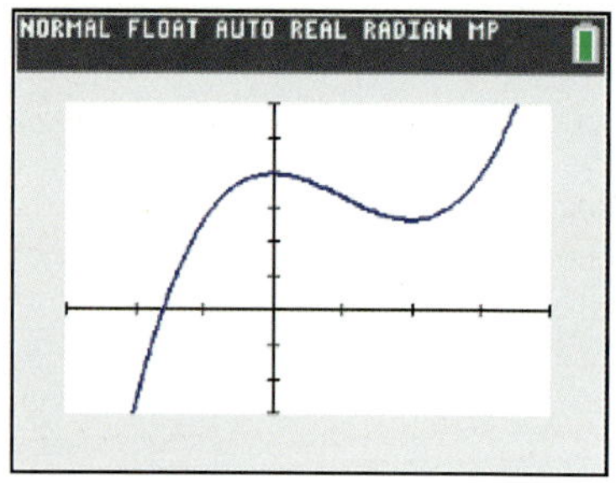

Kleinster Funktionswert (in einem Bereich) berechnen mit

3: Minimum

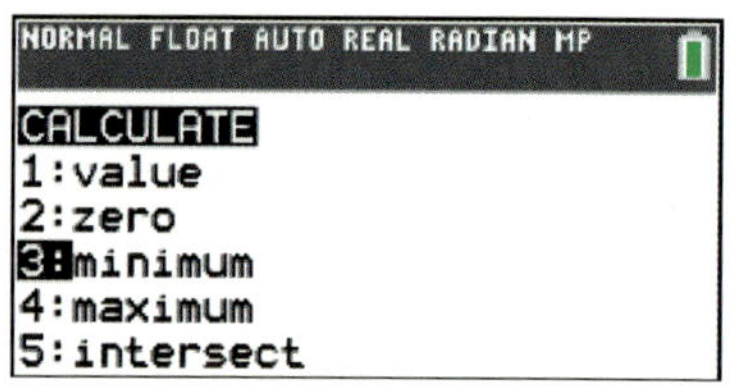

Das Minimum liegt zwischen 1 und 3:

Eingabe der Grenzen mit dem Cursor; jeweils mit [ENTER] bestätigen.

(Eingabe der Grenzen auch mittels der Tastatur möglich.)

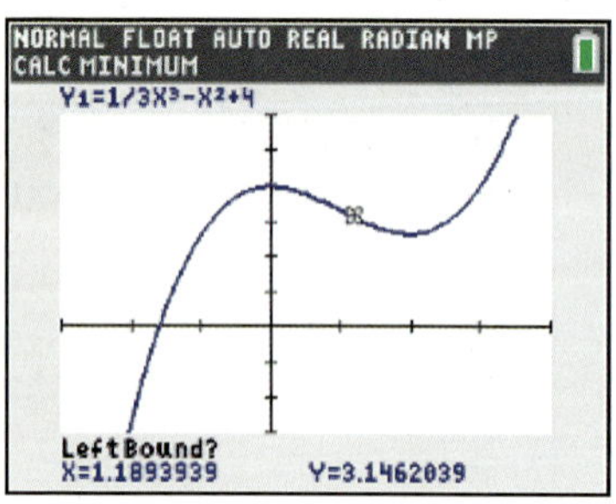

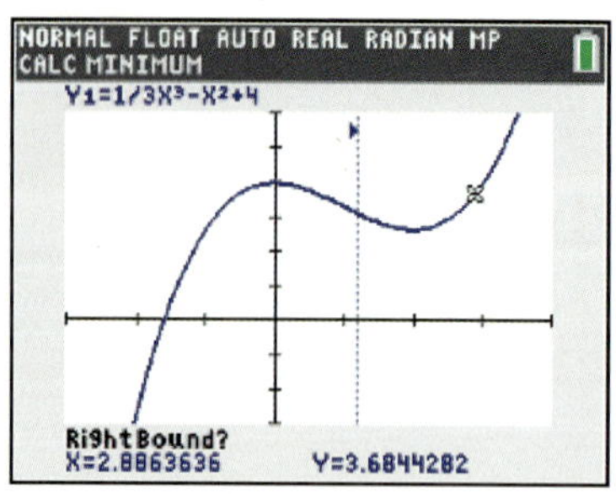

Guess? ENTER

Kann im Allgemeinen ignoriert werden.

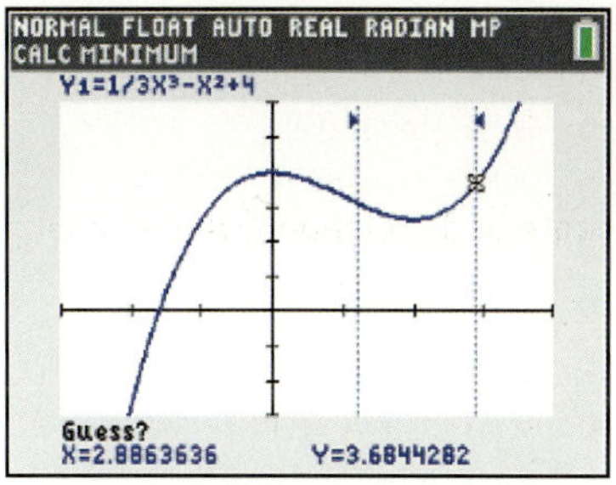

Der Tiefpunkt wird angezeigt.

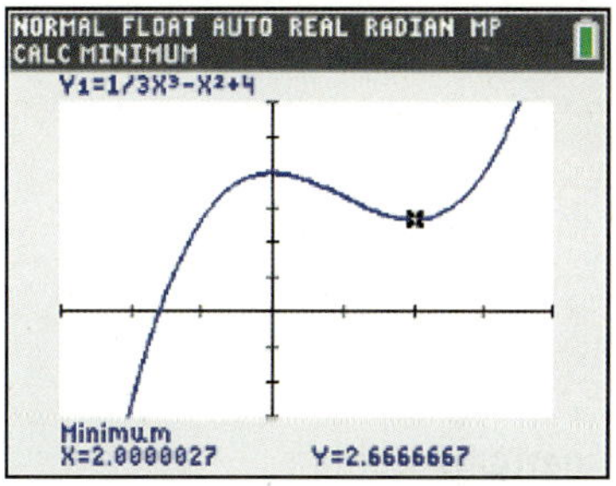

Größter Funktionswert (in einem Bereich) berechnen mit

4: Maximum.

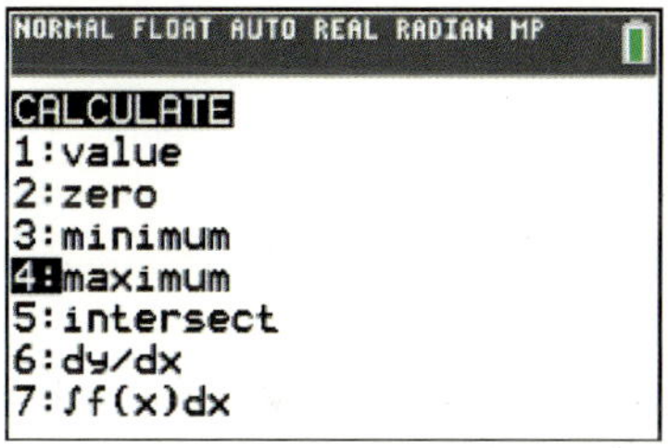

Das Maximum liegt zwischen -1 und 1:

Eingabe der Grenzen mit dem Cursor; jeweils mit ENTER bestätigen.

Der **Hochpunkt** wird angezeigt.

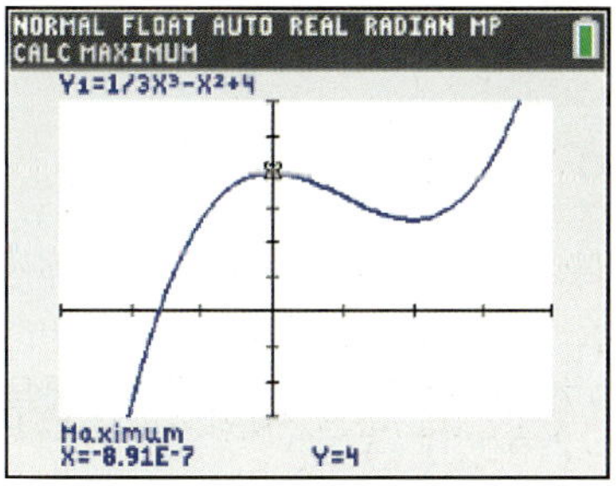

5 Mathematische Zeichen

Vergleiche

$a = b$	a ist gleich b
$a \neq b$	a ist ungleich b
$a < b$	a ist kleiner als b
$a \leq b$	a ist kleiner oder gleich b
$a > b$	a ist größer als b
$a \geq b$	a ist größer oder gleich b
$a \approx b$	a ist ungefähr gleich b
$a \triangleq b$	entspricht, z. B. $1\,\text{LE} \triangleq 1\,\text{cm}$

Logische Zeichen

$a \wedge b$	a und b
$a \vee b$	a oder b
$a \Leftrightarrow b$	a gleichwertig (äquivalent) b
$a \Rightarrow b$	aus a folgt b

Mengen und Zahlen

$\mathbb{N}$	Menge der natürlichen Zahlen mit null
$\mathbb{N}^*$	Menge der natürlichen Zahlen ohne null
$\mathbb{Z}$	Menge der ganzen Zahlen
$\mathbb{Q}$	Menge der rationalen Zahlen
$\mathbb{R}$	Menge der reellen Zahlen
$\mathbb{R}^*$	Menge der reellen Zahlen ohne null
$\mathbb{R}_+$	Menge der positiven reellen Zahlen mit null
$\mathbb{R}_+^*$	Menge der positiven reellen Zahlen ohne null
$x \in M$	x ist Element von M
$x \notin M$	x ist nicht Element von M
$\{x \in M \mid \ldots\}$	Menge aller x aus M, für die gilt …
$\{a, b, c, d\}$	Menge mit den Elementen a, b, c, d
$A \subseteq B$	A ist Teilmenge von B
$A \cap B$	Schnittmenge von A und B
$A \cup B$	Vereinigungsmenge von A und B
$A \setminus B$	Differenzmenge von A und B
$\varnothing$	leere Menge
∞	unendlich

$[a; b] = \{x \in \mathbb{R} \mid a \leq x \leq b\}$

$[a; b) = \{x \in \mathbb{R} \mid a \leq x < b\}$ auch $[a; b[$

$[a; \infty) = \{x \in \mathbb{R} \mid a \leq x < \infty\}$

$\lvert a \rvert$	Betrag von a
a^n	a hoch n; n-te Potenz von a
$\sqrt{a}$	Quadratwurzel aus a; $a \geq 0$
$\sqrt[3]{a}$	3. Wurzel aus a; $a \geq 0$
$n!$	n-Fakultät
$n!$	$= n \cdot (n-1) \cdot \ldots \cdot 2 \cdot 1$

Funktionen

f	Funktion
$f(x)$	Funktionswert an der Stelle x
D	Definitionsbereich
W	Wertebereich
$P(x \mid y)$	Punkt P mit den Koordinaten x und y

6 Stichwortverzeichnis

A

B

C

D

E

F

G

T

U

V

W

Y

Z

Abbildungsverzeichnis